조리기능사
시험 총정리문제

NCS
기반 조리분야
베스트 도서!!

한식
양식 중식
복어조리

대한민국
국가대표
브랜드

최고의 적중률!! 최고의 합격률!!
크라운출판사
국가자격시험문제 전문출판
http://www.crownbook.co.kr

국가자격
시험문제
전문출판

에듀크라운
국가자격시험문제 전문출판

노수정

약력

- 세종대학교 대학원(조리학 전공) 박사
- 성균관대학교 대학원(식품영양 위생전공) 석사
- 現) 대경대학교 호텔조리학부 교수
- 우송대학교 외식조리학과 초빙교수
- 국가기술자격 조리기능사 실기시험 감독위원
- 국가기술자격 조리산업기사 실기시험 감독위원
- 국가기술자격 조리기능장 실기시험 감독위원
- 국가공인 조리기능장

내용문의

- 010-5494-0990
- rsj7@tk.ac.kr

저서

- NCS 합격 조리기능사 필기 [통합본]_크라운출판사
- NCS 최신 조리기능사 시험 총정리문제_크라운출판사
- NCS 한식 조리기능사 실기시험문제_크라운출판사
- NCS 양식 조리기능사 실기시험문제_크라운출판사
- NCS 한식 조리기능사 필기시험문제_크라운출판사
- NCS 양식 조리기능사 필기시험문제_크라운출판사
- NCS 중식 조리기능사 필기시험문제_크라운출판사
- NCS 일식복어 조리기능사 필기시험문제_크라운출판사
- 조리기능사 필기 최근 3년간 출제문제_크라운출판사
- 몸을 가볍게 하는 다이어트 샐러드_크라운출판사

권정일

약력

- 남가정 대표
- 동강대학교 외식조리제빵과 겸임교수
- 국가기술자격 조리산업기사실기시험 감독
- 국가기술자격 조리기능사실기시험 감독
- 국가공인조리기능장

머리말

국가 경제 성장에 의한 국민 건강의 중요성에 대한 인식이 소비자의 다양한 욕구로 분출되고 있습니다. 이에 따라 각 분야마다 전문 기술인을 필요로 하고 있으며, 이 중에서도 최근의 발달과 더불어 조리사는 유망 직종으로 손꼽히고 있습니다.

조리 업무는 국민 건강과도 직결되므로 무엇보다도 조리사의 자질이 매우 중요하며, 이에 따른 훌륭한 조리 기능인이 되기 위해서는 과학적 · 이론적 배경을 기초로 하여 새로운 조리 기술 개발이 이루어져야 합니다.

본 교재는 한국산업인력공단의 출제 기준에 따라 조리기능사 필기시험을 대비하는 수험생들에게 위생 관리, 안전 관리, 재료 관리, 구매 관리, 기초 조리 실무, 한식 · 양식 · 중식 · 일식 · 복어조리 순으로 내용과 문제를 정리하였고, 최근 시행한 출제 문제를 각 문항마다 정확한 해설을 수록하여 수험생 여러분들의 이해를 돕는 데 만전을 기하였습니다.

이 조리기능사 수험서가 수험생 여러분들에게 꼭 합격의 영광이 있기를 기원합니다.

본 교재가 출판되기까지 자료 정리에 도움을 주신 전 출제위원, 관계자님들과 크라운출판사 이상원 회장님과 편집부 임직원분들의 노고에 깊은 감사의 마음을 전합니다.

이 교재에 대한 내용의 설명이나 문의 사항은 전화 010-5494-0990 또는 E-mail(rsj7@tk.ac.kr)로 해 주시면 상세하게 답변해 드리겠습니다.

저자 드림

시험안내

개요

한식, 중식, 일식, 양식, 복어조리 부문에 배속되어 제공될 음식에 대한 계획을 세우고 조리할 재료를 선정, 구입, 검수하고 선정된 재료를 적정한 조리 기구를 사용하여 조리 업무를 수행하며, 음식을 제공하는 장소에서 조리 시설 및 기구를 위생적으로 관리·유지하고, 필요한 각종 재료를 구입, 위생학적, 영양학적으로 저장·관리하면서 제공될 음식을 조리·제공하기 위한 전문 인력을 양성하기 위하여 자격 제도 제정

수행 직무

조리 부문에 배속되어 제공될 음식에 대한 계획을 세우고 조리할 재료를 선정, 구입, 검수하고 선정된 재료를 적정한 조리 기구를 사용하여 조리 업무를 수행함 또한 음식을 제공하는 장소에서 조리 시설 및 기구를 위생적으로 관리, 유지하고, 필요한 각종 재료를 구입, 위생학적, 영양학적으로 저장·관리하면서 제공될 음식을 조리하여 제공하는 직종임

진로 및 전망

식품접객업 및 집단 급식소 등에서 조리사로 근무하거나 운영이 가능함 업체 간, 지역 간의 이동이 많은 편이고 고용과 임금에 있어서 안정적이지는 못한 편이지만, 조리에 대한 전문가로 인정받게 되면 높은 수익과 직업적 안정성을 보장받게 됨

※ 「식품위생법」상 대통령령이 정하는 식품접객영업자(복어 조리, 판매 영업 등)와 집단 급식소의 운영자는 조리사 자격을 취득하고, 시장·군수·구청장의 면허를 받은 조리사를 두어야 한다. (관련법 : 「식품위생법」 제34조, 제36조, 같은 법 시행령 제18조, 같은 법 시행 규칙 제46조)

취득 방법

시행처	한국산업인력공단	시험과목	• 필기 : 재료 관리, 음식 조리 및 위생 관리 • 실기 : 조리 실무
합격기준	100점 만점에 60점 이상	검정방법	• 객관식 4지 택일형, 60문항(60분) • 작업형(70분 정도)

2020년 시험 과목 변경 사항 안내

구분		현행	변경(2020년부터 적용)	비고
시험과목	필기시험	식품 위생 및 관련 법규, 식품학, 조리 이론 및 급식 관리, 공중 보건	재료 관리, 음식 조리 및 위생 관리	국가직무능력표준(NCS)을 활용하여 현장 직무 중심으로 개편
	실기시험	조리 작업	조리 실무	

※ 국가법령정보센터(www.law.go.kr) → 국가기술자격법 시행 규칙(고용노동부령 제222호) → 별표/서식 → 별표8 참조
※ 조리 분야 기능사 5종목 필기시험은 2020년부터 기존 공통 과목에서 종목별 평가로 변경됩니다.

출제 기준(공통)

직무 분야	음식서비스	종직무 분야	조리	자격 종목	조리기능사	적용 기간	2026.1.1. ~2028.12.31.

[직무 내용]
메뉴 계획에 따라 식재료를 선정, 구매, 검수, 보관 및 저장하며, 맛과 영양을 고려하여 안전하고 위생적으로 음식을 조리하고 조리 기구와 시설 관리를 수행하는 직무이다.

필기 검정 방법	객관식	문제 수	60	시험기간	1시간

필기 과목명	출제 문제수	주요 항목	세부 항목
재료 관리, 음식 조리 및 위생 관리	60	1. 위생 관리	1. 개인 위생 관리 / 2. 식품 위생 관리 / 3. 주방 위생 관리 / 4. 식중독 관리 / 5. 식품 위생 관계 법규 / 6. 공중 보건
		2. 안전 관리	1. 개인 안전 관리 / 2. 장비 · 도구 안전 작업 / 3. 작업 환경 안전 관리
		3. 재료 관리	1. 식품 재료의 성분 / 2. 효소 / 3. 식품과 영양
		4. 구매 관리	1. 시장 조사 및 구매 관리 / 2. 검수 관리 / 3. 원가
		5. 기초 조리 실무	1. 조리 준비 / 2. 식품의 조리 원리 / 3. 식생활 문화

출제 기준(한식)

주요 항목	세부 항목	세세 항목
6. 한식 밥 조리	1. 밥 조리	1. 밥 재료 준비 / 2. 밥 조리 / 3. 밥 담기
7. 한식 죽 조리	1. 죽 조리	1. 죽 재료 준비 / 2. 죽 조리 / 3. 죽 담기
8. 한식 국 · 탕 조리	1. 국 · 탕 조리	1. 국 · 탕 재료 준비 / 2. 국 · 탕 조리 / 3. 국 · 탕 담기
9. 한식 찌개 조리	1. 찌개 조리	1. 찌개 재료 준비 / 2. 찌개 조리 / 3. 찌개 담기
10. 한식 전 · 적 조리	1. 전 · 적 조리	1. 전 · 적 재료 준비 / 2. 전 · 적 조리 / 3. 전 · 적 담기
11. 한식 생채 · 회 조리	1. 생채 · 회 조리	1. 생채 · 회 재료 준비 / 2. 생채 · 회 조리 / 3. 생채 · 담기
12. 한식 조림 · 초 조리	1. 조림 · 초 조리	1. 조림 · 초 재료 준비 / 2. 조림 · 초 조리 / 3. 조림 · 초 담기
13. 한식 구이 조리	1. 구이 조리	1. 구이 재료 준비 / 2. 구이 조리 / 3. 구이 담기
14. 한식 숙채 조리	1. 숙채 조리	1. 숙채 재료 준비 / 2. 숙채 조리 / 3. 숙채 담기
15. 한식 볶음 조리	1. 볶음 조리	1. 볶음 재료 준비 / 2. 볶음 조리 / 3. 볶음 담기
16. 김치 조리	1. 김치 조리	1. 김치 재료 준비 / 2. 김치 조리 / 3. 김치 담기

출제 기준(양식)

주요 항목	세부 항목	세세 항목
6. 양식 스톡 조리	1. 스톡 조리	1. 스톡 재료 준비 / 2. 스톡 조리 / 3. 스톡 완성
7. 양식 전채 · 샐러드 조리	1. 전채 · 샐러드 조리	1. 전채 · 샐러드 재료 준비 / 2. 전채 · 샐러드 조리 / 3. 전채 · 샐러드 요리 완성
8. 양식 샌드위치 조리	1. 샌드위치 조리	1. 샌드위치 재료 준비 / 2. 샌드위치 조리 / 3. 샌드위치 완성
9. 양식 조식 조리	1. 조식 조리	1. 달걀 요리 조리 / 2. 조찬용 빵류 조리 / 3. 시리얼류 조리
10. 양식 수프 조리	1. 수프 조리	1. 수프 재료 준비 / 2. 수프 조리 / 3. 수프 요리 완성
11. 양식 육류 조리	1. 육류 조리	1. 육류 재료 준비 / 2. 육류 조리 / 3. 육류 요리 완성
12. 양식 파스타 조리	1. 파스타 조리	1. 파스타 재료 준비 / 2. 파스타 조리 / 3. 파스타 요리 완성
13. 양식 소스 조리	1. 소스 조리	1. 소스 재료 준비 / 2. 소스 조리 / 3. 소스 완성

출제 기준(중식)

주요 항목	세부 항목	세세 항목
6. 중식 절임 · 무침 조리	1. 절임 · 무침 조리	1. 절임 · 무침 준비 / 2. 절임류 만들기 / 3. 무침류 만들기 / 4. 절임 보관 무침 완성
7. 중식 육수 · 소스 조리	1. 육수 · 소스 조리	1. 육수 · 소스 준비 / 2. 육수 · 소스 만들기 / 3. 육수 · 소스 완성 보관
8. 중식 튀김 조리	1. 튀김 조리	1. 튀김 준비 / 2. 튀김 조리 / 3. 튀김 완성
9. 중식 조림 조리	1. 조림 조리	1. 조림 준비 / 2. 조림 조리 / 3. 조림 완성
10. 중식 밥 조리	1. 밥 조리	1. 밥 준비 / 2. 밥 짓기 / 3. 요리별 조리하여 완성
11. 중식 면 조리	1. 면 조리	1. 면 준비 / 2. 반죽하여 면 뽑기 / 3. 면 삶아 담기 / 4. 요리별 조리하여 완성
12. 중식 냉채 조리	1. 냉채 조리	1. 냉채 준비 / 2. 냉채 조리 / 3. 냉채 완성
13. 중식 볶음 조리	1. 볶음 조리	1. 볶음 준비 / 2. 볶음 조리 / 3. 볶음 완성
14. 중식 후식 조리	1. 후식 조리	1. 후식 준비 / 2. 더운 후식류 조리 / 3. 찬 후식류 조리 / 4. 후식류 완성

출제 기준(일식)

주요 항목	세부 항목	세세 항목
6. 일식 무침 조리	1. 무침 조리	1. 무침 재료 준비 / 2. 무침 조리 / 3. 무침 담기
7. 일식 국물 조리	1. 국물 조리	1. 국물 재료 준비 / 2. 국물 우려내기 / 3. 국물 요리 조리
8. 일식 조림 조리	1. 조림 조리	1. 조림 재료 준비 / 2. 조림하기 / 3. 조림 담기
8. 일식 조림 조리	1. 조림 조리	1. 조림 재료 준비 / 2. 조림하기 / 3. 조림 담기
10. 일식 밥류 조리	1. 밥류 조리	1. 밥 짓기 / 2. 녹차 밥 조리 / 3. 덮밥류 조리 / 4. 죽류 조리
11. 일식 초회 조리	1. 초회 조리	1. 초회 재료 준비 / 2. 초회 조리 / 3. 초회 담기
12. 일식 찜 조리	1. 찜 조리	1. 찜 재료 준비 / 2. 찜 조리 / 3. 찜 담기
13. 일식 롤 초밥 조리	1. 롤 초밥 조리	1. 롤 초밥 재료 준비 / 2. 롤 양념 초 조리 / 3. 롤 초밥 조리 / 4. 롤 초밥 담기
14. 일식 구이 조리	1. 구이 조리	1. 구이 재료 준비 / 2. 구이 조리 / 3. 구이 담기

출제 기준(복어)

주요 항목	세부 항목	세세 항목
6. 복어 부재료 손질	1. 복어와 부재료 손질	1. 복어 종류와 품질 판정법 / 2. 채소 손질 / 3. 복떡 굽기
7. 복어 양념장 준비	1. 복어 양념장 준비	1. 초간장 만들기 / 2. 양념 만들기 / 3. 조리별 양념장 만들기
8. 복어 껍질 초회 조리	1. 복어 껍질 초회 조리	1. 복어 껍질 준비 / 2. 복어 초회 양념 만들기 / 3. 복어 껍질 무치기
9. 복어 죽 조리	1. 복어 죽 조리	1. 복어 맛국물 준비 / 2. 복어 죽 재료 준비 / 3. 복어 죽 끓여서 완성
10. 복어 튀김 조리	1. 복어 튀김 조리	1. 복어 튀김 재료 준비 / 2. 복어 튀김옷 준비 / 3. 복어 튀김 조리 완성
11. 복어 회 국화 모양 조리	1. 국화 모양 조리	1. 복어 살 전처리 작업 / 2. 복어 회 뜨기 / 3. 복어 회 국화 모양 접시에 담기
12. 복어 선별·손질 관리	1. 복어 선별·손질 관리	1. 복어 기초 손질하기 / 2. 복어 식용 부위 손질하기 / 3. 복어 제독 처리하기 / 4. 복어 껍질 작업하기 / 5. 복어 독성 부위 폐기하기

CONTENTS

CONTENTS

PART 01

공통 위생관리

01 위생관리 기준

1. 위생 관리의 필요성

① 식중독 위생 사고를 예방한다.
② 식품위생법 및 행정 처분을 강화한다.
③ 점포의 이미지를 개선(청결한 이미지)한다.
④ 상품의 가치를 상승(안전한 먹거리)시킨다.
⑤ 대외적 브랜드 이미지를 관리(매출 증진)한다.

2. 개인 위생 관리하기

(1) 개인 위생 관리 수칙

① 장신구나 매니큐어, 지나친 화장은 하지 않는다.
② 손톱은 짧고 청결하게, 반지나 시계 착용을 금한다.
③ 조리 과정 중 신체 부위를 만지지 않는다.
④ 음식물이나 도구를 향해 기침이나 재채기를 하지 않는다.
⑤ 설사 증세가 있으면 조리에 참여하지 않는다.
⑥ 주방 개인용품은 청결하게 유지, 착용한다.

(2) 손 위생 관리

올바른 손 씻기만으로도 질병의 60% 정도를 예방할 수 있으며, 일반 비누로 먼저 씻고 역성 비누(양이온의 계면활성제로 살균력은 강하나 세척력이 떨어짐)를 사용해야 살균력이 강하다.

출제예상문제

01 위생 관리의 필요성으로 바르지 못한 것은?

① 대외적 브랜드 이미지 관리
② 점포의 이미지 개선(청결한 이미지)
③ 식중독 위생 사고 예방
④ 질병의 치료 및 예방

해설 위생 관리의 필요성
식중독 위생 사고 예방, 식품위생법 및 행정 처분 강화, 상품의 가치가 상승함(안전한 먹거리), 점포의 이미지 개선(청결한 이미지), 고객 만족(매출 증진), 대외적 브랜드 이미지 관리

02 식품을 취급하는 종사자의 손 씻기로 바르지 않은 것은?

① 보통 비누로 먼저 손을 씻고 난 후 역성 비누를 사용한다.
② 살균 효과를 높이기 위해 보통 비누와 역성 비누액을 섞어 사용한다.
③ 팔에서 손으로 씻어 내려온다.
④ 핸드타월이나 자동 손 건조기를 사용하는 것이 바람직하다.

해설 보통 비누는 더러운 먼지 등을 제거하는 작용이 있고, 역성 비누는 세척력은 약하나 살균력이 강하여 보통 비누로 먼저 먼지를 제거한 후 역성 비누를 사용하는 것이 바람직하다.

03 위생복 착용 시 다음의 목적으로 반드시 착용해야 하는 것은?

> 머리카락과 머리의 분비물들로 인한 음식 오염을 방지하고, 위생적인 작업을 진행할 수 있도록 하기 위해 착용한다.

① 머플러   ② 위생모
③ 위생화(작업화)   ④ 위생복

해설 위생모는 머리카락과 머리의 분비물로 인한 음식의 오염을 방지하는 목적으로 착용한다.

04 개인 위생관리 중 바르지 않은 것은?

① 화장은 진하게 하지 않지만 향이 강한 향수는 사용하여도 좋다.
② 인조 속눈썹을 착용해서는 안 된다.
③ 손톱에 매니큐어나 광택제를 칠해서는 안 된다.
④ 조리실(주방) 종사자는 장신구를 착용해서는 안 된다.

해설 화장은 진하게 하지 않으며, 향이 강한 향수는 사용하지 않는다.

Chapter 01		개인 위생 관리							
1	④	2	②	3	②	4	①		

01 미생물의 종류와 특성

1. 미생물의 종류

① 곰팡이(몰드, Mold) : 진균류 중에서 균사체를 발육 기관으로 하는 기관 것
② 효모(이스트, Yeast) : 구형, 타원형, 달걀형 등이 있고 출아법으로 증식
③ 스피로헤타(Spirochaeta) : 단세포 식물과 다세포 식물의 중간 형태
④ 세균(박테리아, Bacteria) : 구균, 간균, 나선균이며, 2분법으로 증식
⑤ 리케차(Rickettsia) : 원형, 타원형 등이 있고 2분법으로 증식
⑥ 바이러스(Virus) : 세균 여과기를 통과하는 미생물로 미생물 가운데 크기가 가장 작음

2. 미생물 생육에 필요한 조건

미생물 증식은 영양소, 수분, 온도, pH, 산소가 있어야 생육할 수 있으나 이 중에서 영양소, 수분, 온도를 미생물 증식의 3대 조건이라 한다.

(1) 영양소

탄소원(당질), 질소원(아미노산, 무기 질소), 무기 염류, 생육소(발육소) 등의 영양소가 필요하다.

(2) 수분

보통 40% 이상의 수분이 필요하며 건조식품은 15% 정도인데, 이 정도의 수분 함량으로는 일반 미생물의 생육·증식이 불가능하나 곰팡이만 유일하게 건조식품에서 발육할 수 있다.

※ 생육에 필요한 수분량 순서 : 세균 > 효모 > 곰팡이
※ 곰팡이의 생육 억제 수분량 : 13% 이하

(3) 온도

① 저온균 : 증식 최적 온도 15~20℃
② 중온균 : 증식 최적 온도 25~37℃
③ 고온균 : 증식 최적 온도 55~60℃

(4) 수소 이온 농도(pH)

① 곰팡이와 효모 : 최적 pH가 4.0~6.0, 산성에서 잘 자람
② 세균 : 최적 pH가 6.5~7.5, 중성 내지 약알칼리에서 잘 자람

02 식품과 기생충병

1. 기생충

선충류	회충, 편충, 구충, 요충, 동양 모양 선충, 말레이 사상충

흡충류	간흡충, 폐흡충, 요코가와흡충
조충류	무구조충, 유구조충, 광절열두조충, 만소니열두조충
원충류	이질아메바 원충, 말라리아 원충

2. 선충류에 의한 감염과 예방법

회충	• 경구 침입 • 전신 증상(권태, 미열, 소화 장애, 구토, 복통 등) • 예방법 : 분변의 위생적 처리, 정기적 구충제 복용, 청정 채소 섭취, 위생 해충의 구제와 환경 관리 • 우리나라에서 감염률이 가장 높은 기생충 • 충란은 직사일광 및 열에 약함
구충 (십이지장충)	• 경피 감염 : 맨발 또는 흙 묻은 손에 의해 피부로 침입 • 경구 감염 : 채소에 묻어 있던 감염형 유충의 구강점막 침입 • 침입 부위의 국소증상 : 소양감, 작열감 (Ground Itch) • 예방법 : 오염된 환경 내에서 피부의 노출을 금하고 채소는 깨끗이 씻어 가열 조리하고 생 분뇨를 비료화하지 않기
요충	• 집단 감염 • 항문에 기생하여 항문 주위의 소양증 • 전신 증상(경련, 수면장애, 야뇨증, 주의력 산만, 체중 감소) • 손톱을 짧게 깎고, 식전에 손 씻기, 항문 주위의 청결 유지
편충	• 경구 감염 • 무증상감염을 하는 경우가 많음 • 예방 및 치료법은 회충과 동일
동양모양 선충	• 내염성이 강함(절인 채소에도 부착되어 감염)

3. 중간 숙주에 의한 기생충의 분류

(1) 중간 숙주가 없는 것

회충, 구충, 편충, 요충

(2) 중간 숙주가 한 개인 것

① 무구조충(민촌충) : 소
② 유구조충(갈고리촌충) : 돼지
③ 선모충 : 돼지
④ 만소니열두조충 : 닭

(3) 중간 숙주가 두 개인 것

종류	제1중간숙주	제2중간숙주
간흡충 (간디스토마)	왜우렁이	담수어 (붕어, 잉어)
폐흡충 (폐디스토마)	다슬기	가재, 게
요코가와흡충 (황천흡충)	다슬기	담수어 (특히 은어)
광절열두조충 (간촌충)	물벼룩	담수어 (연어, 송어)

(4) 사람이 중간 숙주 구실을 하는 것

말라리아

※ 아니사키스충 : 포유류인 고래, 돌고래에 기생하는 회충의 일종으로, 본충에 감염된 연안 어류의 섭취로 감염된다.
※ 간디스토마 : 강 유역 주민들에게 많이 감염되며, 민물고기를 생식하는 사람에게 많이 감염된다.

03 살균 및 소독의 종류와 방법

1. 소독, 멸균 및 방부의 정의

소독	병원 미생물을 죽이거나 약화시켜 감염 및 증식력을 없애는 조작
멸균	강한 살균력을 작용시켜 병원균, 비병원균, 아포 등 모든 미생물을 완전 사멸시킴
방부	미생물의 발육을 저지 또는 정지시켜 부패나 발효를 방지하는 방법

2. 소독방법

(1) 물리적 방법

① 무가열에 의한 방법

자외선 조사	• 일광 소독(실외 소독), 자외선 소독(실내 소독) • 자외선의 살균력은 파장 범위가 2,500~2,800Å(옹스트롬) 정도일 때 가장 강함
방사선 조사	• 식품에 방사선을 방출하는 코발트 60(60Co) 등의 물질을 조사시켜 균을 죽이는 방법
(세균)여과법	• 음료수나 액체 식품 등을 세균 여과기로 걸러서 균을 제거시키는 방법인데, 바이러스는 너무 작아서 걸러지지 않는 단점이 있음

② 가열에 의한 방법

화염멸균법	알코올램프, 분젠 등의 불꽃 속 금속류, 유리병, 백금, 도자기 등의 소독을 위해 20초 이상 접촉시키는 방법
건열멸균법	• 유리 기구, 주삿바늘 등을 건열멸균기(Dry Oven)에 넣고 150~160℃에서 30분 이상 가열하는 방법

유통증기 소독법	• 100℃의 유통하는 증기 중에서 30~60분간 가열하는 방법
(유통증기) 간헐 멸균법	• 100℃의 유통 증기 중에서 24시간마다 15~20분간씩 3회 계속하는 방법으로서 아포를 형성하는 균(내열성)을 죽일 수 있음
고압증기 멸균법	• 고압증기 멸균솥(오토클레이브)을 이용하여 121℃(압력 15파운드)에서 15~20분간 살균하는 방법 • 멸균 효과가 좋아서 미생물뿐 아니라 아포까지도 죽일 수 있으며, 통조림 등의 살균에 이용됨
자비소독 (열탕소독)	• 끓는 물(100℃)에서 30분간 가열을 하는 방법으로써 식기·행주 등의 소독에 이용된다. 손쉬운 방법이기는 하지만 아포를 죽일 수 없기 때문에 완전 멸균을 기대할 수 없음
저온살균법 (LTLT법)	• 우유와 같은 액체 식품에 대해 61~65℃에서 30분간 가열하는 방법으로 영양 손실이 적음
고온 단시간 살균법 (HTST)	• 우유의 경우 70~75℃에서 15~20초간 가열하는 방법
초고온 순간 살균법 (UHT)	• 우유의 경우 130~140℃에서 2초간 살균 처리하는 방법

(2) 화학적 방법

① 소독약의 종류와 온도

종류	용도
염소·차아염소 산나트륨	• 채소, 식기, 과일, 음료수 등의 소독에 사용

소독제	사용처
표백분 (클로르칼키 · 클로르석회)	• 우물 · 수영장 소독 및 야채 · 식기 소독에 사용
역성 비누 (양성비누)	• 과일, 야채, 식기, 손 소독에 사용 • 사용 농도 : 과일 · 야채 · 식 기 소독은 0.01~0.1%, 손 소 독은 10%로 사용 • 보통 비누와 동시에 사용하 거나 유기물이 존재하면 살 균 효과가 떨어지므로 세제 로 씻은 후 사용
석탄산(3%)	• 변소(분뇨) · 하수도 · 진개 등 오물 소독에 사용 • 각종 소독약의 소독력을 나 타내는 기준이 됨 • 단점 : 냄새가 독함, 독성이 강함, 피부 점막에 강한 자 극을 줌, 금속 부식성이 있 음 • 석탄산계수 = (다른) 소독약 의 희석배수/석탄산의 희석 배수
크레졸 비누액 (3%)	• 변소(분뇨) · 하수도 · 진개 등의 오물 소독 · 손 소독에 사용 • 피부 자극은 비교적 약하지 만 소독력은 석탄산보다 강 하며(2배), 냄새도 강함
과산화수소(3%)	• 자극성이 적어서 피부 · 상 처 소독에 적합하며, 특히 입안의 상처 소독에도 사용 할 수 있음
포름알데히드 (기체)	• 병원 · 도서관 · 거실 등의 소독에 사용되고 있음
포르말린	• 변소(분뇨) · 하수도 · 진개 등의 오물 소독에 이용
승홍수(0.1%)	• 비금속 기구 소독에 이용
생석회	• 하수도 · 진개 등의 오물 소 독에 가장 우선적으로 사용
에틸알코올 (70%)	• 금속 기구, 초자기구, 손 소 독 등에 사용
에틸렌옥사이드 (기체)	• 식품 및 의약품 소독에 사용

04 식품의 위생적 취급 기준

1. 식품 조리 기구의 관리

식품 조리 기구는 재질이 비독성이며, 녹슬지 않고 청소 세제와 소독약품에 잘 견뎌야 한다. 조리 기구는 사용 후 염소계 소독제 200ppm을 사용하여 살균 후 물기를 제거한다.

2. 식재료의 취급

① 재고 수량을 파악한 후 적정량을 구입하며, 유통기한을 확인한다.
② 보존 상태가 좋지 못한 것은 가격이 저렴하다고 해도 구입하지 않는다.
③ 냉동식품은 해동 흔적, 통조림은 찌그러짐, 냉장식품의 비 냉장 상태를 확인한다.
④ 선입선출(FIFO: First In, First Out) 방식으로 사용한다.
⑤ 유효기간이 남아 있어도 선도가 떨어진 것은 폐기한다.
⑥ 유효기간이 지난 상품은 반드시 폐기처분한다.

05 식품 첨가물과 유해 물질

1. 식품 첨가물

(1) 식품의 기호성을 높이고 관능을 만족시키는 것

종류	특성
착색료	• 색을 복원하거나 외관을 보기 좋게 하기 위하여 사용 • 동클로로필린나트륨, 철클로로필린나트륨, 삼이산화철, β-카로틴 • 타르색소를 사용할 수 없는 식품의 종류 : 면류, 김치류, 다류, 묵류, 젓갈류, 단무지, 천연식품(두부류, 건강보조식품, 특수영양 식품, 유산균 음료, 토마토케첩 등)
발색제	• 그 자체에는 색이 없으나 식품 중의 색소와 작용해서 색을 안정시키거나 발색을 촉진시키는 데 사용 • 육류 발색제 : 질산칼륨, 질산나트륨, 아질산나트륨 • 식물성 발색제 : 황산제1철(결정), 황산제1철(건조)
표백료	• 유화 물질을 화학적 분해에 의하여 탈색시키는 데 사용 • 산화제 : 과산화수소 • 환원제 : 아황산나트륨(결정), 아황산나트륨(무수), 산성 아황산나트륨, 메타중아황산칼륨, 차아황산나트륨
착향료	• 식품의 냄새를 강화 또는 변화시키거나 좋지 않은 냄새를 없애기 위해 사용 • 에스텔류 : 카프론산알릴, 초산벤질, 프로피온산벤질, 초산부틸, 낙산부틸 • 에스텔 이외의 착향료 : 데실알코올, 시트로네롤, 시트로네랄, 계피알코올, 유카리프톨 • 성분 규격이 없는 착향료 : 이소티오시아네이트류, 인돌 및 그 유도체, 에스텔류, 에텔류, 지방족 고급 알코올류, 지방족 고급 알데히드류

감미료	• 당질을 제외한 감미를 가지고 있는 화학적 제품을 총칭하여 합성감미료라고 함 • 사카린나트륨, 글리시리친산 2나트륨, 글리시리친산 3나트륨, d-솔비톨, 스테비오사이드
조미료	• 식품이 본래 가지고 있는 맛보다 좋은 맛을 내거나 개인의 미각에 맞도록 첨가 • 정미료(감칠맛) 글리신, 5-구아닐산 나트륨, 구연산나트륨, 1-글루탐산나트륨, d-주석산 나트륨 • 산미료 : 구연산, 초산, 빙초산, 후말산, 젓산, d-주석산

(2) 품질 유지 또는 개량에 사용하는 것

종류	특성
소맥분 개량제	• 밀가루의 장기간 저장을 위해 소맥분 개량제를 첨가함 • 과산화벤조일(희석), 과황산암모늄, 브롬산칼륨, 이산화염소
품질 개량제 (결착제)	• 포유동물의 고기나 어육을 가공, 특히 연제품을 만들 때 팽창성이나 보수성을 높여 고기의 결착성을 좋게 하기 위하여 사용 • 인산염
유화제 (계면활성제)	• 서로 혼합이 잘 되지 않는 2종류의 액체 또는 고체를 액체에 분산시키는 기능을 가지고 있는 물질을 유화제 또는 계면 활성제라고 함 • 소르비탄지방산에스텔, 글리세린지방산에스텔, 자당지방산에스텔, 프로필렌글리콜지방산에스텔, 대두인지질
증점제(호료)	• 점성 증가, 한천
피막제	• 생과일·야채류의 호흡 작용을 제한, 수분 증발 방지, 외상 예방, 부패균의 침입을 어느 정도 방지하여 장기간 보존하기 위하여 표면에 피막을 만듦 • 모르폴린지방산염, 초산비닐수지

(3) 식품의 제조 가공과정에서 사용하는 것

종류	특성
양조용 첨가제	• 청주, 합성청주, 맥주, 과실주 등의 알코올 음료를 만들 때 사용 • 황산마그네슘, 황산암모늄, 제1인산칼륨
소포제	• 식품공업에 있어 발생하는 거품을 저지하기 위하여 사용 • 규소수지
팽창제	• 제과·제빵 공정 시 가스를 발생시켜 부풀게 함으로써 연하고 맛이 좋고 소화되기 쉬운 것으로 만들기 위하여 사용 • 탄산수소나트륨, 탄산수소암모늄, 탄산암모늄, 암모늄 명반, 명반, 소명반
용제	• 착색료, 착향료, 보존료 등을 식품에 첨가할 경우 잘 녹지 않으므로 용해시켜 식품에 균일하게 흡착시키기 위해 사용 • 프로필렌글리콜, 글리세린, 핵산

(4) 식품의 변질, 변패를 방지하기 위해 사용하는 것

종류	특성
보존료 (방부제)	• 미생물의 증식을 억제하고 선도를 보존하기 위해 사용 • 데히드로초산, 데히드로초산나트륨 : 치즈, 버터, 마가린 • 소르빈산, 소르빈산칼륨: 식육, 된장 • 안식향산, 안식향산나트륨 : 과실, 채소류, 탄산음료수, 간장 • 파라옥시안식향산부틸 : 간장, 청량음료 0.1g/kg 이하, 과일주·약주·탁주 0.05g/kg 이하 • 프로피온산나트륨, 프로피온산칼슘 : 빵 및 생과자류

종류	특성
살균제 (소독제)	• 식품 내 부패 원인균을 단시간에 사멸시키기 위한 목적으로 사용 • 표백분, 고도표백분, 차아염소산나트륨, 이소시아눌산이염화나트륨, 에틸렌옥사이드
산화 방지제	• 식품 내의 지방의 산화 방지를 위해 첨가하여 산화 과정을 지연시키기 위해 사용 • 부틸히드록시아니졸(BHA), 디부틸히드록시톨루엔(BHT), 몰식자산프로필, 아스코르빈산, 에리소르빈산, 에리소르빈산나트륨, DL-α-토코페롤(비타민 E)
방충제	• 곡류의 저장 중에 생기는 미세곤충의 피해 방지를 위해 사용 • 피페로닐부톡사이드

(5) 기타

① 이형제 : 빵 만들 때 빵틀로부터 빵의 형태를 손상시키지 않고 분리하거나 비스킷 등의 제조 때 컨베이어에서 쉽게 분리해 내기 위하여 사용한다. (유동파라핀)

② 껌 기초제 : 합성수지 사용, 에스텔껌, 초산 비닐수지 폴리부텐, 폴리이소부틸렌

(6) 천연산 식품 첨가물

① 산탄껌(Xanthan Gum) : 호료 및 안정제로 사용

② 젤라틴(Gelatin) : 호료, 유화제로 사용

③ 효모(Yeast) : 양조용 첨가제, 팽창제로 사용

06 유해물질

1. 중금속

종류	특성
납 (Pb)	• 중독 경로 : 납땜(통조림), 음료수를 통과시키는 수도관, 도료, 유약에 납 성분 함유, 농약, 안료(화장품) • 증상 : 혈색소파괴, 빈혈, 얼굴이 납색이 되며 연산통(간헐적 복통), 연연(잇몸의 색이 납빛이 되고, 줄 생성), 근육통, 심장박동 이상, 호흡장애, 구토, 설사 등
카드뮴 (Cd)	• 중독 경로 : 식기, 용기, 공장폐수, 광산폐수, 매연, 수질오염, 농작물이 오염된 것을 식품으로 섭취하였을 때 등 • 이타이이타이병 : 광산에서 카드뮴을 폐수로 흘려보내 전신 동통 등 보행이 곤란할 정도의 뼈 약화, 골연화증, 골다공증이 나타나고, 또 체내에 흡수되면 신장의 재흡수 장애를 일으켜 칼슘 배설을 증가시킴
비소 (As)	• 중독 경로 : 농약 • 증상 – 급성 중독 : 구토, 구갈, 식도 위축, 설사, 심장마비, 흑피증 – 만성 중독 : 혈액이 녹고, 조직에 침착되어 신경계통 마비, 전신경련
아연 (Zn)	• 중독 경로 : 합금, 산성식품, 가열에 의한 용출 • 증상 : 오심, 구토, 설사, 경련, 두통, 권태감
주석 (Sn)	• 중독 경로 : 통조림(산성식품, 산소와 접촉하여 변하고 황화수소와 결합해 검게 변한다) • 증상 : 오심, 구토, 복통, 설사, 권태감 • 예방법 : 통조림을 따서 사용한 후 남은 것은 다른 용기에 담아 보관함
안티몬 (Sb)	• 중독 경로 : 염료(법랑, 도자기, 고무관 염료)가 유기산과 결합해 용출이 용이함 • 증상 : 구토, 복통, 구갈, 허탈, 심장마비에 의한 사망

구리 (Cu)	• 중독 경로 : 식기에 녹청이 생겨 중독, 구리합금에 의하여 산성에서 쉽게 용출되며 착색제(채소), 농약에 함유되어 있음 • 증상 : 오심, 구토, 타액 다량 분비, 복통, 현기증, 호흡곤란
수은 (Hg)	• 중독 경로 : 체온계, 질이 나쁜 화장품 • 미나마타병(만성 중독) : 손의 지각이상, 언어장애, 시청각 기능장애, 구내염, 보행 곤란, 반사신경 마비 • 급성 중독 : 농약, 보존료, 방부제, 오염된 식품 섭취 시에 유발하며 경련, 갈증, 구토, 복통, 설사, 허탈로 사망함

2. 유해 첨가물

독성이 강하여 사용이 금지된 첨가물은 다음과 같다.

착색제	아우라민, 로다민 등
감미료	에틸렌글리콜, 니트로아닐린, 둘신, 페릴라틴, 사이클라메이트, 파라니트로올소톨루이딘
표백제	롱가릿, 형광표백제 등
보존료	붕산, 포름알데히드, 불소화합물, 승홍 등

출제예상문제

01 미생물의 발육 조건과 거리가 먼 것은?

① 식품의 온도　　　② 식품의 수분

③ 식품의 영양소　　④ 식품의 빛깔

해설 미생물은 적당한 영양소, 수분, 온도, 수소 이온 농도(pH), 산소가 있어야 잘 자란다. 식품의 빛깔은 식품의 변질, 미생물 발육과는 무관하다.

02 중온균(Mesophiles)의 생육 최적온도는?

① 10~20℃ ② 25~37℃

③ 55~60℃ ④ 40~75℃

해설 미생물의 생육에 필요한 최적온도는 저온균 10~20℃, 중온균 25~37℃, 고온균 55~60℃이다.

03 광절열두조충의 중간숙주와 감염부위는?

① 다슬기 – 은어 – 소장

② 왜우렁이 – 붕어 – 간

③ 물벼룩 – 연어 – 소장

④ 다슬기 – 가재 – 폐

해설 광절열두조충(긴촌충)
• 제1중간숙주 : 물벼룩
• 제2중간숙주 : 송어, 연어
• 감염 부위 : 소장

04 집단 감염이 잘 되며, 항문 부위의 소양증이 있는 기생충은?

① 간디스토마 ② 구충

③ 요충 ④ 회충

해설 요충은 맹장 부위에서 성충이 될 때까지 발육하여 항문 주위에 나와 산란하여 항문 주위의 소양증과 세균의 2차 감염에 의한 염증을 일으킨다.

05 다음은 미생물에 작용하는 강도의 순으로 나열한 것이다. 옳은 것은?

① 멸균 > 소독 > 방부

② 소독 > 방부 > 멸균

③ 방부 > 멸균 > 소독

④ 소독 > 멸균 > 방부

해설 • 멸균 : 병원균을 포함한 모든 균을 사멸
• 소독 : 병원균을 죽임
• 방부 : 균의 성장 억제
• 멸균 > 소독 > 방부

06 자외선 살균의 특징과 거리가 먼 것은?

① 피조사물에 조사하고 있는 동안만 살균 효과가 있다.

② 비열살균이다.

③ 단백질이 공존하는 경우에도 살균 효과에는 차이가 없다.

④ 가장 유효한 살균 대상은 물과 공기이다.

해설 자외선 살균 시 단백질을 많이 함유하고 있는 식품은 살균 효과가 떨어진다.

07 다음 역성 비누에 대한 설명 중 틀린 것은?

① 단백질이 있으면 효력이 저하되기 때문에 세제로 씻고 사용한다.
② 보통 비누에 비하여 세척력은 약하나 살균력이 강하다.
③ 보통 비누와 함께 사용하면 효력이 상승한다.
④ 냄새가 없고 부식성이 없으므로 손·식기·도마에 사용한다.

해설 역성 비누는 보통 비누와 함께 사용하거나, 유기물이 존재하면 살균 효과가 떨어지므로 세제로 씻은 후 사용하는 것이 좋다.

08 다음 중 수건이나 식기를 소독할 때 사용하는 방법이 아닌 것은?

① 일광 소독   ② 포르말린 소독
③ 자비 소독   ④ 염소 소독

해설 포르말린은 실내 소독에 사용하며, 수건이나 식기 소독 시에는 역성 비누, 염소, 자비 소독, 증기 소독, 일광 소독을 쓴다.

09 다음 중 보존제를 가장 잘 설명한 것은?

① 식품에 발생하는 해충을 사멸시키는 첨가물
② 식품의 변질 및 부패를 방지하고 영양가와 신선도를 보존하는 첨가물
③ 식품 중의 쿠패 세균이나 감염병의 원인균을 사멸시키는 첨가물
④ 곰팡이의 발육을 억제시키는 첨가물

해설 보존제
미생물의 증식을 억제하여 변질 및 부패를 방지하고 영양가와 신선도를 보존하는 식품 첨가물이다.

10 살인당 또는 원폭당이라는 별명이 있는 유해 감미료는?

① 아우라민
② 포름알데히드
③ 파라니트로아닐린
④ 파라니트로올소톨루이딘

해설 유해 감미료 중 파라니트로올소톨루이딘은 설탕보다 단맛이 200배 강하고 살인당, 원폭당이라 하여 간장독을 일으키는 독성이 강하여 사용 금지된 식품 첨가물이다.

11 다음 중 치즈, 버터, 마가린 등 유지식품에 사용이 허가된 보존료는?

① 안식향산　　　② 소르빈산
③ 프로피온산칼슘　④ 데히드로초산

해설 보존료
- 데히드로초산 : 치즈, 버터, 마가린
- 소르빈산 : 육제품, 된장
- 안식향산 : 청량음료수, 간장
- 프로피온산나트륨, 프로피온산칼슘 : 빵 및 케이크류

Chapter 02		식품 위생 관리							
1	④	2	②	3	③	4	③	5	①
6	③	7	③	8	②	9	②	10	④
11	④								

01 주방 위생 위해 요소

1. 방충, 방서 및 소독

물리적 방역	시설 개선, 환경 개선, 해충의 서식지 제거 등 물리적으로 환경 조성
화학적 방역	해충을 구제하기 위해서 약제를 살포하는 방법
생물학적 방역	천적 생물을 이용하는 방법으로 해충의 서식지를 제거

2. 주방 시설, 도구 위생 관리

기계 및 설비	• 본체와 부품을 분해하여 본체는 물로 1차 세척하고 세제를 묻혀서 스펀지로 더러움을 제거하고 흐르는 물에 씻기 • 부품은 200ppm의 차아염소산나트륨 용액 또는 뜨거운 물에 5분간 담갔다가 세척하여 완전히 건조시켜서 재조립
도마, 식칼	• 뜨거운 물로 씻은 후에 세제를 묻혀 표면을 닦고 흐르는 물로 세제를 씻어낸 후 80℃의 뜨거운 물에 5분간 담가 두었다가 세척하거나, 200ppm의 차아염소산나트륨 용액에 5분간 담근 후에 세척
행주	• 뜨거운 물에 담가서 1차로 세척을 한 후 식품용 세제로 씻어 물에 헹구고, 100℃에서 5분 이상 끓여서 자비 소독(형광염료가 포함되어 있는 의류용 세제는 식품에 사용금지)

주방 시설 방역을 위한 약품	• 약품은 세계보건기구(WHO)가 공인한 약품만을 사용하며 내성을 고려하여 분기별로 약품을 교체

02 식품 안전 관리 인증 기준 (HACCP)

1. HACCP(식품 안전 관리 인증 기준)

(1) HACCP의 정의와 의의

HACCP는 일명 '해썹' 또는 '해십'이라 부르며 HA와 CCP의 결합어로 Hazard Analysis(위해 요소 분석)과 Critical Control Point(중요 관리점)의 합성어이다. 식품의 원료, 제조, 가공 및 유통의 전 과정에서 유해 물질이 해당 식품에 혼입되거나 오염되는 것을 사전에 방지하기 위해 각 과정을 중점적으로 관리하는 기준을 말한다.

(2) HACCP 관리의 준비 단계 5 절차

① HACCP 팀 구성
② 제품 설명서 작성
③ 사용목적의 확인
④ 공정 흐름도 작성
⑤ 공정 흐름도의 현장 확인

(3) HACCP 수행의 7원칙

HACCP 관리의 기본 단계인 7개의 원칙에 따라 관리 체계를 구축한다.

① 원칙1 : 위해 요소 분석(Hazard Analysis)
② 원칙2 : 중요 관리점(Critical Control Point, CCP) 결정
③ 원칙3 : 중요 관리점에 대한 한계 기준(Critical Limits, CL) 설정
④ 원칙4 : 중요 관리점에 대한 감시(Monitoring) 절차 확립
⑤ 원칙5 : 한계 기준 이탈 시 개선 조치(Corrective Action) 절차 확립
⑥ 원칙6 : HACCP 시스템의 검증(Verification) 절차 확립
⑦ 원칙7 : HACCP 체계를 문서화하는 기록(Record)유지 방법 설정

(4) HACCP 대상 식품

수산가공식품류의 어육가공품류 중 어묵·어육소시지, 기타 수산물 가공품 중 냉동어류·연체류, 조미가공품, 냉동식품 중 피자류·만두류·면류, 과자류, 빵류 또는 떡류 중 과자·캔디류·빵류·떡류, 빙과류 중 빙과, 음료류(다류 및 커피류 제외), 레토르트식품, 절임류 또는 조림류의 김치류 중 김치, 특수용도식품, 코코아가공품 또는 초콜릿류 중 초콜릿, 유탕면 또는 곡분, 전분, 전분질원료 등을 주원료로 반죽하여 손이나 기계 따위로 면을 뽑아내거나 자른 국수로서 생면·숙면·건면, 즉석섭취·편의식품류 중 즉석섭취식품, 즉석섭취·편의식품류의 즉석조리식품 중 순대, 식품제조·가공업의 영업소 중 전년도 총매출이 100억 원 이상인 영업에서 제조·가공하는 식품

01 조리장의 위생 관리로 틀린 것은?

① 주방 시설 및 도구의 위생 관리를 철저히 한다.
② 주방의 출입구에 신발을 소독할 수 있는 시설을 갖추도록 한다.
③ 조리장의 위생 해충은 약제사용 1회만으로 완벽히 박멸된다.
④ 주방 시설 방역을 위한 약품은 내성을 고려해서 분기별로 교체한다.

해설 조리장의 위생 해충은 방충, 방서, 살충제 등을 사용하여 1회만이 아니라 계속적으로 관리해야 한다.

02 식품 안전 관리 인증 기준(HACCP)에 대한 설명으로 틀린 것은?

① 식품의 원료, 관리, 제조, 조리, 유통의 모든 과정을 포함한다.
② 위해한 물질이 식품에 섞이거나 식품이 오염되는 것을 방지하기 위하여 실시한다.
③ HACCP 수행의 7원칙 중 원칙 1은 중요 관리점에 대한 감시 절차 확립이다.
④ 각 과정을 중점적으로 관리하는 기준이다.

해설 HACCP 수행의 7원칙 중 원칙 1은 위해 요소를 분석하는 것이다.

03 HACCP의 의무 적용 대상 식품에 해당하지 않는 것은?

① 어묵, 어육소시지
② 레토르트 식품
③ 특수용도 식품
④ 껌류

해설 껌류는 HACCP의 의무 적용 대상 식품에 해당되지 않는다.

04 교차 오염을 예방하는 방법으로 바르지 못한 것은?

① 도마와 칼은 용도별로 색을 구분하여 사용한다.
② 날 음식과 익은 음식은 함께 보관하여도 무방하다.
③ 식품을 조리하다가 식품에 기침을 하지 않는다.
④ 육류 해동은 냉장고의 아래 칸에서 한다.

해설 교차 오염을 막기 위해 날 음식과 익은 음식은 분리하여 보관한다.

Chapter 03	주방 위생 관리						
1	③	2	③	3	④	4	②

CHAPTER 04 식중독 관리

01 세균성 식중독

세균성 식중독은 식품에 오염된 원인균 또는 균이 생성한 독소에 의해 발생되는데, 대부분 급성 위장 증상을 나타낸다. 우리나라에서는 발생률이 화학적 식중독보다 높고 여름철에 가장 많이 발생한다. 이는 기온과 습도가 높아 세균 증식이 용이한 계절이기 때문이다.

1. 감염성 식중독

식품 내에 병원체가 증식하여 인체 내에 식품과 함께 들어와 생리적 이상을 일으키는 식중독이다.

(1) 살모넬라 식중독

감염원	• 쥐, 바퀴벌레, 파리, 닭 등
원인 식품	• 육류, 조육, 난류, 어패류 및 가공품, 우유 및 유제품, 채소 샐러드 등
원인균	• 살모넬라균
잠복기	• 12~24시간(평균 18시간)
증상	• 위장증상 • 급격한 발열
예방법	• 쥐, 곤충, 조류에 의한 오염을 막기 • 60℃에서 30분이면 사멸되므로 가열 섭취

(2) 장염 비브리오 식중독

감염원	• 어패류
원인 식품	• 어패류, 해조류 및 그 가공품
원인균	• 비브리오균
잠복기	• 10~18시간(평균 12시간)
증상	• 급성 위장염
예방법	• 여름철 어패류 생식을 금하기 • 가열 섭취

(3) 병원성 대장균 식중독

감염원	• 환자나 보균자의 분변 • 흙이나 물에 존재
원인 식품	• 우유가 주원인, 햄, 치즈, 소시지, 가정에서 만든 마요네즈
원인균	• 병원성 대장균
잠복기	• 평균 13시간
증상	• 급성 대장염
예방법	• 분변 오염이 되지 않도록 주의

(4) 웰치균 식중독

감염원	• 식품의 오염 증식 • 사람과 동물의 분변
원인 식품	• 육류, 어패류 및 가공품
원인균	• 웰치균(원인균은 A형)
잠복기	• 8~22시간(평균 12시간)
증상	• 복통 • 심한 설사

예방법	• 분변의 오염을 막기 • 식품의 저온 · 냉동보관

2. 독소형 식중독

식품 내에 병원체가 증식하여 생성한 독소에 의해 생기는 식중독이다.

(1) 포도 상구균 식중독

원인 식품	• 유가공품(우유, 크림, 버터, 치즈) • 조리식품(떡, 콩가루, 김밥, 도시락)
원인 독소	• 엔테로톡(Enterotox-in, 장독소) • 끓여도 파괴되지 않음
잠복기	• 식후 3시간(잠복기가 가장 짧음)
증상	• 구토, 복통, 설사
예방법	• 손이나 몸에 화농이 있는 사람은 식품 취급을 금함

(2) 클로스트리디움 보툴리늄 식중독

원인 식품	• 통조림 가공품(밀봉식품) • 햄, 소시지
원인 독소	• 뉴로톡신(Neurotoxin, 신경독소) • 열에 의해 파괴됨
잠복기	• 식후 12~26시간(잠복기가 가장 길음)
증상	• 신경마비 증상 • 세균성 식중독 중 치명률이 가장 높음(40%)
예방법	• 음식물의 가열섭취 • 통조림 및 소시지 등의 위생적 보관과 철저한 가공

※ 세균성 식중독과 소화기계 감염병(경구 감염병)의 차이

세균성 식중독	소화기계 감염병 (경구 감염병)
• 식중독균에 오염된 식품을 섭취하여 발생한다. • 다량의 균 또는 독소에 의해 발병한다. • 살모넬라 외에는 2차감염이 없다. • 잠복기는 비교적 짧다. • 면역이 되지 않는다.	• 감염 병균에 오염된 식품과 물의 섭취로 경구 감염을 일으킨다. • 소량의 균으로도 발병한다. • 2차감염이 된다. • 잠복기가 비교적 길다. • 면역이 된다.

※ **식중독의 조사 보고**

식중독 환자나 식중독이 의심되는 자를 진단하였거나 그 사체를 검안한 의사 또는 한의사는 대통령령으로 정하는 바에 따라 식중독 환자나 식중독이 의심되는 자의 혈액 또는 배설물을 보관하는 데에 필요한 조치를 하여야 한다.

※ **식중독 발생 시 보고 순서**

(한)의사 → 관할 시청, 군수, 구청장 → 식품의약품안전처장 및 시 · 도지사

02 자연독 식중독

1. 동물성 자연독

복어 중독	• 원인 독소 : 데트로도톡신(Tetrodotoxin) • 독성이 있는 부위 : 복어의 난소에 가장 많고, 간 · 내장 · 피부 등의 순. 끓여도 파괴되지 않음 • 치사량 : 2mg • 중독 증상 : 지각 마비, 구토, 감각 둔화, 보행 곤란, 호흡 곤란, 의식 불명되어 사망 • 예방책 : 전문 조리사만이 요리한다.
섭조개(홍합), 대합	• 원인 독소 : 삭시톡신(Saxitoxin)

모시조개, 굴, 바지락, 고동	• 원인 독소 : 베네루핀(Venerupin)
관절매물고동, 조각매물고동	• 원인 독소 : 테트라민(Tetramine)

2. 식물성 자연독

독버섯 식중독	• 원인 독소 : 무스카린(Muscarine), 뉴린 (Neurine), 콜린(Choline), 무스카리딘 (Muscaridine) 등

감자 중독	• 원인 독소
	  – 발아한 부분 또는 녹색 부분 : 솔라
	    닌(Solanine)
	  – 부패한 감자 : 셉신(Sepsine)

독미나리	• 원인 독소 : 시큐톡신(Cicutoxin)
청매, 살구씨, 복숭아씨	• 원인 독소 : 아미그달린(Amygdalin)
피마자	• 원인 독소 : 리신(Ricin)
목화씨	• 원인 독소 : 고시풀(Gossypol)
독보리(독맥)	• 원인 독소 : 테물린(Temuline)
미치광이풀	• 원인 독소 : 아트로핀(Atropine)

※ **알레르기성 식중독**

꽁치나 고등어와 같은 붉은살 어류의 가공품을 섭취했을 때 약 1시간 뒤에 몸에 두드러기가 나고, 열이 나는 증상이 나타나는데, 이와 같은 식중독을 알레르기성 식중독이라 한다.
- 원인 물질 : 히스타민
- 원인균 : 프로테우스 모르가니(Proteus Morganii)
- 항히스타민제를 투여하면 빨리 낫는다.
- 예방법 : 알레르기성 식중독은 부패가 되지 않은 식품을 섭취할 때에도 일어나므로 각자가 조심해야 한다.

※ 청매(미숙한 매실), 살구씨, 복숭아씨, 은행의 종자, 오색두(미얀마콩) 등에는 아미그달린(Amygdalin)이라는 시안(Cyan)배당체가 함유되어 있어 인체 장내에서 청산을 생성하는데, 청산은 치명률이 높은 중독의 원인이 된다.

03 화학적 식중독

유독한 화학 물질에 오염된 식품을 사람이 섭취함으로써 중독 증상을 일으키는 것을 화학적 식중독이라 한다.

1. 농약에 의한 식중독

유기인제	• 파라티온, 말라티온, 다이아지논 등의
	  농약
	• 신경독을 일으킴(신경 증상, 혈압 상
	  승, 근력 감퇴 등)
	• 예방 : 농약 살포 시 흡입 주의, 과채
	  류의 산성액 세척, 수확 전 15일 이내
	  농약 살포 금지

유기염소제	• DDT, BHC 등의 농약 • 신경독을 일으키며, 복통 · 설사 · 구 토 · 두통 · 시력 감퇴 · 전신권태 등 • 예방은 유기인제와 같음
비소화합물	• 비산칼슘 등의 농약 • 중독 증상은 목구멍과 식도의 수축, 구토, 설사, 소변량 감소 등 • 예방은 유기인제와 같음

※ 메틸알코올(메탄올)

과실주나 정제가 불충분한 에탄올이나 증류수에 미량 함유되어 두통 · 현기증 · 구토가 생기고 심할 경우 시신경에 염증을 일으켜 실명하거나 사망에 이르게 된다.

04 곰팡이 독소

세균을 제외한 미생물 가운데, 특히 곰팡이 중에는 유독 물질을 생성하는 경우도 있다.

황변미 중독	• 페니실리움(Penicillum)속 푸른곰팡이가 저장 중인 쌀에 번식하여 누렇게 변질시킴 • 시트리닌, 시크리오비리딘, 아이슬랜디톡신 등의 독소를 생성하여 인체에 신장독, 신경독, 간장독을 일으킴 • 원인 곰팡이 : 페니실리움(푸른곰팡이)
맥각 중독	• 보리, 호밀 등에 맥각균이 번식하여 에르고톡신, 에르고타민 등의 독소를 생성하여 인체에 간장독을 일으킴 • 원인 독소 : 에르고톡신(Ergotoxin)
아플라톡신 중독 (Aflatoxin)	• 아스퍼질러스 플라버스(Aspergilus Flavus) 곰팡이가 쌀·보리 등의 탄수화물이 풍부한 곡류와 땅콩 등의 콩류에 침입하여 아플라톡신 독소를 생성함 • 인체에 간장독을 일으킴

01 경구 감염병과 세균성 식중독의 주요 차이점에 대한 설명으로 옳은 것은?

① 경구 감염병은 다량의 균으로, 세균성 식중독은 소량의 균으로 발병한다.
② 세균성 식중독은 2차감염이 많고, 경구 감염병은 거의 없다.
③ 경구 감염병은 면역성이 없고, 세균성 식중독은 없는 경우가 많다.
④ 세균성 식중독은 잠복기가 짧고, 경구 감염병은 일반적으로 길다.

해설 세균성 식중독과 소화기계 감염병(경구 감염병)의 차이

세균성 식중독	소화기계 감염병 (경구 감염병)
• 식중독균에 으염된 식품을 섭취하여 발생한다. • 대량의 균 또는 독소에 의해 발병된다. • 살모넬라 외에는 2차 감염이 없다. • 잠복기는 비교적 짧다. • 면역이 되지 않는다.	• 감염 병균에 오염된 식품과 물의 섭취로 경구 감염을 일으킨다. • 소량의 균으로도 발병한다. • 2차 감염이 된다. • 잠복기가 비교적 길다. • 면역이 된다.

02 식중독 중 가장 많이 발생하는 것은?

① 화학성 식중독   ② 세균성 식중독
③ 자연독 식중독   ④ 알레르기성 식중독

해설 세균성 식중독의 발생 빈도가 높으며 여름철에 가장 많이 발생한다.

03 다음 중 집단 식중독이 발생하였을 때의 처치 사항과 관계없는 것은?

① 보건소나 시, 읍, 면에 즉시 신고한다.
② 즉시 항생 물질을 복용시킨다.
③ 환자의 가검물을 원인 조사 시까지 보관한다.
④ 원인식을 조사한다.

해설 집단 식중독 발생 시 해당 기관에 즉시 신고한 후 원인식을 찾아내어 올바른 처치법을 실행하는 것이 바람직한 방법이다

04 클로스트리디움 보툴리눔균이 생산하는 독소와 관계있는 것은?

① 엔테로톡신(Enterotoxin)
② 뉴로톡신(Neurotoxin)
③ 삭시톡신(Saxitoxin)
④ 에르고톡신(Ergotoxin)

해설
• 독소형 식중독의 독소 : 포도상구균 식중독(엔테로톡신), 클로스트리디움 보툴리눔 식중독(뉴로톡신)
• 자연독 식중독의 독소 : 섭조개(삭시톡신)
• 곰팡이 독소 : 맥각 중독(에르고톡신)

05 다음 중 감염형 세균성 식중독에 대한 설명이 잘못된 것은?

① 균이 오염되어 있어도 일정량 이상 되어야 발생한다.
② 균이 생성하는 독소에 의해 발생한다.
③ 식품의 위생적 관리로 예방할 수 있다.
④ 살모넬라균, 장염비브리오 식중독 등이 이에 속한다.

해설 감염형 식중독
• 식품과 함께 섭취된 병원체가 증식되어 나타나는 식중독이다.
• 종류 : 살모넬라 식중독, 비브리오 식중독, 대장균 식중독
• 독소형 식중독 : 식품 내에 병원체가 증식하여 생성한 독소에 의해 생기는 식중독

06 다음 미생물 중 알레르기성 식중독의 원인이 되는 히스타민과 관계가 깊은 것은?

① 포도상구균
② 바실러스균
③ 클로스트리디움 보툴리눔균
④ 모르가니균

해설 알레르기성 식중독
• 원인 식품 : 꽁치나 고등어(등푸른생선)
• 증상 : 두드러기, 발열
• 원인 : 프로테우스 모르가니균이 생성하는 히스타민이라는 물질

07 클로스트리디움 보툴리늄균이 검출될 가능성이 큰 식품은?

① 식빵　　　　② 생선
③ 통조림　　　　④ 채소류

해설 식중독의 원인 식품
클로스트리디움 보툴리늄균(통조림 가공품, 햄, 소시지)

08 가장 심한 발열을 일으키는 식중독은?

① 포도상구균 식중독
② 살모넬라 식중독
③ 클로스트리디움 보툴리늄 식중독
④ 복어 식중독

해설 살모넬라 식중독
• 원인균 : 살모넬라균
• 증상 : 급성위염, 급격한 발열
• 원인 식품 : 식품 가공품

09 화농성 질환을 가진 조리사가 식품 취급 시 발생되기 쉬운 식중독은?

① 포도상구균 식중독
② 살모넬라 식중독
③ 웰치균 식중독
④ 클로스트리디움 보툴리늄 식중독

해설 화농성 질환을 가진 사람이 조리를 했을 때 음식물을 통해 포도상구균 식중독이 발생된다.

10 복어 중독의 치료 및 예방법으로 옳지 않은 것은?

① 내장이 부착되어 있는 것은 식용을 하지 않는다.
② 위생적으로 저온에 저장된 것을 사용한다.
③ 자격 있는 전문 조리사가 조리한 것을 먹도록 한다.
④ 치료는 먼저 구토 · 위세척 등으로 체내의 독소를 제거한다.

해설 복어독소에 의한 식중독 예방법
전문 조리사만이 요리를 하도록 하며 내장, 난소, 간 부위 등을 먹지 않도록 유독 부위 폐기처리를 철저히 한다.

11 다음 중 섭조개, 대합의 독성분은?

① 무스카린　　　② 삭시톡신
③ 솔라닌　　　　④ 베네루핀

해설 조개류 중독
• 섭조개, 대합 : 삭시톡신
• 모시조개, 바지락 : 베네루핀

12 주로 부패한 감자에 생성되어 중독을 일으키는 물질은?

① 셉신(Sepsin)
② 아미그달린(Amygdaline)
③ 시큐톡신(Cicutoxin)
④ 마이코톡신(Mycotoxin)

해설 • 셉신(Sepsin) : 썩은 감자
• 솔라닌(Solanine) : 감자의 발아 부위와 녹색 부위
• 아미그달린 : 청매
• 시큐톡신 : 독미나리
• 마이코톡신 : 곰팡이독

13 통조림 식품의 통조림 관에서 유래될 수 있는 식중독의 원인 물질은?

① 카드뮴　　② 주석
③ 페놀　　　④ 수은

해설 통조림의 주원료인 주석은 금속을 보호하기 위한 코팅에 사용되는데, 철판에 주석코팅을 너무 얇게 하거나 본질적으로 통조림 내용물이 부식을 잘 일으키는 경우에는 통조림 캔으로부터 주석이 용출될 수 있다.

14 화학 물질에 의한 식중독으로 일반 중독 증상과 시신경의 염증으로 실명의 원인이 되는 물질은?

① 납　　　　② 주석
③ 메탄올　　④ 칼슘

해설 메탄올 : 두통, 현기증, 구토, 실명

15 다음 중 식품과 독성분과의 관계가 옳지 않은 것은?

① 복어 – 테트로도톡신(Tetrodotoxin)
② 섭조개 – 시큐톡신(Cicutoxin)
③ 모시조개 – 베네루핀(Venerupin)
④ 말고동 – 스루가톡신(Surugatoxin)

해설 **각 식품의 독소**
• 섭조개 – 삭시톡신(Saxitoxin)
• 독미나리 – 시큐톡신(Cicutoxin)

Chapter 04		식중독 관리							
1	④	2	②	3	②	4	②	5	②
6	④	7	③	8	②	9	①	10	②
11	②	12	①	13	②	14	③	15	②

CHAPTER 05 식품 위생 관계 법규

01 식품위생법 및 관계 법규

1. 총칙

(1) 식품위생법의 목적

식품으로 인하여 생기는 위생상의 위해를 방지하고 식품영양의 질적 향상을 도모하며, 식품에 관한 올바른 정보를 제공하여 국민보건의 증진에 이바지함을 목적으로 한다.

(2) 식품 위생 관련 용어의 정의

용어	정의
식품위생	• 식품, 식품 첨가물, 기구 또는 용기·포장을 대상으로 하는 음식에 관한 위생을 말한다.
식품	• 모든 음식물을 말한다. (단, 의약으로 취급하는 것은 제외)
식품 첨가물	• 식품을 제조·가공·조리 또는 보존하는 과정에서 감미, 착색, 표백 또는 산화방지 등을 목적으로 식품에 사용되는 물질. 이 경우 기구·용기·포장을 살균·소독하는 데에 사용되어 간접적으로 식품에 옮아갈 수 있는 물질을 포함한다.
화학적 합성품	• 화학적 수단으로 원소 또는 화합물에 분해 반응 외의 화학 반응을 일으켜서 얻은 물질을 말한다.

기구	• 다음 어느 하나에 해당하는 것으로 식품 또는 식품 첨가물에 직접 닿는 기계·기구나 그 밖의 물건(농업과 수산물에서 식품을 채취하는 데에 쓰는 기계·기구나 그 밖의 물건은 제외)을 말한다.
	  – 음식을 먹을 때 사용하거나 담는 것
	  – 식품 또는 식품 첨가물을 채취·제조·가공·조리·저장·소분·운반·진열할 때 사용하는 것

용기·포장	• 식품 또는 식품 첨가물을 넣거나 싸는 것으로 식품 또는 식품 첨가물을 주고받을 때 함께 건네는 물품을 말한다.
위해	• 식품, 식품 첨가물, 기구 또는 용기·프장에 존재하는 위험 요소로 인체의 건강을 해치거나 해칠 우려가 있는 것을 말한다.
영업	• 식품 또는 식품 첨가물을 채취·제조·가공·조리·저장·소분·운반 뜨는 판매하거나 기구 또는 용기·프장을 제조·운반·판매하는 업(농업과 수산업에 속하는 식품 채취업은 제외)을 말한다.
영업자	• 영업 허가를 받거나 영업 신고를 한 자 또는 영업 등록을 한 자를 말한다.
집단 급식소	• 영리를 목적으로 하지 아니하면서 특정 다수인에게 계속하여 음식물을 급급하는 다음 어느 하나에 해당하는 곳의 급식 시설로 대통령령으로 정하는 시설을 말하며, 집단 급식소의 범위는 1회 50명 이상에게 식사를 제공하는 급식소를 말한다. • 기숙사, 학교, 병원, 사회복지시설, 산업체, 국가·지방자치단체 및 공공기관, 그 밖의 후생 기관 등

집단 급식소에서의 식단	• 급식대상 집단의 영양 섭취 기준에 따라 음식명, 식재료, 영양 성분, 조리 방법, 조리 인력 등을 고려하여 작성한 급식계획서를 말한다.
식품 이력 추적 관리	• 식품을 제조·가공 단계부터 판매단계까지 각 단계별로 정보를 기록·관리하여 그 식품의 안전성 등에 문제가 발생할 경우 그 식품을 추적하여 원인을 규명하고, 필요한 조치를 할 수 있도록 관리하는 것을 말한다.
식중독	• 식품 섭취로 인하여 인체에 유해한 미생물 또는 유독 물질에 의해 발생하였거나 발생한 것으로 판단되는 감염성 질환 또는 독소형 질환을 말한다.

2. 식품 및 식품 첨가물

(1) 병든 동물 고기 등의 판매 등 금지

누구든지 총리령으로 정하는 다음의 질병에 걸렸거나 걸렸을 염려가 있는 동물이나 그 질병에 걸려 죽은 동물의 고기·뼈·젖·장기 또는 혈액을 식품으로 판매하거나 판매할 목적으로 채취·수입·가공·사용·조리·저장·소분 또는 운반하거나 진열하여서는 안된다.

> ※ 축산물가공처리법 규정에 의해 도축이 금지되는 가축감염병 : 리스테리아병·살모넬라병·파스튜렐라병·선모충증

3. 기구와 용기·포장

(1) 유독 기구 등의 판매·사용금지

다음의 유독 기구 등은 판매하거나 판매할 목적으로 제조·수입·저장·운반·진열하거나 영업에 사용할 수 없다.

① 유독·유해 물질이 들어 있거나 묻어 있어 인체의 건강을 해칠 우려가 있는 기구 및 용기·포장

② 식품 또는 식품 첨가물에 직접 닿으면 해로운 영향을 끼쳐 인체의 건강을 해칠 우려가 있는 기구 및 용기·포장

4. 표시

(1) 식품의 영양 표시 등

총리령으로 정하는 식품의 영양 표시에 관하여 필요한 기준을 정하여 고시할 수 있다. (식품의약품안전처장)

(2) 유전자 변형 식품 등의 표시

생물공학 기술을 활용하여 재배·육성된 농산물·축산물·수산물 등을 원재료로 하여 제조·가공한 식품 또는 식품 첨가물은 유전자 변형 식품임을 표시하여야 한다. 다만, 제조·가공 후에 유전자 변형 디엔에이(DNA) 또는 유전자 변형 단백질이 남아 있는 유전자 변형 식품 등에 한정한다.

5. 식품 등의 공전(公典)

식품의약품안전처장은 다음의 기준 등을 실은 식품의 공전을 작성·보급하여야 한다.
① 식품 또는 식품 첨가물의 기준과 규격
② 기구 및 용기·포장의 기준과 규격

> ※ 식품 공전상 온도
> 표준 온도 : 20℃,
> 상온 : 15~25℃,
> 실온 : 1~35℃, 미온 : 30~40℃

6. 검사 등

(1) 출입 · 검사 · 수거 등

① 식품의약품안전처장, 시 · 도지사 또는 시장 · 군수 · 구청장 : 식품 등의 관리와 영업 질서 유지를 위해 다음의 출입 · 검사 · 수거 등의 조치를 취할 수 있다.

  ㉠ 영업자나 그 밖의 관계인에게 필요한 서류나 그 밖의 자료의 제출 요구

  ㉡ 관계 공무원으로 하여금 영업소 등에 출입하여 판매를 목적으로 하거나 영업에 사용하는 식품 등 또는 영업 시설 등의 검사, 또는 검사를 위한 식품 등의 무상 수거, 영업에 관계되는 장부 또는 서류의 열람

② 식품의약품안전처장, 시 · 도지사 또는 시장 · 군수 · 구청장 : ①에 따른 출입 · 검사 · 수거 등의 업무를 수행하면서 식품 등으로 인하여 발생하는 위생 관련 위해 방지 업무를 효율적으로 하기 위하여 필요한 경우에는 관계 행정 기관의 장, 다른 시 · 도지사 또는 시장 · 군수 · 구청장에게 행정 응원을 하도록 요청할 수 있다. 이 경우 행정 응원을 요청받은 관계 행정 기관의 장, 시 · 도지사 또는 시장 · 군수 · 구청장은 특별한 사유가 없으면 이에 따라야 한다.

(2) 식품 위생 감시원

① 관계 공무원의 직무와 기타 식품 위생에 관한 지도 등을 하기 위하여 식품의약품안전처, 특별시 · 광역시 · 도 · 특별자치도 또는 시 · 군 · 구에 식품 위생 감시원을 둔다.

② 식품 위생 감시원의 직무

  ㉠ 식품 등의 위생적 취급 기준의 이행지도

  ㉡ 수입 · 판매 또는 사용 등이 금지된 식품 등의 취급 여부에 관한 단속

  ㉢ 표시 기준 또는 과대 광고 금지의 위반 여부에 관한 단속

  ㉣ 출입 · 검사 및 검사에 필요한 식품 등의 수거

  ㉤ 시설 기준의 적합 여부의 확인 · 검사

  ㉥ 영업자 및 종업원의 건강 진단 및 위생 교육의 이행 여부의 확인 · 지도

  ㉦ 조리사 · 영양사의 법령준수사항 이행 여부의 확인 · 지도

  ㉧ 행정 처분의 이행 여부 확인

  ㉨ 식품 등의 압류 · 폐기 등

  ㉩ 영업소의 폐쇄를 위한 간판 제거 등의 조치

  ㉪ 그 밖에 영업자의 법령이행여부에 관한 확인 · 지도

(3) 소비자 식품 위생 감시원

① 식품의약품안전처장, 시 · 도지사 또는 시장 · 군수 · 구청장은 식품 위생 관리를 위하여 소비자단체의 임직원 중 해당 단체의 장이 추천한 자나 식품 위생에 관한 지식이 있는 자를 소비자 식품 위생 감시원으로 위촉할 수 있다.

② 소비자 식품 위생 감시원의 직무

  ㉠ 식품접객영업자에 대한 위생 관리 상태 점검

  ㉡ 유통 중인 식품 등이 표시 기준에 맞지 아니하거나 허위표시 또는 과대광고 금지 규정을 위반한 경우 관할 행정관

청에 신고하거나 그에 관한 자료 제공
ㄷ 식품 위생 감시원이 하는 식품 등에 대한 수거 및 검사 지원
ㄹ 그 밖에 식품 위생에 관한 사항으로서 대통령령으로 정하는 사항

7. 영업

(1) 시설 기준

다음의 영업을 하려는 자는 보건복지부령으로 정하는 시설 기준에 맞는 시설을 갖추어야 한다.

① 식품 또는 식품 첨가물의 제조업, 가공업, 운반업, 판매업 및 보존업
② 기구 또는 용기 · 포장의 제조업
③ 식품접객업
  ㄱ 휴게음식점영업 : 주로 다류(茶類), 아이스크림류 등을 조리 · 판매하거나 패스트푸드점, 분식점 형태의 영업 등 음식류를 조리 · 판매하는 영업으로서 음주 행위가 허용되지 아니하는 영업. 다만, 편의점 · 슈퍼마켓 · 휴게소 그 밖에 음식류를 판매하는 장소에서 컵라면, 1회용 다류 그밖에 음식류에 뜨거운 물을 부어주는 경우를 제외한다.
  ㄴ 일반음식점영업 : 음식류를 조리 · 판매하는 영업으로서 식사와 함께 부수적으로 음주 행위가 허용되는 영업
  ㄷ 단란주점영업 : 주로 주류를 조리 · 판매하는 영업으로서 손님이 노래를 부르는 행위가 허용되는 영업

  ㄹ 유흥주점영업 : 주로 주류를 조리 · 판매하는 영업으로서 유흥종사자를 두거나 유흥 시설을 설치할 수 있고 손님이 노래를 부르거나 춤을 추는 행위가 허용되는 영업
  ㅁ 위탁급식영업 : 집단 급식소를 설치 · 운영하는 자와의 계약에 따라 그 집단 급식소 내에서 음식류를 조리하여 제공하는 영업
  ㅂ 제과점영업 : 주로 빵, 떡, 과자 등을 제조 · 판매하는 영업으로서 음주 행위가 허용되지 아니하는 영업

(2) 영업의 허가 등

① 영업의 허가
  ㄱ 대통령령으로 정하는 영업을 하려는 자는 대통령령으로 정하는 바에 따라 영업 종류별 또는 영업소별로 식품의약품안전처장 또는 특별자치시장 · 특별자치도지사 · 시장 · 군수 · 구청장의 허가를 받아야 한다. 또한 허가받은 사항 중 대통령령으로 정하는 중요한 사항을 변경할 때에도 같다.
② 영업의 신고
  ㄱ 특별자치시장 · 특별자치도지사 또는 시장 · 군수 · 구청장에게 신고를 하여야 하는 영업 : 즉석판매제조 · 가공업, 식품운반업, 식품소분 · 판매업, 식품냉동 · 냉장업, 용기 · 포장류 제조업, 휴게음식점 영업, 일반음식점 영업, 위탁급식 영업, 제과점 영업
  ㄴ 특별자치도지사 또는 시장 · 군수 · 구청장에게 등록을 하여야 하는 영업

- 식품제조 · 가공업
- 식품 첨가물 제조업

> ※ **영업에 종사하지 못하는 질병의 종류**
> - 콜레라, 장티푸스, 파라티푸스, 세균성 이질, 장출혈성대장균감염증, A형간염
> - 결핵(비감염성인 경우 제외)
> - 피부병, 그 밖의 화농성(化膿性) 질환
> - 후천성면역결핍증(성병에 관한 건강 진단을 받아야 하는 영업에 종사하는 자에 한함)

(3) 위생 등급

식품의약품안전처장 또는 특별자치시장 · 특별자치도지사 · 시장 · 군수 · 구청장은 총리령으로 정하는 위생 등급 기준에 따라 위생 관리 상태 등이 우수한 식품 등의 제조 · 가공업소, 식품접객업소 또는 집단 급식소를 우수 업소 또는 모범 업소로 지정할 수 있다.

> ※ 우수 업소의 지정 : 식품의약품안전처장 또는 특별자치시장 · 특별자치도지사 · 시장 · 군수 · 구청장
> ※ 모범 업소의 지정 : 특별자치시장 · 특별자치도지사 · 시장 · 군수 · 구청장

8. 조리사 및 영양사

(1) 조리사

① 집단 급식소 운영자와 대통령령으로 정하는 식품접객업자는 조리사를 두어야 한다. 다만 다음의 어느 하나에 해당하는 경우에는 조리사를 두지 아니하여도 된다.
  ㉠ 집단 급식소 운영자 또는 식품접객영업자 자신이 조리사로서 직접 음식물을 조리하는 경우
  ㉡ 1회 급식 인원 100명 미만의 산업체인 경우

  ㉢ 영양사가 조리사의 면허를 받은 경우
② 집단 급식소에 근무하는 조리사가 수행하는 직무
  ㉠ 집단 급식소에서의 식단에 따른 조리 업무(식재료의 전 처리에서부터 조리, 배식 등의 전 과정을 말함)
  ㉡ 구매 식품의 검수 지원
  ㉢ 급식 설비 및 기구의 위생 · 안전 실무
  ㉣ 그 밖의 조리 실무에 관한 사항

> ※ 조리사를 두어야 할 식품접객업자
> 복어 독 제거가 필요한 복어를 조리 · 판매하는 영업을 하는 자는 복어 조리자격을 취득한 조리사를 두어야 한다.

③ 조리사의 면허
  ㉠ 조리사가 되려는 자는 해당 기능분야의 자격을 얻은 후 특별자치시장 · 특별자치도지사 · 시장 · 군수 · 구청장의 면허를 받아야 한다.
  ㉡ 조리사의 면허 등에 관하여 필요한 사항은 총리령으로 정한다.

(2) 영양사

① 집단 급식소 운영자는 영양사를 두어야 한다. 다만, 어느 하나에 해당하는 경우에는 영양사를 두지 아니하여도 된다.
  ㉠ 집단 급식소 운영자 자신이 영양사로서 직접 영양 지도를 하는 경우
  ㉡ 1회 급식 인원 100명 미만의 산업체인 경우
  ㉢ 조리사가 영양사의 면허를 받은 경우
② 집단 급식소에 근무하는 영양사가 수행하는 직무
  ㉠ 집단 급식소에서의 식단 작성, 검식 및 배식 관리

ⓛ 구매 식품의 검수 및 관리

ⓒ 급식 시설의 위생적 관리

ⓔ 집단 급식소의 운영일지 작성

ⓜ 종업원에 대한 영양 지도 및 식품 위생 교육

(3) 결격 사유

다음의 어느 하나에 해당하는 자는 조리사 면허를 받을 수 없다.

① 정신건강증진 및 정신질환자 복지 서비스 지원에 관한 법률 : 정신질환자(다만, 전문의가 조리사로서 적합하다고 인정하는 자는 제외)

② 감염병 예방법 및 관리에 관한 법률에 따른 감염병 환자(다만, B형간염 환자는 제외)

③ 마약류 관리에 관한 법률에 따른 마약이나 그 밖의 약물 중독자

④ 조리사 면허의 취소 처분을 받고 그 취소된 날부터 1년이 지나지 아니한 자

(4) 명칭의 사용 금지

조리사 또는 영양사가 아니면 조리사 또는 영양사라는 명칭을 사용하지 못한다.

(5) 교육

식품의약품안전처장은 식품 위생 수준 및 자질의 향상을 위하여 필요한 경우 조리사와 영양사에게 교육을 받을 것을 명할 수 있다. 다만, 집단 급식소에 종사하는 조리사와 영양사는 2년마다 교육을 받아야 한다.

9. 시정 명령·허가 취소 등 행정 제재

(1) 시정 명령

식품의약품안전처장, 시·도지사 또는 시장·군수·구청장은 식품 등의 위생적 취급에 관한 기준에 맞지 아니하게 영업하는 자와 이 법을 지키지 아니하는 자에게는 필요한 시정을 명하여야 한다.

(2) 위해 식품 등의 공표

식품의약품안전처장, 시·도지사 또는 시장·군수·구청장은 다음의 어느 하나에 해당되는 경우에는 해당 영업자에 대하여 그 사실의 공표를 명할 수 있다. 다만 식품 위생에 관한 위해가 발생한 경우에는 반드시 공표를 해야 한다.

① 식품 등의 판매 등 금지, 기준 및 규격에 관한 규정 등을 위반하여 식품 위생에 관한 위해가 발생하였다고 인정되는 때

② 위해 식품의 회수 계획을 보고받은 때

(3) 허가 취소 등

식품의약품안전처장 또는 특별자치시장·특별자치도지사·시장·군수·구청장은 영업자가 영업의 허가 취소 사유에 해당하는 경우에는 대통령령으로 정하는 바에 따라 영업 허가 또는 등록을 취소하거나 6개월 이내의 기간을 정하여 그 영업의 전부 또는 일부를 정지하거나 영업소 폐쇄(신고한 영업만 해당)를 명할 수 있다.

(4) 면허 취소 등

식품의약품안전처장 또는 특별자치시장·특별자치도지사·시장·군수·구청장은 조리사가 다음의 어느 하나에 해당하면 그 면허를 취소하거나 6개월 이내의 기간을 정하여 업무 정지를 명할 수 있다. 다만, 조리사가 ㉠ 또는 ㉤에 해당할 경우에는 면허를 취소하여야 한다.

㉠ 결격 사유 중 어느 하나에 해당하게 된 경우
㉡ 식품 위생 수준 및 자질의 향상을 위한 교육 규정에 따른 교육을 받지 아니한 경우
㉢ 식중독이나 그밖에 위생과 관련한 중대한 사고 발생에 직무상의 책임이 있는 경우
㉣ 면허를 타인에게 대여하여 사용하게 한 경우
㉤ 업무 정지 기간 중에 조리사 또는 영양사의 업무를 한 경우

10. 보칙

(1) 식중독에 관한 조사 보고

① 다음의 어느 하나에 해당하는 자는 지체 없이 관할 시장(「제주특별자치도 설치 및 국제자유도시 조성을 위한 특별법」에 따른 행정시장을 포함)·군수·구청장에게 보고하여야 한다. 이 경우 의사 또는 한의사는 대통령령이 정하는 바에 따라 식중독 환자나 식중독이 의심되는 자의 혈액 또는 배설물을 보관하는 데에 필요한 조치를 하여야 한다.

　㉠ 식중독 환자나 식중독이 의심되는 자를 진단하였거나 그 사체를 검안(檢案)한 의사 또는 한의사

　㉡ 집단 급식소에서 제공한 식품 등으로 인하여 식중독 환자나 식중독으로 의심되는 증세를 보이는 자를 발견한 집단 급식소의 설치·운영자

② 특별자치시장·시장·군수·구청장은 보고를 받은 때에는 지체 없이 그 사실을 식품의약품안전처장 및 시·도지사(특별자치시장은 제외)에게 보고하고, 대통령령으로 정하는 바에 따라 원인을 조사하여 그 결과를 보고하여야 한다.

③ 식품의약품안전처장은 식중독 발생의 원인을 규명하기 위하여 식중독 의심 환자가 발생한 원인시설 등에 대한 조사 절차와 시험·검사 등에 필요한 사항을 정할 수 있다.

(2) 집단 급식소

집단 급식소를 설치·운영하는 자는 집단 급식소 시설의 유지·관리 등 급식의 위생적 관리를 위하여 다음의 사항을 준수하여야 한다.

㉠ 식중독환자가 발생하지 아니하도록 위생 관리를 철저히 할 것
㉡ 조리·제공한 식품의 매회 1인분 분량을 총리령으로 정하는 바에 따라 144시간 이상 보관할 것
㉢ 영양사를 두고 있는 경우에는 그 영양사의 업무를 방해하지 아니할 것
㉣ 영양사를 두고 있는 경우 영양사가 집단 급식소의 위생 관리를 위하여 요청하는 사항에 대하여 정당한 사유가 없으면 따를 것
㉤ 그 밖에 식품 등의 위생적 관리를 위하여 필요하다고 총리령이 정하는 사항을 지킬 것

11. 벌칙

※ 조리사에 대한 행정 처분 기준

위반사항	행정 처분		
	1차 위반	2차 위반	3차 위반
조리사의 결격 사유 중 하나에 해당하게 된 경우	면허 취소	–	–
교육을 받지 아니한 경우	시정 명령	업무 정지 15일	업무 정지 1개월
식중독이나 그밖에 위생과 관련된 중대한 사고 발생에 직무상 책임이 있는 경우	업무 정지 1개월	업무 정지 2개월	면허 취소
면허를 타인에게 대여하여 사용하게 한 경우	업무 정지 2개월	업무 정지 3개월	면허 취소
업무 정지 기간 중에 조리사의 업무를 한 경우	면허 취소	–	–

02 농수산물 원산지 표시에 관한 법규

1. 총칙

(1) 목적

농수산물이나 그 가공품 등에 대하여 적정하고 합리적인 원산지 표시를 하도록 하여 소비자의 알 권리를 보장하고, 공정한 거래를 유도함으로써 생산자와 소비자를 보호하는 것을 목적으로 한다.

(2) 용어의 정의

① 농산물 : 「농업·농촌 및 식품산업 기본법」에 따른 농산물을 말한다.
② 수산물 : 「수산업·어촌 발전 기본법」에 따른 어업 활동으로부터 생산되는 산물을 말한다.
③ 농수산물 : 농산물과 수산물을 말한다.
④ 원산지 : 농산물이나 수산물이 생산, 채취, 포획된 국가, 지역이나 해역을 말한다.
⑤ 통신판매 : 「전자상거래 등에서의 소비자보호에 관한 법률」에 따른 통신판매(전자상거래로 판매되는 경우를 포함) 중 대통령령으로 정하는 판매를 말한다.

(3) 농수산물의 원산지 표시의 심의

농산물, 수산물 및 그 가공품 또는 조리하여 판매하는 쌀, 김치류, 축산물 및 수산물 등의 원산지 표시 등에 관한 사항은 농수산물품질관리심의회에서 심의한다.

2. 원산지 표시 등

(1) 원산지 표시

대통령령으로 정하는 농수산물 또는 그 가공품을 수입하는 자, 생산·가공하여 출하하거나 판매(통신판매를 포함)하는 자 또는 판매할 목적으로 보관·진열하는 자는 농수산물, 농수산물 가공품(국내에서 가공한 가공품은 제외), 농수산물 가공품(국내에서 가공한 가공품에 한정)의 원료에 대하여 원산지를 표시하여야 한다.

(2) 원산지 표시 대상

① 쇠고기　② 돼지고기　③ 닭고기
④ 오리고기　⑤ 양고기　⑥ 염소고기
⑦ 밥, 죽, 누룽지에 사용하는 쌀(쌀 가공품을 포함하며, 쌀에는 찹쌀, 현미 및 찐쌀을 포함)
⑧ 배추김치(배추김치 가공품을 포함한다)의 원료인 배추(얼갈이배추와 봄동 배추를 포함)
⑨ 두부류(가공두부, 유바는 제외), 콩비지, 콩국수에 사용하는 콩(콩 가공품을 포함)
⑩ 넙치, 조피볼락, 참돔, 미꾸라지, 뱀장어, 낙지, 명태(황태, 북어 등 건조한 것은 제외), 고등어, 갈치, 오징어, 꽃게 및 참조기(해당 수산물가공품을 포함)
⑪ 조리하여 판매 · 제공하기 위하여 수족관 등에 보관 · 진열하는 살아있는 수산물

03 제조물 책임법 (Product Liability)

1. 제조물 책임법의 목적

제조물의 결함으로 발생한 손해에 대한 제조업자 등의 손해배상책임을 규정함으로써 피해자 보호를 도모하고 국민 생활의 안전 향상과 국민경제의 건전한 발전에 이바지함을 목적으로 한다.

2. 용어 정의

① 제조물 : 제조되거나 가공된 동산(다른 동산이나 부동산의 일부를 구성하는 경우를 포함)을 말한다.
② 결함 : 해당 제조물에 제조상, 설계상의 결함이 있거나 그밖에 통상적으로 기대할 수 있는 안전성이 결여되어 있는 것을 말한다.
③ 제조업자 : 제조물의 제조, 가공 또는 수입을 업으로 하는 자, 제조물에 성명, 상호, 상표 또는 그밖에 식별 가능한 기호 등을 사용하여 자신을 제조, 가공, 수입한 자와 자신을 제조업자로 표시하거나 제작업자로 오인시킬 표시를 한 자이다. 제조업자를 알 수 없는 경우에는 공급업자도 손해배상책임을 진다.

3. 제조물 책임

제조업자는 제조물의 결함으로 생명, 신체 또는 재산에 손해를 입는 자에게 그 손해를 배상하여야 한다. 제조업자가 제조물의 결과를 알면서도 그 결함에 대하여 필요한 조치를 취하지 아니한 결과로 생명 또는 신체에 중대한 손해를 입은 자가 있는 경우에는 그 자에게 발생한 손해의 3배를 넘지 아니하는 범위에서 배상책임을 진다.

4. 주요 내용(면책 사유, 연대 책임, 소멸 시효)

① 제조업자가 그 제조물을 공급하지 아니하였거나 그 제조물을 공급한 때의 과학 기술 수준으로는 결함의 존재를 알 수 없었던 경우, 제조물의 결함이 제조업자가 당해 제조물을 공

급할 당시 법령이 정하는 기준을 준수함으로써 발생한 경우 등에 그 사실을 입증한 때에는 손해배상 책임을 면할 수 있다.

② 동일한 손해에 대하여 배상할 책임이 있는 자가 2인 이상인 경우에는 연대하여 그 손해를 배상할 책임이 있다.

③ 제조물 책임법에 의한 제조업자의 배상책임을 배제하거나 제한하는 특약은 무효이며, 손해배상청구권의 소멸 시효는 손해 및 제조업자를 안 때로부터 3년으로 한다.

출제예상문제

01 식품위생법의 목적과 거리가 먼 것은?

① 식품으로 인한 위생상의 위해방지
② 식품의 유통과 판매량의 향상
③ 국민보건의 향상과 증진에 기여
④ 식품영양의 질적 향상 도모

해설 식품위생법의 목적
식품으로 인한 위생상의 위해방지, 식품영양의 질적 향상 도모, 국민보건 증진에 이바지

02 집단 급식소의 정의가 아닌 것은?

① 1일 1회에 50명 이상에게 음식을 제공한다.
② 영리를 목적으로 하지 아니하는 기숙사, 학교, 등의 급식 시설을 말한다.
③ 집단 급식소에는 조리사, 영양사를 두어야 한다.
④ 영리를 목적으로 하는 학교 구내식당 또는 대중음식점을 말한다.

해설 영리를 목적으로 하지 아니하고 계속적으로 특정 다수인에게 음식물을 제공하는 기숙사, 학교, 병원, 기타 후생 기관 등의 급식 시설로 상시 50인 이상에게 식사를 제공하는 급식소를 말한다.

03 위생 관리 상태 등이 우수한 식품접객업소를 선정하여 모범 업소로 지정할 수 있는 자는?

① 보건복지부장관
② 식품의약품안전처장
③ 시·도지사
④ 시장·군수·구청장

해설 우수 업소·모범 업소의 지정
• 우수 업소의 지정 : 식품의약품안전처장 또는 특별자치시장·특별자치도지사·시장·군수·구청장
• 모범 업소의 지정 : 특별자치시장·특별자치도지사·시장·군수·구청장

04 식품접객업 중 음식류를 조리 · 판매하는 영업으로, 식사와 함께 부수적으로 음주 행위가 허용되는 영업은?

① 단란주점 영업 ② 유흥주점 영업
③ 휴게음식점 영업 ④ 일반음식점 영업

해설 일반음식점 영업
음식류를 조리 · 판매하는 영업으로서 식사와 함께 부수적으로 음주 행위가 허용되는 영업

05 조리사가 타인에게 면허를 대여하여 사용하게 한때 1차 위반 시 행정 처분 기준?

① 면허 취소 ② 업무 정지 15일
③ 시정 명령 ④ 업무 정지 2월

해설 면허를 타인에게 대여하여 사용하게 한 경우
1차 위반 시 - 업무 정지 2개월, 2차 위반 시 - 업무 정지 3개월, 3차 위반 시 - 면허 취소

06 영업소에서 조리에 종사하는 자가 정기 건강 진단을 받아야 하는 법정기간은?

① 3개월마다 ② 6개월마다
③ 매년 1회 ④ 2년에 1회

해설 건강 진단
• 정기 건강 진단 : 매년 1회 실시
• 수시 건강 진단 : 감염병이 발생하였거나 발생할 우려가 있을 때

07 수출을 목적으로 하는 식품 또는 식품 첨가물의 기준과 규격은?

① 산업통상자원부장관의 별도 허가를 획득한 기준과 규격
② F.D.A. 의 기준과 규격
③ 국립검역소장이 정하여 고시한 기준과 규격
④ 수입자가 요구하는 기준과 규격

해설 수출을 목적으로 하는 식품 또는 식품 첨가물의 기준과 규격을 수입자가 요구하는 기준과 규격에 맞춘다.

08 식품위생법상 식품 영업에 종사하지 못하는 질병의 종류가 아닌 것은?

① 피부병
② 기타 화농성 질환
③ 결핵(비전염성인 경우 제외)
④ 디프테리아

해설 영업에 종사하지 못하는 질병의 종류는 소화기계 감염병(콜레라, 장티푸스, 파라티푸스, 세균성이질, 장출혈성 대장균 감염증, A형간염)이며, 디프테리아는 호흡기계 감염병이라 해당되지 않는다.

09 제조물 책임법에 대한 설명으로 옳은 것은?

① 제조업자를 알 수 없는 경우에는 공급업
   자는 손해배상 책임을 지지 않는다.
② 손해배상청구권의 소멸 시효는 손해 및
   제조업자를 안 때로부터 5년으로 한다.
③ 제조물의 결함으로 발생한 손해에 대한
   피해자 보호를 위해서이다.
④ 동일한 손해에 대하여 배상할 책임이 있
   는 자가 2인 이상인 경우는 연대하여 그
   손해를 배상할 책임이 없다.

해설 제조업자를 알 수 없는 경우에는 공급업자도 손해배상
책임을 져야 하며 손해배상청구권의 소멸 시효는 손해
및 제조업자를 안 때로부터 3년으로 한다. 동일한 손해
에 대하여 배상할 책임이 있는 자가 2인 이상인 경우는
연대하여 그 손해를 배상할 책임이 있다.

Chapter 05		식품 위생 관계 법규							
1	②	2	④	3	④	4	④	5	④
6	③	7	④	8	④	9	③	10	

CHAPTER 06 공중 보건

01 공중 보건의 개념

1. 공중 보건의 일반적 정의

(1) 공중 보건의 정의

세계보건기구 WHO(World Health Org-anization)의 정의 : 공중 보건이란, 질병을 예방하고 건강을 유지 · 증진시킴으로써 육체, 정신적인 능력을 발휘할 수 있게 하기 위한 과학적 지식을 사회의 조직적 노력으로 사람들에게 적용하는 기술이다.

(2) 건강(Health)의 정의

WHO는 건강에 관하여 '단순한 질병이나 허약의 부재 상태만이 아니라, 육체적 · 정신적 · 사회적 안녕의 완전한 상태'라고 정의하고 있다.

> ※ 세계보건기구(WHO) 주요기능
> – 국제적인 보건 사업의 지휘 및 조정
> – 회원국에 대한 기술 지원 및 자료 공급
> – 전문가 파견에 의한 기술 자문 활동

2. 공중 보건의 범위와 보건 수준의 평가 지표

(1) 공중 보건의 대상 및 범위

대상은 개인이 아닌 지역 사회의 인간 집단이며 최소 단위는 지역 사회이다.

(2) 보건 수준의 평가 지표

① 한 지역이나 국가의 보건 수준을 나타내는 지표로서 그 국가의 영아 사망률, 보통(조) 사망률, 비례 사망 지수 등을 이용하여 알 수 있다.

② 영아 사망의 원인
  ㉠ 폐렴 및 기관지염
  ㉡ 장염, 설사
  ㉢ 신생아 고유 질환 및 사고
  ㉣ 영아의 정의 : 생후 12개월 미만의 아기
  ㉤ 신생아의 정의 : 생후 28일 미만의 아기

③ 영아 사망률 $= \dfrac{\text{연간 영아 사망자 수}}{\text{연간 출생아 수}} \times 1,000$

02 환경 위생 및 환경 오염 관리

1. 환경보건의 내용

(1) 자연환경

① 일광

자외선	• 2,500~2,800Å(옹스트롬) 범위의 것이 살균력이 가장 강하다. • 비타민 D 형성, 구루병 예방, 피부 결핵 및 관절염 치료에 효과 있다. • 살균 작용이 있으나 피부 색소 침착 등을 일으키며 심하면 피부암을 유발시킨다.

가시광선	• 인간에게 색채와 명암(明暗)을 부여한다.
적외선	• 적외선을 과도하게 받게 되면, 일사병(日射病)과 백내장(白內障)에 걸리기 쉽다. • 파장의 단파순 : 자외선 → 가시광선 → 적외선

② 기온 · 기습 · 기류

기온(온도)	지상 1.5m에서의 건구 온도를 말하며, 쾌감 온도는 18±1℃이다.
기습(습도)	일정 온도의 공기 중에 포함되어 있는 수분량을 말하며, 쾌적한 습도는 40~70%이다.
기류 (공기의 흐름)	1초당 1m 이동할 때가 건강에 좋다.

㉠ 감각 온도의 3요소 : 기온, 기습, 기류

㉡ 온열 조건(인자) : 기온, 기습, 기류, 복사열

㉢ 기온 역전 현상 : 대기층의 온도는 100m 상승 때마다 1℃ 정도 낮아지므로 상부 기온이 하부 기온보다 낮다. 그러나 기온 역전 현상이라 함은 상부 기온이 하부 기온보다 높을 때를 말한다.

③ 공기

공기조성	• 0℃, 1기압 하에서 공기는 다음과 같은 조성을 가지고 있다. • 질소(N_2) 78%, 산소(O_2) 21%, 아르곤(Ar) 0.9%, 이산화탄소(CO_2) 0.03% 등
공기 오염도에 따른 변화	• 산소(O_2) : 산소의 양이 약 21%이며 산소의 양이 10% 이하가 되면 호흡곤란, 7% 이하가 되면 질식사한다. • 이산화탄소(CO_2) : 실내 공기 오염의 지표로 이용되며 위생학적 허용 한계는 0.1%(=1,000ppm)이다.

공기
오염도에
따른 변화
	※ 1ppm = 0.0001%,
	※ 1% = 10,000ppm
	
	• 일산화탄소(CO)
	  − 물체의 불완전 연소 시에 발생하는 무색, 무취, 무미, 무자극성 기체
	  − 혈액 속의 헤모글로빈(Hb)과의 친화력이 산소보다 250~300배나 강하여 조직 내 산소 결핍증을 초래한다.
	• 아황산가스(SO_2)
	  − 중유의 연소 과정에서 다량 발생하는 자극성 가스로 도시 공해의 주범이다. (자동차 배기가스)
	  − 실외 공기 오염(대기 오염)의 지표이다.
	• 군집독 : 다수인이 밀집한 곳의 실내 공기는 화학적 조성이나 물리적 조성의 변화로 인하여 불쾌감, 두통, 권태, 현기증, 구토 등의 생리적 이상을 일으키는데, 이러한 현상을 군집독이라 한다. 그 원인으로는 산소 부족, 이산화탄소 증가, 고온, 고습 기류 상태에서 유해 가스 및 취기 등에 의해 복합적으로 발생한다.

④ 물

물은 인체에 주요 구성 성분으로서 체중의 약 2/3(체중의 60~70%)을 차지하고 있다. 성인 하루 필요량은 2.0~2.5ℓ이며, 인체 내 물의 10%를 상실하면 신체 기능에 이상이 오고, 20%를 상실하면 생명이 위험하다.

물과 질병	• 수인성 감염병은 물을 통해서 전염되는 질병을 말하며 장티푸스 · 파라티푸스 · 세균성이질 · 콜레라 · 아메바성이질 등으로, 일반적으로 음료수 사용 지역과 일치한다.

물과 질병	• 환자 발생이 폭발적이다. • 음료수 사용 지역과 유행 지역이 일치한다. • 치명률이 낮고 2차 감염 환자의 발생이 거의 없다. • 계절에 관계없이 발생한다. • 성, 연령, 직업, 생활 수준에 따른 발생 빈도에 차이가 없는 것 등이다.
물과 기타 질병	• 우치 : 불소가 없거나 적게 함유된 물을 장기 음용 시 • 반상치 : 불소가 과다하게 함유된 물을 장기 음용 시 • 청색아(Blue Baby) : 질산염이 다량 함유된 물의 장기 음용 시 소아가 청색증에 걸려 사망하는 수가 있다.
음용수의 수질 수준	• 일반 세균은 1ml 중 100을 넘지 아니할 것 • 대장균군은 50ml에서 검출되지 아니할 것
물의 소독	• 100℃에서 끓이거나 염소 소독(수도) 또는 표백분 소독(우물)을 한다.

(2) 인위적 환경

① 채광 · 조명

채광	• 창의 방향은 남향으로 하는 것이 좋다. • 창의 면적은 벽 면적의 70% 이상, 바닥 면적의 1/5~1/7 이상이 적당하다.
조명	• 실내 각점의 개각은 4~5°가 좋고 개각이 클수록 실내는 밝다. • 입사각은 보통 28° 이상이 좋고, 입사각이 클수록 실내는 밝다.

부적당한 조명에 의한 피해	• 가성근시 : 조도가 낮을 때 • 안정피로 : 조도 부족이나 눈부심이 심할 때 • 안구진탕증 : 부적당한 조명에서 안구가 좌, 우, 상, 하로 흔들리는 현상(탄광부)

② 환기

㉠ 자연 환기 : 실내 · 외의 온도 차가 5℃ 이상일 때 환기가 잘 되며, 실내가 실외보다 온도가 높으면 아래쪽에서 바깥 공기가 들어오고 위쪽으로 공기가 나간다. 이 중간을 중성대라 하며, 중성대가 높은 위치에 형성될수록 환기량이 크다. 중성대는 방의 천장 가까이에 있는 것이 좋다.

㉡ 인공 환기 : 기계력(환풍기 · 후드장치 등)을 이용한 환기로 실내의 오염공기를 실외로 내보내는 흡인법과 실내로 불어넣는 송인법이 있다. 특히 조리장은 가열 조작과 수증기 때문에 고온다습하므로 1시간에 2~3회 정도의 환기가 필요하다. 환기창은 5% 이상으로 내야 한다.

③ 냉 · 난방

실내 온도 18±2℃(16~20℃), 습도 40~70% 정도를 유지할 수 있도록 냉 · 난방한다.

④ 상 · 하수도

일반적으로 염소 소독을 사용하며, 이때 잔류 염소량은 0.2ppm을 유지해야 한다. (단, 수영장, 제빙용수, 감염병 발생 시는 0.4ppm 유지)

㉠ 상수도의 정수 : 취수 → 침전 → 여과 → 소독 → 급수

ⓛ 하수도 : 하수도는 합류식, 분류식 및 혼합식 등의 종류가 있다.

합류식	인간용수(가정하수, 공장폐수)와 천수(눈, 비)를 모두 함께 처리하는 방법을 말하며, 하수관이 자연 청소되고 수리가 편하며 시설비가 싸게 드는 장점이 있다.
분류식	천수를 별도로 운반하는 구조이다.
혼합식	천수와 사용수의 일부를 함께 운반하는 구조이다.

※ 하수 처리 과정
① 예비 처리 : 하수 유입구에 설치하여 부유물, 고형물을 제거하고 토사 등을 침전시키며 보통 침전 또는 약품 침전을 이용한다.
② 본처리 ┬ 호기성 처리 ─ 활성오니법(활성슬러지법)
　　　　　　　　　　　　　 : 가장 진보적
　　　　　　　　　　　 ─ 살수여과법
　　　　　　　　　　　 ─ 산화지법
　　　　　　　　　　　 ─ 회전원판법
　　　　　 └ 호기성 처리 ─ 부패조처리법
　　　　　　　　　　　 ─ 임호프탱크법
　　　　　　　　　　　 ─ 혐기성소화(메타발효법)
③ 오니 처리 : 사상건조법, 소화법, 소각법, 퇴비법 등

ⓒ 하수의 위생 검사
- 생물화학적 산소요구량(BOD)의 측정 : BOD 수치가 높다는 것은 하수 오염도가 높다는 말로, 20ppm 이하이어야 한다.
- 용존산소량(DO)의 측정 : 용존산소량의 부족은 오염도가 높은 것을 의미하는 것으로 4~5ppm 이상이어야 한다.

⑤ 진개(쓰레기) 처리

진개는 가정에서 나오는 주개(부엌에서 나오는 진개) 및 잡개와 공장 및 공공건물의 진개 등이 있다. 가정의 진개는 매립법·비료화법·소각법 등이 있다.

ⓖ 매립법 : 도시에서 많이 사용하는 방법이다. 쓰레기를 땅속에 묻고 흙으로 덮는 방법으로 진개의 두께는 2m을 초과하지 말아야 하며, 복토의 두께는 60cm~1m 정도가 적당하다.

ⓛ 소각법 : 가장 위생적인 방법이지만 대기 오염 발생의 원인이 될 우려가 있다.

ⓒ 비료화법(퇴비화법) : 유기물이 많은 쓰레기를 발효시켜 비료로 이용한다.

⑥ 공해

ⓖ 수질오염
- 수질 오염원 : 농업, 공업, 광업, 도시하수 등이 오염원이 된다.
- 수질 오염 물질 : 카드뮴·유기수은·시안·농약·PCB(폴리염화비닐) 등이 있다. → PCB 중독(쌀겨유 중독) : 식욕부진, 구토, 체중감소
- 수질 오염에 의한 피해 : 이타이이타이병(카드뮴), 미나마타병(유기수은), 미강유증(PCB) 등

※ 수질 오염에 의한 공해 질병
- 수은 중독증 : 미나마타병(증상 : 지각 이상, 언어 장애를 유발)
- 카드뮴 중독증 : 이타이이타이병(증상 : 골연화증 유발)

ⓛ 소음 : 소음이란 불필요한 듣기 싫은 음을 말하며 공장, 건설장, 교통 기관 등 각종 소음이 있다. 데시벨(dB; Decibel)은 사람이 들을 수 있는 음압의 범위와 음(소리)의 강도 범위를 상용대수를 사용하여 만든 음의 강도의 단위이다.
- 소음의 허용 기준 : 1일 8시간 기준 90dB(A)을 넘어서는 안 된다.

03 역학 및 감염병 관리

1. 감염병 발생의 3대 요소

(1) 감염원(병원체, 병원소)

① 종국적인 감염원으로 병원체가 생활·증식하면서 다른 숙주에 전파될 수 있는 상태로 저장되는 장소이며, 질병을 일으키는 원인이다.

② 환자, 보균자, 환자와 접촉한 자, 매개 동물 등

(2) 감염 경로(환경)

① 감염원으로부터 병원체가 전파되는 과정을 말한다.

② 직·간접 감염, 공기 감염, 절지동물 감염 등

(3) 숙주의 감수성

① 숙주란 한 생물체가 다른 생물체의 침범을 받아 영양물질의 탈취 및 조직 손상 등을 당하는 생물체를 말한다.

② 감수성이 높으면 면역성이 낮으므로 질병이 발병되기 쉽다.

2. 감염병의 분류

(1) 병원체에 따른 감염병의 분류

① 바이러스(Virus)성 감염병

　㉠ 호흡기 계통 : 인플루엔자, 홍역, 유행성 이하선염, 두창 등

　㉡ 소화기 계통 : 소아마비(폴리오), 유행성 간염 등

> ※ 바이러스
> 세균보다 작아서 세균여과기로도 분리할 수 없고, 전자 현미경을 사용하지 않으면 볼 수 없는 가장 크기가 작은 미생물이다.

② 세균(Bacteria)성 감염병

　㉠ 호흡기 계통 : 나병, 결핵, 디프테리아, 백일해, 폐렴, 성홍열 등

　㉡ 소화기 계통 : 장티푸스, 콜레라, 세균성 이질, 파라티푸스 등

③ 리케차(Rickettsia)성 감염병
　: 발진티푸스, 발진열, 양충병

④ 스피로헤타성 감염병
　: 매독, 서교증, 와일씨병 등

⑤ 원충성감염병
　: 아메바성 이질, 말라리아 등

(2) 인체 침입구에 따른 감염병의 분류

① 호흡기계 침입 : 디프테리아, 백일해, 결핵, 폐렴, 인플루엔자, 두창, 홍역, 풍진, 성홍열 등

② 소화기계 침입 : 장티푸스, 파라티푸스, 세균성 이질, 콜레라, 아메바성 이질, 소아마비, 유행성 간염 등

③ 경피 침입 : 일본뇌염, 페스트, 발진티푸스, 매독, 나병 등

(3) 위생 해충에 의한 감염

① 모기 : 말라리아, 일본뇌염, 황열, 뎅기열 등

② 이 : 발진티푸스, 재귀열 등

③ 벼룩 : 페스트, 발진열, 재귀열 등

④ 빈대 : 재귀열 등

⑤ 바퀴 : 이질, 콜레라, 장티푸스, 소아마비 등

⑥ 파리 : 장티푸스, 파라티푸스, 이질, 콜레라, 양충병 등

⑦ 진드기 : 쯔쯔가무시병, 재귀열, 유행성 출혈열, 양충병 등

> ※ 쥐가 매개하는 감염병
> 페스트, 서교증, 재귀열, 발진열, 유행성 출혈열, 쯔쯔가무시병, 와일씨병(랩토스피라증)

(4) 잠복기가 있는 감염병

① 잠복기가 1주일 이내 : 콜레라(잠복기가 가장 짧음), 이질, 성홍열, 파라티푸스, 디프테리아, 뇌염, 황열, 인플루엔자 등

② 잠복기가 1~2주일 : 발진티푸스, 두창, 홍역, 백일해, 급성회백수염, 장티푸스, 수두, 유행성 이하선염, 풍진

③ 잠복기가 특히 긴 것 : 나병(한센병), 결핵(잠복기가 가장 길며 일정하지 않음)

(5) 우리나라 법정 감염병의 종류

① 제1급 감염병

㉠ 생물테러감염병 또는 치명률이 높거나 집단 발생 우려가 커서 발생 또는 유행 즉시 신고하고 음압격리가 필요한 감염병

㉡ 에볼라바이러스병, 마버그열, 라싸열, 크리미안콩고출혈열, 남아메리카출혈열, 리프트밸리열, 두창, 페스트, 탄저, 보툴리눔독소증, 야토병, 신종감염병증후군, 중증급성호흡기증후군(SARS), 중동호흡기증후군(MERS), 동물인플루엔자 인체감염증, 신종인플루엔자, 디프테리아

② 제2급 감염병

㉠ 전파가능성을 고려하여 발생 또는 유행 시 24시간 이내에 신고하고 격리가 필요한 감염병

㉡ 결핵, 수두, 홍역, 콜레라, 장티푸스, 파라티푸스, 세균성이질, 장출혈성대장균감염증, A형간염, 백일해, 유행성이하선염, 풍진, 폴리오, 수막구균 감염증, b형헤모필루스인플루엔자, 폐렴구균 감염증, 한센병, 성홍열, 반코마이신내성황색포도알균(VRSA) 감염증, 카바페넴내성장내 세균 속균종(CRE) 감염증

③ 제3급 감염병

㉠ 발생 또는 유행 시 24시간 이내에 신고하고 발생을 계속 감시할 필요가 있는 감염병

㉡ 파상풍, B형간염, 일본뇌염, C형간염, 말라리아, 레지오넬라증, 비브리오패혈증, 발진티푸스, 발진열, 쯔쯔가무시증, 렙토스피라증, 브루셀라증, 공수병, 신증후군출혈열, 후천성면역결핍증(AIDS), 크로이츠펠트-야콥병(CJD) 및 변종크로이츠펠트-야콥병(vCJD), 황열, 뎅기열, 큐열, 웨스트나일열, 라임병, 진드기매개뇌염, 유비저, 치쿤구니야열, 중증열성혈소판감소 증후군(SFTS), 지카바이러스 감염증

④ 제4급 감염병

㉠ 제1급~제3급 감염병 외에 유행 여부를 조사하기 위해 표본감시 활동이 필요한 감염병

ⓛ 인플루엔자, 매독, 회충증, 편충증, 요충증, 간흡충증, 폐흡충증, 장흡충증, 수족구병, 임질, 클라미디아감염증, 연성하감, 성기단순포진, 첨규콘딜롬, 반코마이신내성장알균(VRE) 감염증, 메티실린내성황색포도알균(MRSA) 감염증, 다제내성녹농균(MRPA)감염증, 다제내성아시네토박터바우마니균(MRAB) 감염증, 장관감염증, 급성호흡기감염증, 해외유입기생충감염증, 엔테로바이러스감염증, 사람유두종바이러스감염증

(6) 우리나라 검역 감염병의 종류 및 감시 또는 격리 기간

콜레라 5일, 페스트 6일, 황열 6일, 중증급성호흡기증후군(SAR) 10일, 조류인플루엔자(AI) 인체감염증 10일, 신종인플루엔자 감염증 최대 잠복기, 중동호흡기증후군(MERS) 최대 잠복기

(7) 인수공통감염병

① 동물과 사람 간에 서로 전파되는 병원체에 의하여 발생되는 감염병 중 질병관리청이 고시하는 감염병을 말한다.
② 장출혈성 대장균감염증, 일본뇌염, 브루셀라증, 탄저, 공수병, AI 인체감염증, SARS, vCJD, 큐열, 결핵

3. 감염병의 예방 대책

(1) 감염원 대책

① 환자에 대한 대책 : 환자의 조기 발견, 격리 및 감시와 치료를 실시하며, 법정 감염병 등의 환자 신고를 잘한다.
② 보균자에 대한 대책 : 보균자의 조기 발견으로 감염병의 전파를 막는다. 특히 식품을 다루는 업무에 종사하는 사람에 대한 검색을 중점적으로 실시한다.
③ 외래 감염병에 대한 대책 : 병에 걸린 동물을 신속히 없앤다.
④ 역학 조사 : 각종 자료에서 감염원을 조사하여 대책을 세운다.
⑤ 보균자의 종류 : 병의 증상은 나타나지 않지만, 몸 안에 병원균을 가지고 있어 평상시에 혹은 때때로 병원체를 배출하고 있는 자로 그 종류는 다음과 같다.
　ⓐ 회복기 보균자(병후 보균자) : 질병의 임상 증상이 회복되는 시기에도 여전히 병원처를 지닌 사람
　ⓑ 잠복기 보균자(발병 전 보균자) : 잠복기간 중에 병원체를 배출하여 전염성을 가지고 있는 사람
　ⓒ 건강 보균자 : 감염에 의한 임상 증상이 전혀 없고 건강한 사람과 다름이 없지만 몸 안에 병원균을 가지고 있는 감염자로서 감염병을 관리하는 데 가장 어려운 사람

(2) 감수성 대책

① 저항력의 증진
② 예방 접종(인공면역) : 기본접종으로 생후 4주 이내 BCG(결핵 예방 접종)
③ 면역

면역 ┬ 선천 면역 : 종속 면역, 인종, 면역, 개개인의 특이성
   └ 후천면역 ┬ 능동 면역 ┬ 자연 능동 면역 : 질병 감염 후 획득한 면역
        │   └ 인공 능동 면역 : 예방 접종으로 획득한 면역
        └ 수동 면역 ┬ 자연 수동 면역 : 모체로부터 얻은 면역
                └ 인공 수동 면역 : 혈청제재의 접종으로 획득하는 면역

> ※ BCG결핵 : 아기가 태어나서 제일 처음 받는 예방 접종
> ※ D : 디프테리아, P : 백일해, T : 파상풍

4. 직업병

(1) 직업병의 정의

직업병이란 직업이 가지고 있는 특정한 요인에 의해서 그 직업에 종사하는 사람에게 발생하는 특정 질환을 말한다.

(2) 직업병의 원인별 질병명

원인별	질병명
고열 환경 (이상고온)	열중증(열경련, 열허탈증, 열사병, 열쇠약증)
저온 환경 (이상저온)	참호족염, 동상, 동창
고압 환경 (이상고기압)	잠함병

저압 환경 (이상저기압)	고산병
조명불량	안정피로, 근시, 안구 진탕증
소음	직업성 난청(귀마개 사용, 방음벽설치, 직업 장법개선)
분진	진폐증 : 규폐증(유리규산), 석면폐증(석면), 활석폐증(활석)
방사선	조혈기능장애, 피부 점막의 궤양과 암 형성, 생식기 장애, 백내장
자외선 및 적외선	피부 및 눈의 장애
공업중독	납(Pb) 중독	연연(鉛緣), 뇨 중에 코프로포피린 검출, 권태, 체중감소, 염기성과립 적혈구 수의 증가, 요독증 등의 증세
	수은(Hg) 중독	미나마타병의 원인 물질로 언어 장애, 지각 이상, 보행 곤란의 증세
	크롬(Cr) 중독	비염, 인두염, 기관지염
	카드뮴(Cd) 중독	이타이이타이병 원인 물질로 폐기종, 신장애, 골연화, 단백뇨의 증세

01 공중 보건의 주요 대상이 되는 것은?

① 특정 단체　　② 지역 사회 전체 주민
③ 개인　　　　④ 환자

해설 공중 보건의 대상은 개인이 아니고 인간 집단이며, 지역 사회나 한 국가의 국민이 하나의 단위가 된다.

02 국가의 공중 보건 수준을 나타내는 가장 대표적인 지표는?

① 인구 증가율　　② 보통 사망률
③ 영아 사망률　　④ 감염병 발생률

해설 한 지역이나 국가의 보건 수준은 그 지역이나 국가의 영아 사망률 또는 일반 사망률 및 비례 사망 지수를 통해서 알 수 있다.

03 세계보건기구의 기능과 관계없는 사항은?

① 국제적 보건 사업의 지휘 · 조정
② 회원국의 기술 지원
③ 회원국의 자료 공급
④ 후진국의 경제 보조

해설 세계보건기구의 주요 기능
국제적인 보건 사업의 지휘 및 조정, 회원국에 대한 기술 지원 및 자료 제공, 전문가 파견에 의한 기술 자문 활동 등을 한다.

04 살균력이 강한 자외선의 파장은?

① 2,000~2,400Å
② 2,400~2,800Å
③ 2,800~3,200Å
④ 3,200~2,600Å

해설 자외선은 파장의 범위가 2,500~2,800Å(옹스트롬)일 때 살균력이 가장 강하다.

05 감각 온도의 3요소에 속하지 않는 것은?

① 기압　　　② 기온
③ 기습　　　④ 기류

해설 감각 온도의 3요소는 기온(온도), 기습(습도), 기류(공기의 흐름)이다.

06 다수인이 밀집한 실내의 공기가 물리 · 화학적 조성의 변화로 불쾌감, 두통, 권태, 현기증 등을 일으키는 것은?

① 군집독　　　② 진균독
③ 산소중독　　④ 자연독

해설 다수인이 밀집해 있는 곳의 실내 공기는 물리적, 화학적 조성의 변화로 불쾌감, 두통, 식욕 저하, 현기증, 권태, 구역질 등의 이상 현상이 발생하는데, 이를 군집독이라 한다. 고온, 다습, CO_2나 유해 가스 등이 혼합되어 발생한다.

07 무색, 무취, 무자극성 기체로서 불완전연소 시 잘 발생하며, 연탄가스 중독의 원인 물질인 것은?

① CO
② CO_2
③ SO
④ NO

해설 일산화탄소(CO)
물체의 불완전연소 시에 발생하는 무색, 무취, 무자극성 기체로 연탄가스 중독의 원인 물질이다.

08 이산화탄소(CO_2)를 실내 공기의 오탁 지표로 사용하는 가장 주된 이유는?

① 유독성이 강하므로
② 실내 공기 조성의 전반적인 상태를 알 수 있으므로
③ 일산화탄소로 변화되므로
④ 항상 산소량과 반비례하므로

해설 이산화탄소는 실내 공기 조성의 전반적인 상태를 알 수 있으므로 실내 공기 오염의 지표로 이용되며, 위생학적 허용 한계는 0.1%(=1,000ppm)이다.

09 실내의 자연 환기가 가장 잘 일어나려면 중성대는 어느 곳에 위치하는 것이 좋은가?

① 방바닥과 천장의 중간 사이
② 천장 가까이
③ 방바닥 가까이
④ 벽면 양쪽에

해설 중성대란 실내에서 자연 환기가 이루어질 때 들어오는 공기는 하부로, 나가는 공기는 상부로 유출되는 공간에 형성되는 압력이 0인 지대를 말하며, 중성대가 천장 가까이 형성되면 환기량이 크고, 낮게 형성되면 환기량이 작다.

10 실외공기 오염의 대표적인 지표로 삼는 기체는?

① CO
② SO_2
③ CO_2
④ O_2

해설 아황산가스(SO_2)는 대기 오염, 실외공기 오염도를 추측할 수 있다.

11 상수처리법의 순서는?

① 염소 소독 – 침전 – 여과 – 침사 – 급수
② 침전 – 침사 – 여과 – 염소 소독 – 급수
③ 침사 – 침전 – 여과 – 염소 소독 – 급수
④ 침사 – 여과 – 침전 – 염소 소독 – 급수

해설 상수도 정수법
침사 – 침전 – 여과 – 소독의 순서로 실시하고, 소독 시 물에 공기 공급을 해주는 폭기(Airation) 작업을 겸해서 실시한다.

12 우리나라에서 일반적으로 많이 쓰이는 하수도 구조는?

① 합류식
② 침전식
③ 혼합식
④ 분류식

해설 합류식은 가정하수, 자연수, 천수 등을 한꺼번에 운반하는 것으로 우리나라에서 일반적으로 많이 쓰는 방법이다.

13 하수 처리의 본처리 과정 중 가장 진보적이며 많이 쓰이는 방법은?

① 살수여과법　　　② 활성오니법
③ 부패조처리법　　④ 임호프탱크법

해설 활성오니처리법은 도시하수의 처리에 주로 이용되며, 가장 진보적이다.

14 하천수의 용존산소량(DO)이 적은 것과 가장 관계 깊은 것은?

① 하천수의 온도가 하강하였다.
② 중금속의 오염이 심하다.
③ 비가 내린 지 얼마 안 되었다.
④ 가정하수, 공장폐수 등에 의해 많이 오염되었다.

해설 용존산소량(DO)이 적다는 것은 가정하수나 공장폐수 등에 의해 많이 오염되었다는 것이다.

15 하수 처리 과정을 순서대로 옳게 나열한 것은?

① 본처리 – 예비처리 – 오니처리
② 예비처리 – 본처리 – 오니처리
③ 예비처리 – 오니처리 – 본처리
④ 오니처리 – 예비처리 – 본처리

해설 하수 처리 과정
예비처리(하수 중의 부유물과 고형물을 제거하는 처리 과정) → 본처리(호기성 처리 및 혐기성 처리인 미생물 이용에 의한 생물학적 처리 과정) → 오니처리 (하수 처리 과정 중 최종 단계의 처리)

16 진개처리 방법 중 가장 위생적이지만 대기오탁의 원인이 되는 것은?

① 매립법　　　② 소각법
③ 투기법　　　④ 비료화법

해설 진개처리 방법 중 소각법은 세균을 사멸시킬 수 있는 가장 위생적인 방법이나 매연으로 인한 대기 오염이라는 단점이 있다.

17 소음의 영향으로 옳은 것은?

① 수면 유도　　　② 시력 감퇴
③ 작업 능률 저하　④ 피부 질환

해설 소음으로 인한 직업병으로 직업성 난청을 들 수 있으며, 소음으로 인하여 작업 능률이 저하되므로 방지책으로 귀마개 사용 · 방음벽 설치 · 작업 방법 개선 등이 있다.

18 오존층 파괴로 인하여 생길 수 있는 가장 심각한 질병은?

① 위장염　　　② 관절염
③ 피부암　　　④ 폐렴

해설 오존층 파괴로 인해 피부암이 생길 수 있다.

19 잠복기가 일정하지 않은 감염병은?

① 장티푸스　　　② 이질
③ 결핵　　　④ 콜레라

해설 결핵은 폐에 많이 감염되어 피로, 체중 감소 등을 보이며, 환자의 격리오 예방 접종(BCG)이 필요하다. 또한 잠복기가 일정하지 않아 정기적인 검진이 필요하다.

20 자연수동면역이란?

① 예방 접종 후 형성되는 면역

② 모체로부터 아이가 받은 면역

③ 병을 앓고 난 후의 혈청을 다른 사람에게 주었을 때 받는 면역

④ 질병 감염 후 형성되는 면역

해설 • 자연수동면역은 태아가 모체로부터 태반을 통해서 항체를 받거나 생후에 모유를 통해서 항체를 받는 방법을 말한다.
• ① 인공능동면역, ③ 인공수동면역, ④ 자연능동면역

21 다음 중 소화기계 감염병에 속하지 않는 것은?

① 장티푸스   ② 발진티푸스

③ 세균성이질   ④ 결핵

해설 • 소화기계 감염병 : 장티푸스, 파라티푸스, 세균성이질, 콜레라, 소아마비, 유행성 간염 등
• 호흡기계 감염병 : 디프테리아, 백일해, 결핵, 인플루엔자, 홍역, 천연두 등

22 다음 중 동물과 감염병이 상호 관계없는 것끼리 연결된 것은?

① 소 : 결핵   ② 돼지 : 발진티푸스

③ 개 : 광견병   ④ 쥐 : 페스트

해설 • 돼지 : 살모넬라증, 돈단독, 선모충, Q열
• 발진티푸스 : 이 및 벼룩

23 이질을 앓은 후 얻는 면역은?

① 면역성이 없음   ② 영구면역

③ 수동면역   ④ 능동면역

해설 면역이 형성되지 않는 질병 : 이질, 매독, 말라리아 등

24 다음 중 질병을 전파하는 곤충과 질병의 연결이 잘못된 것은?

① 진드기 – 유행성 출혈열

② 이 – 장티푸스

③ 모기 – 말라리아

④ 벼룩 – 페스트

해설 이 – 발진티푸스, 재귀열

25 다음 감염병 중 감염 경로가 토양인 것은?

① 파상풍   ② 콜레라

③ 천연두   ④ 디프테리아

해설 파상풍 : 경피 감염(토양에 존재하던 파상풍균이 피부 상처를 통해 감염)

26 다음 중 직업병의 연결이 옳지 않은 것은?

① 조명 불량 – 안정피로, 안구진탕증

② 수은 중독 – 미나마타병

③ 고압 환경 – 고산병

④ 고열 환경 – 열경련, 열사병

해설 고압 환경 – 잠함병, 저압 환경 – 고산병

27 다음 중 미나마타병의 원인이 되는 금속은?

① 비소　　　② 카드뮴
③ 수은　　　④ 구리

해설 미나마타병 : 원인 물질 – 수은, 증상 – 지각마비

28 다음 중 이타이이타이병의 원인 물질은 무엇인가?

① 수은　　　② 납
③ 칼슘　　　④ 카드뮴

해설 이타이이타이병
카드뮴에 오염된 물질을 섭취함으로써 발생

Chapter 06		공중보건							
1	②	2	③	3	④	4	②	5	①
6	①	7	①	8	②	9	②	10	②
11	③	12	①	13	②	14	④	15	②
16	②	17	③	18	③	19	③	20	②
21	③	22	②	23	①	24	②	25	①
26	③	27	③	28	④				

PART 02

공통 안전 관리

01 개인 안전사고 예방 및 사후 조치

1. 개인 재해 발생의 원인 분석

(1) 사고의 원인이 되는 물리적 결함 상태를 조사

개인의 매장 안에서의 안전사고는 불안전한 상태 및 행동에 의해서 발생이 되는데 사고의 원인이 되는 물리적 결함 상태인 기계 설비, 시설 및 환경의 불안전한 상태를 조사한다.

(2) 개인의 불안전한 행동을 조사

개인의 불안전한 행동은 사고의 직접 원인이 될 수 있으므로 근로자의 불안전한 행동을 조사한다.

(3) 개인 안전사고 예방을 위한 안전 관리 대책

관리 책임자는 안전 대책을 검토해야 하는데, 각각의 안전 대책이 위험도 경감에 합리적이고 효과적인지를 고려하고 자신의 책임 범위 안에서 위험도를 제어할 수 있는 방법을 조사한다.
① 위험도 경감의 원칙
  ㉠ 사고 발생 예방과 피해 심각도의 억제
  ㉡ 위험도 경감 전략의 핵심적인 요소 : 위험 요인 제거, 위험 발생 경감, 사고 피해 경감

  ㉢ 위험도 경감 접근법 : 사람, 절차, 장비의 3가지 시스템 구성 요소를 고려하여 검토
② 안전사고 예방 과정
  ㉠ 위험 요인 제거
  ㉡ 위험 요인 차단
  ㉢ 예방(오류) : 인적, 기술적, 조직적 오류를 예방
  ㉣ 교정(오류) : 인적, 기술적, 조직적 오류를 교정
  ㉤ 제한(심각도) : 재발 방지를 위하여 대응 및 개선 조치

2. 개인 안전사고 예방을 위한 안전 교육의 목적

① 상해, 사망 또는 재산 피해를 불러일으킬 수 있는 사고 예방
② 개인 및 집단의 안전에 필요한 지식이나 기능, 태도 등을 지속적으로 교육
③ 교육을 통하여 안전한 생활을 영위할 수 있는 습관을 형성
④ 개인과 집단의 안전성을 최고로 발달시킴
⑤ 인간 생명의 존엄성을 인식시킴

3. 개인 안전사고 발생 시 사후 조치

① 개인 안전사고 발생 시 신속, 정확한 응급조치를 할 수 있도록 교육한다.

② 응급 상황 시의 조치와 현장 대처법

현장의 상황을 파악하고 자신의 안전을 확인한 다음 내가 할 수 있는 것과 그렇지 않은 것을 인지하여 도울 수 있는 행동 계획을 세운다. 전문 의료기관(119)에 전화로 응급 상황을 알리고 신고 후 전문 의료원이 도착할 때까지 환자에게 필요한 응급조치를 시행하고 환자를 지속적으로 돌본다.

02 작업 안전 관리

1. 주방 내 안전사고 유형

주방 내의 안전사고 발생은 3가지 유형으로 나누어 볼 수 있는데 인적요인, 물적 요인, 환경적 요인이 있다.

① 인적요인
  ㉠ 개인의 정서적 요인 : 과격한 기질, 시력이나 청력의 문제, 지식이나 기능의 부족, 각종 질환 등의 선천적 또는 후천적인 요인 등
  ㉡ 개인의 행동적 요인 : 독단적인 행동, 미숙한 작업 방법, 책임자의 지시에 대한 무시한 독단적인 행동 등

② 물적인 요인에 의한 안전사고 유형으로는 기계나 기구, 시설물 등 장비와 시설물의 오인에서 오는 요인 등이 있다.

③ 환경적 요인에 의한 안전사고 유형은 주방의 경우는 고온다습한 환경으로 인해 피부질환(피부염, 땀띠, 알레르기성 접촉성 피부염 등)과 장화 착용으로 인한 무좀이나 아킬레스건염 등이 있다.

2. 작업장 사고 발생 시 대처 요령

작업장 내 사고가 발생했을 경우에는 작업을 중단하고 즉시 관리자에게 보고한 후 환자가 움직일 수 있는 상황이면 조리 장소에서 격리시켜 경미한 상처는 소독액으로 소독하고 용액이나 항생제를 함유한 연고 등으로 조치하고, 출혈이 있는 경우는 지혈시키고 출혈이 계속되면 출혈 부위를 심장보다 높게 하여서 병원으로 이송한다.

3. 조리 작업 시의 사용, 이동, 보관의 안전 수칙 및 유해·위험 요인

칼에 대한 사용, 이동, 보관 안전 수칙	• 작업 시에는 집중을 하여 작업에 임함 • 칼로 캔을 따거나 하는 등의 행동을 하지 않기 • 칼을 사용하다가 떨어뜨렸을 때는 칼을 잡으려고 하면 안 되고 한걸음 물러서서 피하도록 하기 • 칼을 들고 다른 장소로 옮길 때는 칼끝을 바닥을 향하게 하고 칼날은 뒤쪽을 보게 하여 이동하기
낙상 사고	• 안전화를 꼭 신도록 하며, 바닥에 기름류, 핏물 등의 이물질이 묻어 있을 경우 바로 세척하여 안전사고를 예방하기
기기 사고 (베임, 절단)	• 주방에서 사용하는 모든 장비의 사용법과 분해 방법, 세척법 등을 수시로 교육하며, 장비를 점검하기

화상 사고	• 주방에서 뜨거운 음식과 기물을 옮길 경우 앞치마나 행주를 사용하지 말고 꼭 마른행주나 헝겊 장갑을 이용하도록 함 • 오븐에서 조리한 팬 등은 안전 장구를 착용한 뒤 사용하기 • 열과 스팀이 발생하는 기계나 도구를 열 때는 수증기에 의해 화상을 입지 않도록 주의하기
전기 감전, 누전 사고	• 조리실 전자 제품의 사용이나 청소, 정비 시 적합한 접지 및 누전 차단기 사용 • 절연 상태의 수시 점검 등으로 감전 사고를 예방하고 안전한 전기기계·기구의 사용이 필요함
화재 발생 위험	• 화기 주변에는 지정된 장소에 소화기가 있는지 확인하고 소화기의 정기적인 점검
근골격계 질환 (목, 어깨, 허리, 손목 등)	• 부적절한 자세는 중립 자세를 유지하고, 정적인 동작을 없애며, 반복적인 작업을 줄이고 무리한 힘을 가하지 않기

출제예상문제

01 재해 발생의 원인에 해당하지 않는 것은?

① 충분한 기술　　② 위험한 환경
③ 부적합한 지식　　④ 불안전한 행동

해설 재해 발생은 불충분한 기술로 인해 발생할 수 있다.

02 위험도 경감을 위한 3가지 시스템 구성 요소가 아닌 것은?

① 사람　　　　② 조직
③ 절차　　　　④ 장비

해설 위험도 경감의 원칙에서는 사람, 절차, 장비의 3가지 시스템 구성 요소를 고려하여야 한다.

03 작업 시 근골격계 질환을 예방하기 위한 방법으로 맞는 것은?

① 안전 장갑을 착용한다.
② 안전화를 신는다.
③ 조리 기구의 올바른 사용 방법을 숙지한다.
④ 작업 전과 후에 간단한 스트레칭을 적절히 실시한다.

해설 근골격계 질환(목, 어깨, 허리, 손목 등)은 중립 자세 유지, 작업 전과 후에 스트레칭하기 등으로 예방할 수 있다.

04 주방 내 작업 안전 관리에 대한 설명으로 바르지 않은 것은?

① 주방의 소음 기준은 90dB 이하이다.
② 주방의 온도는 겨울에는 18~21℃, 여름철에는 20~23℃를 유지한다.
③ 환기가 원활하게 이루어질 수 있도록 충분한 환기 시설을 설치한다.
④ 전처리 구역과 조리실은 220Lux 이상으로 관리하는 것이 좋다.

해설 주방의 소음 기준은 50dB 이하이다.

Chapter 01	개인 안전 관리						
1	①	2	②	3	④	4	①

CHAPTER 02 장비·도구 안전 작업

01 조리 장비·도구 안전 관리 지침

1. 조리 장비·도구의 관리 원칙

① 사용 방법과 기능을 충분히 숙지하고 전문가의 지시에 따라 정확히 사용한다.
② 장비의 사용 용도 이외의 사용을 금한다.
③ 장비나 도구에 무리가 가지 않도록 유의한다.
④ 전기를 사용하는 장비나 도구는 전기 사용량과 사용법을 확인한 후 사용한다.

2. 안전 장비류의 취급 관리

① 일상 점검
현장 조사로 장비와 도구의 손상의 종류, 정도 등에 대해 보수가 필요한 부분을 판단하여 조사평가서를 작성한다.
② 정기 점검
점검과 진단 계획서를 바탕으로 정기 점검을 준비하며 자체 및 외부의 기관을 통하여 현장 조사와 외관 조사를 실시하고 점검 결과를 보고서로 작성한다. 담당자는 문서로 또는 시스템에 입력을 하여 자료를 보관하도록 한다.
③ 긴급 점검
㉠ 손상 점검 : 재해나 사고에 의해 비롯된 구조적 손상 등에 대한 긴급 시행하는 점검
㉡ 특별 점검 : 결함이 의심되는 경우나, 사용제한 중인 시설물의 사용 여부 등을 판단하기 위해 실시하는 점검

3. 조리 장비의 이상 유무 점검 방법

① 음식 절단 : 전원을 차단하고 분해하여서 중성 세제와 미온수로 세척하였는지와 건조시킨 후 원상태로 조립하고 안전장치 작동에서 이상이 없는지 확인
② 튀김기 : 기름은 식혀서 다른 용기에 받아두고 오븐 클리너로 세척하고 물기를 제거하였는지 확인
③ 육절기 : 사용 후 전원을 끄고 칼날과 회전봉을 분해하여 중성 세제와 미온수로 세척하고 물기를 제거한 후 원상태로 조립하였는지 확인
④ 제빙기 : 전원을 끈 후에 칼날과 회전봉을 분해하여 중성 세제와 미온수로 세척하였는지 확인 후 조립
⑤ 식기세척기 : 세척기 탱크의 물을 빼고 브러시를 이용하여 세척제를 넣고 세척하고, 내부 표면, 배수로, 여과기, 필터를 주기적으로 세척하고 있는지 확인

4. 조리 장비·도구 위험 요소 및 예방

구분	위험 요소	예방
조리용 칼	• 용도에 맞지 않는 칼을 사용 • 주의력 결핍 • 숙련도 미숙 • 동일한 자세로 오랜 시간 칼을 사용	• 작업의 용도에 맞는 칼을 사용 • 칼 운반 시에는 칼집이나 칼꽂이에 넣어서 운반 • 칼의 방향은 몸 반대쪽으로 함 • 작업 전 충분한 스트레칭 하기
가스 레인지	• 가스레인지의 노후화 • 중간밸브의 손상 • 가스관의 부적합 설치 • 가스 밸브를 개방 상태로 장시간 방치	• 가스관의 정기적인 점검 • 가스관을 작업에 지장을 주지 않는 위치에 설치 • 가스레인지 주변의 작업 공간을 충분히 확보 • 사용 후 밸브 잠그기
채소 절단기	• 불안정한 설치 • 청결 관리의 불량 • 칼날의 체결 상태 불량 • 사용 방법 미숙지	• 안정되게 설치 • 칼날의 체결 상태를 점검 • 재료 투입 시 안전하게 누름봉을 사용 • 청소 시 전원을 차단 • 사용 방법을 숙지
튀김기	• 용기에 비해 기름을 과도하게 많이 사용 • 고온에서 장시간 사용 • 후드의 청결 관리 미숙 • 기름에 물이 들어갔을 경우	• 적정의 기름을 사용 • 물이 튀지 않도록 물기 접촉 방지막을 부착 • 기름 교체 시 기름 온도 체크 • 튀김기 세척 시 물기를 완전히 제거 • 적절한 튀김 온도 유지 • 정기적인 후드 청소
육류 절단기	• 사용 방법 미 숙지와 사용자 부주의 • 칼날의 불량 • 청소 시 절연 파괴 등으로 인한 누전 발생 • 점검 시 전원 비차단으로 인한 감전 사고	• 날 접촉 예방장치 부착 • 누름봉을 이용한 안전한 사용 • 이물질 및 청소 시에는 반드시 전원 차단

출제예상문제

01 안전 장비류의 취급 관리로 정기 점검은 매년 몇 회 이상 실시하는가?

① 1회 ② 2회
③ 3회 ④ 4회

해설 조리 작업에 사용되는 기계·기구·전기·가스 등의 설비 기능 이상 여부와 보호구의 성능 유지 여부 등에 대하여 매년 1회 이상 정기적으로 점검을 실시한다.

02 조리 장비 · 도구의 관리 원칙으로 바르지 않은 것은?

① 장비나 도구에 무리가 가지 않도록 유의한다.
② 장비의 사용 용도 이외의 사용을 금지한다.
③ 전기를 사용하는 장비나 도구는 전기의 사용량과 사용법을 확인한다.
④ 사용 도중 모터에 물이나 이물질 등이 들어가도 무방하다.

해설 조리실 등에서 전기기계 · 기구의 사용 시 모터에 물이나 이물질 등이 들어가면 감전 사고가 일어날 수 있으므로 주의한다.

03 다음 중 조리 장비와 도구의 위험 요소로부터의 예방법으로 바르지 않은 것은?

① 채소 절단기는 재료 투입 시 손으로 재료를 눌러 이용한다.
② 조리용 칼의 방향은 몸 반대쪽으로 한다.
③ 가스레인지는 사용 후 즉시 밸브를 잠근다.
④ 튀김기 세척 시 물기를 완전히 제거한다.

해설 채소 절단기의 재료 투입 시 누름봉을 이용하여 안전하게 사용한다.

04 조리용 칼 사용 시 위험 요소로부터 예방하는 방법으로 바르지 않은 것은?

① 용도에 맞는 칼을 사용한다.
② 작업 전 충분한 스트레칭을 한다.
③ 칼의 방향은 몸 안쪽으로 사용한다.
④ 조리용 칼 운반 시 칼집이나 칼꽂이에 넣어 운반한다.

해설 칼 사용 시 방향은 몸의 반대쪽으로 놓고 사용해야 안전하다.

Chapter 02	장비 · 도구 안전 작업						
1	①	2	④	3	①	4	③

CHAPTER 03 작업 환경 안전 관리

01 작업장 환경 관리

1. 작업장(주방) 환경 관리

(1) 작업 환경 안전 관리 시 작업장의 온·습도의 관리

주방의 온도는 겨울엔 18.3℃~21.1℃ 사이, 여름엔 20.6~22.8℃ 사이를 유지한다. 적정한 상대 습도는 40~60% 정도가 적당하다.

(2) 작업장 내 적정한 수준의 조명

작업장은 백열등이나 색깔이 향상된 형광등을 사용하며, 전처리 구역과 조리실은 220 Lux 이상으로 관리하는 것이 좋다.

(3) 환기

배기 후드는 주방이나 밀폐된 공간의 열기나 냄새를 제거하는 환기장치로 환기팬의 기름때는 주기적으로 제거하고 정기적으로 점검하여 청결을 유지한다.

2. 폐기물 처리

쓰레기통은 음식물쓰레기통, 재활용쓰레기통, 일반쓰레기통으로 분리하여 사용하며 뚜껑은 발로 눌러서 개폐 가능한 구조를 사용하고 용량의 2/3 이상 채워지지 않도록 수시로 비운다.

02 작업장(주방) 내 안전 관리

1. 작업장(주방) 내 안전사고 발생의 원인

고온, 다습한 환경 조건과 주방 시설의 노후화와 관리 미흡, 주방 바닥의 미끄럼 방지 설비 미흡, 주방 종사원들의 재해 방지 교육 부재로 인한 안전 지식 결여와 기물의 올바르지 못한 사용, 가스 및 전기의 부주의한 사용, 종사원들의 육체적, 정신적 피로 등이 원인이 되고 있다.

2. 안전 수칙

(1) 조리 작업자의 안전 수칙

① 주방에서는 뛰거나 서두르지 않아야 한다.
② 작업을 하기에 편안한 조리복과 조리모, 안전화 등을 착용한다.
③ 뜨거운 용기 등을 이동할 때는 젖은행주나 앞치마를 사용하지 말고 마른행주나 장갑을 사용한다.
④ 무거운 기물이나 통 등을 들 때 허리를 구부리는 것보다 쪼그리고 앉아서 들고 일어나도록 한다.

(2) 주방 장비 및 기물의 안전 수칙

① 각종 기기나 장비의 작동 방법과 안전 숙지 교육을 철저히 한다.

② 가스나 전기오븐의 사용 시 온도를 확인하고 가스밸브는 사용 전·후 꼭 확인한다.

③ 전기 기기나 장비의 작동 시에 바닥에 물이 고여 있지 않고 조리 작업자의 손에 물기가 없어야 하며 세척 시에는 전원을 끄고 전기 코드를 빼고 작업한다.

03 화재 예방 및 조치 방법

1. 화재의 원인

① 전기 제품 사용 시 누전으로 인한 전기 화재
② 가스 연료의 부적절한 사용
③ 식용유 등의 인화성 물질에 의한 화재

2. 올바른 소화기 구별법

일반 화재 (A급 화재)	나무나 종이, 솜, 스펀지 등의 섬유류를 포함한 화재에 사용(적용 소화기는 백색 바탕에 'A' 표시)
유류 및 가스 화재 (B급 화재)	기름과 같은 가연성 액체의 화재에 사용(적용 소화기는 백색 바탕에 'B' 표시)
전기 화재 (C급 화재)	누전으로 인한 화재에 사용(적용 소화기는 백색 바탕에 'C' 표시)

3. 화재 예방

① 소화기를 비치하고 정기적으로 점검한다.
② 뜨거운 오일과 유지를 화염 원 근처에 방치하지 않는다.
③ 이상이 있는 전기 기구와 코드는 사용하지 않는다.

4. 화재 시 대처 요령

① 화재 발생 시 경보를 울리거나 큰소리로 주위에 먼저 알린다.
② 소화기나 소화전을 사용해서 불을 끈다.
③ 몸에 불이 붙었을 경우는 제자리에서 바닥에 구른다.

5. 소화기

① 소화기의 설치 및 관리 요령
  ㉠ 직사광선과 높은 온도와 습기를 피해 보관한다.
  ㉡ 눈에 잘 띄는 곳에 놓는다.
  ㉢ 소화약제가 굳거나 가라앉지 않도록 한 달에 한 번 정도 위아래로 흔들어 준다.
  ㉣ 최초 생산일로부터 5년 경과되면 약제를 교환한다.

01 조리 작업장의 환경 요소에 대한 설명으로 맞지 않는 것은?

① 주방의 온도와 습도 조절은 조리 환경에 중요하다.
② 주방의 조명 시설은 권장 조도를 지킨다.
③ 주방 내부의 색깔은 대부분 하얀색을 선호한다.
④ 주방 소음은 조리 작업장 환경 요소에 포함되지 않는다.

해설 조리 작업 환경 요소로는 온도와 습도의 조절, 조명 시설, 주방 내부의 색깔, 주방의 소음, 환기(통풍 장치) 등이 있다.

02 배수구의 청소로 옳지 않은 것은?

① 배수구에 거름망 이물질을 제거 후 세척할 필요는 없다.
② 배수로 덮개를 걷어 내서 세척하고 물로 씻은 후 살균소독제로 소독한다.
③ 청소주기는 1일 1회이다.
④ 배수로 내부는 솔을 이용하여 닦은 후 물로 씻는다.

해설 배수로 거름망은 꺼내어 이물질을 제거하고 세척제로 세척 후 물로 헹구고 소독하여 준다.

03 주방 내 안전사고 발생 원인으로 바르지 않은 것은?

① 주방 시설의 현대화
② 주방 바닥의 미끄럼 방지 설비 미흡
③ 주방기물의 올바르지 못한 사용
④ 주방 종사원들의 재해 방지 교육 부재

해설 주방 내 안전사고 발생의 원인은 고온, 다습한 환경, 시설의 노후화, 관리 미흡, 바닥의 미끄럼 방지 미흡, 종사원들의 재해 방지 교육 부재, 기물의 올바르지 못한 사용 등이 있다.

04 소화기 설치 및 관리 요령으로 바르지 않은 것은?

① 소화기는 습기가 적고 건조하며 서늘한 곳에 설치한다.
② 분말 소화기는 흔들거나 움직이지 않고 계속 비치한다.
③ 사용한 소화기는 다시 사용할 수 있도록 재충전하여 보관한다.
④ 유사시에 대비하여 수시로 점검한다.

해설 분말 소화기는 소화약제가 굳거나 가라앉지 않도록 한 달에 한 번 정도 위아래로 흔들어 주는 것이 좋다.

Chapter 03 │ 작업 환경 안전 관리								
1	④	2	①	3	①	4	②	

PART 03

공통 재료 관리

01 수분

1. 수분의 종류

① 자유수(유리수) : 식품 중에 유리 상태로 존재하는 물(보통의 물)
② 결합수 : 식품 중의 탄수화물이나 단백질 분자의 일부분을 형성하는 물

2. 유리수와 결합수의 차이점

자유수(유리수)	결합수
• 수용성 물질을 녹일 수 있다. • 미생물 생육이 가능하다. • 건조로 쉽게 분리할 수 있다. • 0℃ 이하에서 동결된다. • 비점과 융점이 높다.	• 물질을 녹일 수 없다. • 미생물 생육이 불가능하다. • 쉽게 건조되지 않는다. • 0℃ 이하에서도 동결되지 않는다. • 유리수보다 밀도가 크다.

3. 수분활성도(Aw)

수분활성도(Aw)란 어떤 임의의 온도에서 식품이 나타내는 수증기압을 그 온도의 순수한 물의 최대 수증기압으로 나눈 것이다.

$$식품의 수분활성도 = \frac{식품 속의 수증기압}{순수한 물의 수증기압}$$

① 물의 수분활성도는 1이다. (물의 Aw = 1)
② 일반식품의 수분활성도는 항상 1보다 작다. (일반식품의 Aw < 1)
③ 미생물은 수분활성도가 낮으면 생육이 억제된다.
④ 곡류나 건조식품 등은 과일, 채소류보다 수분활성도가 낮다.

02 탄수화물

1. 탄수화물의 특성

① 구성 원소 : 탄소(C), 수소(H), 산소(O)
② 탄수화물은 크게 소화되는 당질과 소화되지 않는 섬유소로 나뉜다.
③ 과잉 섭취 시 간과 근육에 글리코겐으로 저장된다.
④ 탄수화물의 대사 작용에는 비타민 B_1(티아민)이 반드시 필요하다.

2. 탄수화물의 분류

단당류	포도당 (Glucose)	• 동물의 혈액 중에 0.1% 정도 함유 • 전분이 소화되어서 최후에 가장 작은 형태로 된 것
	과당 (Fructose)	• 당류 중 가장 단맛이 강함 • 벌꿀의 구성 성분으로 들어있음
	갈락토오스 (Galactose)	• 젖당의 구성 성분으로 포유동물의 유즙에 존재 • 자연계에 단독으로 존재하지 못하고 유당에 함유
이당류 (단당류 2개가 결합)	자당 (설탕, 서당, Sucrose)	• 포도당에 과당이 결합된 당 • 당류의 단맛 비교 시 기준이 됨
	맥아당 (엿당, Maltose)	• 포도당+포도당이 결합된 당 • 엿기름에 많고 물엿의 주성분
	젖당(유당, Lactose)	• 포도당+갈락토오스가 결합된 당 • 동물의 유즙에 함유되어 있으며 감미가 거의 없음
다당류 (여러 종류의 단당류 결합)	전분(녹말, Starch)	• 포도당의 결합 형태 • 곡류, 감자류 등에 존재
	글리코겐 (Glycogen)	• 동물체의 저장 탄수화물로 간, 근육에 많이 함유
	섬유소 (Cellulose)	• 소화되지 않는 전분으로 식물의 줄기에 포함 • 영양적 가치는 없으나 배변 운동을 촉진
	펙틴 (Pectin)	• 세포벽 또는 세포 사이의 중층에 존재 • 과실류와 감귤류의 껍질에 많이 함유

3. 탄수화물의 기능

① 에너지의 공급원이다. (1g당 4kcal의 에너지 발생)

> ※ 전체 열량의 65%를 당질, 20%를 지방, 15%를 단백질에서 공급하는 것이 가장 이상적이다.

② 인체 내에서의 소화 흡수율이 98%나 되므로 피로회복에 효과적이다.
③ 단백질의 절약 작용과 지방의 연소에 관여한다.

> ※ 당질의 감미도
과당 > 전화당 > 서당 > 포도당 > 맥아당 > 갈락토오스 > 유당

03 지질

1. 지질의 특성

① 구성원소 : 탄소(C), 수소(H), 산소(O)
② 3분자의 지방산과 1분자의 글리세롤이 결합되어 있다.
③ 과잉 섭취 시 피하지방으로 저장된다.

2. 지질의 분류

① 단순지질(중성지방) : 지방산과 글리세롤의 에스테르 예 지방, 왁스
② 복합지질 : 지방산과 알코올의 에스테르에 다른 화합물이 더 결합된 지질
예 인지질=단순지질+인 / 당지질=단순지질+당

③ 유도지질 : 단순지질, 복합지질의 가수분해로 얻어지는 지용성 물질

> 예 스테로이드 → 콜레스테롤, 에르고스테롤, 스쿠알렌 등

3. 지방산의 분류

(1) 포화지방산

융점이 높아 상온에서 고체로 존재하며, 이중결합이 없는 지방산을 말한다. 스테아르산과 팔미트산이 천연에 가장 많이 분포하는 지방산으로, 동물성 지방에 많이 함유되어 있다.

(2) 불포화지방산

① 융점이 낮아 상온에서 액체로 존재하며, 이중결합이 있는 지방산을 말한다. 이중결합 수가 많을수록 불포화도가 높고 리놀레산, 리놀렌산, 아라키돈산, 올레산 등이 있다.

② 식물성 유지 또는 어류에 많이 함유되어 있다.

③ 혈관벽에 쌓여 있는 콜레스테롤을 제거하는 중요한 역할을 한다.

> ※ 필수지방산
> • 신체의 성장과 유지과정의 정상적인 기능을 수행함에 있어서 반드시 필요한 지방산으로 체내에서 합성되지 않기 때문에 식사를 통해 공급받아야 하는 지방산을 말한다.
> • 종류 : 리놀레산, 리놀렌산, 아라키돈산
> • 대두유, 옥수수유 등 식물성유에 다량 함유되어 있다.

4. 지질의 기능적 성질

① 유화(에멀전화, Emulsification) : 다른 물질과 기름이 잘 섞이게 하는 작용으로 수중유적형(O/W)과 유중수적형(W/O)이 있다.

  ㉠ 수중유적형(O/W) : 물 중에 기름이 분산되어 있는 형태(우유, 생크림, 마요네즈, 아이스크림, 크림스프, 케이크 반죽 등)

  ㉡ 유중수적형(W/O) : 기름 중에 물이 분산되어 있는 형태(버터, 마가린 등)

② 가수소화(경화, Hardening of Oil) : 액체 상태의 기름에 H_2(수소)를 첨가하고, Ni(니켈)과 Pt(백금)을 넣어 고체형의 기름으로 만든 것을 말한다. (마가린, 쇼트닝)

③ 요오드가(불포화도) : 유지 100g 중의 불포화결합에 첨가되는 요오드의 양(g)으로, 요오드가가 높다는 것은 불포화도가 높다는 것을 의미한다.

5. 지질의 기능

① 지용성 비타민의 흡수를 좋게 한다. (지용성 비타민 : 비타민 A, D, E, K)

② 발생하는 열량이 높다. (1g당 9kcal의 열량을 발생하며, 전체 에너지 섭취량 중 20%를 지질에서 공급)

③ 유지의 높은 열을 조리에 이용하여 영양소의 손실을 줄일 수 있다.

04 단백질

1. 단백질의 특성

① 구성 원소 : 탄소(C), 수소(H), 산소(O), 질소(N)
② 단백질은 아미노산의 펩티드 결합에 의해 이루어져 있다.
③ 질소 함량은 평균 16%로 단백질을 분해하여서 생기는 질소의 양에 6.25(단백질의 질소계수)를 곱하면 단백질의 양을 알 수 있다.

2. 단백질의 분류

(1) 구성 성분에 따른 분류

① 단순단백질 : 아미노산만으로 구성된 단백질(알부민, 글로불린, 글루테닌, 프롤라민 등)
② 복합단백질 : 단백질과 비단백질 성분으로 구성된 복합형 단백질(인단백질, 당단백질, 지단백질 등)
③ 유도단백질 : 단백질이 열, 산, 알칼리 등의 작용으로 변성이나 분해를 받은 단백질(1차 유도단백질 – 젤라틴, 2차 유도단백질 – 펩톤)

(2) 영양학적 분류

① 완전단백질 : 동물의 생명 유지와 성장에 필요한 모든 필수아미노산이 필요한 양만큼 충분히 들어 있는 단백질(달걀, 우유)
② 부분적 불완전단백질 : 동물 성장과 생육에 필요한 필수아미노산을 모두 함유하고 있으나 그중 하나 또는 그 이상의 아미노산의 함량이 부족한 단백질
③ 불완전단백질 : 하나 또는 그 이상의 필수아미노산이 식품 중에 결여되어 단백질 합성을 위한 모든 아미노산을 제공할 수 없는 단백질

> ※ 필수아미노산
> • 체내에서 합성이 불가능하여 반드시 식사를 통해 공급받아야 하는 아미노산
> • 성인에게 필요한 필수아미노산 : 8가지(트레오닌, 발린, 트립토판, 이소루신, 루신, 라이신, 페닐알라닌, 메티오닌)
> • 성장기 어린이에게 필요한 필수아미노산 : 10가지(성인에게 필요한 필수아미노산+알기닌+히스티딘)

(3) 형태에 따른 분류

① 섬유상 단백질 : 보통 용매에 녹지 않는다.
　㉠ 콜라겐(Collagen) : 피부와 결합 조직을 구성하는 단백질
　㉡ 엘라스틴(Elastin) : 혈관 등에 함유되어 있는 단백질
　㉢ 케라틴 (Keratin) : 모발 등에 함유되어 있는 단백질
② 구상단백질 : 묽은 산, 묽은 알칼리나 염류용액에 녹는 영양성 단백질(알부민, 글로불린, 글루텔린 등)

3. 단백질의 아미노산 보강

아미노산을 다른 식품을 통해 보강함으로써 완전단백질을 이뤄 영양가를 높이는 것을 아미노산 보강이라 한다. 예 쌀(리신 부족)+콩(리신 풍부)=콩밥(완전한 형태의 단백질을 공급)

4 단백질의 기능

① 성장 및 체조직의 구성에 관여한다. (피부, 효소, 항체, 호르몬 구성)
② 에너지의 공급원(1g당 4kcal의 에너지를 발생시키며, 전체 에너지 섭취량 중 15%를 섭취한다)

05 무기질

무기질은 우리 몸을 구성하는 중요성분이며, 생체 내에서 pH 및 삼투압을 조절하여 생체 내의 물리, 화학적 작용이 정상으로 유지되도록 한다.

1. 무기질의 기능

① 산과 염기의 평형을 유지하는 데 관여한다.
② 신경의 자극 전달에 필수적이다.
③ 생리적 반응을 위한 촉매제로 이용된다.
④ 수분의 평형 유지에 관여한다.

2. 무기질의 종류

칼슘(Ca)	• 생리 작용 : 골격과 치아를 구성하고 비타민 K와 함께 혈액 응고에 관여 • 특징 : 인체 내에서 칼슘 흡수를 촉진하려면 비타민 D를 공급한다. 칼슘흡수를 방해하는 인자는 수산으로, 칼슘과 결합하여 결석을 형성 • 결핍증 : 골다공증, 골격과 치아의 발육 불량 • 급원 식품 : 우유 및 유제품, 멸치, 뼈째 먹는 생선
인(P)	• 생리 작용 : 인지질과 핵단백질의 구성 성분이며 골격과 치아를 구성 • 특징 : 칼슘과 인의 섭취 비율로 정상 성인은 1 : , 성장기 어린이는 2 : 1이 좋음 • 결핍증 : 골격과 치아의 발육 불량
나트륨(Na)	• 생리 작용 : 수분 균형 유지 및 삼투압 조절, 산, 염기 평형유지, 근육 수축에 관여 • 특징 : 과잉증의 문제로 고혈압이나 심장병을 유발하는 원인
칼륨(K)	• 생리 작용 : 삼투압 조절과 신경의 자극 전달 작용 • 특징 : 염화나트륨(NaCl)과 같은 작용을 하며 세프내액에 존재
철분(Fe)	• 생리 작용 : 헤모글로빈(혈색소)을 구성하는 성분이고 혈액 생성 시 필수적 • 결핍증 : 철분 결핍성 빈혈(영양 결핍성 빈혈) • 급원 식품 : 간, 난황, 육류, 녹황색 채소류
불소(플로오르, F)	• 생리 작용 : 골격과 치아를 단단하게 함 • 결핍증 : 우치(충치) • 과잉증 : 반상치 • 급원 식품 : 해조류 등
요오드(I)	• 생리 작용 : 갑상선 호르몬을 구성하며 유즙 분비를 촉진시키는 작용 • 결핍증 : 갑상선종 • 급원 식품 : 해조류(갈조류 : 미역, 다시마 등)

06 비타민

비타민은 크게 기름에 용해되는 지용성 비타민(비타민 A, D, E, K)과 물에 잘 용해되는 수용성 비타민(비타민 B군, C, 나이아신)으로 크게 나눈다. 인체 내에서 미량으로 필요한 유기물로서 식품을 통해 공급받아야 하며, 대사 작용의 조절 물질로 이용된다.

1. 지용성 비타민과 수용성 비타민의 차이점

지용성 비타민	수용성 비타민
• 기름에 잘 용해 • 기름과 함께 섭취했을 때 흡수율이 증가 • 과잉 섭취 시 체내에 저장 • 결핍증이 서서히 나타남 • 매일 식사 때마다 공급받을 필요는 없음	• 물에 잘 용해 • 과잉 섭취 시 필요한 양만큼만 체내에 남고, 모두 몸 밖으로 배출 • 결핍증이 바로 나타남 • 매일 식사에서 필요로 하는 양만큼 충분히 섭취

2. 비타민의 기능과 특성

① 인체 내에 없어서는 안 될 필수 물질이나 미량 필요하다.
② 에너지나 신체 구성 물질로 사용되지 않는다.
③ 대사 작용 조절 물질, 즉 보조 효소의 역할을 한다.

3. 비타민의 종류와 특성

(1) 지용성 비타민

비타민 A (레티놀, Retinol)	• 생리 작용 : 상피세포를 보호하고 눈의 작용을 좋게 함 • 특징 : 식물성 식품에는 카로틴이라는 물질이 포함되어 있어서 동물의 몸에 들어오면 비타민 A로서의 효력을 가짐 • α−carotin, β−carotin, γ−carotin 중 β−carotin이 비타민 A로서의 활성을 가장 많이 지니고 있음 • 결핍증 : 야맹증 • 급원 식품 : 간, 난황, 시금치, 당근 등
비타민 D (칼시페롤, Calciferol)	• 생리 작용 : 골격의 석회화에 필수적인 물질 • 특징 : 비타민 D는 반드시 식품에서 섭취하지 않아도 자외선에 의해 인체 내에서 합성 • 결핍증 : 구루병 • 급원 식품 : 건조식품(말린 생선류, 버섯류)
비타민 E (토코페롤, Tocopherol)	• 생리 작용 : 불포화지방산에 대한 항산화제로서 역할을 하고 인체 내에서는 노화를 방지 • 특징 : 가장 활성이 큰 것은 α−tocopherol이며, 지질 섭취 시 흡수에 좋음 • 결핍증 : 사람에게는 노화 촉진, 동물에게는 불임증 • 급원 식품 : 곡물의 배아, 식물성 유
비타민 K (필로퀴논, Phylloquinone)	• 생리 작용 : 혈액 응고에 관여하여 지혈 작용 • 특징 : 장내 세균에 의해 인체 내에서 합성 • 결핍증 : 혈액 응고 지연 • 급원 식품: 녹색 채소, 콩류, 달걀, 간 등

(2) 수용성 비타민

비타민 B₁ (티아민, Tiamine)	• 생리 작용 : 탄수화물 대사 작용에 필수적인 보조 효소로 작용, 당질을 많이 섭취하는 한국인에게 꼭 필요한 영양소 • 특징 : 마늘의 매운맛 성분인 알리신에 의하여 흡수율이 증가 • 결핍증 : 각기병 • 급원 식품 : 돼지고기, 곡류의 배아 등

비타민 B₂ (리보플라빈, Riboflavin)	• 생리 작용 : 성장촉진과 피부 점막 보호작용 • 특징 : 산에 안정적이나 알칼리에 약하고, 빛에 분해되기 쉬움 • 결핍증 : 구순염, 구각염 • 급원 식품 : 우유, 육류, 고기류, 녹색 채소 등
비타민 B₃ (나이아신, 니코틴산, Nicotinic Acid)	• 생리 작용 : 탄수화물의 대사 작용을 증진시키며, 펠라그라 피부염을 예방 • 특징 : 필수아미노산인 트립토판 60mg으로 나이아신 1mg을 만듦 • 결핍증 : 펠라그라(옥수수 단백질인 제인에는 트립토판이 없으므로, 옥수수를 주식으로 하는 민족에게서 펠라그라가 많이 나타남) • 급원 식품 : 육류, 어류 등
비타민 B₆ (피리독신, Phyridoxin)	• 생리 작용 : 항피부염 인자로서 단백질 대사 작용과 지방 합성에 관여 • 특징 : 열에는 안정하나 빛에 분해된다. • 결핍증 : 피부염 • 급원 식품 : 쌀겨, 육류, 녹색 채소 등
비타민 B₉ (엽산, Folic acid)	• 생리 작용 : 단백질 대사과정에서 보조 효소로 작용 • 특징 : 산과 열에 쉽게 파괴됨 • 결핍증 : 빈혈 • 급원 식품 : 간, 달걀 등
비타민 B₁₂ (시아노코발라민, Cyanocobalamin)	• 생리 작용 : 성장촉진 작용과 증혈작용 • 특징 : Co(코발트)를 함유하고 있는 비타민 • 결핍증 : 악성빈혈 • 급원 식품: 간, 살코기, 내장, 생선 등

비타민 C (아스코르브산, Ascorbic Acid)	• 생리 작용 : 체내의 산화, 환원 작용에 관여하고 세포질의 성장을 촉진하는 단백질 대사에 작용 • 특징 : 물에 잘 녹고 열에 의해 쉽게 파괴되므로 조리 시 가장 많이 손실 • 결핍증 : 괴혈병 • 급원 식품 : 과일, 채소 등
비타민 P (비오플라보노이드, Bioflavonoid)	• 생리 작용 : 모세혈관을 튼튼하게 함 • 특징 : 열에 약하고 쉽게 파괴되는 단점이 있는 비타민 C를 안정시키는 작용 • 결핍증 : 피하출혈 • 급원 식품 : 레몬즙, 고추, 메밀, 감귤류 등

07 식품의 색

(1) 식물성 색소

클로로필	• 식품의 녹색 색소로서 Mg(마그네슘)을 함유 • 산성(식초물) : 녹갈색 • 알칼리(소다 첨가) : 진한 녹색 • 금속이온 구리(Cu)나 철(Fe) : 선명한 청록색 • 푸른 잎채소류에 포함 • 산, 알칼리, 효소, 금속에 의해 변함

카로티노이드	• 식물계에 널리 분포되어 있고 클로로필과 함께 잎의 엽록체 속에 존재하며, 동물성 식품에도 일부 분포하고 있음 • 황색, 오렌지색, 적색의 색소 → 당근, 토마토, 고추, 감 등에 함유 • 산과 알칼리에 거의 변하지 않고, 열에 안정함
플라보노이드	• 식물계에 널리 존재하는 수용성 색소로 옥수수, 밀가루, 양파 등에 함유되어 있음 • 안토잔틴 − 과일과 채소에 분포되어 있는 담황색, 황색의 색소 − 산에서는 흰색이 선명하게 유지되고(예 연근이나 우엉을 식초 물에 삶으면 흰색을 띰) 알칼리에서는 불안정하여 황색 또는 황갈색으로 변함(예 밀가루 반죽에 소다를 넣으면 밀가루의 플라본 색소 때문에 황색을 띰) • 안토시아닌 − 꽃, 과일, 채소(적색 양배추, 가지, 비트 등) 등의 적색, 자색 등의 색소 − 산성(식초 물)에서는 선명한 적색, 중성에서는 보라색, 알칼리(소다 첨가)에서는 청색 − 생강은 담황색이나 산성에서 분홍색으로 색깔 변화가 일어나는 안토시안 색소를 함유

(2) 동물성 색소

미오글로빈	• 근육 색소 • 신선한 생육은 미오글로빈에 의해 암적색을 띠나 고기의 면이 공기와 접촉하면 분자상의 산소와 결합하여 선명한 적색의 옥시미오글로빈이 됨
헤모글로빈	• 혈액 색소(Fe 함유)

헤모시아닌	• 문어, 오징어 등의 연체류에 포함되어 있는 색소 • 익혔을 때 적자색으로 색깔 변화가 일어남
아스타신	• 새우, 게, 가재 등에 포함되어 있는 색소
유멜라닌	• 오징어의 먹물 색소

08 식품의 갈변

식품을 조리하거나 가공 · 저장하는 동안 갈색으로 변색하거나 식품의 본색이 짙어지는 현상을 말한다. (효소적 갈변, 비효소적 갈변)

효소적 갈변	• 채소류나 과일류를 파쇄하거나 껍질을 벗길 때 일어나는 현상(사과, 배, 복숭아, 바나나, 밤, 감자 등) • 원인 : 채소류나 과일류의 상처받은 조직이 공기 중에 노출되면 페놀 화합물이 갈색 색소인 멜라닌으로 전환하기 때문임 • 효소에 의한 갈변 방지법 − 열처리 : 데치기와 같이 고온에서 열처리하여 효소를 불활성화 − 산을 이용 : pH(수소 이온 농도)를 3 이하로 낮춰 산의 효소 작용억제 − 당 또는 염류 첨가 : 껍질을 벗긴 배나 사과를 설탕이나 소금물에 담그기 − 산소의 제거 : 밀폐 용기에 식품을 넣어 공기를 제거 또는 공기 대신 이산화탄소나 질소 가스를 주입 − 효소의 작용 억제 : 온도를 −10℃ 이하로 낮추기 − 구리 또는 철로 된 용기나 기구의 사용을 피함 • 효소적 산화에 의한 갈변이 실제로 응용되고 있는 좋은 예의 하나는 홍차의 제조 과정이다.

비효소적 갈변	• 마이야르 반응 : 외부 에너지의 공급 없이도 자연발생적으로 일어나는 반응(식빵, 된장, 간장 등의 반응) • 캐러멜화 반응 : 당류를 고온으로 가열하였을 때 산화 및 분해 산물에 의한 중합, 축합에 의한 반응(간장, 소스, 합성청주, 약식 및 기타 식품 가공에 이용) • 아스코르브산(Ascorbic Acid)의 반응 : 감귤류의 가공품인 오렌지 주스나 농축물 등에서 일어나는 갈변반응

09 식품의 맛

1. 식품의 맛

식품의 맛은 서로의 적미성분(適味成分)의 상승 작용, 억제 작용, 맛의 대비, 식품의 온도 등의 여러 가지 조건에 따라 결정된다.

(1) 기본적인 맛(Henning의 4원미)

기본적인 맛은 헤닝이 분류한 단맛, 짠맛, 신맛, 쓴맛이다. 단맛과 짠맛은 생리적으로 요구하는 맛이고, 신맛과 쓴맛은 취미의 맛이라고 한다.

(2) 맛의 여러 가지 현상

맛의 대배 현상 (강화 현상)	• 서로 다른 두 가지 맛이 작용하여 주된 맛 성분이 강해지는 현상 • 설탕 용액에 약간의 소금을 첨가하면 단맛이 증가(예 단팥죽에 약간의 소금을 첨가하면 단맛이 증가)
맛의 변도 현상	• 한 가지 맛을 느낀 직후 다른 맛을 보면 원래 식품의 맛이 다르게 느껴지는 현상(예 쓴 약을 먹고 난 후 물을 마시면 물맛이 달게 느껴짐, 오징어를 먹은 후 밀감을 먹으면 쓰게 느껴짐)
미맹 현상	• 쓴맛 성분인 PTC(Phenyl Thio-carbamide)는 정상적인 사람에게는 쓴맛을 느끼게 하지만 일부 사람들은 느끼지 못하는데, 이를 미맹(Taste Blind)이라 함
맛의 상쇄 현상	• 맛의 강화, 대비 현상과는 반대로 두 종류의 정미 성분이 혼재해 있을 경우 각각의 맛을 느낄 수 없고 조화된 맛을 느끼는 경우
맛의 억제 현상	• 서로 다른 정미 성분이 혼합되었을 때 주된 정미 성분의 맛이 약화되는 현상을 맛의 억제 또는 손실 현상이라 함

(3) 식품 중의 특수 성분

① 생선의 비린내 성분
    : 트리메틸아민(Trimethy-lamin)
② 참기름 : 세사몰(Sesamol)
③ 마늘 : 알리신(Allicin)
④ 고추 : 캡사이신(Capsaicine)
⑤ 생강 : 진저론(Zingerone)
⑥ 후추 : 캐비신(Chavicine)
⑦ 겨자 : 시니그린(Sinigrine)
⑧ 고추냉이와 흑겨자 : 알릴이소티오시아네이트(Allyli-sothiocyanate)
⑨ 산초 : 산스훌(Sanshool)

10 식품의 유독 성분

1. 자연독

식물과 동물에 원래부터 들어 있는 독소에 의하여 발생하는 유독 성분이다.

① 식물성 자연독

독소명	소재
솔라닌(Solanine)	싹이 튼 감자
셉신(Sepsine)	부패한 감자
무스카린(Muscarine)	파리버섯, 광대버섯, 무당버섯 등에 함유
아미그달린(Amygdalin)	청매, 살구씨, 복숭아씨
고시풀(Gossypol)	목화씨(면실)
시큐톡신(Cicutoxin)	독미나리
테무린(Temuline)	독보리(독맥)
리신(Ricin)	피마자

② 동물성 자연독

독소명	소재
테트로도톡신 (Tetrodotoxin)	복어
삭시톡신(Saxitoxin)	섭조개(홍합), 대합
베네루핀(Venerupin)	모시조개, 바지락
테트라민(Tetramine)	관절 매물고동, 조각 매물고동

2. 곰팡이독

세균을 제외한 미생물 가운데 특히 곰팡이 중에는 유독 물질을 생성하는 경우가 많은데, 곰팡이 독은 곰팡이가 생성한 2차 대사산물로서 비정상적인 생리 작용을 일으킨다.

종류	원인 곰팡이
황변미중독	페니실리움(Penicillum)속 푸른곰팡이 : 신장독, 신경독, 간장독
맥각중독	에르고톡신(Ergotoxin) : 간장독
아플라톡신중독	아스퍼질러스 플라버스(Aspergilus Flavus) : 간장독

출제예상문제

01 다음 중 자유수와 결합수에 대한 설명으로 틀린 것은?

① 식품 내의 어떤 물질과 결합되어 있는 물을 결합수라 한다.
② 식품 내 여러 성분 물질을 녹이거나 분산시키는 물을 자유수라 한다.
③ 식품을 냉동시키면 자유수, 결합수 모두 동결된다.
④ 자유수는 식품 내의 총 수분량에서 결합수를 뺀 양이다.

해설 자유수는 0℃ 이하에서 동결되고, 결합수는 0℃ 이하에서도 동결되지 않음

02 다음 중 단당류가 아닌 것은?

① 서당(Sucrose)

② 포도당(Glucose)

③ 과당(Fructose)

④ 갈락토오스(Glactose)

해설 • 단당류 : 과당, 포도당, 갈락토오스
• 이당류 : 서당, 맥아당, 유당
• 다당류 : 글리코겐, 섬유소, 전분

05 탄수화물의 가장 이상적인 섭취 비율은 몇 % 인가?

① 50%   ② 15%

③ 20%   ④ 65%

해설 열량원의 이상적인 섭취 비율
탄수화물 65%, 단백질 15%, 지방 20%

03 당의 가수분해 생성물로 옳은 것은?

① 설탕 : 포도당+포도당

② 젖당 : 포도당+갈락토오스

③ 이눌린 : 과당+포도당

④ 맥아당 : 과당+갈락토오스

해설 • 설탕 : 포도당+과당
• 맥아당 : 포도당+포도당
• 이눌린 : 과당만 결합되어 있는 다당류

06 다음 중 당 용액으로 만든 결정형 캔디는 무엇 인가?

① 젤리   ② 설탕

③ 폰당   ④ 캐러멜

해설 폰당
• 결정형 캔디로, 설탕과 물을 2 : 1의 비율로 섞어 113~114℃로 가열한 후 40~70℃로 냉각시켜 빠르게 저어준다.
• 과포화에 달한 온도로 강하게 각반하면 결정이 석출된다.

04 단맛이 높은 순서로 잘 배열된 것은?

① 포도당 – 서당 – 과당 – 유당

② 과당 – 서당 – 포도당 – 맥아당

③ 맥아당 – 포도당 – 유당 – 과당

④ 유당 – 포도당 – 서당 – 과당

해설 단맛이 강한 순서
과당 > 전화당 > 서당 > 포도당 > 맥아당 > 유당

07 지방에 대한 설명으로 바른 것은?

① 지방산과 글리세롤의 에스테르 결합으로 이루어져 있다.

② 1g당 발생하는 열량은 4kcal이다.

③ 글리세롤의 아세톤 결합이다.

④ 콜레스테롤은 지방이지만 몸에 유익하지 못하므로 섭취하지 않도록 한다.

해설 지방은 1g당 9kcal의 에너지를 발생시킨다.

08 지질의 화학적인 구성은?

① 탄소와 수소
② 아미노산
③ 포도당과 지방산
④ 지방산과 글리세롤

해설 지질의 구성 성분은 지방산(3분자)과 글리세롤(1분자)의 에스테르 결합이다.

09 체내에서 피부 및 근육 형성에 필수적인 영양소는 무엇인가?

① 단백질   ② 무기질
③ 탄수화물   ④ 지방

해설 체내에서 영양소의 역할
• 열량소 : 탄수화물, 단백질, 지방
• 구성소 : 단백질, 무기질
• 조절소 : 비타민, 무기질

10 필수아미노산이 가장 적게 함유된 것은?

① 돼지고기   ② 쌀밥
③ 갈치   ④ 닭고기

해설 체내에서 영양소의 역할
체내에서 필요한 만큼 충분히 합성되지 못해 음식으로 섭취해야만 하는 단백질로 생명 유지와 성장에 필요하며, 동물성 식품에 많이 함유되어 있다.

11 각 식품에 포함되어 있는 단백질의 명칭이 옳지 않은 것은?

① 쌀 – 오리제닌
② 콩 – 글리시닌
③ 우유 – 카제인
④ 옥수수 – 홀데인

해설 옥수수 : 제인, 보리 : 홀데인

12 육류의 전체 조직 중 조리와 가장 관계가 깊은 단백질로 80℃에서 수용성인 젤라틴으로 분해되는 것은?

① 헤모글로빈   ② 콜라겐
③ 미오글로빈   ④ 엘라스틴

해설 콜라겐을 80℃ 이상의 온도로 가열하여 젤라틴으로 용해되면 근육 섬유를 한 가닥씩 풀어주어 고기가 연해진다.

13 밥을 지을 때 콩을 섞으면 영양적인 면에서 효과적이다. 이를 옳게 설명한 것은?

① 쌀에 부족한 리신을 콩이 보완하여 완전한 단백질 조성을 이룬다.
② 소화 흡수율이 증가하게 된다.
③ 콩의 유독 성분이 쌀에 의해 무독화 된다.
④ 콩의 비타민 흡수율이 증가하게 된다.

해설 아미노산 보강
예 쌀(리신 부족)＋콩(리신 풍부)＝콩밥(완전단백질)

14 단백질의 구성단위는?

① 아미노산　　② 지방산
③ 과당　　　　④ 포도당

해설 단백질은 20여 종의 아미노산이 결합된 고분자 화합물이다.

15 무기 염류의 작용과 관계없는 것은?

① 체액의 pH 조절
② 효소 작용의 촉진
③ 세포의 삼투압 조절
④ 비타민의 절약 작용

해설 무기질의 일반적 기능
체액의 pH 및 삼투압 조절, 생리적 작용의 촉매작용, 신체의 구성 성분, 신경의 자극 전달 및 산, 알칼리 조절

16 칼슘의 흡수를 방해하는 요인은?

① 수산　　　　② 초산
③ 호박산　　　④ 구연산

해설 • 칼슘 흡수를 촉진시키는 인자 : 비타민 D
• 칼슘 흡수를 방해하는 인자 : 수산(옥살산)

17 칼슘의 기능이 아닌 것은?

① 골격과 치아를 구성
② 근육의 수축작용
③ 혈액 응고 작용
④ 체액과 조직 사이의 삼투압 조절

해설 • 체액과 조직 사이의 삼투압 조절 : Na, K
• 칼슘의 기능 : 뼈를 구성, 혈액 응고에 관여, 근육 수축 작용

18 헤모글로빈이라는 혈색소를 만드는 주성분으로 산소를 운반하는 역할을 하는 무기질은?

① 칼슘　　　　② 인
③ 철분　　　　④ 마그네슘

해설 우리 몸에서 혈액 색소인 헤모글로빈은 각 조직세포에 산소를 운반하는 작용을 하며, 철분에 의해 합성된다.

19 요오드(I)는 어떤 호르몬과 관계가 있는가?

① 신장호르몬　　② 성호르몬
③ 부신호르몬　　④ 갑상선호르몬

해설 요오드(I)
• 갑상선호르몬의 구성 성분, 기초대사를 조절
• 급원 식품 : 해조

20 우유는 동물성 식품이지만 알칼리 식품에 속한다. 어떤 원소 때문인가?

① S(황)　　　　② P(인)
③ Mg(마그네슘)　④ Ca(칼슘)

해설 우유는 칼슘의 급원 식품으로 동물성 식품이지만, 무기질 중 칼슘의 양이 많으므로 알칼리성 식품이다.

21 유지류와 함께 섭취하여야 흡수되는 비타민은 어느 것인가?

① 비타민 A　　　② 비타민 B_2
③ 비타민 C　　　④ 비타민 P

해설 지용성 비타민(비타민 A, D, E, K) 유지류와 함께 섭취했을 때 흡수율이 증가한다.

22 카로틴이란 어떤 비타민의 효능을 가진 것인가?

① 비타민 A   ② 비타민 B₂
③ 비타민 C   ④ 비타민 D

해설 카로틴(프로비타민 A) : 인체 내에 들어왔을 때 비타민 A로서의 효력을 갖게 된다.

23 악성빈혈에 좋으며 빨간색을 나타내고, 빈혈에 유효한 인(P)과 코발트(Co)가 들어 있는 비타민은?

① 비타민 A   ② 비타민 B₁
③ 비타민 B₁₂   ④ 비타민 B₆

해설 비타민 B₁₂는 코발트(Co)가 들어 있는 비타민이라 하여 코발라민이라 불린다. 부족 시 악성빈혈이 나타난다.

24 다음 색소 중 산에 의하여 녹황색으로 변하고, 알칼리에 의하여 선명한 녹색으로 변하는 성질을 가진 것은?

① 안토시안   ② 플라본
③ 카로티노이드   ④ 클로로필

해설 클로로필 색소
식물의 녹색 채소의 색으로 산성(식초 첨가) : 녹갈색으로 변색, 알칼리(소다 첨가) : 진한 녹색으로 변색

25 녹색 채소를 짧은 시간 조리하였을 때 색이 더욱 선명해지는 원인은?

① 가열에 의하여 조직의 변화가 일어나지 않았기 때문에
② 조직에서 공기가 제거되었기 때문에
③ 엽록소 내에 포함된 단백질이 완충 작용을 하지 않았기 때문에
④ 끓는 물에 의하여 엽록소가 고정되었기 때문에

해설 짧은 시간에 채소를 데쳐내면 채소 조직으로부터 공기가 제거되어 클로로필이 드러나 보이는 것이다.

26 토마토의 붉은색은 주로 무엇에 의한 것인가?

① 안토시안 색소   ② 엽록소
③ 미오글로빈   ④ 카로티노이드

해설 카로티노이드 색소 : 당근, 늙은 호박, 토마토에 들어 있는 붉은 색소이다.

27 사과, 딸기, 포도 등의 과일 색소는?

① 클로로필   ② 안토시안
③ 플라보노이드   ④ 카로티노이드

해설 안토시안 색소
사과, 딸기, 포도, 가지 등의 적색, 자색 등의 색소이다.

28 식품의 4가지 기본 맛은?

① 단맛, 쓴맛, 매운맛, 만난 맛
② 단맛, 쓴맛, 신맛, 짠맛
③ 단맛, 쓴맛, 매운맛, 짠맛
④ 단맛, 쓴맛, 신맛, 만난 맛

해설 헤닝에 의한 맛의 분류
• 단맛, 짠맛 : 생리적으로 요구하는 맛
• 신맛, 쓴맛 : 취미의 맛

30 다음 중 식품과 맛 성분의 관계가 잘못 이어진 것은?

① 캐비신(Chavicine) – 산초의 매운맛
② 캡사이신(Capsaicin) – 고추의 매운맛
③ 알리신(Allicin) – 마늘의 매운맛
④ 세사몰(Sesamol) – 참기름의 성분

해설 캐비신 : 후추의 매운맛 성분,
산스홀 : 산초의 특수 성분

29 설탕 용액에 미량의 소금(0.1%)을 가하면 단맛이 증가된다. 이러한 맛의 현상은?

① 맛의 상쇄   ② 맛의 변조
③ 맛의 대비   ④ 맛의 발현

해설 맛의 대비 현상
주된 맛을 내는 물질에 다른 맛을 혼합할 경우에 원래의 맛이 강해지는 현상, 맛의 강화 현상이라고도 한다.

31 조개의 시원한 국물 맛을 내주는 성분은?

① 호박산   ② 구연산
③ 능금산   ④ 주석산

해설 호박산
유기산의 하나로 청주, 간장, 조개의 정미 성분이며, 미생물에 의해 형성되는 조개의 맛과 관련이 있다.

Chapter 01 | 식품 재료의 성분

1	③	2	①	3	②	4	②	5	④
6	③	7	①	8	④	9	①	10	②
11	④	12	②	13	①	14	①	15	④
16	①	17	④	18	③	19	④	20	④
21	①	22	①	23	③	24	④	25	②
26	④	27	②	28	②	29	③	30	①
31	①								

CHAPTER 02 효소

01 식품과 효소

1. 효소의 성질

(1) 효소의 작용에 따른 분류

① 식품 중의 효소 작용을 이용하는 경우 : 육류, 치즈, 된장의 숙성

② 식품 중의 효소 작용을 억제하는 경우 : 식품의 선도 유지와 변색 방지

③ 가공식품에 이용하는 경우 : 가공식품의 질적 향상

(2) 효소 반응에 영향을 주는 인자

① 온도 : 효소의 활성이 큰 최적의 온도는 30~40℃

② 최적 Hp : 효소의 활성이 가장 큰 범위는 pH 4.5~8.0

2. 소화와 흡수

입에서의 소화 작용	• 아밀라아제(침 속의 소화 효소) : 전분 → 맥아당 • 말타아제 : 맥아당(엿당) → 포도당
위에서의 소화 작용	• 펩신 : 단백질 → 펩톤 • 레닌 : 우유(카제인) → 응고 • 리파아제 : 지방 → 지방산, 글리세롤

췌장에서 분비되는 소화 효소	• 아밀라아제 : 전분 → 맥아당 • 트립신 : 단백질, 펩톤 → 아미노산 • 스테압신 : 지방, 글리세롤
장에서의 소화 작용	• 수크라아제 : 자당(서당, 설탕) → 포도당+과당 • 말타아제 : 맥아당(엿당) → 포도당+포도당 • 락타아제 : 젖당 → 포도당+갈락토오스 • 펩티다아제 : 펩톤 → 아미노산+아미노산

출제예상문제

01 소량으로 생채 내에서 일어나는 화학 반응에 촉매 역할을 하는 것은 무엇인가?

① 효소 　　　② 지방
③ 밀가루 　　④ 탄수화물

해설 효소는 소량으로 생체 내에서 일어나는 화학 반응에 촉매 역할을 하는 촉매제이다.

02 효소에 대한 설명으로 바르지 못한 것은?

① 최적의 온도는 30~40℃이다.

② 효소마다의 성질과 특성이 있다.

③ 고온에서도 효소의 활성은 유지된다.

④ 최적의 pH는 4.5~8.0이다.

해설 효소의 반응 속도는 온도가 올라가면 증가하지만, 일정 온도 이상이 되면 저하되고 활성을 잃는다.

03 효소의 성질에 대한 설명으로 바르지 않은 것은?

① 단백질의 일반적인 성질과 같은 성질을 갖고 있다.

② 효소는 기질의 특이성 없이 모두 같은 조건에 작용한다.

③ 효소는 가열에 의해 응고되면 성질이 상실된다.

④ 강한 알칼리나 강한 산성에 변성된다.

해설 효소의 특이성
• 절대적 특이성 : 한 종류의 기질에서만 특이적으로 작용하는 성질
• 상대적 특이성 : 우선적으로 작용을 하는 기질과 다른 기질에도 적게라도 작용하는 성질
• 광학적 특이성 : 광학적 구조에 따라 달리 반응하는 성질

04 침 속에 들어 있는 소화 효소의 작용은?

① 전분을 맥아당으로 분해

② 맥아당을 포도당으로 분해

③ 자당을 포도당과 과당으로 분해

④ 젖당을 포도당과 갈락토오스로 분해

해설 침 속의 소화 효소인 아밀라아제는 전분을 맥아당으로 변화시킨다.

Chapter 02	효소								
1	①	2	③	3	②	4	①		

CHAPTER 03 식품과 영양

01 영양소의 기능

1. 영양소의 종류

탄수화물		포도당 : 탄수화물의 최종 분해물[기타 : 과당, 갈락토오스, 만노스, 펜토상, 설탕(서당), 맥아당(엿당), 전분, 글리코겐, 식이섬유]
단백질 (아미노산)	필수 아미노산	히스티딘, 이소루신, 루신, 리신, 메티오닌, 페닐알라닌, 트레오닌, 트립토판, 발린
	불필수 아미노산	알라닌, 아르기닌, 아스파라긴, 아스파르트산, 시스테인, 시스틴, 글루탐산, 글루타민, 글리신, 프롤린, 세린, 티로신
지질		필수지방산 : 리놀산, 리놀렌산, 아라키돈산
무기질		칼슘(Ca), 인(P), 나트륨(Na), 염소(Cl), 칼륨(K), 마그네슘(Mg), 황(S), 철(Fe), 아연(Zn), 구리(Cu), 불소(F), 망간(Mn), 요오드(I), 몰리브덴(Mo), 셀레늄(Se), 코발트(Co), 크롬(Cr)
비타민	수용성	티아민, 리보플라빈, 나이아신, 판토텐산, 비오틴, 비타민 B_6, 비타민 B_2, 엽산, 비타민 C
	지용성	비타민 A, D, E, K
물		물

2. 영양소의 기능

① 열량 영양소 : 에너지 공급 기능을 하는 탄수화물, 단백질, 지방

② 구성 영양소 : 신체 구성의 기능을 하는 단백질, 지방, 무기질, 물 등

③ 조절 영양소 : 생리적 조절 기능을 하는 비타민, 무기질, 단백질, 물 등

④ 수분의 기능 : 영양분의 섭취와 소화 흡수를 돕고 체온 조절, 노폐물 배설 등

02 영양소의 섭취 기준

1. 식품군의 종류

식생활에서 균형 잡힌 식생활을 위하여 반드시 먹어야 하는 식품들로 식품에 들어 있는 영양소의 종류를 중심으로 우리나라는 6가지 식품군을 정하고 있다.

① 곡류

② 고기, 생선, 달걀, 콩류

③ 채소류

④ 과일류

⑤ 우유, 유제품류

⑥ 유지, 당류

※ 견과류는 최근 많은 연구에서 만성질병과의 관련성을 인정받아 고기, 생선, 달걀, 콩류군으로 옮겨졌다.

2. 식품구성자전거

식품구성자전거 / 자료출처 : 보건복지부 · 한국영양학회, 2015 한국인 영양소 섭취기준

① 식품구성자전거는 6개의 식품군에 권장 식사 패턴의 섭취 횟수와 분량에 맞추어 바퀴 면적을 배분한 형태로 다양한 식품 섭취를 통한 균형 잡힌 식사와 수분 섭취의 중요성 그리고 적절한 운동을 통한 비만 예방이라는 기본 개념을 나타내었다.

② 면적 비율 : 곡류 > 채소류 > 고기, 생선, 달걀, 콩류 > 우유, 유제품류 > 과일류 > 유지, 당류

3. 한국인 영양 섭취 기준

① 평균 필요량 : 대상 집단을 구성하는 건강한 사람들의 절반에 해당하는 사람들의 1일 필요량을 충족시키는 영양소량이다.

② 권장 섭취량 : 인구집단의 97.5%에 해당하는 대부분의 사람들의 필요량을 나타내며, 평균 필요량에 표준 편차의 2배를 더하여 정하였다.

③ 충분 섭취량 : 영양소 필요량에 대한 정확한 자료가 부족하거나 필요량의 중앙값 또는 표준 편차를 구하기 어려워 권장 섭취량을 정할 수 없는 경우에 제시한다.

④ 상한 섭취량 : 인체 건강에 유해한 현상이 나타나지 않은 최대 영양소 섭취 기준이며, 과량 섭취 시 건강에 유해 위험성이 있다고 확인된 경우에 설정하게 된다.

4. 주요 영양소와 식품군

주요 영상소	식품군
탄수화물	곡류(잡곡), 감자류
단백질	고기, 생선, 알류 및 두류
지방	유지류
무기질 및 비타민	채소 및 과실류

출제예상문제

01 영양소의 기능으로 맞지 않는 것은?

① 식품으로 우리 몸에 들어와 인체의 기능을 조절해 준다.
② 수분은 영양분의 섭취와 소화 흡수를 돕는다.
③ 비타민과 무기질, 단백질은 조절 영양소이다.
④ 탄수화물, 단백질, 지방, 물은 열량 영양소이다.

해설 영양소의 기능 중 열량 영양소는 탄수화물, 단백질, 지방이다.

02 식단 작성 시 단백질을 공급하려면 다음 중 어떤 식품으로 구성하는 것이 좋은가?

① 곡류와 감자류

② 고기, 생선, 알류 및 두류

③ 아이스크림, 유지류

④ 채소 및 과실류

해설 주요 영양소와 식품군

주요 영상소	식품군
탄수화물	곡류(잡곡), 감자류
단백질	고기, 생선, 알류 및 두류
지방	유지류
무기질 및 비타민	채소 및 과실류

03 한국인 영양 섭취 기준의 구성 요소로 틀린 것은?

① 평균 필요량   ② 권장 섭취량

③ 충분 섭취량   ④ 하한 섭취량

해설 한국인 영양 섭취 기준은 건강을 최적의 상태로 유지할 수 있는 영양소 섭취 기준으로, 평균 필요량, 권장 섭취량, 충분 섭취량, 상한 섭취량(인체 건강에 유해한 현상이 나타나지 않은 최대 영양소 섭취 기준)이 있다.

04 한국인 영양 섭취와 비율로 맞는 것은?

① 당질 65%, 지질 20%, 단백질 15%

② 당질 50%, 지질 35%, 단백질 15%

③ 당질 40%, 지질 45%, 단백질 15%

④ 당질 85%, 지질 10%, 단백질 5%

해설 식단 작성 시 총 열량 권장량 중 당질 65%, 지질 20%, 단백질 15%로 한다.

05 하루 동안에 섭취한 음식 중에 단백질 70g, 지질 35g, 당질 400g이 있었다면, 이때 얻을 수 있는 열량은?

① 1,885kcal   ② 2,195kcal

③ 2,295kcal   ④ 2,095kcal

해설 열량소 1g당 탄수화물 4kcal, 단백질 4kcal, 지방 9kcal의 열량을 내므로 $(70 \times 4) + (35 \times 9) + (400 \times 4) = 2,195$kcal이다.

Chapter 03 | 식품과 영양

1	④	2	②	3	④	4	①	5	②

PART 04

공통 구매 관리

CHAPTER 01 시장 조사 및 구매 관리

01 시장 조사

1. 시장 조사의 의의와 목적

① 시장 조사의 의의
  ㉠ 구매에 필요한 자료를 조사, 분석하여 비용을 절감하며 이익을 증대하기 위한 조사
  ㉡ 보다 좋은 구매 방법을 발견하고 앞으로의 구매시장을 예측하기 위한 조사
② 시장 조사의 목적
  ㉠ 구매 예정 가격의 결정
  ㉡ 합리적인 구매 계획의 수립
  ㉢ 신제품의 설계
  ㉣ 제품 개량(기존 품목의 새로운 판로 개척이나 원가를 절감하는 목적)

2. 시장 조사의 내용

시장 조사는 다음과 같은 내용으로 행해지며, 이런 내용을 바탕으로 구매 계획을 세우고 실행해야 한다.

① 품목   ② 품질
③ 수량   ④ 가격
⑤ 구매 시기   ⑥ 구매 거래처
⑦ 거래 조건

3. 시장 조사의 원칙

비용 경제성의 원칙	최소한의 비용으로 시장 조사를 한다.
조사 적시성의 원칙	시장 조사는 본 구매를 해야 하는 기간 내에 끝낸다.
조사 탄력성의 원칙	시장의 가격 변동이나 수급 상황 변동에 대한 탄력적으로 대응하는 조사여야 한다.
조사 계획성의 원칙	사전에 시장 조사 계획을 철저하게 세워서 실시한다.
조사 정확성의 원칙	세운 계획의 내용을 정확하게 조사한다.

4. 시장 조사의 종류

시장 조사 종류는 4가지의 형태로 일반적으로 구분한다.

일반 기본 시장조사	구매 정책을 결정하기 위해서 시행하며, 전반적인 경제계와 관련 업계의 동향, 구입처의 대금 결제 조건, 관련 업체의 수급 변동 상황, 기초 자재의 시가 등 조사
품목별 시장 조사	현재 구매하고 있는 물품의 수급 및 가격 변동에 대한 조사로 구매 물품 가격 산정을 위한 기초 자료와 구매 수량 결정을 위한 자료로 활용
구매 거래처의 업태조사	계속 거래인 경우 안정적인 거래를 유지 하기 위해서 주거래 업체의 개괄적 상황, 기업의 특색, 금융 상황, 판매 상황, 노무 상황, 생산 상황, 품질 관리, 제조 원가 등의 업무 조사를 실시

유통 경로의 조사	구매 가격에 직접적인 영향을 미치는 유통 경로를 조사

5. 공급처의 선정과 대체

구매부서에서 원하는 물품과 수량을 좋은 품질과 적절한 가격으로 공급해 줄 수 있는 업체를 선정하고 가격 변동이나 재료 수급의 부적절 등의 경우에 공급처를 대체할 수가 있는데, 구매자 측의 사정 변화가 있거나 납품업자 측이 조건을 이행하지 않을 경우에 계약이 해제될 수 있다.

02 식품 구매 관리

1. 구매 활동

(1) 구매 관리의 정의와 목적

① 구매 관리의 정의

구매하고자 하는 물품에 대하여 적정 시기에 원하는 만큼, 최고의 품질을 최소의 가격으로 구입할 목적으로 구매 활동을 계획·통제하는 관리 활동을 말한다.

② 구매 관리의 목적

㉠ 특정 물품, 최적 품질, 적정 수량, 최적의 가격 등 효율적인 경영관리

㉡ 시장 조사와 정보 자료를 통한 공급자를 선정하고 유리한 구매 조건으로 계약을 체결

㉢ 원하는 물품을 적정 시기에 납품

㉣ 구매 활동에 따른 검수와 저장, 입출고, 원가 관리가 이루어짐

(2) 구매 관리 시 유의점

상품에 대한 철저한 분석과 검토를 통해서 질 좋은 상품을 구매하고 꼼꼼한 시장 조사를 통해 구매 경쟁력을 키우고 필요량을 저렴한 가격과 좋은 품질로 적기에 구입하며 공급 업체와의 유기적 상관관계를 유지한다.

(3) 구매명세서의 내용

구매명세서에는 구매하고자 하는 품목의 물품명, 정확한 용도, 상표명(브랜드), 품질과 등급, 크기(크기와 중량), 형태, 숙성 정도, 산지명, 전처리 및 가공 정도, 보관 온도, 폐기율 등을 기재하여 특징과 내용을 꼼꼼히 파악하여 구매하도록 한다.

(4) 식품 수불부

식품 수불부는 식품이 들어오고 나가는 것을 기재하는 것으로 그것을 통해서 재고의 상태와 어떤 물건을 언제 들여와야 하는지를 알 수 있기 때문에 매장의 합리적인 운영을 위해서 정확한 기재가 필요하다.

(5) 구매 담당자의 업무

구매 계획서를 작성하고 구매 결과를 분석하는 물품 구매 총괄 업무, 발주 단위를 결정하고 신상품 개발을 하는 식재료 결정, 품목별로 경쟁력 있는 구매 방법을 결정, 시세를 분석하고 경쟁 업체 가격을 분석하는 시장 조사, 공급 업체 관리와 평가, 원가 관리, 공급

업자와의 약정서 체결과 대금 지급 업무, 식재료 모니터링과 정보 사항 공지 등이다.

(6) 식품 구매 방법

① 폐기율과 비가식부율을 고려하여 제철 식품을 구매
② 곡류, 건어물, 공산품은 1개월분을 한꺼번에 구입
③ 육류는 중량과 부위에 유의하여 냉장 시설 구비 시 1주일분을 구입
④ 신선도가 중요한 생선, 과채류 등은 필요 시마다 수시로 구입
⑤ 과일은 산지와 상자당 개수, 품종을 고려하여 수시로 구입
⑥ 단체 급식에서의 식품 구매 시 식품 단가를 최소한 1개월에 2회 정도 점검

(7) 구매 절차에 따른 구매 업무

구매 물품의 수요를 예측 → 구매의 필요성을 인식 → 물품을 구매 → 물품 구매 청구서 → 재고량 조사 후 발주량 결정 → 물품 구매명세서(구매하고자 하는 물품의 품질과 특성이 기술된 것) 작성 → 구매발주서 작성(공급 업체에 보낼 것) → 공급 업체 선정 → 공급 업체에 발주 및 확인 전화 → 구매명세서를 기준으로 검수 → 입출고 및 재고 관리 수행 → 납품서를 회계부서에 청구하여 납품 대금 지불

(8) 공급처의 선정

공급 업체 선정 방법은 경쟁입찰 계약과 수의계약으로 나눈다.

구분	내용
경쟁 입찰 계약	• 공식적 구매 방법 • 공급 업체 중 급식소에서 원하는 품질의 물품 입찰가격을 가장 합당하게 제시한 업체와 계약을 체결하는 방법 • 일반경쟁입찰과 지명경쟁입찰로 나뉨 • 저장성이 높은 식품(쌀, 조미료, 건어물 등) 구매 시 적합 • 공평하고 경제적임
수의 계약	• 비공식적 구매 방법 • 공급업자들을 경쟁에 붙이지 않고 계약을 이행할 자격을 가진 특정 업체와 계약을 체결하는 방법 • 복수 견적과 단일 견적으로 나눔 • 소규모 급식 시설에 적합 • 채소, 생선, 육류 등의 저장성이 낮고 가격 변동이 있는 식품 구매에 적합 • 절차가 간편하고, 경비와 인원 감소 가능 • 구매자의 구매력이 제한될 수 있고 불리한 가격으로 계약하기 쉬움

(9) 발주량 산출

식품의 발주 시 폐기 부분이 있는 식품과 없는 식품을 구분하여 다음과 같은 공식에 의해 산출하며 폐기율에 따른 출고계수를 감안한다.

※ 발주량 산출을 위한 공식

① 총발주량 $= \dfrac{\text{정미중량}}{(100 - \text{폐기율})} \times 100 \times \text{인원수}$

② 필요량 $= 100 \times \dfrac{100}{\text{가식부율}} \times 1\text{kg당의 단가}$

③ 출고계수 $= \dfrac{100}{100 - \text{폐기율}} = \dfrac{100}{\text{가식부율}}$

④ 폐기율 $= \dfrac{\text{폐기량}}{\text{전체중량}} \times 100 = 100 - \text{가식부율}$

⑤ 대치 식품량 $= \dfrac{\text{원래 식품의 양} \times \text{원래 식품의 해당 성분수치}}{\text{대치하고자 하는 식품의 해당 성분수치}}$

02 식품 재고 관리

1. 재고 조사 실시

재고 조사를 실시하고 재고량을 고려하여 적정 발주량을 결정하게 되는데, 이를 토대로 구매명세서와 구매발주서를 작성하게 된다.

① 효율적인 재고 조사를 위해서는 저장 창고별로 품목의 위치를 순서대로 정렬하고, 이 저장 순서대로 품목명을 기록하여 시간을 절약하도록 하며, 실사에 품목의 가격을 미리 기록하며 냉동 물품은 꼬리표를 달아서 입고한다.

② 재고 조사표를 작성하는 데 품목별 재고 수량 및 중량 등을 확인 후 정확히 작성하고 재고 조사 시에 색상, 형태, 이미, 이취, 품질 상태, 유통기한 등도 함께 점검하도록 한다.

③ 재고 조사의 결과를 구매명세서에 작성한다.

④ 경제적인 발주량이 될 수 있도록 구매에 필요한 양을 현재의 재고량을 고려하여 결정한다.

⑤ 구매명세서를 보고 구매발주서를 작성한다.

2. 재고의 중요성

적정한 재고 수량을 파악함으로 물품의 갑작스러운 부족으로 생산계획의 차질을 방지하고 적정 주문량 결정을 통해서 구매 비용이 절감되며, 도난이나 부패·부주의로 인한 손실을 최소화하며 경제적인 재고 관리로 원가 절감의 효과를 볼 수 있다.

3. 재고 관리의 유형

① 영구재고시스템

입고된 물품의 출고와 입고서에 물품의 수량을 계속해서 기록하여 남아 있는 물품의 목록과 수량을 알고 적정의 재고량을 유지하도록 하는 방법으로, 규모가 큰 업체의 건조 물품과 냉동 저장고에 보유되는 물품의 관리나 고가의 품목에 활용되며 물품의 고유번호, 품목명, 상호명, 날짜, 중량 및 수량 등을 기재하여 전산화된 시스템을 활용한 정확성과 효율성을 기대할 수 있다.

② 실사재고시스템

재고실사법이라고도 하며, 창고에 보유 중인 물품을 주기적으로 실사하여 기록하는 방법으로, 영구재고시스템의 단점인 부정확성을 점검하기 위해 실시한다. 실사재고기록지에는 단가와 이름, 형태, 품목의 단위, 물품의 보유량이 기록되며, 보유 중인 재고들의 화폐 가치를 결정하기 위해 재고액을 평가하게 된다.

01 구매를 위한 시장 조사의 목적으로 바르지 않은 것은?

① 구매 예정가격의 결정
② 합리적인 구매 계획의 수립
③ 제품 개량
④ 신제품의 판매

해설 시장 조사의 목적 : 구매 예정 가격의 결정, 합리적인 구매 계획의 수립, 제품 개량, 신제품의 설계

02 다음 중 구매를 위한 시장 조사에서 행해지는 조사 내용이 아닌 것은?

① 품목   ② 수량
③ 가격   ④ 판매처

해설 시장 조사의 내용 : 품목, 품질, 수량, 가격, 시기, 구매처, 거래 조건(인수, 지불 조건)

03 시장 조사의 원칙 중 다음에 해당하는 것은 무엇인가?

시장 수급 상황이나 가격 변동과 같은 시장 상황 변동에 탄력적으로 대응할 수 있는 조사가 되어야 한다.

① 비용 경제성의 원칙
② 조사 탄력성의 원칙
③ 조사 계획성의 원칙
④ 조사 적시성의 원칙

해설 시장 조사의 원칙 중 조사 탄력성의 원칙에 대한 설명이다.

04 삼치구이를 하려고 한다. 정미중량 60g을 조리하고자 할 때 1인당 발주량은 얼마로 계산하는가? (단, 삼치의 폐기율은 34%이다)

① 약 60g   ② 약 110g
③ 약 90g   ④ 약 40g

해설
$$총발주량 = \frac{정미중량}{(100 - 폐기율)} \times 100 \times 인원수$$
$$= \frac{60}{(100 - 34)} \times 100 \times 1$$
$$= \frac{6,000}{66} = 90.9g$$

05 일반적인 식품의 구매 방법으로 가장 옳은 것은?

① 고등어는 2주일분을 한꺼번에 구입한다.
② 느타리버섯을 3일에 한 번씩 구입한다.
③ 쌀은 1개월분을 한꺼번에 구입한다.
④ 소고기는 1개월분을 한꺼번에 구입한다.

해설 생선, 과채류는 필요에 따라 수시 구입하고, 소고기는 냉장 시설이 갖추어져 있으면 1주일분을 한꺼번에 구입한다.

Chapter 01			시장 조사 및 구매 관리						
1	④	2	④	3	②	4	③	5	③

CHAPTER 02 검수 관리

01 식재료의 품질 확인 및 선별

1. 검수 방법

① 전수검사법 : 물품의 양이 적을 때 납품된 품목을 하나하나 검수하는 방법으로 정확성은 있지만 많은 시간과 경비가 소요된다는 단점이 있다. 품목이 고가이거나 종류가 다양할 때 많이 사용된다.

② 발췌(샘플링) 검수법 : 검수할 품목의 양이 대량이거나 같은 품목으로 검수할 물량이 많거나, 파괴 검사를 해야 할 경우 물품의 일부를 무작위로 선택해서 검사하는 방법이다.

2. 검수 업무에 대한 평가사항

검수 업무 시 다음과 같은 사항에 유념하여 검수를 한다.

① 물품의 품질과 수량을 검사하고 검사 기준을 적용하여 검사

② 육류 : 부위 등급, 육질, 절단 상태, 신선도, 중량

③ 계류 : 크기, 절단 부위, 중량과 육색

④ 난류 : 크기, 중량, 신선도

⑤ 과일 : 크기, 외관 형태, 숙성 정도, 색상, 향기, 등급

⑥ 야채 : 신선도, 크기, 중량, 색상, 등급

⑦ 곡류 : 품종, 수확 연도, 산지, 건조 상태, 이물질의 혼합 여부

⑧ 건어물 : 건조 상태, 외관 형태, 염도와 색상, 냄새

⑨ 통조림 : 제조 일자, 유통 기간, 외관 형태, 내용물 표시

⑩ 냉동식품 : −18℃ 이하로 소비자가 구입할 때까지 저장, 유통

⑪ 구매주문서와 거래명세서의 수량과 단가의 일치 여부

⑫ 포장 해체에 따른 식품 보존 상태와 반품 처리 절차

⑬ 거래명세서 서명과 상호교부에 관한 절차

3. 검수 절차 수행

구매청구서에 의해서 주문 배달된 물품을 검수·관리하는 모든 관리 활동을 말하며, 6단계의 검수 절차 수행은 다음과 같다.

① 구매청구서와 물품을 대조하여 품목과 수량, 중량을 확인

② 송장과 물품을 대조할 때 품목, 수량, 중량, 가격 대조

③ 물품의 품질, 등급, 위생 상태를 판정한 후 물품 인수 및 반품 처리

④ 검수 일자, 가격, 품질 검사 확인, 납품업자명을 확인 후 식품 분류 및 명세표를 부착

⑤ 물품을 정리 보관 및 저장 장소로 옮기는데,

이때 조리장, 냉장고, 냉동고, 저장 창고를 준비
⑥ 검수일지 작성, 및 서명, 검수표 작성, 반품서 작성, 검수 시 불합격품 처리

4. 식재료의 품목별 검수

구분	품명	검수 기준
곡류	쌀	• 싸라기, 벌레 먹은 쌀, 돌 등이 없어야 함 • 광택이 있으며, 투명해야 함
	밀가루	• 순백색으로 이상한 냄새나 맛이 없어야 함 • 덩어리가 지지 않고 건조 상태가 좋아야 함
감자 및 서류	감자류/고구마류	• 크기가 고르고 부패, 발아가 안 된 것 • 병충해가 없어야 함
	토란	• 잘라서 보았을 때 흰색으로 단단하고 끈적끈적한 감이 강해야 함
두류	대두 및 기타 두류	• 알이 고르고 잡물이 섞여 있지 않아야 함 • 콩 자체의 특유의 색택을 가지고 있어야 함
버섯류	건조하지 않는 버섯	• 형태가 눌리지 않고 으스러지지 않아야 함 • 짓무르거나 탄력이 있어야 함
	건조시킨 버섯	• 잎의 형태를 잘 유지하고 있어야 함 • 변색 · 변질되지 않으며, 건조 상태가 양호해야 함

구분	품명	검수 기준
과일류	사과	• 껍질에 윤기가 돌고 상처와 무른 부분이 없어야 함 • 당도가 12% 이상이어야 하며 신맛이 없어야 함
	바나나	• 익어야 하며 표면에 검은 점이 없어야 함 • 꼭지가 말랐거나 끝부분이 무르지 않아야 함
	포도류	• 알이 떨어지지 않아야 하며, 포도 자체의 진한 색을 띠고 있어야 함
	딸기	• 알이 고르고 짓무르지 않아야 함 • 짙은 빨간색을 내며, 광택이 있어야 함
해조류	미역	• 육질이 두꺼우며 건조가 잘 되고 모양이 흐트러지거나 찢어지지 않아야 함
	김/다시마	• 표면에 구멍이 없이 건조 상태가 좋아야 하며, 광택이 나야 함
채소류	오이	• 모양이 휘지 않고 일정하며 씨가 적어야 함 • 수분 함량이 많고 육질이 사각사각해야 함
	피망	• 깨지거나 변색된 부분이 없고 고유의 색을 띠며, 윤기가 나야 함
	배추	• 잎이 얇고 연하며, 잘라서 속이 꽉 차고 단맛이 있어야 함
	쑥갓	• 잎이 가지런하고 시들지 않고 꽃대가 올라오지 않아야 함
	대파	• 흰 대가 길고 꽃대가 피지 않아야 함
	당근	• 외피에 균열이 없고 윗부분과 아랫부분의 굵기 차이가 많이 나지 않아야 함 • 잘라보아서 심이 없고, 심 부분까지 주황색이어야 함

채소류	무	• 흠집이 없고 잘라보아서 바람이 들지 않고 까만 심이 없어야 함
	양파	• 싹이 나지 않고 단단하며, 외피가 짓무르지 않아야 함
	깐마늘	• 물기가 없고 껍질이 깨끗하게 제거되며, 흠집이 없어야 함
육류	소고기	• 소고기 고유의 적색을 띠며, 마블링과 지방제거 상태를 확인
	돼지고기	• 선홍색을 띠며 껍질 부분의 소제 상태를 확인
	닭고기	• 신선한 광택이 있고, 특유한 향 외에 이취가 없어야 함
어패류	각종 어류	• 아가미는 선홍색이며, 비늘은 단단히 붙어 있어야 함 • 안구는 돌출되어 있고, 손으로 눌러보아 단단하고 탄력이 있어야 함

02 조리 기구 및 설비 특성과 품질 확인

1. 조리 기구의 선정

① 디자인은 단순하지만 가능하면 용도는 다양하고 사용하기에 편리한 것
② 기존 설치 공간에 설치하기에 성능, 동력, 크기, 용량이 적합할 것
③ 위생적이고 내구성과 실용성이 있을 것
④ 가격과 유지관리비가 경제적이고 쉬운 것
⑤ 청소가 용이하며, 사후 관리가 쉬운 것

2. 설비

검수 공간	• 들어오는 식재료를 신속하고 용이하게 취급할 수 있도록 설계 • 주요 기기 : 검수대, 손 소독기, 계량기, 운반차, 온도계 등
저장 공간	• 검수 공간과 저장 공간, 조리장의 위치 순으로 같은 구역 안에 두는 것이 동선이 짧아서 노동력이 절감되고 효율적 • 주요 기기 : 쌀 저장고, 냉장 · 냉동고, 일반저장고(조미료, 마른 식품) 등
전처리 및 조리 준비실	• 전처리 구역은 기기의 사용 빈도가 높은 공간으로 충분한 면적이 필요함 • 교차 오염이 일어나지 않도록 육류와 어패류, 채소의 전처리 공간을 구분 • 청소가 쉽고 배수가 잘되며, 건조가 잘 되는 바닥으로 함 • 주요 기기 : 싱크, 탈피기, 혼합기, 절단기 등
조리 공간	• 조리 기기 선정, 작업자 동선을 고려, 조리장 면적 산출, 조리장 형태 결정, 장래의 변화를 고려하여 합리적이고 능률적인 공간이 될 수 있도록 설계 • 주요 기기 – 취반 : 저울, 세미기, 취반기 등 – 가열조리 : 레인지, 오븐, 튀김기, 번철, 브로일러, 증기솥 등
배식	• 보온, 저온 보관, 음식 담기, 배식 등이 이루어지는 공간 • 주요 기기 : 보온고, 냉장고, 이동운반차, 제빙기, 온 · 냉 식수기 등
세척 및 소독	• 식기 회수와 세척, 샤워싱크, 소독, 잔반 처리가 이루어지는 공간 • 주요 기기 : 세척용 선반, 식기세척기, 식기 소독고, 칼 · 도마 소독고, 손 소독기, 잔반 처리기 등
보관	• 세척과 소독이 끝난 기구나 기물을 보관하는 공간 • 주요 기기 : 선반, 식기 소독 보관고 등

01 신선한 생선을 감별하는 방법과 관계없는 것은?

① 눈알이 밖으로 돌출되고, 표피에 점액 물질이 없는 것
② 색은 선명하고 광택이 있는 것
③ 아가미의 빛깔이 회백색을 띠는 것
④ 손가락으로 누르면 탄력성이 있는 것

해설 아가미의 빛깔은 선홍색을 띠는 것이 신선하다.

02 식품의 감별법으로 바르지 않은 것은?

① 양배추는 무겁고 잎이 얇으며, 신선하고 광택이 있는 것이 좋다.
② 오이는 수분 함량이 많고 육질이 사각사각해야 한다.
③ 당근은 굵기 차이가 있고 심이 없어야 한다.
④ 무는 흠집이 없고 잘라 보아서 바람이 들지 않아야 한다.

해설 당근은 굵기 차이가 많이 나지 않고 잘라 보아서 심이 없어야 하고, 심 부분까지 주황색이어야 한다.

03 조리 작업별 주요 작업 기기로 틀린 것은?

① 검수 : 계량기, 검수대
② 저장 공간 : 냉장고, 일반 저장고
③ 전처리 : 탈피기, 절단기
④ 세척 : 식기세척기, 혼합기

해설 세척 공간에는 세척용 선반, 식기세척기, 식기 소독고, 칼·도마 소독고, 손 소독기, 잔반 처리기가 들어가며, 혼합기는 전처리 공간의 작업 기기이다.

04 주문한 물품의 품질과 품목, 신선도, 위생 상태, 중량, 가격, 납기일 등을 확인하는 것은?

① 검수 관리　　② 발주 관리
③ 배식 관리　　④ 구매 관리

해설 검수 관리는 발주한 물건의 품목, 품질, 신선도, 위생 상태, 수량, 가격, 중량, 납기일 등을 확인하는 단계이다.

05 검수 업무를 위한 구비 요건으로 바르지 않은 것은?

① 검수 지식이 풍부한 검수 담당자가 진행한다.
② 검수 구역은 배달 구역과 가까워야 한다.
③ 물품 저장소와의 거리는 가까울 필요는 없다.
④ 물품의 저장 관리 및 특성을 숙지한다.

해설 노동력 절감을 위해서 검수 구역은 배달 구역 입구, 물품 저장소와 가까운 거리여야 한다.

Chapter 02		검수 관리							
1	③	2	③	3	④	4	①	5	③

CHAPTER 03 원가

01 원가의 의의 및 종류

1. 원가 개념

원가란 특정한 제품의 제조, 판매, 서비스 제공을 위하여 소비된 경제 가치라고 규정할 수 있으며, 일정한 급부를 생산하는 데 필요한 경제 가치의 소비액을 화폐 가치로 표시한 것이다.

2. 원가 계산 목적

원가 계산의 목적은 기업의 경제 실제를 계수적으로 파악하여 적정한 판매 가격을 결정하고, 동시에 경영 능률을 증진시키고자 하는 데 있다.
① 가격 결정의 목적
② 원가 관리의 목적
③ 예산 편성의 목적
④ 재무제표 작성의 목적

3. 원가 계산 기간

원가 계산은 보통 1개월에 한 번 실시하는 것을 원칙으로 하고 있으나, 경우에 따라서는 3개월 또는 1년에 한 번 실시하기도 한다.

4. 원가의 종류

(1) 원가의 3요소

① 재료비 : 제품 제조를 위하여 소비되는 물품의 원가로, 집단 급식 시설에서 재료비는 급식 재료비를 의미한다. 일정 기간 동안 소비한 재료의 수량에 단가를 곱하여 소비된 재료의 금액을 계산한다.
예 재료구입비, 급식재료비
② 노무비 : 제품 제조를 위하여 소비되는 노동의 가치를 말하며, 임금과 급료, 잡금 등으로 구분된다.
예 임금, 급료, 잡금, 상여금
③ 경비 : 제품 제조를 위하여 소비되는 재료비, 노무비 이외의 가치를 말하며, 필요에 따라 수도 광열비, 전력비, 보험료, 감가상각비 등과 같은 비용이 있다.
예 외주가공비

(2) 직접 원가, 제조 원가, 총원가, 판매 가격

이것은 각 원가 요소가 어떠한 범위까지 원가 계산에 집계되는가의 관점에서 분류한 것으로 그림으로 나타내면 다음과 같다.

			이익
		판매관리비	
	제조간접비	제조 원가 (공장 원가)	총원가 (판매 원가)
직접재료비 직접노무비 직접경비	직접 원가 (기초 원가)		
직접원가	제조 원가	총원가	판매 가격

[원가 구성도]

① 직접 원가＝직접재료비＋직접노무비＋직접경비
② 제조 원가＝직접 원가＋제조간접비(간접재료비＋간접노무비＋간접경비)
③ 총원가＝제조 원가＋판매비와 관리비
④ 판매 가격＝총원가＋이익

(3) 직접비ㆍ간접비

이것은 원가 요소를 제품에 배분하는 절차로 보아서 분류한 것이다.

① 직접비 : 특정 제품에 직접 부담시킬 수 있는 것으로, 직접 원가라고도 한다. 이것은 직접재료비, 직접노무비, 직접경비로 구분된다.
② 간접비 : 여러 제품에 공통적으로 또는 간접적으로 소비되는 것으로, 이것은 각 제품에 인위적으로 적절히 부담시킨다.

(4) 실제 원가, 예정 원가, 표준 원가

원가 계산 시점과 방법의 차이로부터 분류한 것이다.

① 실제 원가(확정 원가, 현실 원가, 보통 원가) : 제품이 제조된 후에 실제로 소비된 원가를 산출한 것이다. 이것은 사후 계산에 의하여 산출된 원가이므로 확정 원가 또는 현실 원가라고도 하며, 보통 원가라고 하면 이를 의미한다.
② 예정 원가(추정 원가, 견적 원가, 사전 원가) : 제품 제조 이전에 제품 제조에 소비될 것으로 예상되는 원가를 예상하여 산출한 사전 원가이며, 견적 원가 또는 추정 원가라고도 한다.
③ 표준 원가 : 기업이 이상적으로 제조 활동

을 할 경우에 예상되는 원가이다. 즉, 경영 능률을 최고로 올렸을 때의 최소 원가 예정을 말하며, 따라서 이것은 장래에 발생할 실제 원가에 대한 예정 원가와는 차이가 있다. 실제 원가를 통제하는 기능을 갖는다.

02 원가 분석 및 계산

1. 집단 급식 시설의 원가 요소

집단 급식 시설의 운영 과정에서 발생하는 원가 요소는 다음과 같다.

① 급식재료비 : 조리제 식품, 반제품, 급식 원재료 또는 조미료 등의 급식에 소요된 모든 재료에 대한 비용을 말한다.
② 노무비 : 급식 업무에 종사하는 모든 사람들의 노동력 대가로 지불되는 비용이다.
③ 시설 사용료 : 급식 시설의 사용에 대하여 지불하는 비용을 말한다.
④ 수도ㆍ광열비 : 전기료, 수도료, 연료비 등으로 구분된다.
⑤ 전화 사용료 : 업무 수행상 사용한 전화료이다.
⑥ 소모품비 : 급식 업무에 소요되는 각종 소모품의 사용에 지불되는 비용이다.
⑦ 기타 경비 : 위생비, 피복비, 세척비, 기타 잡비 등이 포함된다.
⑧ 관리비 : 집단 급식 시설의 규모가 큰 경우 별도로 계산되는 간접경비

2. 원가 계산의 원칙

① 진실성의 원칙 : 제품에 소요된 원가를 정확하게 계산하여 진실하게 표현해야 된다.
→ 실제로 발생한 원가의 진실성을 파악

② 발생 기준의 원칙 : 모든 비용과 수익의 계산은 그 발생 시점을 기준으로 하여야 한다.
→ 현금의 수지와 관계없이 원가 발생의 사실이 있으면 그것을 원가로 인정해야 한다는 원칙

③ 계산 경제성의 원칙 : 중요성의 원칙이라고도 하며, 원가 계산을 할 때에는 경제성을 고려해야 한다는 원칙이다.

④ 확실성의 원칙 : 실행 가능한 여러 방법이 있을 경우 가장 확실성이 높은 방법을 선택한다는 원칙이다.

⑤ 정상성의 원칙 : 정상적으로 발생한 원가만을 계산하고 비정상적으로 발생한 원가는 계산하지 않는다.

⑥ 비교성의 원칙 : 원가 계산 기간에 다른 일정 기간의 것과 또 다른 부분의 것과 비교할 수 있도록 실행되어야 한다는 원칙이다.

⑦ 상호 관리의 원칙 : 원가 계산과 일반 회계 간, 그리고 각 요소별 계산, 부문별 계산, 제품별 계산 간에 서로 밀접하게 관련되어 하나의 유기적 관계를 구성함으로써 상호 관리가 가능하도록 되어야 한다는 원칙이다.

3. 원가 계산의 구조

원가 계산은 다음과 같은 단계를 거쳐 실시하게 된다.

> 요소별 원가 계산 → 부문별 원가 계산 → 제품별 원가 계산

① 제1단계 요소별 원가 계산 : 제품의 원가는 먼저 재료비, 노무비, 경비의 3가지 원가 요소를 몇 가지의 분류 방법에 따라 세분하여 각 원가 요소별로 계산하게 된다.

② 제2단계 부문별 원가 계산 : 전 단계에서 파악된 원가 요소를 분류 집계하는 계산 절차를 가리킨다.

③ 제3단계 제품별 원가 계산 : 요소별 원가 계산에서 이루어진 직접비는 제품별로 직접 집계하고, 부문별 원가 계산에서 파악된 직접비는 일정한 기준에 따라 제품별로 배분하여 최종적으로 각 제품의 제조 원가를 계산하는 절차를 가리킨다.

4. 재료비 계산

(1) 재료비 개념

제품을 제조할 목적으로 외부로부터 구입 조달한 물품을 재료라 하고, 제품의 제조과정에서 실제로 소비되는 재료의 가치를 화폐 액수로 표시한 금액을 재료비라고 한다. 재료비는 제품 원가의 중요한 요소가 된다. 재료비는 재료의 실제 소비량에 재료 소비 단가를 곱하여 산출한다. (재료비＝재료 소비량×재료 소비 단가)

(2) 재료 소비량의 계산법

① 계속기록법 : 재료를 동일한 종류별로 분류하고 들어오고 나갈 때마다 수입, 불출 및 재고량을 계속하여 기록함으로써 재료 소비량을 파악하는 방법이다. 소비량을

정확히 계산할 수 있고 재료의 소비처를 알 수 있는 가장 좋은 방법이다.

② 재고조사법 : 전기의 재료 이월량과 당기의 재료 구입량의 합계에서 기말 재고량을 차감함으로써 재료의 소비된 양을 파악하는 방법이다.

> ※ 당기소비량
> = (전기이월량 + 당기구입량) – 기말재고량
> ※ 월중소비액
> = (월초재고액 + 월중매입액) – 월말재고액

③ 역계산법 : 일정 단위를 생산하는 데 소요되는 재료의 표준소비량을 정하고, 그것에다 제품의 수량을 곱하여 전체의 재료 소비량을 산출하는 방법이다.

> ※ 재료소비량
> = 제품 단위당 표준 소비량 × 생산량

(3) 재료 소비 가격의 계산법

① 개별법 : 재료를 구입 단가별로 가격표를 붙여서 보관하다가 출고할 때 그 가격표에 붙어 있는 구입 단가를 재료의 소비 가격으로 하는 방법이다.

② 선입선출법 : 재료의 구입 순서에 따라 먼저 구입한 재료를 먼저 소비한다는 가정 아래에서 재료의 소비 가격을 계산하는 방법이다.

③ 후입선출법 : 선입선출법과 정반대로 최근에 구입한 재료부터 먼저 사용한다는 가정 아래에서 재료의 소비 가격을 계산하는 방법이다.

④ 단순평균법 : 일정 기간 동안의 구입 단가를 구입 횟수로 나눈 구입 단가의 평균을 재료 소비 단가로 하는 방법이다.

⑤ 이동평균법 : 구입 단가가 다른 재료를 구입할 때마다 재고량과의 가중평균가를 산출하여 이를 소비 재료의 가격으로 하는 방법이다.

5. 원가 관리

① 원가 관리 개념 : 원가의 통제를 위하여 가능한 한 원가를 합리적으로 절감하려는 경영기법이라고 할 수 있다. 일반적으로 표준 원가 계산 방법을 이용한다.

② 표준 원가 계산 : 과학적 및 통계적 방법에 의하여 미리 표준이 되는 원가를 설정하고, 이를 실제 원가와 비교·분석하기 위하여 실시하는 원가 계산의 한 방법이다.

③ 표준 원가 설정 : 표준 원가는 원가 요소별로 직접재료비표준, 직접노무비표준, 제조간접비표준으로 구분하여 설정하는 것이 일반적이다. 이 중에서 제조간접비의 표준설정은 변동비와 고정비가 있어서 매우 어렵다. 표준 원가가 설정되면 실제 원가와 비교하여 표준과 실제의 차이를 분석할 수 있다.

6. 손익 계산

손익 분기점이란 수익과 총비용(고정비 + 변동비)이 일치하는 점을 말한다. 그러므로 이 점에서는 이익도 손실도 발생하지 않는다. 수익이 그 이상으로 증대하면 이익이 발생하고, 반대로 그 이하로 감소되면 손실이 발생하게 된다.

① 고정비 : 제품의 제조, 판매 수량의 증감에 관계없이 고정적으로 발생하는 비용으로 감가상각비, 고정급 등이 속한다.

② 변동비 : 제품의 제조, 판매 수량의 증감에 따라 비례적으로 증감하는 비용으로 주요재료비, 임금 등이 있다.

7. 감가상각

① 감가상각 개념

기업의 자산은 고정자산(토지, 건물, 기계 등), 유동자산(현금, 예금, 원재료 등) 및 기타자산으로 구분된다. 이 중에서 고정자산은 대부분 그 사용과 시일의 경과에 따라 그 가치가 감가된다. 감가상각이란, 이 같은 고정자산의 감가를 일정한 내용 연수에 일정한 비율로 할당하여 비용으로 계산하는 절차를 말하며 감가된 비용을 감가상각비라 한다.

② 감가상각 계산 요소

감가상각을 하는 데에는 기초 가격, 내용 연수, 잔존 가격의 3대 요소를 결정해야 한다.

㉠ 기초 가격 : 취득원가(구입 가격)

㉡ 내용 연수 : 취득한 고정자산이 유효하게 사용될 수 있는 추산 기간

㉢ 잔존 가격 : 고정자산이 내용 연수에 도달했을 때 매각하여 얻을 수 있는 추정 가격을 말하는 것으로, 보통 구입 가격의 10%를 잔존 가격으로 계산

③ 감가상각 계산법

㉠ 정액법 : 고정자산의 감가총액을 내용 연수로 균등하게 할당하는 방법이다.

$$※ 매년 감가상각액 = \frac{기초\ 가격 - 잔존\ 가격}{내용연수}$$

㉡ 정률법 : 기초 가격에서 감가상각비 누계를 차감한 미상각액에 대하여 매년 일정률을 곱하여 산출한 금액을 상각하는 방법이다. 따라서 초년도의 상각액이 가장 크며, 연수가 경과함에 따라 상각액은 점점 줄어든다.

출제예상문제

01 다음 중 원가 계산의 목적이 아닌 것은?

① 가격 결정의 목적
② 재무제표 작성의 목적
③ 원가 관리의 목적
④ 기말 재고량 측정의 목적

해설 원가 계산의 목적
가격 결정의 목적, 원가 관리의 목적, 예산 편성의 목적, 재무제표 작성의 목적

02 원가의 3요소는?

① 재료비, 노무비, 경비
② 임금, 급료, 잡금
③ 재료비, 수도, 광열비
④ 수도, 광열비, 전력비

해설 원가란 제품이 완성되기까지 소요된 경제 가치로 원가의 3요소는 재료비, 노무비, 경비이다.

03 직접경비란 특정 제품의 제조에 사용된 경비를 말한다. 다음 중 직접경비는?

① 감가상각비 ② 복리비
③ 외주가공비 ④ 전력비

해설
• 직접경비 : 외주가공비, 특허권 사용료 등
• 간접경비 : 감가상각비, 보험료, 수선비, 전력비, 가스비 등

04 직접재료비, 직접노무비, 직접경비의 3가지를 합한 원가를 무엇이라 하는가?

① 직접 원가 ② 제조 원가
③ 총원가 ④ 판매 원가

해설 직접 원가 = 직접재료비 + 직접노무비 + 직접경비

05 다음 중 이익이 포함된 것은?

① 직접 원가 ② 제조 원가
③ 총원가 ④ 판매 가격

해설 판매 가격에는 이익이 포함되어 있다.

06 다음 재료를 가지고 재고조사법에 의하여 재료의 소비량을 산출하면 얼마인가?

• 전월이월량 : 200kg • 당월매입량 : 800kg
• 장부잔액 : 420kg • 실지재고량 : 300kg

① 120kg ② 420kg
③ 700kg ④ 880kg

해설 당기소비량
= (전기이월량 + 당기구입량) - 기말재고량
= (200kg + 800kg) - 300kg = 700kg

07 다음은 간장의 재고대장이다. 간장의 재고가 10병일 때 선입선출법에 의한 간장의 재고자산은 얼마인가?

입고일자	수량	단가
5일	5병	3,500원
12일	10병	3,500원
20일	7병	3,000원
27일	5병	3,500원

① 30,000원 ② 31,500원
③ 32,500원 ④ 35,000원

해설 선입선출법
먼저 들어온 것을 먼저 사용한다는 뜻으로, 간장의 재고가 10병이므로 남아 있는 간장은 27일 5병과 20일 5병이 된다.
• 27일 5병 × 3,500원 = 17,500원
• 20일 5병 × 3,000원 = 15,000원
• 17,500원 + 15,000원 = 32,500원

08 제품을 제조한 후에 실제로 발생한 소비액을 자료로 하는 원가 계산 방법을 무엇이라고 하는가?

① 실제 원가 계산 ② 사전 원가 계산
③ 예정 원가 계산 ④ 표준 원가 계산

해설
• 실제 원가 : 제품을 제조한 후에 실제로 소비된 원가를 산출한 원가
• 예정 원가(사전 원가, 추정 원가) : 제품의 제조에 소비될 것이라 예상되는 원가를 산출한 것
• 표준 원가 : 과학적 및 통계적 방법에 의하여 미리 표준이 되는 원가를 산출한 것

09 다음 중 원가 계산의 원칙이 아닌 것은?

① 진실성의 원칙 　 ② 현금 기준의 원칙
③ 확실성의 원칙 　 ④ 정상성의 원칙

해설 원가 계산의 원칙
진실성의 원칙, 발생 기준의 원칙, 계산경제성의 원칙, 확실성의 원칙, 정상성의 원칙, 비교성의 원칙, 상호 관리의 원칙

10 정확한 소비량을 알 수 있으나 계산 방법과 출납이 빈번한 것이 단점인 것은?

① 재고조사법 　 ② 계속기록법
③ 역계산법 　 ④ 단순평균법

해설 계속기록법
재료를 동일한 종류별로 분류하고 들어오고 나갈 때마다 재고량을 기록함으로써 재료소비량을 파악하는 방법으로, 소비량을 정확하게 계산할 수 있고 재료의 소비처를 알 수 있는 가장 좋은 방법이나 계산 방법과 출납이 빈번한 것이 단점이다.

11 (전기이월량＋당기구입량)－기말재고량＝당기소비량의 방법으로 재료소비량을 계산하는 방법을 무엇이라 부르는가?

① 재고조사법 　 ② 계속기록법
③ 역계산법 　 ④ 단순평균법

해설 재고조사법
원가 계산 기말이나 또는 일정한 시기에 재료의 실제 소비량을 조사하여 기말 재고량을 파악하고, 전기 이월량과 당기 구입량의 합계에서 기말 재고량을 차감하여 계산하는 방법

12 다음 중 재고 소비 가격의 계산법이 아닌 것은?

① 개별법 　 ② 역계산법
③ 후입선출법 　 ④ 이동평균법

해설 • 재료 소비 가격의 계산법 : 개별법, 선입선출법, 후입선출법, 단순평균법, 이동평균법
• 역계산법 : 재료 소비량의 계산

Chapter 03 | 원가

1	④	2	①	3	③	4	①	5	④
6	③	7	③	8	①	9	②	10	②
11	①	12	②						

PART 05

공통 기초 조리 실무

CHAPTER 01 조리 준비

01 조리의 목적

① 기호성 : 식품의 외관을 좋게 하여 맛있게 하기 위하여 행한다.
② 영양성 : 소화를 용이하게 하며 식품의 영양 효율을 높이기 위하여 행한다.
③ 안전성 : 위생상 안전한 음식으로 만들기 위하여 행한다.
④ 저장성 : 저장성을 높이기 위하여 행한다.
⑤ 음식의 적온

음식 종류	온도	음식 종류	온도
청량음료	2~5℃	겨자, 종국 발효	40~45℃
맥주, 냉수	7~10℃	식혜, 술 발효	55~60℃
빵 발효	25~30℃	커피, 국, 달걀찜	70~75℃
밥, 우유	40~45℃	전골	95~98℃

02 기본 조리법 및 대량 조리 기술

1. 기본 조리법

① 비가열 조리
　열을 가하지 않고 식품을 조리하는 방법이다.

② 가열 조리
　㉠ 습열 조리법
　• 데치기 : 데치는 물의 양은 온도 변화를 최소한으로 하기 위해 충분히 넣고 녹색 채소의 변색을 막기 위해 1%의 소금을 넣은 다음 휘발성 유기산이 데치는 물에 들어가서 채소의 색을 변색시키지 못하도록 뚜껑을 열어 단시간 데쳐서 냉수에 바로 식힌다. 소금 대신에 식소다나 중조 등의 알칼리성 물질을 넣으면 색은 선명하나 비타민 손실이 크다.
　• 끓이기 : 식품의 조직이 연화되고 식품에 함유된 맛 성분을 그대로 이용할 수 있다.
　• 삶기 : 삶기는 조직의 연화와 불미 성분의 제거, 단백질의 응고, 감칠맛 성분의 증가 등을 가져온다.
　• 시머링 : 물을 끓는점 이하로 가열하는 조리법으로, 단백질의 응고와 조직의 연화, 감칠맛 성분을 증가시킨다.
　• 찌기 : 물이 100℃로 끓을 때 발생하는 수증기의 기화열(539kcal/g)을 이용하여 조리하는 방법이다.
　㉡ 건열 조리법
　• 굽기 : 구이는 물이나 기름을 사용하지 않고 열로 빠른 시간 내에 조리하는 방법으로 직접 구이, 간접 구이, 오븐구이가 있는데 석쇠나 철판, 팬에 기름을 발

라서 식품이 달라붙지 않도록 하며, 구이 도중 식품을 위, 아래로 뒤집어 주어 식품이 고루 익도록 한다.

    – 직접 구이 : 석쇠 등의 기구를 놓고 바로 그 위에 재료를 얹어 굽는 방법이다.

    – 간접 구이 : 열원 위에 팬이나 철판 등을 놓고 재료를 얹어 굽는 방법이다.

    – 오븐 구이 : 오븐을 이용한 조리법으로, 오븐 안의 뜨거운 공기의 대류열과 가열되어서 생긴 복사열에 의해 재료가 익는다.

- 볶기 : 볶기는 팬이나 냄비 등을 달구어서 기름을 두르고 재료를 볶아 내는 방법으로, 비타민의 파괴가 적고 식품 고유의 색을 살릴 수 있으며, 기름을 이용하기 때문에 지용성 영양소의 체내 흡수를 도울 수 있다.

- 지지기 : 팬에 기름을 약간 두르고 재료를 익혀 내는 조리 방법으로, 식품을 자체 그대로 또는 밀가루와 달걀옷을 입혀서 지진다.

- 튀기기 : 튀기기는 기름을 가열하여 열전달매체로 이용하여 식품을 익혀 내는 조리법이다. 비타민의 손실이 적고 식품 속의 수분과 기름의 교환이 이루어져 풍미가 좋으며, 튀기는 중에 조미가 불가능하므로 튀기기 전후에 조미를 한다.

ⓒ 복합 조리 : 브레이징(Braising)은 팬을 달구어 고기나 채소를 갈색으로 볶은 후 적은 양의 스톡이나 와인을 넣고 뚜껑을 덮어 조려주는 방법으로, 건열 조리와 습열 조리가 동시에 이용되는 복합 조리이다.

ⓔ 초단파 조리(Microwave Cooking) : 외부로부터 열이 가해지는 것이 아니라 초단파를 식품에 조사시켜서 식품 자체에 있는 물 분자들이 진동하여 열이 발생하는 원리로 식품을 익히는 방법이다. 조리 기구로는 전자레인지 등이 있다.

2. 대량 조리 기술

① 국 : 집단 급식에서는 영양적인 면과 기호적인 면에서 많은 사람들이 토장국을 선호하므로 토장국이 좋고, 국의 건더기는 국물의 3분의 1 정도가 적당하다.

② 찌개 : 불 조절은 센 불에서 끓이기 시작하여 어느 정도 끓은 후에는 불을 약간 약하게 하여 약 20분간 푹 끓이고, 건더기의 분량은 국물의 3분의 2가 적당하다.

③ 조림 : 조림은 식품 자체에 맛을 잘 들이도록 하는 것이 중요하며, 어느 부분이나 같은 맛이 나도록 해야 한다. 생선은 국물을 끓이다가 생선을 넣고 조리는 것이 영양 손실도 적고 생선 살이 부서지지 않는다.

④ 구이
소금을 뿌렸다가 구울 때는 소금을 뿌리고 20~30간 두어 소금이 생선 표면에서 없어진 후에 굽도록 한다.

⑤ 튀김 : 튀김을 만드는 데 소요되는 시간이 국에 비하여 약 3배 더 걸리므로 집단 급식에서 튀김은 그 사정을 충분히 고려하여 행하도록 하여야 한다.

03 기본 칼 기술 습득

1. 칼질법의 종류

칼질을 할 때 왼손은 엄지를 제외한 4개 손가락은 앞으로 내밀었다가 안으로 둥글게 잡아당기면서 엄지와 검지는 붙이고 손톱과 손끝으로 재료를 누르면서 써는데, 재료의 특성과 조리법에 따라서 밀어썰기, 작두썰기, 칼끝 대고 밀어썰기, 후려썰기 등이 있다.

① 밀어썰기 : 가장 기본이 되는 방법으로 칼을 끝 쪽으로 밀면서 써는 방법이다. 채소 등과 같은 부드러운 재료를 썰 때 이용되고 안전사고도 적은 편이며, 한국이나 일본에서 주로 사용하는 방법이다.

② 작두썰기(칼끝 대고 눌러썰기) : 칼끝을 도마에 고정하듯이 누르고 칼을 잡은 손을 작두질하듯이 쿡쿡 누르며 써는 방법이다. 칼의 길이가 짧으면 불편하고 27cm 이상인 칼이 편하다. 재료가 조금 두껍거나 부드럽지 않은 것은 적당하지 않다.

③ 칼끝 대고 밀어썰기(밀어썰기와 작두썰기를 혼합한 방법) : 밀어썰기와 작두썰기를 혼합한 방법으로, 칼끝을 도마에 대고 누른 상태에서 손잡이를 들어서 칼을 앞으로 밀었다가 뒤로 당기면서 칼질한다. 두꺼운 재료를 썰기에는 부적당하며, 힘이 분산되지 않아서 고기처럼 질긴 것을 썰 때 적당하다.

④ 후려썰기 : 칼끝이 손목의 스냅을 이용해 들어 올라가고 손잡이는 빠르게 내려가는 방법으로, 손목을 들어 후린다는 느낌으로 썬다. 많은 양을 썰 때 적당하나 소리가 크게 나고 정교함이 떨어지는 단점이 있다. 또한 안전사고에 유의해야 한다.

⑤ 칼끝썰기 : 칼끝을 이용해 정교하게 썰거나 양파 등을 다질 때 뿌리 쪽은 남겨두고 한쪽을 칼끝으로 썰 때 사용하는 방법으로 정교함이 필요할 때 사용하는 방법이다.

⑥ 당겨썰기 : 칼끝을 도마에 대고 손잡이를 뒤로 당기면서 눌러 써는 방법으로, 부드러운 식재료를 썰 때 적당하다.

⑦ 뉘어썰기 : 오징어 등의 칼집을 넣을 때 칼을 45° 정도로 뉘어서 칼집을 넣는 방법이다.

⑧ 밀어서 깎아썰기 : 우엉이나 무 등을 연필 깎듯이 썰 때 사용한다.

⑨ 톱질썰기 : 부서지기 쉬운 것들을 톱질하듯이 힘을 빼고 왔다 갔다 하며 써는 방법이다.

2. 칼 관리

칼은 사용 전후로 무디지 않도록 잘 갈고 위생적으로 관리해야 사고위험도 줄일 수 있고, 일의 능률도 오를 수 있다.

① 숫돌의 종류와 사용 방법

숫돌의 입자의 크기를 나타내는 단위를 입도라고 하며, 기호는 #로 표기하는데 숫자가 클수록 입자가 작고 미세하다.

종류	입자	특징
400#	굵은 숫돌 (거친 숫돌)	굵은 숫돌로 칼날이 뭉뚝하고 이가 나갔거나 새 칼을 갈 때 사용하며, 계속 거친 숫돌로 갈면 칼에 요철이 생길 수 있으므로 중간 숫돌과 마무리 숫돌을 중간에 함께 사용하는 것이 좋다.

1000#	고운 숫돌 (중간 숫돌)	일반적인 칼을 갈 때 많이 사용하며, 굵은 숫돌로 갈고 난 후에 칼날을 부드럽게 정돈하기 위해 사용한다.
4000~ 6000#	마무리 숫돌	마무리 단계에 사용하는 숫돌로 앞 단계를 거쳐서 부드러워진 칼날을 더욱 매끄럽고 광이 나게 하기 위해 사용한다.

04 식재료 계량 방법

1. 계량

① 저울 : 무게를 측정하는 기구로, 사용하기 전에 평평한 곳에 수평이 되도록 놓고 영점을 맞추어 사용해야 한다. 저울의 단위는 g, kg으로 나타낸다.

② 계량컵 : 부피를 측정하는 기구로, 우리나라의 경우 1컵은 200ml로 지정하고 있고 미국 등 외국에서는 1컵을 240ml로 하고 있으니 주의해야 한다.

③ 계량스푼 : 양념류 등의 부피를 측정하는 기구로 큰술(Table spoon, Ts)과 작은술(tea spoon, ts)로 구분한다.

2. 식품별 계량 방법

식품별 계량 방법의 차이가 있으므로 숙지하여 계량의 오차가 없도록 한다.

① 가루 식품

㉠ 밀가루 : 밀가루는 체에 두세 번 친 후 스푼을 이용해서 계량컵에 수북하게 담고 흔들거나 누르지 말고 스패출러로 편평하게 깎아서 잰다.

㉡ 설탕

• 백설탕 : 덩어리진 것이 없도록 하여 계량컵에 수북이 담고 스패출러로 편평하게 깎아서 잰다.

• 황설탕과 흑설탕 : 컵에서 꺼내었을 때 컵의 모양이 유지될 수 있을 정도로 꾹꾹 눌러 담아 컵의 윗면을 스패출러로 편평하게 깎아서 잰다.

② 고체 식품 : 버터나 마가린, 쇼트닝 등의 고형 지방은 실온에서 부드러워졌을 때 스푼이나 컵에 꾹꾹 눌러 담아 공간이 없게 한 후 위를 편평하게 깎아서 잰다.

③ 액체 식품 : 액체 식품은 계량컵이나 계량스푼에 가득 담아서 계량하고 속이 보이는 계량컵을 사용한다.

㉠ 일반적인 액체 식품 : 유리와 같은 투명 기구를 사용하여 액체를 계량할 때는 액체의 표면 아랫부분을 눈과 수평으로 하여 읽는다.

㉡ 점도가 있는 액체 식품 : 엿이나 꿀과 같은 점도가 있는 액체는 컵에 가득 채운 후 위를 편평하게 깎아서 잰다.

④ 알갱이 상태의 식품 : 콩류나 쌀, 깨 등의 알갱이 상태의 식품은 계량컵에 가득하게 담고 살짝 흔들어서 빈 공간이 없도록 하고 표면이 평면이 되도록 깎아서 잰다.

⑤ 농도가 큰 식품 : 농도가 있는 된장이나 고추장은 계량컵에 꾹꾹 눌러 담고 표면이 평면이 되도록 깎아서 잰다.

> ※ **계량 단위**
> • 1컵＝1Cup＝1C＝물 200㎖(약 13큰술＋1작은술)
> • 1큰술＝1Table spoon(테이블스푼)＝1Ts＝물 15㎖
> • 1작은술＝1tea spoon(티스푼)＝1ts＝물 5㎖
> • 1큰술＝3작은술
> ※ **온도계와 조리용 시계**
> • 적외선 온도계 : 비접촉식으로 표면의 온도를 잴 수 있음
> • 튀김용 온도계 : 액체의 온도를 잴 수 있는 봉상 액체용 온도계를 사용
> • 육류용 온도계 : 탐침하여 육류의 내부 온도를 측정
> • 조리용 시계는 스톱워치(Stop Watch)나 타이머(Timer), 초침이 잘 보이는 탁상시계 등을 사용

05 조리장의 시설 및 설비 관리

1. 조리장의 기본 조건

① 조리장 3원칙 : 조리장을 신축 또는 개조할 경우 다음을 고려하여 시설하여야 한다.
  ㉠ 위생 : 식품의 오염을 방지할 수 있으며, 채광·환기·통풍 등이 잘 되고 배수와 청소가 용이하여야 한다.
  ㉡ 능률 : 적당한 공간이 있어 식품의 구입, 검수, 저장, 식당 등과의 연결이 쉽고 기구, 기기 등의 배치가 능률적이어야 한다.
  ㉢ 경제 : 내구성이 있고 구입이 쉬우며, 경제적이어야 한다.

> ※ 세 가지 중 가장 먼저 고려해야 할 점은 '위생'이며, 다음으로 '능률'을 고려하여야 한다.

② 조리장 위치
  ㉠ 통풍, 채광 및 급·배수가 용이하고 소음, 악취, 가스, 분진, 공해 등이 없는 곳이어야 한다.
  ㉡ 화장실, 쓰레기통 등에서 오염될 염려가 없을 정도의 거리에 떨어져 있는 곳이 좋다.
  ㉢ 물건의 구입 및 반출이 용이한 곳이어야 한다.
  ㉣ 음식을 배선하고 운반하기 쉬운 곳이어야 한다.
  ㉤ 비상시 출입문과 통로에 방해되지 않는 장소여야 한다.

2. 조리장 설비

① 조리장 건물
  ㉠ 충분한 내구력이 있는 구조일 것
  ㉡ 객실과 객석과는 구획의 구분이 분명할 것
  ㉢ 바닥과 바닥으로부터 1m까지의 내벽은 타일 등 내수성 자재를 사용한 구조일 것
  ㉣ 배수 및 청소가 쉬운 구조일 것
② 급수 시설 : 급수는 수돗물이나 공공 시험 기관에서 음용에 적합하다고 인정하는 것만을 사용하고, 우물일 경우에는 화장실로부터 20m, 하수관에서 3m 떨어진 곳에 있는 것을 사용한다. 1인당 급수량은 급식 센터인 경우 6~10ℓ/1식, 학교는 4~6ℓ/1식이 필요하다.
③ 작업대 : 작업대의 높이는 팔꿈치보다 낮고, 서서 허리를 굽히지 않는 높이로 신장의 52%(80~85cm)가량이며, 55~60cm 너비인 것이 효율적이다.
④ 환기 시설 : 창에 팬을 설치하는 방법과 후드(Hood)를 설치하여 환기를 하는 방법이 있다. 후드의 모양은 환기 속도와 주방의 위치에 따라 달라지며 4방형이 가장 효율이 좋다.

01 다음 중 조리의 목적과 거리가 먼 것은?

① 유해물을 제거하여 위생상 안전하게 한다.
② 식품의 가열, 연화로 소화가 잘되게 한다.
③ 식품을 손질하여 더 좋은 식품으로 만들어 식품의 상품 가격을 높인다.
④ 향미를 좋게 하고, 외관을 아름답게 하여 식욕을 돋운다.

해설 조리는 위생성, 기호성, 영양성, 저장성 등의 향상을 목적으로 한다.

02 다음 중 습열 조리에 의한 조리에 해당되지 않는 것은?

① 삶기   ② 튀기기
③ 끓이기   ④ 조림

해설 • 습열 조리 : 삶기, 끓이기, 찌기, 조리, 데치기 등
• 건열 조리 : 굽기, 석쇠 구이, 볶기, 튀기기, 부치기 등

03 전자오븐 사용에 관한 설명 중 틀린 것은?

① 가열에는 수분이 필요하다.
② 식품의 내부와 외부를 동시에 가열한다.
③ 법랑 냄비는 마이크로파를 대부분 흡수하여 조리가 잘 된다.
④ 마이크로파는 도자기, 유리, 합성수지 등을 투과하므로 식품을 그릇에 담은 채 조리할 수 있다.

해설 법랑제는 금속에 사기를 입힌 그릇이기 때문에 전자파가 반사되어 조리가 안 된다.

04 구이의 장점에 대한 설명으로 부적당한 것은?

① 고온 가열이므로 성분변화가 심하다.
② 수용성 물질의 용출이 끓이는 것보다 많다.
③ 식품 자체의 성분이 용출되지 않고 표피 가까이에 보존된다.
④ 익히는 맛과 향이 잘 조화된다.

해설 구이는 비교적 고온으로 가열하므로 식품으로부터 수용성 성분의 용출이 적고, 식품 표면의 수분이 감소되어 식품 본래의 맛이 난다.

05 식품을 불렸을 때 불어나는 정도로 바르지 못한 것은?

① 미역 4배   ② 콩 2~3배
③ 당면 6배   ④ 목이버섯 7~8배

해설 미역은 8~9배 불어난다.

06 다음의 조리 방법 중 센 불에서 가열한 후에 불을 약하게 줄여서 조리해야 하는 것과 관계가 없는 것은?

① 조림류　　　② 튀김류
③ 밥류　　　　④ 찌개류

해설 튀김류는 센 불에서 단시간에 요리하는 특징을 갖고 있다.

07 다음 중 썰기의 목적으로 바르지 않은 것은?

① 불필요한 부분을 제거할 수 있다.
② 표면적이 커져서 열전도율이 높아진다.
③ 조미료의 침투 속도가 빨라진다.
④ 조리 시간의 단축에는 도움이 안 된다.

해설 썰기를 통해서 조리 작업 시간이 단축된다.

08 칼질법의 종류 중 칼끝을 도마에 고정하듯이 누르고, 칼 잡은 손을 작두질하듯이 누르며 써는 방법은?

① 작두썰기　　② 칼끝 대고 밀어썰기
③ 당겨썰기　　④ 뉘어썰기

해설 작두썰기는 칼끝을 대고 눌러썰기로, 칼끝을 도마에 고정하듯이 누르고 칼 잡은 손을 작두질하듯이 꾹꾹 누르며 써는 방법이다.

09 조리용 온도계 중 비접촉식으로 표면의 온도를 잴 수 있는 온도계는 무엇인가?

① 적외선 온도계
② 봉상 액체 온도계
③ 알코올 온도계
④ 육류용 온도계

해설 조리용 온도계의 용도
• 적외선 온도계 : 비접촉식으로 표면의 온도를 잴 수 있음
• 봉상 액체용 온도계 : 튀김용 온도계로 액체의 온도를 잴 수 있음
• 육류용 온도계 : 탐침하여 육류의 내부 온도를 측정할 수 있음

10 다음의 장소에서 조도가 가장 높아야 할 곳은?

① 조리장　　　② 화장실
③ 현관　　　　④ 객실

해설 조리장은 청결 유지, 작업의 능률성, 종업원의 피로 예방을 위해 가장 밝아야 한다.

11 조리장의 입지 조건으로 적당하지 않은 곳은?

① 채광, 환기, 건조, 통풍이 잘되는 곳
② 양질의 음료수 공급과 배수가 용이한 곳
③ 단층보다 지하층에 위치하여 조용한 곳
④ 쓰레기처리장과 화장실이 멀리 떨어져 있는 곳

해설 조리장이 지하층에 위치하면 통풍, 채광 및 배수 등의 문제점이 발생하므로 좋지 않다.

12 다음은 설비 기기의 배치 형태 중 어떤 것에 대한 설명인가?

- 대규모 주방에 적합하다.
- 가장 효율적이며, 짜임새가 있다.
- 동선의 방해를 받지 않는다.

① ㄷ자형   ② 병렬형

③ ㄴ자형   ④ 일렬형

해설 ㄷ자형은 같은 면적의 경우 동선이 짧고, 넓은 조리장에 사용된다.

13 조리용 기계 기구의 설비 조건 중 바르지 않은 것은?

① 용도가 많은 것보다 단순한 것을 선택한다.
② 약간의 기술만으로 조직이 가능한 기기를 선택한다.
③ 능률을 올릴 수 있고 재료의 손실을 줄일 수 있는 것이어야 한다.
④ 설비의 종류나 규모를 검토하고 가장 적절한 것을 선택한다.

해설 조리용 기계 · 기구 설비 시 단순한 것을 선택하다 보면 기계 · 기구의 종류가 다양해지고 설비가 복잡하게 된다. 위생적, 능률적, 경제적인 면을 고려해서 선택해야 하므로 사용하기 쉬우면서도 용도가 많은 것이 능률적, 경제적이다

14 다음은 조리장을 신축할 때 고려해야 할 사항 등이다. 순서로 옳은 것은?

⊙ 위생   ⓒ 능률   ⓒ 경제

① ⓒ - ⓒ - ⊙   ② ⓒ - ⊙ - ⓒ
③ ⊙ - ⓒ - ⓒ   ④ ⓒ - ⓒ - ⊙

해설 조리장을 신축 또는 개축할 때는 위생 · 능률 · 경제의 3요소를 기본으로 하며, 위생 · 능률 · 경제의 순으로 고려해야 한다.

15 가장 효율이 좋은 후드(Hood)의 형태는?

① 1방 개방형   ② 2방 개방형
③ 3방 개방형   ④ 4방 개방형

해설 후드(Hood)의 모양은 4방 개방형이 가장 효율적이다.

Chapter 01 | 조리 준비

1	③	2	②	3	③	4	②	5	①
6	②	7	④	8	①	9	①	10	①
11	③	12	①	13	①	14	③	15	④

01 농산물의 조리 및 가공·저장

1. 전분의 변화

① 전분(녹말)의 구조 : 곡류의 탄수화물은 대부분이 전분인데, 이 전분의 입자는 아밀로오스(Amylose)와 아밀로펙틴(Amylopectin)의 함량 비율이 20 : 80이다. 그러나 찰옥수수나 찹쌀, 찰보리 등은 거의 대부분이 아밀로펙틴으로 되어 있다.

② 전분의 호화(α화)

  ㉠ 정의 : 식품에 포함되어 있는 많은 탄수화물은 전분으로, 쌀 · 보리 · 감자 · 좁쌀 등 전분이 주성분으로 된 식품이다. 전분의 날것은 소화가 잘되지 않으며, 이와 같이 날것인 상태의 전분을 베타(β) 전분이라 한다. 베타 전분은 전분의 분자가 밀착되어 규칙적으로 정렬되어 있기 때문에 물이나 소화액이 침투하지 못하는 형태이며, 이 베타 전분을 물에 끓이면 그 분자에 금이 가서 물 분자가 전분 속에 들어가서 팽윤한 상태가 된다. 이러한 현상을 호화(糊化)라 한다. 다시 가열을 계속하면 생전분의 규칙적인 분자 규칙이 파괴되며 소화가 잘되는 맛있는 전분이 된다. 이 과정을 '전분의 α화'라 하며, 익은 전분을 α전분이라 한다.

  날 전분(β전분)+물 ──가열──▶ 익은 전분(α전분)

  ㉡ 전분의 호화에 영향을 미치는 인자
   • 가열 온도가 높을수록 호화 속도가 빨라진다.
   • 전분의 입자가 크면 빨리 호화된다.
   • 전분의 농도가 낮을수록 호화가 커진다.
   • 전분에 산을 가하면 호화가 잘 안된다.

③ 전분의 노화(β화) : 소화가 잘되는 α전분을 실온이나 냉장 온도에 방치함으로써 소화되지 않는 β전분으로 되돌아가는 것을 전분의 노화라고 한다.

  익은 전분(α전분) ──실온/냉장온도──▶ 날 전분(β전분)

  ㉠ 전분이 노화되기 쉬운 조건
   • 전분의 노화는 아밀로오스(Amylose)의 함량 비율이 높을수록 빠르다. 그러므로 찹쌀로 만든 떡보다 멥쌀로 만든 떡이 노화가 빨리 일어난다.
   • 수분이 30~60%, 온도가 2~5℃일 때 가장 일어나기 쉽다. 따라서 겨울철에 밥, 떡, 빵 등이 빨리 굳는다.
  ㉡ 노화 억제 방법
   • α화한 전분을 80℃ 이상에서 급속히 건조시키거나 0℃ 이하에서 급속 냉동하여 수분 함량을 15% 이하로 하면 노화를 방지할 수 있다.
   • 설탕을 다량 함유(첨가)한다.
   • 환원제나 유화제를 첨가하면 막을 수 있다.

④ 전분의 호정화(덱스트린화) : 전분에 물을 가하지 않고 160℃ 이상으로 가열하면 여러 단계의 가용성 전분을 거쳐 덱스트린(호정)으로 분해되는데, 이것을 전분의 호정화라 한다. (예) 미숫가루, 튀밥(뻥튀기) 호정화는 화학적 분해가 일어난 호화된 전분보다 물에 녹기 쉽고, 효소 작용도 받기 쉽다.

날 전분(β전분) ──가열(160℃ 이상)──▶ 익은 전분(α전분)

2. 쌀 조리

① 쌀의 수분 함량 : 쌀의 수분 함량은 14~15% 정도이며, 밥을 지었을 경우의 수분은 65% 정도이다.
② 쌀 종류에 따른 물의 분량

쌀의 종류	쌀의 중량에 대한 물의 분량	체적(부피)에 대한 물의 분량
백미(보통)	쌀 중량의 1.5배	쌀 용량의 1.2배
햅쌀	쌀 중량의 1.4배	쌀 용량의 1.1배
찹쌀	쌀 중량의 1.1~1.2배	쌀 용량의 0.9~1배
불린 쌀 (침수)	쌀 중량의 1.2배	쌀 용량의 동량(1.0배)

3. 밀가루 조리

밀가루의 주성분은 당질이나 단백질의 함량이 많다. 밀가루 단백질의 대부분은 글루텐(Gluten)인데, 이 글루텐의 함량에 따라 밀가루 종류와 용도가 달라진다.

① 밀가루 종류와 용도

종류	글루텐 함량	용도
강력분	13% 이상	식빵, 마카로니, 스파게티
중력분	10~13%	국수, 만두피
박력분	10% 이하	케이크, 튀김옷, 카스테라

② 글루텐의 형성
밀가루에 물을 조금씩 가하면 점탄성 있는 도우(Dough)가 된다. 이는 밀의 단백질인 글리아딘(Gliadin)과 글루테닌(Glutenin)이 물과 결합하여 글루텐(Gluten)을 형성하기 때문이다. 반죽을 오래 할수록 질기고 점성이 강한 글루텐이 형성되는데, 반죽에서 글리아딘은 탄성을, 글루테닌은 강도를 강하게 한다.
③ 밀가루 반죽 시 다른 물질이 글루텐에 주는 영향
　㉠ 팽창제 : CO_2(탄산가스)를 발생시켜 가볍게 부풀게 한다.
　　• 이스트(효모) : 밀가루의 1~3% 적량, 최적온도 30℃, 반죽 온도는 25~30℃일 때 활동이 촉진된다.
　　• 베이킹파우더(B·P) : 밀가루 1C에 1ts이 적당하다.
　　• 중조(중탄산나트륨) : 밀가루 내에는 플라보노이드 색소가 있어 중조(알칼리)를 넣으면 제품이 황색으로 변하는 단점이 있다. 특히 비타민 B_1, B_2의 손실을 가져온다.
　㉡ 지방 : 층을 형성하여 음식을 부드럽고 아삭하게 한다. (예) 파이
　㉢ 설탕 : 열을 가했을 때 음식의 표면을 착색시켜 보기 좋게 만들지만, 밀가루 반죽에 넣으면 글루텐을 분해하여 반죽을 구우면 부풀지 못하고 꺼진다.

@ 소금 : 글루텐의 늘어나는 성질이 강해져 잘 끊어지지 않는다.

@ 달걀 : 밀가루 반죽의 형태를 형성하는 것을 돕지만 지나치게 많이 사용하면 음식이 질겨진다.

4. 감자류 조리

① 감자 : 감자는 고구마에 비해 당분과 섬유소가 적어 저장성이 있고, 맛이 담백하여 조리에 광범위하게 사용된다. 감자는 전분의 함량에 따라 점질감자와 분질감자로 구분한다.

② 고구마 : 감자보다 다량의 비타민 C를 함유하고 있고 단맛이 강하며, 수분이 적고 섬유질이 많다.

5. 두류 및 두제품의 조리

① 두류의 단백질 : 대두의 주 단백질은 글리시닌(Glycinin)으로 양질의 단백질이다.

② 두류의 조리·가열에 의한 변화

㉠ 독성 물질의 파괴 : 대두와 팥에는 사포닌(Saponin)이라는 용혈 독성분이 있지만, 가열 시 파괴된다.

㉡ 단백질 이용률과 소화율의 증가 : 날콩 속에는 단백질의 소화액인 트립신(Trypsin)의 분비를 억제하는 안티트립신(Antitrypsin)이 들어 있어서 소화가 잘 안 되지만, 가열 시 파괴된다.

㉢ 조리수의 pH와 조리 : 콩의 단백질인 글리시닌은 물에는 녹지 않으나 약염기(pH 7.0) 상태에서는 수용성이 되어 녹는다.

따라서 콩을 삶을 때 식용소다. (중조)를 첨가하여 삶으면 콩이 쉽게 무르지만, 대신 비타민 B_1(티아민)의 손실이 크다.

③ 두부의 제조 : 대두로 만든 두유를 70℃ 정도에서 두부 응고제인 황산칼슘($CaSO_4$) 또는 염화마그네슘($MgCl_2$), 염화칼슘($CaCl_2$)을 가하여 응고시킨 것이다.

7. 채소 및 과일 조리

① 채소 분류

㉠ 엽채류 : 잎사귀를 식용으로 하는 채소로 시금치, 배추, 아욱, 근대, 상추, 쑥갓 등이다. 수분과 섬유소가 많고 카로틴, 비타민 C, 비타민 B_2도 비교적 많다.

㉡ 경채류 : 줄기를 식용으로 하는 채소로 아스파라거스, 셀러리, 죽순 등이다.

㉢ 근채류 : 뿌리를 식용으로 하는 채소로 당근, 연근, 우엉, 무, 감자, 고구마 등 당질 함량이 채소 중 가장 많고, 섬유소 함량은 적다.

㉣ 화채류 : 꽃을 식용으로 하는 채소로 브로콜리, 콜리플라워, 아티초크 등이다.

㉤ 과채류 : 열매를 식용으로 하는 채소로 토마토, 참외, 오이, 고추, 호박, 가지 등이며, 고추와 토마토는 비타민 C와 카로틴이 많으나 다른 영양소는 엽채류보다 조금 적다.

㉥ 종실류 : 종자를 식용으로 하는 채소로 옥수수, 콩, 수수 등 다량의 단백질과 당질이 있으나 수분, 섬유소 함량이 적다.

② 조리 시 채소의 변화

　㉠ 호흡 작용으로 선도가 떨어지므로 습도가 높고, 어둡고, 온도가 낮은 곳에 보관한다.

　㉡ 채소를 씻을 때는 중성 세제 0.2%의 용액으로 씻은 다음 흐르는 물에 깨끗이 헹군다. 물로만 씻을 경우는 흐르는 물에 5회 이상 씻어서 사용한다.

　㉢ 채소는 열, 산, 알칼리에 대하여 약하므로 생으로 먹는 것이 가장 좋다. 대체로 조리 과정 중에서 비타민의 손실이 많다. 비타민 A는 3%, 비타민 B_1은 5%, 비타민 B_2는 30%, 비타민 C는 50% 정도의 손실률이 있다.

　㉣ 채소를 데칠 때에는 물의 양을 5배 정도로 하여 뚜껑을 연 채 끓는 물에 단시간 데쳐 냉수에 헹구어 놓는다.

　㉤ 비타민 A는 알칼리와 열에 강하고 지용성 비타민이므로 기름에 녹아 흡수가 된다.

　㉥ 죽순, 우엉, 연근 등 흰색 채소는 쌀뜨물이나 식초 물에 삶으면 흰색을 유지시키고 단단한 섬유를 연하게 한다.

　㉦ 당근에는 비타민 C를 파괴하는 효소인 아스코르비나제(Ascorbinase)가 있어 무와 함께 갈면 무의 비타민 C 손실이 많아진다.

④ 채소, 과일의 갈변 방지

　㉠ 사과, 배 등의 갈변은 구리나 철로 된 칼의 사용을 피하고 묽은 소금물(1%)에 담가 두면 방지할 수 있다.

　㉡ 푸른잎채소를 데칠 때 냄비의 뚜껑을 덮으면 유기산에 의해 갈색으로 변하므로 뚜껑을 열고 끓는 물에 단시간 데치는 것이 좋다.

※ 시금치, 근대, 아욱 등의 푸른 채소는 불미 성분인 수산(옥살산)을 함유하고 있어 데칠 때 뚜껑을 열고 휘발시켜야 체내에서의 신장 결석을 막을 수 있다.

02 축산물의 조리 및 가공·저장

1. 육류 조리

① 육류 성분

근육을 이루는 주성분으로 섬유상 단백질과 결합 조직 단백질로 이루어져 있다. 섬유막과 같은 결합 조직은 주로 콜라겐(Collagen)으로 이루어지고 엘라스틴(Elastin)은 적다. 콜라겐은 끓이면 물속에서 분해되어 젤라틴으로 변하지만, 엘라스틴은 거의 변화되지 않는 물질이다. 육류의 색소는 크게 근육의 미오글로빈과 혈액의 헤모글로빈으로 이루어져 있다.

② 육류의 사후 경직과 숙성

동물은 도살하여 방치하면 근육이 단단해지는데, 이 현상을 사후 강직 또는 사후 경직이라 한다. 이 기간이 지나면 근육 내의 단백질 분해 효소에 의해 자가 소화 현상이 일어나면서 고기는 연해지고 풍미도 좋고 소화도 잘되게 되는데, 이 현상이 숙성이다. 육류는 숙성에 의해 품질이 향상된다.

③ 가열에 의한 고기 변화

　㉠ 고기 단백질의 응고, 고기의 수축, 분해

　㉡ 중량 보수성 감소

　㉢ 결합 조직의 연화 : 콜라겐 → 젤라틴 (75~80℃ 이상)

ⓔ 지방의 융해

ⓜ 색의 변화, 풍미의 변화 등이 일어난다.

④ 고기 연화법

ⓐ 도살 직후 숙성 기간을 두어 근육 조직을 연화시킨다.

ⓑ 고기에 단백질 분해 효소를 가해주어 고기를 연하게 할 수 있다.

   • 파파야 속에 들어있는 파파인(Papain)

   • 파인애플 속에 들어있는 브로멜린(Bromelin)

   • 무화과 속에 들어 있는 휘신(Ficin)

   • 배즙에 들어 있는 프로타아제(Protease)

   • 키위에 들어있는 액티니딘(Actinidin)

ⓒ 기계적 방법으로 연화시킨다 : 고기를 두들기거나 칼집을 넣는 방법 등이다.

ⓓ 적당한 가열 조리 방법 : 결체 조직이 많은 고기는 장시간 물에 끓이면 콜라겐이 가수분해되어 연해진다.

ⓔ 동결 : 고기를 얼리면 고기 속의 수분이 단백질보다 먼저 얼어서 용적이 팽창한다. 이때 용적의 팽창에 따라 조직이 파괴되므로 약간의 연화 작용이 나타난다.

ⓕ 설탕 첨가 : 조리 시 처음에 설탕을 넣으면 단백질을 연화시키는 작용을 하는데, 설탕을 먼저 넣고 불고기를 재워 몇 시간 후에 조리하면 연화력이 증대된다

2. 달걀 조리

① 달걀의 구성

달걀은 껍데기 및 난황(노른자), 난백(흰자)으로 구성되어 있으며, 난백은 90%가 수분이고 나머지는 거의가 단백질이다.

② 열응고성

달걀의 응고 온도는 난백이 60~65℃, 난황이 65~70℃이다.

③ 난백의 기포성

ⓐ 원리 : 난백을 잘 휘저으면 공기가 들어가 거품이 일어난다. 이 거품은 잠시 동안 그대로 있고 가열하면 응고되어 고정된다.

ⓑ 특성

   • 온도 : 난백은 30℃에서 거품이 잘 일어난다. 냉장고에서 바로 꺼낸 달걀보다 실온에 두었던 달걀이 거품을 내는 데 좋다.

   • 신선도 : 난백은 점도가 묽은 수양난백과 점도가 큰 농후난백으로서 구성되어 있는데, 신선한 달걀일수록 농후난백이 많고 수양난백이 적다. 수양난백이 많은 달걀, 즉 오래된 달걀은 거품이 잘 일어나나 안정성은 적다.

   • 첨가물

      – 기름, 우유 : 기포력을 저해한다.

      – 설탕 : 거품을 완전히 낸 후 마지막 단계에서 넣어 주면 거품이 안정된다.

      – 산(오렌지주스, 식초, 레몬즙) : 기포 현상을 도와준다.

> ※ 달걀흰자를 강하게 저으면 기포(거품)가 생기는데, 이것은 흰자에 들어 있는 오보뮤신, 오보글로불린, 콘알부민 등의 단백질이 흰자를 저을 때 들어간 공기를 둘러싸기 때문이다.

④ 난황의 유화성

ⓐ 난황은 기름에 유화되는 것을 촉진한다.

ⓑ 난황의 지방유화력은 단백질에 함유되어 있는 레시틴(Lecithin)이 중요한 역할을 하며, 유화를 안정시킨다.

ⓒ 유화성을 이용한 대표적인 음식으로 마요네즈를 들 수 있고, 그 외에 프렌치드레싱, 잣미음, 크림수프, 케이크 반죽 등이 있다.

⑤ 달걀의 신선도 판정 방법

　ⓐ 비중법 : 물 1cup에 식염 1큰술(6%)을 용해한 물에 달걀을 넣어 가라앉으면 신선한 것이고 위로 뜨면 오래된 것이다.

　ⓑ 난황계수와 난백계수 측정법

　　• 난황계수 = 난황의 높이/난황의 직경 (0.36 이상이면 신선)

　　• 난백계수 = 난백의 높이/난백의 직경 (0.14 이상이면 신선)

> ※ 오래된 달걀일수록 난황, 난백계수는 작아지고 기실은 커져서 흔들었을 때 소리가 나고 pH는 높아진다.

3. 우유 조리

① 우유의 성분

우유의 주성분은 칼슘과 단백질이다. 그중 주 단백질인 카제인(Casein)은 산(Acid)이나 레닌(Rennin)에 의해 응고되는데, 이 응고성을 이용하여 치즈를 만든다.

② 우유의 조리성

　ⓐ 조리식품의 색을 희게 하며, 매끄러운 감촉과 유연한 맛, 방향을 준다.

　ⓑ 미세한 지방구와 카제인 입자가 많이 함유되어 있어 여러 가지 냄새를 흡착한다. 따라서 생선을 굽든가 튀기기 전에 우유에 담가 두면 비린내를 없앨 수 있다.

　ⓒ 우유를 60~65℃로 가열하면 표면에 짧은 피막이 생기는데, 이것은 우유 중의 단백질과 지질, 무기질이 흡착되어 열변성한 것이다. 따라서 우유를 데울 때는 온도에 주의하고, 이중 냄비를 사용하여 가볍게 저어 가면서 데운다.

4. 젤라틴

① 동물의 가죽이나 뼈에 다량 존재하는 단백질인 콜라겐(Collagen)의 가수분해로 생긴 물질이다.

② 조리에 사용하는 젤라틴 젤리의 농도는 3~4%이며, 13℃ 이상의 온도에서는 응고하기 어려우므로 10℃ 이하나 냉장고 또는 얼음을 이용하는 것이 좋다.

③ 젤라틴을 이용한 음식 : 젤리, 족편, 마시멜로(Marshmallow), 아이스크림 및 기타 얼린 후식 등에 유화제로 쓰인다.

03 수산물의 조리 및 가공·저장

1. 생선 성분

① 단백질 : 섬유상 단백질은 생선의 근섬유의 주체를 형성하는 단백질로 미오신(Myosin), 액틴(Actin), 액토미오신(Actomyosin)으로 되어 있으며, 전체 단백질의 약 70%를 차지하고 소금에 녹는 성질이 있어 어묵의 형성에 이용된다.

② 지방 : 생선의 지방은 약 80%가 불포화지방산이고, 나머지 약 20%는 포화지방산으로 되어 있다.

2. 어패류 조리법

① 생선구이 시 소금구이의 경우 생선 중량의 2~3%를 뿌리면 탈수도 일어나지 않고, 간도 적절하다.

② 생선조림 시 결합 조직이 적으므로 물이나 양념장이 끓을 때 넣어야 생선의 원형을 유지하고 영양 손실을 줄일 수 있으며, 처음 가열할 때 수 분간은 뚜껑을 열어 비린내를 휘발시킨다. 가열 시간이 너무 길어지면 양념간장의 염분에 의한 삼투압으로 어육에서 탈수 작용이 일어나 굳어지면 맛이 없다.

③ 생선튀김 시 튀김옷은 박력분을 사용하고, 180℃에서 2~3분간 튀기는 것이 좋다.

④ 전유어는 생선의 비린 냄새 제거에 효과적인 조리이다.

⑤ 어묵은 어류의 단백질인 미오신이 소금에 용해되는 성질을 이용하여 만든다.

> ※ 조개류는 물을 넣어 가열하면 호박산(Succinic Acid)에 의해 독특하고 시원한 맛을 낸다

3. 어취의 제거

① 생선의 비린내는 어체 내에 있는 트리메틸아민 옥사이드(Trimethylamine Oxide, TMAO)가 환원되어 트리메틸아민(Trimethylamine, TMA)으로 되면서 나는 냄새이다.

② 생선을 조릴 때 처음 수 분간은 뚜껑을 열어 비린내를 휘발시킨다.

③ 물에 씻기 : 생선의 선도가 저하되면 TMA의 양이 증가하며, 어느 정도 물로 씻으면 녹아 나와 냄새를 줄일 수 있다.

④ 간장, 된장, 고추장 등의 장류를 첨가한다.

⑤ 생강, 파, 마늘, 겨자, 고추냉이, 술 등의 향신료를 강하게 사용한다.

⑥ 식초, 레몬즙 등의 산을 첨가(TMA 외 휘발성, 염기성 물질을 산이 중화시킬 수 있음)한다.

⑦ 우유에 미리 담가 두었다가 조리하면 우유에 단백질인 카제인이 트리메틸아민을 흡착하여 비린내를 약하게 한다.

4. 한천(우뭇가사리)

① 우뭇가사리 등의 홍조류를 삶아서 얻은 액을 냉각시켜 엉기게 한 것이 우무인데, 주성분은 탄수화물인 아가로오즈와 아가로펙틴이다. 이것을 잘라서 동결·건조한 것이 한천이다.

② 영양가가 없고 체내에서 소화되지 않으나 물을 흡착하여 팽창함으로써 장의 연동 운동을 높여 변비를 예방한다.

③ 용해된 한천액을 냉각시키면 점도가 증가하여 유동성을 잃고 젤화된다. 한천의 응고 온도는 28~35℃이며, 조리에 사용하는 한천 농도는 0.5~3% 정도이다.

④ 한천을 이용한 음식 : 양갱, 과자, 양장피의 원료로 사용된다.

04 유지 및 유지 가공품

1. 유지의 성분

유지는 형태적으로 액체인 것을 유(油 : 대두유, 면실유, 참기름 등), 고체인 것을 지(脂 : 소기름, 돼지기름, 버터 등)라 하며, 가수분해되면 지방산과 글리세롤로 된다.

2. 유지의 발연점

기름을 가열하면 일정한 온도에 열분해를 일으켜 지방산과 글리세롤로 분리되어 연기가 나기 시작하는데, 이때의 온도를 발연점 또는 열분해 온도라 한다. 발연점에 도달한 경우는 청백색의 연기와 함께 지극성 취기가 발생하는데, 이는 기름 분해에 의해 아크롤레인(Acrolein)이 생성되기 때문이다. 발연점이 높은 식물성 기름이 튀김에 적당하다.

> ※ 아크롤레인
> 발연점 이상에서 청백색의 연기와 함께 자극성 취기가 발생하고 기름에 거품이 나며, 기름이 분해되면서 생성되는 물질이다.

3. 발연점에 영향을 주는 요인

① 유리지방산 함량이 높을수록 발연점이 낮다.
② 그릇의 표면적이 넓을수록 발연점이 낮아진다.
③ 기름 이외의 이물질이 많을수록 발연점이 낮아진다.
④ 여러 번 반복 사용할수록 발연점은 떨어져서 튀김하기에 부적당하다.

> ※ 각종 유지의 발연점
> 면실유(230℃), 올리브유(175℃), 버터(208℃), 낙화생유(160℃), 라아드(190℃)

4. 유화성의 이용

기름과 물은 그 자체로서는 섞여지지 않으나 중개하는 매개체인 유화제가 있으면 유화액이 된다. 유화액에는 물속에 기름이 분산된 수중유적형(우유ㆍ아이스크림ㆍ마요네즈 등)과 기름에 물이 분산된 유중수적형(버터ㆍ마가린 등)의 두 가지 형이 있다.

> ※ 유화제
> 한 분자 내에 친수성과 친유성을 함께 가지고 유화액의 형성에 도움을 주는 물질로, 난황의 인지질(레시틴)이 가장 좋다.

5. 연화

밀가루 반죽에 지방을 넣으면 지방이 글루텐 표면을 둘러싸서 글루텐이 길고 복잡하게 연결되는 것을 방해하여 음식이 부드럽고 연해지는데, 이를 연화(쇼트닝화)라고 한다.

05 냉동식품의 해동 방법

육류, 어류는 높은 온도에서 해동하면 조직이 상해서 드립(Drip)이 많이 나오므로 냉장고나 흐르는 냉수에서 필름에 싼 채 해동하는 것이 좋다. 가장 좋은 방법은 냉장고 내에서 저온 해동시켜 즉시 조리하는 것이다.

06 조미료와 향신료

1. 향신료

향신료	특수 성분
후추	캐비신(Chavicine)
고추	캡사이신(Capsaicin)
겨자	시니그린(Sinigrin)
마늘	알리신(Allicin)
생강	진저롤(Gingerol)
파	황화알릴

2. 조미료

모든 식품의 맛, 향기, 색에 풍미를 가해주는 물질로 다음과 같은 것들이 있다.
① 조미료(맛난맛) : 멸치, 화학조미료, 된장
② 감미료(단맛) : 설탕, 엿, 인공 감미료
③ 함미료(짠맛) : 식염, 간장
④ 산미료(신맛) : 양조초, 빙초산
⑤ 고미료(쓴맛) : 홉
⑥ 신미료(매운맛) : 고추, 후추, 겨자

01 밥을 지을 때 쌀의 전분이 빨리 α화 하려면?

① 쌀의 정백도가 낮을수록 좋다.
② 수침 시간이 짧은 것일수록 좋다.
③ 가열 온도가 높을수록 좋다.
④ 수소이온 농도가 낮을수록 좋다.

해설 전분의 호화는 쌀의 정백도(도정률)가 높을수록, pH가 높을수록, 가열 온도가 높을수록, 수분이 증가할수록 촉진된다.

02 전분의 노화 억제 방법이 아닌 것은?

① 0℃에서 보존
② 수분 함량 15% 이하 유지
③ 유화제 첨가
④ 설탕의 첨가

해설 노화 억제 방법
0℃ 이하로 냉동시키거나 수분 함량을 15% 이하로 조절하여 유화제 또는 설탕을 첨가하면 된다.

03 근대, 시금치, 아욱과 같은 푸른잎채소를 데 쳐낼 때의 올바른 방법은?

① 뚜껑을 열고 끓는 물에 단시간 데쳐 헹 군다.
② 저온에서 뚜껑을 덮고 서서히 데쳐 헹군다.
③ 끓는 물에 뚜껑을 덮고 데쳐 헹군다.
④ 70℃ 정도의 물에서 뚜껑을 열고 데쳐 헹군다.

해설 시금치, 근대, 아욱 등의 녹색 채소를 데칠 때는 수산을 제 거하기 위해 뚜껑을 열고 단시간에 데쳐 찬물에 헹군다.

04 채소를 아삭아삭하고 싱싱하게 서빙하려 할 때, 다음 중 가장 합리적인 처리 방법은?

① 물에 오래 담가 둔다.
② 먹기 직전에 씻는다.
③ 깨끗이 씻은 후 물에 5시간쯤 담가 둔다.
④ 조리하기 2시간쯤 전에 씻은 후 물기를 빼고 그릇에 담아 뚜껑을 덮고 냉장고에 넣어 둔다.

해설 채소를 물에 오래 담가 두면 수용성 비타민의 손실이 오 고, 먹기 직전에 씻으면 싱싱하지 못하므로 ①, ②, ③은 바람직하지 못하다.

05 다음은 녹색 채소 조리 시 중조를 가하면 나 타나는 결과를 설명한 것이다. 틀린 것은?

① 비타민 C가 파괴된다.
② 조직이 연화된다.
③ 진한 녹색을 띤다.
④ 녹갈색으로 변한다.

해설 녹색 채소 조리 시 중조(소다)를 넣으면 색이 선명해지 지만, 조직이 연화되고 비타민 C의 파괴를 가져온다.

06 흰색 채소의 흰색을 그대로 유지할 수 있는 조리 방법은?

① 약간의 소다를 넣고 삶는다.
② 약간의 식초물을 넣고 삶는다.
③ 채소를 데친 직후 냉수에 헹군다.
④ 채소를 물에 담가 두었다가 삶는다.

해설 흰색 채소에 함유된 플라보노이드(Flavonoid) 계통의 색 소는 산에서 백색을 유지하고, 알칼리에서 황색이 된다.

07 두부 제조 시 응고제로 가장 많이 사용하는 것은?

① 염화칼슘   ② 초산칼슘
③ 실리콘칼슘   ④ 황산칼슘

해설 염화마그네슘, 염화칼슘, 황산칼슘 중 두부 제조 시 응 고제로 황산칼슘을 많이 사용하는데, 그 이유는 보수성 과 탄력성이 높기 때문이다.

08 소고기 중 운동을 많이 한 부분으로 고기가 질겨서 주로 탕에 사용하는 부위는?

① 안심, 등심

② 우둔살, 대접살

③ 장정육, 사태

④ 머리, 홍두깨살

해설 장정육, 양지육, 사태는 운동을 많이 한 부분으로, 고기가 질겨서 주로 탕 등의 습열 조리에 이용된다.

09 육류를 물에 넣고 끓이면 고기가 연하게 되는 이유는?

① 조직 중의 콜라겐이 젤라틴으로 변해 용출되기 때문에

② 조직 중의 미오신이 젤라틴으로 변해 용출되기 때문에

③ 조직 중의 콜라겐이 알부민으로 변해 용출되기 때문에

④ 조직 중의 미오신이 알부민으로 변해 용출되기 때문에

해설 가열에 의한 고기의 변화 중 결체 조직의 변화로 조직 중의 콜라겐이 젤라틴화(지방의 융해)되면서 고기가 연해진다.

10 육류의 연화 작용에 관계되지 않은 것은?

① 파인애플

② 무화과

③ 파파야

④ 레닌

해설 레닌은 단백질을 응고시키는 효소이다. 육류의 연화 작용을 하는 과일 : 파인애플(브로멜린), 무화과(휘신), 파파야(파파인), 배즙

11 육온도계는 주로 어디에 사용하는가?

① 육류의 사후 경직을 알아보기 위해

② 육류의 숙성을 알아보기 위해

③ 육류의 신선도를 알아보기 위해

④ 육류의 익은 정도를 알기 위해

해설 육온도계는 스테이크(Steak) 등의 익은 정도를 알아보기 위해 살 중심부에 꽂아 잠시 후에 판정한다.

12 어취 해소를 위하여 가장 옳은 조리법은?

① 생선 전유어

② 생선찜

③ 생선구이

④ 생선국

해설 어취(비린내)는 생선의 표피에 많이 모여 있으므로 어취 해소를 위해서는 껍질을 사용하지 않는 조리법을 택하며, 흰살생선을 얇게 저며 간을 한 후 밀가루, 달걀물을 입혀 기름에 지지는 과정에서도 많이 해소되므로 생선 전유어가 가장 알맞다.

13 어패류 조리에 대한 설명으로 옳지 않은 것은?

① 패류의 근육은 생선보다 더 연하여 쉽게 상하므로 살아 있을 때 조리하는 것이 좋다.

② 어류는 결체 조직이 많으므로 습열 조리를 이용하여 오랫동안 익히는 것이 좋다.

③ 패류를 조리할 때는 낮은 온도에서 서서히 익혀 단백질의 급격한 온도 변화를 피하도록 한다.

④ 어류를 덜 익히면 맛도 좋지 않고 기생충의 위험도 있으므로 완전히 익혀야 한다.

해설 어류는 육류에 비해 결체 조직이 적으므로 습열 조리보다는 건열법을 많이 이용한다.

14 전유어 하기에 적합하지 않은 생선은?

① 동태　　② 고등어
③ 도미　　④ 민어

해설 전유어는 주로 흰살생선인 민어, 도미, 동태 등을 이용한다.

15 신선한 생선을 판별하는 방법으로 잘못된 것은?

① 비늘이 잘 떨어지며 광택이 있는 것
② 손가락으로 누르면 탄력성이 있는 것
③ 아가미의 빛깔이 선홍색인 것
④ 눈알이 밖으로 돌출된 것

해설 생선의 신선도 판별법
• 눈이 투명하고 튀어나온 듯 긴장되어 있고, 아가미는 선홍색이어야 한다.
• 신선도가 높은 것은 비늘이 잘 떨어지지 않으며, 광택이 있다.
• 손가락으로 눌러보아서 탄력성이 있다.

16 튀김용 기름으로 적당한 조건은?

① 발연점이 높은 것이 좋다.
② 융점이 낮은 것이 좋다.
③ 융점이 높은 것이 좋다.
④ 동물성 기름이 좋다.

해설 튀김기름은 발연점이 낮으면 튀김을 했을 때 기름이 많이 흡수되므로, 발연점이 높은 것이 좋다. 즉, 발연점이 높은 식물성 기름이 튀김에 적당하다.

17 튀김 요리에 사용한 기름에 대한 설명 중 잘못된 것은?

① 식힌 후 이물질을 걸러내고 공기와 광선의 접촉이 없게 보관한다.

② 갈색 병에 담아 서늘한 곳에 보관한다.

③ 일단 사용했던 기름은 단시일 내에 사용한다.

④ 동물성 기름을 튀긴 기름은 철제 판에 그대로 두어도 산화가 덜 된다.

해설 기름은 공기 중에 방치하면 산화되어 변질되므로, 사용한 기름은 이물질을 걸러서 입구가 좁고 색깔이 있는 유리병에 넣어 햇빛을 피해 서늘한 곳에 밀봉하여 보관한다.

18 유화된 식품이 아닌 것은?

① 버터   ② 마가린

③ 마요네즈   ④ 햄

해설 유화액에는 물속에 기름이 분산된 수중유적형(마요네즈, 아이스크림, 우유)과 기름에 물이 분산된 유중수적형(버터, 마가린)이 있다.

19 마요네즈를 만드는 데 적당한 재료는?

① 계란, 버터, 식초, 겨자, 소금

② 계란, 식용유, 식초, 소금, 설탕, 겨자

③ 계란, 식용유, 식초, 설탕, 우유

④ 계란, 마가린, 식초, 소금, 설탕, 겨자

해설 마요네즈는 난황, 식용유, 식초, 소금, 설탕, 양겨자, 흰후추를 넣고, 유화성을 이용해 만든다.

20 일반적으로 달걀의 기포 형성력을 방해하지 않는 것은?

① 기름   ② 우유

③ 달걀노른자   ④ 레몬즙

해설 소량의 산은 기포력을 도와주며 기름, 우유, 달걀노른자는 기포력을 저해한다. 설탕은 거품을 완전히 낸 후 마지막 단계에서 넣어 주면 거품이 안정된다.

21 우유를 데울 때 가장 옳은 방법은?

① 이중 냄비에 넣고 젓지 않고 데운다.

② 냄비에 담고 끓기 시작할 때까지 강한 불에서 데운다.

③ 이중 냄비에 넣고 저으면서 데운다.

④ 냄비에 담고 약한 불에서 젓지 않고 데운다.

해설 우유를 가열하면 지방과 단백질이 엉겨서 표면에 하얀 피막이 생기고, 냄비 밑바닥에 락토알부민이 응고한다. 또한 적당히 캐러멜화되어 눋거나 타기 쉬우므로 냄비에 담아서 바로 끓이지 말고, 이중 냄비에 넣고 저어 가면서 데우는 것이 좋다.

22 냉동 생선을 해동하는 방법으로 영양 손실이 가장 적은 것은?

① 18~22℃의 실온에 방치한다.

② 40℃의 미지근한 물에 담근다.

③ 5~6℃ 냉장고 속에서 해동한다.

④ 비닐봉지에 넣어서 물속에 담가 둔다.

해설 시간이 있다면 냉동식품은 냉장고에서 서서히 해동하는 것이 가장 바람직하다.

23 다음은 향신료에 함유된 주요성분이다. 바르게 연결된 것은?

① 생강 : 알리신(Allicin)
② 겨자 : 캐비신(Chavicine)
③ 마늘 : 진저론(Zingerone)
④ 고추 : 캡사이신(Capsicin)

해설 ① 생강의 매운맛 성분은 진저론(Zingerone), 쇼가올(Shaogaol)이며, 육류의 누린내와 생선의 비린내를 없애는 데 효과적이다.
② 겨자의 매운맛은 시니그린(Sinigrin) 성분이 분해되어 생긴다.
③ 마늘의 매운맛 성분은 알리신(Allicin)이다.

24 한천은 다음 중 어디에 속하는가?

① 단백질   ② 지방
③ 탄수화물   ④ 무기질

해설 한천은 우뭇가사리와 같은 홍조류의 세포 성분으로, 갈락토오스로 된 다당류이다.

25 약과를 반죽할 때 필요 이상으로 기름과 설탕을 넣으면 어떤 현상이 일어나는가?

① 매끈하고 모양이 좋다.
② 튀길 때 둥글게 부푼다.
③ 켜가 좋게 생긴다.
④ 튀길 때 풀어진다.

해설 약과 반죽 시 필요 이상의 기름과 설탕은 글루텐의 형성을 저해하고, 밀가루와 물의 결합을 방해하여 튀길 때 풀어진다.

26 머랭을 만들고자 할 때 설탕 첨가는 어느 단계에서 하는 것이 가장 효과적인가?

① 거품이 생기려고 할 때
② 처음 젓기 시작할 때
③ 충분히 거품이 생겼을 때
④ 아무 때나 무방하다.

해설 소금 및 설탕은 기포력을 약화시키므로 거품이 충분히 난 후에 첨가하도록 한다.

27 다음은 조리에 있어서 후춧가루의 작용에 관하여 설명한 것이다. 틀린 것은?

① 생선의 비린내 제거
② 식욕 증진
③ 생선의 근육 형태 변화 방지
④ 육류의 누린내 제거

해설 후추의 매운맛을 내는 독특한 향은 캐비신(Chavicine)으로 식욕 증진과 생선의 비린내 및 육류의 누린내 제거에 효과가 있다.

Chapter 02	식품의 조리 원리								
1	③	2	①	3	①	4	④	5	④
6	②	7	④	8	③	9	①	10	④
11	④	12	①	13	②	14	②	15	①
16	①	17	④	18	④	19	②	20	④
21	③	22	③	23	④	24	③	25	④
26	③	27	③						

PART 06

한식 조리

01 한국 음식의 특징

① 주식과 부식의 구분이 확실하다.
② 조미료와 향신료가 발달하였다.
③ 음식이 보약이라는 약식동원(藥食同原)의 의식을 갖고 있다.
④ 발효 식품의 발달이 두드러진다.
⑤ 유교 의례를 중히 여기는 상차림이 발달하였다.
⑥ 명절식과 시식의 풍습이 있었다.
⑦ 준비된 음식을 한꺼번에 모두 차려놓고 먹는 평면 전개형 상차림이다.

02 한국 음식의 종류

주식류	밥, 죽(粥) · 미음 · 응이, 국수, 만둣국 · 떡국
부식류	국(탕), 찌개(조치), 전골, 선, 찜, 조림, 초, 볶음, 구이, 전, 산적, 누름적, 편육, 족편, 순대, 나물, 생채, 쌈, 회, 숙회, 강회, 수란, 마른반찬(포, 부각, 자반, 튀각, 장아찌), 젓갈, 식해, 김치
후식류	떡, 한과, 음청류

03 한국 음식의 상차림

주식의 종류와 차려놓는 찬품의 가짓수에 따라 반상을 비롯하여 죽상, 면상, 주안상, 다과상 등으로 나눌 수 있고, 상차림의 목적에 따라 교자상, 동상, 큰상, 제상 등으로 분류한다.

1. 반상차림

반상에는 3첩, 5첩, 7첩, 9첩, 12첩이 있는데, '첩'이란 밥, 국, 김치, 찌개(조치), 찜류, 종지(간장, 고추장, 초고추장 등)을 제외한 반찬의 수를 말한다.
① 첩 수에 들어가지 않는 음식 : 밥, 국, 김치, 장류, 찌개(조치), 찜(선), 전골
② 첩 수에 들어가는 음식 : 생채, 숙채, 구이, 조림, 전, 마른 찬, 장과, 젓갈, 회, 편육, 수란

2. 죽상차림

죽상은 응이, 미음, 죽 등의 유동식을 주식으로 하며, 위에 부담이 되지 않는 음식으로 맛이 담백하고 소화가 잘되는 재료를 쓴다.

3. 장국상 차림(면상, 만두상, 떡국상)

국수를 주식으로 하여 차리는 상을 면상이라 하며, 점심 또는 간단한 식사 때에 많이 이용한다.

4. 주안상 차림

주류를 대접하기 위해서 차리는 상이다.

5. 교자상

명절이나 잔치 또는 회식 때 많은 사람이 함께 모여 식사를 할 경우 차리는 상이다.

6. 다과상

주안상이나 교자상에서 나중에 내는 후식 상으로 또는 식사 대접이 아닐 때에 손님에게 차린다.

7. 제상

조상의 은덕을 추모하여 차리는 상으로 그 형식은 소상, 대상, 기제사, 절사, 묘제 등 제사의 종류에 따라서 달라진다.

04 한국 음식의 양념과 고명

양념은 재료의 맛과 향을 돋우거나 좋지 못한 맛을 없애기 위하여 사용되는 것을 말하며, 이러한 양념 외에도 음식의 겉모양을 좋게 하기 위하여 음식 위에 얹거나 뿌리는 것을 고명이라고 한다.

1. 양념의 종류 및 특징

소금	• 음식의 맛을 내는 가장 기본이 되는 조미료이며, 방부 작용 등이 있음
간장	• 음식의 간을 맞추는 기본적인 조미료로 장맛이 좋아야 음식의 맛이 좋음
된장	• 콩으로 메주를 쑤어 알맞게 띄운 다음 소금물에 담가 숙성시킨 후 간장을 떠내고 남는 것이 된장임
고추장	• 찹쌀가루를 익반죽하여 반대기를 만들어 가운데에 구멍을 뚫어 끓는 물에 삶아 건져 양푼에 넣고 꽈리가 일도록 많이 저어 식혀서 메줏가루와 고춧가루를 넣어 잘 섞고 소금으로 간은 맞추어 익힘
설탕	• 설탕은 자당이 주성분인 천연 감미료
식초	• 양조초와 합성초가 있고, 주로 과실로 만든 식초가 널리 쓰임
참기름, 들기름, 식용유	• 참깨를 볶아 짠 참기름은 독특한 향기가 있고, 들깨에서 얻은 들기름은 나물 볶을 때에 많이 사용하고, 식용유는 부침 요리에 사용
고춧가루	• 고추는 색이 곱고 껍질이 두터우며, 윤기가 있는 것으로 골라 꼭지를 따고 씨를 뺀 다음 용도에 따라 굵직하게 빻거나 곱게 빻음
파, 마늘, 생강	• 파는 유기 황화합물이 함유되어 있어 비린내를 제거함 • 마늘은 살균, 구충, 강장 작용, 비타민 B_1의 흡수를 도움 • 생강은 향신료로서 생선의 비린내, 돼지고기, 닭고기의 누린내를 제거하며, 식욕 증진과 몸을 따뜻하게 함
후춧가루	• 검은 후추는 통으로 사용되는 경우도 있으나 보통 갈아서 가루로 만든 것이 육류 요리나 생선요리에 사용되고, 껍질을 벗겨서 가루로 만든 흰 후추는 매운맛은 약하지만 생선요리나 닭요리 등 깨끗한 음식에 사용됨

겨자	• 갓 씨앗을 갈아 만든 것을 사용하며, 효소인 미로시나제는 40℃일 때 발효가 잘되므로 따뜻한 물에 개어 발효시켜서 사용
깨소금	• 돌이 없도록 씻어서 볶아 분마기에 갈아서 사용
계핏가루	• 계수나무의 얇은 껍질을 말려서 가루를 낸 것으로 떡, 약식, 유과류, 강정류, 수정과 등에 이용

2. 고명

음식의 모양과 빛깔을 보기 좋게 하고, 식욕을 돋우기 위해 음식 위에 뿌리거나 얹어내는 것을 말한다.

달걀지단/줄알	• 달걀을 흰자와 노른자로 나누어 각각 얇게 부침 • 채 썬 지단 : 잡채, 나물 등 • 골패형이나 마름모꼴 : 전골, 국, 찜 등
고기완자	• 소고기를 곱게 다져 양념을 한 다음 은행알만 하게 만들어 밀가루를 묻히고, 달걀물을 씌워 둥글려 가면서 익힘 • 면, 전골, 신선로의 웃기로 쓰임
미나리 초대	• 줄기 부분만을 가지런히 놓고, 3~5줄기 정도로 윗부분과 아랫부분에 꼬치로 꿰어 밀가루, 달걀물 순서로 묻혀 팬에 지짐 • 마름모꼴(2×2cm)이나 골패형(1×4cm) : 탕, 전골, 신선로 등
알쌈	• 소고기를 곱게 다져 양념하여 콩알만큼씩 떼어 둥글게 빚은 후 번철에 기름을 두르고 지져 소를 만들어 놓고, 달걀을 풀어 한 수저씩 떠놓은 다음 수저로 타원형으로 모양을 만들고 소를 한쪽에 놓고 반으로 접어 만듦 • 신선로, 각색 찜 등

잣(실백)	• 잣은 고깔을 떼고 마른행주로 닦아서 사용함
	• 통잣, 잣가루, 비늘잣(2쪽으로 쪼갬)의 세 가지로 사용
	  - 통잣 : 화채, 수정과, 식혜 등
	  - 비늘잣 : 어만두, 규아상, 어선, 겨자채 등
	  - 잣가루 : 육회, 구절판, 육포, 전복초, 홍합초 등

은행	• 팬에 기름을 두르고, 볶으면서 소금을 조금 넣고 은행알이 새파랗게 되면 속껍질을 벗겨 사용 • 찜, 신선로, 전골 등
호두	• 따뜻한 물에 식초를 조금 넣어 불려서 속껍질을 벗겨서 사용 • 신선로, 찜 등
통깨	• 참깨를 볶아서 빻지 않고 그대로 사용하며, 가장 많이 사용됨 • 나물, 구이, 적 등
풋고추, 붉은 고추	• 풋고추, 붉은 고추는 씨를 빼고 곱게 채 썰거나, 골패형으로 썰어 사용 • 찜 등
석이버섯	• 이끼를 깨끗하게 벗기고 곱게 채 썰어 사용 • 선, 국수, 알찜, 수란, 칠절판 등

05 한국의 절식(節食)과 시식(時食)

세시 음식은 명절 음식과 시절 음식을 통칭하는 말로, 다달이 있는 명절에 차려 먹는 음식은 절식, 계절에 따라 나는 식품으로 만드는 음식은 시식이라 부른다.

1. 절식

설날	• 새해의 첫날을 맞아 만복을 기원하며 조상님들께 제례를 드리는 날 • 대표 음식 : 떡국, 만두, 약식, 약과, 식혜, 강정류, 전복초, 빈대떡 등
정월 대보름	• 달이 가득 찬 날이라고 하여 액운과 재앙을 막는 제일(祭日) • 대표 음식 : 오곡밥, 묵은 나물, 너비아니구이, 유밀과, 팥죽, 약식 등
중화절	• 음력 2월 초하루를 농사일을 시작하는 날로 삼고 농사철의 시작을 기념하는 날로, 농가에서 그해의 풍년을 기원 • 대표 음식 : 팥이나 콩을 소로 넣은 송편 등
삼짇날	• 음력 3월 3일로, 강남 갔던 제비가 돌아온다는 봄의 시작을 알리는 명절로 삼짇날 또는 중삼절이라 불림 • 대표 음식 : 쑥떡, 진달래화전, 창면, 향애단, 탕평채 등
등석절	• 음력 사월 초파일은 석가탄신일로, 연등을 달아 경축 • 대표 음식 : 쑥편, 화전, 주악, 미나리강회, 녹두찰떡, 신선로 등
단오	• 음력 5월 5일로 일 년 중 양기가 가장 왕성한 날 • 대표 음식 : 제호탕, 앵두화채, 준칫국, 알탕, 수취리떡 등
유두	• 음력 6월 보름을 칭하는 말로 햇과일, 벼 등을 조상님께 천신했음 • 대표 음식 : 밀쌈, 구절판, 봉선화 화전, 상화병, 떡수단, 보리수단 등
삼복	• 일 년 중 가장 더운 절기를 초복, 중복, 말복이라 하며 세 절기를 삼복이라 부름 • 대표 음식 : 팥죽, 육개장, 계삼탕, 임자수탕 등
칠석	• 음력 칠월 칠일로, 견우와 직녀가 1년에 한 번 오작교에서 만나는 날로 볕이 좋은 날 옷과 책을 말리고 시루떡을 만들어 우물에 두고 칠성제를 지냄 • 대표 음식 : 밀전병, 복숭아 화채, 잉어구이, 증편, 오이소박이 등

한가위	• 음력 8월 보름으로 중추절, 한가위, 추석이라 부르며, 추석에는 햇과일과 햇곡식으로 만든 음식으로 차례를 지냄 • 대표 음식 : 송편, 나물, 토란탕, 율란, 화양적, 송이산적 등
중양절	• 음력 9월 9일로 삼짇날에 돌아왔던 제비가 다시 강남으로 떠나는 날로 중구(重九) 또는 중양절(重陽節)이라고 함 • 대표 음식 : 국화주, 국화전, 도루묵찜 등
상달	• 민가에서는 1년 중 가장 좋은 달로 여겼으며, 햇곡식으로 술을 빚고 붉은 팥으로 시루떡을 만듦 • 대표 음식 : 시루떡, 무오병, 만두, 연포탕, 강정 등
동지	• 하루 중 낮이 가장 짧은 달로, 온갖 잡신을 쫓는다는 뜻으로 팥죽을 쒀 먹음 • 대표 음식 : 팥죽, 식혜, 수정과, 동치미, 전약 등
대회일	• 섣달그믐을 말하며, 1년을 마무리하고 새해를 맞이한다는 의미를 갖고 있음 • 대표 음식 : 완자탕, 주악, 떡국, 만두, 전골, 비빔밥 등

2. 시식

봄철 시식	• 한해의 시작으로 만물이 소생하는 부활과 풍요의 의미를 갖고 있음 • 대표 음식 : 수란, 진달래화전, 도화주, 탕평채 등
여름철 시식	• 양기가 가장 왕성한 계절 • 대표 음식 : 증편, 닭칼국수, 임자수탕, 편수, 밀쌈 등
가을철 시식	• 풍요와 결실의 계절 • 대표 음식 : 신선로, 너비아니구이, 연포탕, 감국전 등
겨울철 시식	• 묵은 것을 버리고 새로운 해를 맞이한다는 의미 • 대표 음식 : 수정과, 잡과병, 팥죽, 동치미, 떡국, 완자탕 등

06 한국의 향토 음식

각 지역의 자연환경과 사회, 문화적 환경에 영향을 받으며 정착된 고유의 음식이다.

지역	음식의 특징과 대표 음식
서울	• 예쁘고 작으며, 다양함 • 갑회, 각색편, 설렁탕, 장국, 궁중떡볶이 등
경기도	• 소박하고, 해산물이 풍부함 • 홍해삼, 개성경단, 조랭이떡국, 여주산병 등
강원도	• 소박하고, 맛이 구수함 • 오징어순대, 총떡, 감자송편, 올챙이묵, 감자범벅 등
충청도	• 양념을 적게 넣어 담백하고, 소박함 • 다슬깃국, 말린묵조림, 호박범벅, 꽃산병 등
전라도	• 기후가 따뜻하여 음식의 간이 세고, 호화로움 • 낙지호롱, 우찌지, 전주비빔밥, 홍어어시육 등
경상도	• 농작물과 해산물이 풍성하고, 투박스럽지만 감칠맛이 있음 • 동래파전, 쑥굴레, 안동식혜, 대구육개장, 재첩국 등
제주도	• 해산물과 농산물, 산간지방은 산나물과 고사리 등이 풍부 • 고사리전, 자리회, 전복죽, 빙떡 등
황해도	• 음식에 기교가 없고, 구수하며 소박함 • 돼지족조림, 오쟁이떡, 연안식혜
평안도	• 산채가 풍부하며, 간이 싱거움 • 돼지순대, 녹두지짐, 어복쟁반 등
함경도	• 기교가 없으며 싱겁고 담백하지만, 마늘과 고추를 많이 사용 • 북어전, 가자미식혜, 콩나물김치, 닭비빔밥 등

07 한식 기초 조리 실무

1. 식재료 썰기

썰기의 종류	사용 용도
편썰기	• 재료를 얄팍하게 썰거나 원하는 두께로 고르게 엷게 썰기 • 겨자차 등의 생밤이나 삶은 고기를 모양 그대로 얇게 썰 때 사용
채썰기	• 재료를 얇게 편을 썰고 겹쳐서 일정한 두께로 가늘게 썰기 • 구절판의 속 재료나 생채, 생선회 등에 곁들이는 채소를 썰 때 사용
다지기	• 재료를 채 썬 뒤 채 썬 것을 가지런하게 모아서 직각으로 잘게 썰기 • 대파, 마늘, 생강, 양파 등을 양념에 이용할 때 주로 쓰임
막대썰기	• 재료를 토막 낸 뒤 알맞은 굵기에 막대 모양으로 썰기 • 무숙장아찌, 오이숙장아찌 등에 사용
골패썰기	• 재료의 둥근 부분의 가장자리를 잘라내고 직사각형으로 썰기 • 중국오락 게임에 사용되던 흰 뼈에 여러 가지 수호의 구멍을 판 노름기구를 골패라 하였음 • 겨자채나 신선로 등의 재료 썰기에 사용
나박썰기	• 재료를 사각형으로 반듯하게 엷게 써는 방법 • 나박김치 등의 재료 썰기에 사용
깍둑썰기	• 재료를 막대 썰기 한 후 주사위처럼 썰기 • 깍두기나 찌개, 조림 등에 이용

둥글려 깎기	• 재료의 각이 지게 썰어진 모서리를 돌려가며 얇게 도려냄 • 썬 재료가 요리에 들어가서 끓이거나 졸여도 모양이 뭉그러지지 않아서 조리 후에 음식이 보기 좋게 하기 위함 • 찜이나 조림에 들어가는 감자, 무, 당근 등에 사용
반달썰기	• 호박, 무, 감자, 당근 등의 재료를 길이로 반을 갈라서 일정한 두께로 반달 모양으로 썰음 • 찌개나 국에 많이 사용하며 통으로 썰어서 사용하기에 큰 재료들을 반 잘라 이용
은행잎 썰기	• 호박, 감자, 당근, 무 등을 길이로 십자 모양으로 4등분 하여 일정한 두께로 은행잎 모양을 썰음 • 찌개나 국 등 부재료 썰기에 사용
통썰기	• 호박, 오이, 당근, 연근 등을 통째로 둥글게 썰음 • 생채, 조림, 볶음 등에 사용
어슷썰기	• 재료가 길쭉한 오이, 대파, 당근 등을 적당한 길이와 두께로 어슷하게 썰음 • 찌개류나 볶음 등에 사용
저며썰기	• 재료의 끝을 한 손으로 지그시 누르고 칼몸을 뉘여서 안쪽으로 당기듯이 부드럽게 썰음 • 표고의 포를 뜨거나 생선포를 뜰 때 사용
돌려깎기	• 재료의 길이를 5cm 정도로 토막을 내어서 칼을 위아래로 부드럽게 움직이며 얇게 돌려 깎아 가늘게 채 썰음 • 호박, 오이, 당근 등을 이용하며 구절판이나 국수류에 사용
깎아깎기	• 재료 아래쪽 끝에서부터 칼날의 끝부분으로 연필을 깎듯이 돌려가면서 얇게 비껴 내듯이 침 • 우엉이나 무 등에 사용하며 조림이나 국 등에 사용
마구썰기	• 가늘고 긴 재료에 사용하며 재료를 빙빙 돌려가며 한입 크기로 각이 있으면서 작게 썰음 • 채소의 조림 시 사용

2. 한식의 담음새

(1) 그릇의 재질

석기	빛깔은 청회색으로 충격강도가 자기보다는 떨어지지만, 도기보다는 높고 마모, 열, 산에 저항성이 큼
도기	빛깔은 백색으로, 종류로는 연질, 경질, 반자기질 도기가 있고, 온도가 자기보다 낮아서 제품을 제작하기 쉬운 편임
크림웨어	밝은 크림색으로 내구성이 있고 단단하며, 이가 빠져도 눈에 잘 띄지 않지만, 음식의 기름기가 스며들어 변색하기 쉬움
본차이나	연한 우유색을 띠며, 황소나 가축의 뼈를 태운 재와 석회질로 된 골회를 첨가해서 만듦
자기	경질 자기와 연질 자기로 구분하며 청자, 백자, 토기, 옹기 등이 있음
칠기	옻나무의 칠을 써서 가공 도장한 것으로 열에 강하고 방습성, 방부성이 뛰어남
은식기	고급스럽고 우아한 분위기를 연출할 수 있지만, 변색과 변질이 쉬움
스테인리스 스틸	광택이 은식기에 비해 떨어지지만, 손질이 편하고 값이 저렴하여 일반 가정에서 주로 사용함

(2) 그릇의 형태

원형	기본적 형태, 편안함, 고전적, 고급스러움, 안정된 이미지
사각형	모던함, 안정됨, 세련됨, 친근함, 개성 있음, 창의성
타원형	우아함, 여성적인 기품, 원만함
이미지 사각형	평행사변형, 마름모 등으로 움직임, 속도감
삼각형	자유로운 이미지, 날카로움, 빠른 움직임
역삼각형	속도감, 강한 이미지

(3) 한식의 식기 종류

주발	유기, 사기, 은기로 된 밥그릇으로 주로 남성용
탕기	국을 담는 그릇
대접	숭늉이나 면, 국수를 담는 그릇
조치보	찌개를 담는 그릇
보시기	김치류를 담는 그릇
쟁첩	전, 구이, 나물 등 찬을 담는 그릇
종지	간장, 초장, 초고추장, 꿀 등을 담는 그릇
반병두리	면, 떡국, 떡, 약식 등을 담는 그릇
옴파리	사기로 만든 입이 작고 오목한 바리
밥소라	떡, 밥, 국수 등을 담는 큰 유기그릇
쟁반	주전자, 찻잔 등을 담아 놓거나 나르는 데 사용
놋양품	음식을 담거나 데우는 데 쓰는 놋그릇
조반기	떡국, 약식 등을 담는 그릇

(4) 음식의 담는 방법

① 좌우대칭 : 중앙을 지나는 선을 중심으로 대칭으로 담는 가장 균형적인 방법으로 안정감은 있지만 단순해 보일 수 있다.

② 대축대칭 : 열십자로 배분하는 방법으로 안정감과 화려함을 줄 수 있고 클래식한 느낌을 주지만, 요리가 가운데 정지하고 있는 이미지를 줄 수 있다.

③ 회전대칭 : 균형 있게 회전시키며 담는 법으로, 리듬감과 경쾌함을 줄 수 있다.

④ 비대칭 : 중심축에 대해 담음새가 균형 잡히지 않은 비대칭 상태로 창의적인 느낌을 줄 때 효과적이다.

(5) 음식의 담는 양

① 식사하는 사람의 편리성, 재료의 크기, 접시의 크기, 음식의 외관을 고려

② 접시의 안쪽 원을 벗어나지 않게 담기

③ 필요 이상의 고명을 배제하기

④ 음식의 색, 모양을 살리기 위해 소스는 적당하고 간결하게 사용

⑤ 국, 찜, 생채, 나물, 조림, 초, 전, 구이, 적, 회, 쌈, 편육, 튀각, 포, 김치는 식기의 70% 정도 담기

⑥ 탕, 찌개, 전골, 볶음은 식기의 70~80% 정도 담기

⑦ 장아찌와 젓갈은 간이 센 음식으로 식기의 50% 정도 담기

3. 소고기의 부위별 사용 용도

부위	사용 용도	부위	사용 용도
쇠머리	편육, 찜	업진살	편육, 탕, 조림
장정육	전골, 편육, 조림	우둔살	포, 구이, 산적, 육회, 육전
양지육	조림, 편육, 탕	종치살	조림, 탕
등심	전골, 구이, 볶음	홍두깨살	조림, 탕
갈비	찜, 구이, 탕	대접살	조림, 육회, 육포, 산적
쐬악지	조림, 탕	꼬리	탕
채끝살	구이, 조림, 찌개, 전골	사태	탕, 조림, 편, 찜
안심	전골, 구이, 볶음	족	족편, 탕

01 한국 음식의 조리상의 특징으로 바르지 않은 것은?

① 음식이 보약이라는 약식동원의 의식이 있다.
② 가공 저장한 발효 음식의 발달이 적은 편이다.
③ 주식과 부식의 구분이 확실하다.
④ 곡물을 중히 여겨 곡물 조리법이 다양하게 발전하였다.

해설 한식은 가공 저장한 발효 음식의 발달이 두드러진다.

02 반상 차림 중 첩 수에 들어가지 않는 음식은?

① 생채   ② 숙채
③ 김치   ④ 젓갈

해설 반상차림에서 "첩"이란 밥, 국, 김치, 찌개(조치), 찜류, 종지(간장, 고추장, 초고추장 등)를 제외한 반찬의 수를 말한다.

03 한식 고명에 대한 조리법으로 바르지 않은 것은?

① 달걀지단은 흰자와 노른자를 섞어 앞, 뒤를 지져서 사용한다.
② 은행은 팬에 볶으면서 고르게 익혀 속껍질을 벗겨 사용한다.
③ 호두는 따뜻한 물에 불려서 속껍질을 벗겨 사용한다.
④ 잣은 통잣, 비늘 잣, 잣가루를 내어 사용할 수 있다.

해설 달걀지단은 흰자와 노른자로 나누어 각각 얇게 부쳐 용도에 맞게 채썰기, 골패형, 마름모형으로 잘라 사용한다.

04 고명 중 채소의 줄기 부분만 꼬지에 끼워서 밀가루, 달걀물을 묻혀 파랗게 지진 후 골패형이나 마름모형으로 잘라서 찜이나 탕, 신선로 등에 올리는 고명은 무엇인가?

① 달걀지단   ② 알쌈
③ 고기완자   ④ 미나리 초대

해설 미나리 초대는 미나리 줄기만 가지런히 꼬지에 끼워서 밀가루, 달걀물을 입혀 양면을 지져 닭찜, 돼지갈비찜, 완자탕 등에 마름모형으로 신선로 등에는 골패형으로 썰어서 이용한다.

05 전복죽, 빙떡, 오메기떡 등의 음식이 향토 음식인 지역은 어디인가?

① 평안도   ② 제주도

③ 전라도   ④ 충청도

해설 제주의 향토 음식은 전복죽, 빙떡, 고사리전, 자리회, 오메기떡 등이 있다.

06 골패썰기에 대한 설명으로 바르지 않은 것은?

① 신선로 등에 사용되는 썰기이다.

② 둥근 재료의 가장자리를 잘라내고 사각형으로 반듯하게 썬 모양이다.

③ 중국 오락으로 즐기던 도박 게임에 사용하는 뼈로 만든 패를 골패라 하는데, 모양이 닮아서 붙여진 이름이다.

④ 겨자채에 사용하는 채소를 썰 때 사용한다.

해설 골패썰기는 둥근 재료의 가장자리를 잘라내고 직사각형으로 반듯하게 썬 모양이다.

07 전이나 회 등의 음식에 함께 내는 간장, 초장, 초고추장을 담는 그릇을 무엇이라 하는가?

① 대접   ② 보시기

③ 종지   ④ 바리

해설 한식의 그릇 사용 용도

대접	숭늉, 면, 국수	종지	간장, 초장, 초고추장 등
보시기	김치	바리	유기로 된 여성용 밥그릇

08 한식을 담는 양을 정할 때 음식의 종류에 따른 양으로 틀린 것은?

① 국, 찜, 나물은 식기의 70%를 담는다.

② 탕, 찌개, 전골, 볶음은 식기의 70~80%를 담는다.

③ 장아찌, 젓갈은 식기의 50%를 담는다.

④ 구이, 적, 쌈은 식기의 90%를 담는다.

해설 한식의 담는 양
국, 찜, 선, 생채, 나물, 조림, 초, 전, 적, 구이, 회, 쌈, 편육, 김치 등은 식기의 70%를 담는다.

Chapter 01 | 한국 음식의 식생활 문화 및 기초 조리 실무

1	②	2	③	3	①	4	④	5	②
6	②	7	③	8	④				

CHAPTER 02 한식 밥 조리

01 밥 재료 준비

1. 밥 재료 준비

(1) 밥 재료의 특징과 영양 성분

쌀	• 쌀의 종류 　– 인도형(인디카형) : 쌀알의 길이가 긴 장립종으로 찰기가 적음(인도, 인도차이나 반도, 타이완, 중국의 남부 등에서 재배) 　– 일본형(자포니카형) : 쌀알의 길이가 짧고 둥근 단립종으로 끈기(찰기)가 있음(한국, 일본, 중국, 동북부 및 중부 아메리카 등에서 재배) 　– 자바형(자바니카형) : 쌀알의 길이가 인디카형과 자포니카형의 중간으로 밥을 지었을 때 끈기가 적음(필리핀, 중국의 북부, 서부지방에서 재배) • 현미 : 벼에서 왕겨를 벗겨 낸 것 • 멥쌀 : 아밀로오스 함량 20~25%, 아밀로펙틴 함량 75~80% • 찹쌀 : 아밀로펙틴 100% • 쌀의 단백가 : 78 • 쌀의 영양 성분 : 당질 75%, 뇌의 활동을 돕고 체내 인슐린 분비를 낮추어 비만 예방에 도움을 줌 • 도정을 거치면서 단백질과 지질, 무기질, 비타민, 섬유소가 감소
보리	• 보리의 가공 : 보리의 소화율을 개선하기 위해 고열 증기로 부드럽게 한 후 기계로 눌러 만든 압맥과 홈을 따라서 분할하여 2등분한 할맥이 있음 • 트립토판이 비교적 많이 함유되어 있고 리신과 트레오닌은 부족 • 식이섬유소인 베타글루칸이 많이 함유되어 있어 면역력을 높여 주고 대장의 기능을 향상시켜 줌
두류	• 식물성 단백질이 풍부 • 생 대두의 독성 물질 : 사포닌, 트립신 저해 물질 • 콩의 주 단백질 : 글리시닌
조	• 단백질 중 프롤라민이 많고, 소화율이 좋음 • 조의 겨는 단무지 착색에 사용됨
기장	• 주성분 : 당질이며 단백질과 지방질, 비타민 A도 풍부함 • 쌀과 비교하면 조 단백질의 95%는 순수단백질 • 소화율이 떨어짐

(2) 밥 재료 세척 및 침지

① 곡류 세척 : 곡류에 함유된 전분, 수용성 단백질, 지방과 비타민 B_1 등의 영양소가 세척 과정에서 손실되므로, 이를 줄이기 위해서 단시간 흐르는 물에 맑은 물이 나올 때까지 3~5회 세척한다.

② 침지(불리기) : 불리는 과정을 통해 물이 쌀에 스며들어 전분의 호화가 잘 일어나고 맛있는 밥이 된다. 보통 실온에서 30~60분 정도 불리면 적당한데, 이때 쌀 무게의 20~30%의 물을 흡수한다.

2. 돌솥, 압력솥을 이용한 밥 짓기

돌솥	• 천연 재질이라 음식 고유의 맛을 잘 살리며, 보온성이 좋다. • 사용 방법은 밥을 지을 재료들을 색이 겹치지 않도록 돌려 담고, 물을 붓고 뚜껑을 닫아 밥을 짓는다.

압력솥	• 짧은 시간에 요리가 되기 때문에 재료의 색상이 그대로 유지되고, 시간뿐만 아니라 연료도 절감할 수 있다. • 일반 밥 짓기보다 물의 양을 적게 잡고 현미나 잡곡처럼 익히는 시간이 오래 걸리는 밥을 지을 때 좋다.

② 밥맛에 영향을 주는 인자
  ㉠ 물의 pH 7~8일 때 밥맛이 좋아 0.03% 소금을 첨가
  ㉡ 수확 후 시일이 오래 지나지 않은 것
  ㉢ 쌀의 품종과 토질이 적당하게 조화를 이룰 때

02 밥 조리

1. 조리 시간과 방법 조절

밥의 종류나 형태에 따라 조리 시간과 방법을 조절해서 밥 짓기를 해야 한다.

(1) 전분의 호화

쌀 날 전분은 규칙적으로 정렬되어 있기 때문에 소화액이 침투하지 못하는데, 물에 끓이면 금이 가서 물 분자가 전분 속에 들어가 팽윤되며 생전분의 규칙적인 분자가 파괴되어 소화가 잘되는 맛있는 전분으로 된다. 이 과정을 호화라 한다.

(2) 전분의 호화에 영향을 미치는 인자

① 전분의 호화에 영향을 주는 인자
  ㉠ 전분의 입자 크기가 큰 것(감자나 고구마 등)은 호화가 빠르다.
  ㉡ 침수 시간이 길수록 호화가 빠르다.
  ㉢ 물의 양이 많을수록 호화하기 쉽다.
  ㉣ 알칼리성 pH에서 호화가 촉진된다.
  ㉤ 가열 온도가 높을수록 호화 속도가 빨라진다.

2. 밥 조리 시 물의 가감

물의양 쌀의 종류	쌀의 중량에 대한 물의 분량	체적(부피)에 대한 물의 분량
백미(보통)	1.5	1.2
햅쌀	1.4	1.1
찹쌀	1.1~1.2	0.9~1
불린 쌀 (침수)	1.2	1

3. 밥의 조리와 뜸들이기

① 강한 화력에서 10~15분 정도 끓이는데, 온도가 상승하면서 수분을 흡수하여 팽윤하는 단계
② 비등기로 중간 온도로 낮추어 5분 정도 유지하는데, 호화가 진행되면서 점성이 높아짐
③ 마지막 단계로 증자기로 불을 더 낮추어 뜸들이기를 15~20분가량 하는데, 수증기에 의해 쪄지는 상태로 호화와 팽윤하도록 약 불에서 보온이 유지되도록 한 후 물이 거의 없어지면 불을 끔(뜸을 들이는 과정에 밥을 가볍게 섞어서 물의 응축을 각아야 밥맛이 떨어지지 않음)

03 밥 담기

완성된 밥은 계절에 따라서 여름에는 도자기, 그 외에는 유기나 은기를 주로 사용한다. 그 외에 밥의 종류에 따라서 그릇의 형태를 달리하여 사용한다.

출제예상문제

01 밥맛에 영향을 주는 요인으로 거리가 먼 것은?

① 묵은쌀보다 햅쌀의 밥맛이 좋다.
② 0.03%의 소금을 첨가하면 밥맛이 좋아진다.
③ 밥물의 pH가 7~8인 것을 사용하면 밥맛이 좋다.
④ 밥물의 산도가 높아질수록 밥맛이 좋다.

해설 물의 pH가 산성이 높을 때 밥맛이 나빠지며, pH 7~8일 때 밥맛이 좋아 0.03%의 소금을 첨가하면 밥맛이 좋아진다.

02 다음 괄호 안에 들어갈 알맞은 배합률은 얼마인가?

> 백미로 밥을 지을 때 물의 가장 알맞은 배합률은 쌀 중량의 ( )배, 부피의 ( )배이다.

① 중량의 1.1배, 부피의 1.0배
② 중량의 1.1배, 부피의 1.5배
③ 중량의 1.5배, 부피의 1.2배
④ 중량의 1.4배, 부피의 1.0배

해설 백미로 밥을 지을 때 물의 가장 알맞은 배합률은 쌀 중량의 1.5배, 부피의 1.2배이다.

03 밥의 향미와 냄새가 좋아지는 뜸들이기 시간은 몇 분 정도이면 좋은가?

① 5분 ② 15분
③ 30분 ④ 40분

해설 밥은 강한 화력으로 10~15분 정도 끓인 후 중간 온도로 낮추어 5분 정도 유지하고, 마지막 단계로 불을 더 낮추어 뜸들이기를 15~20분가량 하는데, 이 과정을 거쳐 수증기에 의해 쪄지는 상태로 호화와 팽윤하도록 약 불에서 보온이 유지되도록 한 후 물이 거의 없어지면 불을 끈다.

04 현미의 도정률이 증가함에 따라 영양 성분의 변화 중 옳지 않은 것은?

① 탄수화물의 비율이 감소한다.
② 소화율이 증가한다.
③ 수분의 흡수 시간이 빨라진다.
④ 비타민의 손실이 커진다.

해설 현미의 도정률이 증가할수록 영양 성분의 손실은 크고 소화율은 올라가며, 탄수화물의 비율은 높아진다.

05 두류의 주 단백질 성분은 무엇인가?

① 아밀로오스   ② 아밀로펙틴

③ 글리시닌   ④ 아밀라아제

해설 대두 단백질은 글리시닌(Glycinin)이 대부분으로 식물성 단백질이지만, 단백가가 높아 단백질 급원 식품으로 큰 역할을 한다.

Chapter 02	한식 밥 조리								
1	④	2	③	3	②	4	①	5	③

CHAPTER 03 한식 죽 조리

01 죽 재료 준비

1. 죽 재료 준비

(1) 곡류의 준비

쌀을 갈 때 마른 쌀을 갈게 되면 쌀의 입자가 파괴되어서 전분이 손상되므로 불려서 갈아준다.

(2) 채소류의 준비

사용하는 채소는 흐르는 물에 흙이나 잔여 농약 등이 충분히 세척되도록 씻고, 죽의 특성에 맞게 잘게 썰거나 데쳐서 준비한다.

(3) 육류의 준비

소고기의 경우 부위와 선도 상태를 확인하고 흐르는 물에 핏물을 세척하고, 다지거나 채를 썰어 사용한다. 닭고기는 손질하여 무르게 삶아서 닭 육수에 곡류를 넣어 죽을 쑨다.

(4) 어패류의 준비

점액질과 이물질을 2~3%의 식염수로 씻어내면 쉽게 녹아 물로만 씻는 것보다 손질이 깨끗하고 빠르다.

02 죽 조리

1. 죽의 종류

죽의 분류		특성
죽	옹근죽	• 으깨거나 갈지 않고 온 형태로 쑤는 죽
	원미죽	• 불린 쌀을 굵게 갈아서 쑤는 죽
	무리죽 (비단죽)	• 완전히 매끄럽게 갈아서 쑤는 죽
	암죽	• 곡식의 마른 가루에 물을 넣고 묽게 쑤는 죽
미음		• 곡물을 통째로 푹 무르도록 끓여서 고운 체에 내린 것
응이		• 죽보다 더 묽어 마실 수 있는 묽기이다. • '응이'는 원래 율무를 뜻하는 의이(薏苡)가 변한 말로 율무를 갈아서 생긴 앙금을 이용하여 묽게 쑨 것을 가리키지만, 현대에 와서는 녹두나 수수, 칡 등의 전분으로 만든 것도 응이라 한다.

2. 죽 조리 시 물의 양 가감

일반적으로 보통 묽기의 죽의 경우 물의 양은 쌀 부피의 5~6배의 물이 적당하다. 쌀과 부재료의 불리는 정도에 따라서 가감하도록 하며, 죽에 넣을 물을 계량해서 처음부터 모두 넣어야 죽이 서로 잘 어우러지게 끓여진다.

3. 죽 조리 시간과 방법 조절

죽은 열을 은근하게 전달하면서 오래 끓이기에 적합한 돌이나 옹기로 된 재질이 좋으며, 냄비나 솥의 두께가 두꺼운 것이 좋다. 불의 세기는 중불 이하의 온도에서 서서히 오래 끓여서 곡물이 완전히 호화되어야 부드럽다.

4. 죽 조리 시 주의할 점

① 냄비나 솥은 두께가 두꺼워야 열이 고루 전달되어 호화가 천천히 일어나 부드럽다.
② 팥을 이용하는 경우 앙금이 눌어붙어서 타기 쉬우므로 온도를 낮춰서 서서히 끓여 준다.
③ 잣이 들어간 죽을 만들 때 잣에 아밀라아제(전분 가수분해 효소) 성분 때문에 잣과 쌀을 함께 갈아 죽을 쑤면 죽이 묽어질 수 있으므로 따로 간 후 잣을 간 물을 먼저 끓여서 아밀라아제를 불활성화시킨 후 불린 쌀을 넣고 끓여야 쌀을 가수분해하지 않는다.

03 죽 담기

1. 죽 상차림

① 대접이나 합에 담고 조금씩 덜어서 먹을 수 있도록 공기를 준다.
② 곁들이는 간장이나 소금, 꿀은 종지에 담아서 낸다.

③ 찬으로는 나박김치, 동치미, 맑은찌개, 북어보푸라기, 매듭자반, 장조림, 장산적 등을 곁들여 낸다.

출제예상문제

01 죽의 조리법으로 옳지 않은 것은?

① 죽에 사용하는 곡물은 물에 충분히 담갔다가 사용한다.
② 물의 사용량은 일반적으로 쌀 용량의 5~6배가 적당하다.
③ 죽을 저을 때는 나무 주걱을 사용한다.
④ 죽에 들어가는 물은 나누어 넣어야 죽이 잘 어우러진다.

해설 죽에 사용할 물의 양을 나누어 넣으면 잘 어우러지지 않기 때문에 처음부터 전량의 물을 넣고 끓여야 죽이 잘 어우러진다.

02 죽에 사용하는 어패류에 대한 설명으로 바르지 않은 것은?

① 전복의 감칠맛 성분은 아르기닌, 글리신, 베타민이다.

② 참치의 적색 부위는 지질이 1% 정도로 다이어트에 도움이 된다.

③ 보리새우는 글리신, 아르기닌, 타우린이 많이 들어 단맛이 난다.

④ 생전복은 엘라스틴과 콜라겐 등이 풍부해서 오독오독한 식감을 준다.

해설 전복의 감칠맛 성분은 글루탐산이고 단맛 성분은 아르기닌, 글리신, 베타민이다.

03 밥과 죽을 만들 때의 큰 차이점은 무엇인가?

① 곡물의 종류　② 육수의 사용 여부
③ 물의 함량　④ 소금의 양

해설 밥과 죽의 큰 차이로는 물의 양을 들 수 있는데 밥은 용량의 1.2배, 죽은 용량의 5~6배이다.

04 다음 오자죽의 재료가 아닌 것은?

① 잣　② 팥
③ 복숭아 씨앗　④ 호두

해설 오자죽은 쌀과 잣, 호두, 복숭아 씨앗, 살구 씨앗, 깨 등 다섯 가지 견과류를 넣고 끓이는 전통 보양식이다.

Chapter 03 | 한식 죽 조리							
1	④	2	①	3	③	4	②

CHAPTER 04 한식 국·탕 조리

01 국·탕 재료 준비

1. 국의 종류

분류	종류
맑은장국	• 육수를 기본으로 하거나 육수를 쓰지 않고, 건지는 적은 편이다. • 대합탕, 콩나물국, 무국, 미역국, 완자탕, 어알탕, 애탕 등
토장국	• 육수 또는 육수 없이, 또는 쌀뜨물에 된장이나 고추장을 풀어서 감칠맛이 나는 국이다. • 아욱국, 근대국, 시금치국, 배추 속대국, 냉이국 등
곰국	• 소고기의 질긴 부위나 내장, 뼈, 꼬리, 도가니 등이나 닭고기를 푹 고아서 재료의 맛을 충분히 우려낸 국이다. • 곰탕, 설렁탕, 갈비탕, 꼬리곰탕, 육개장, 영계백숙, 닭곰탕, 용봉탕, 추어탕 등
냉국	• 더운 여름철에 오이, 미역, 가지 등을 이용해서 약간의 신맛을 가미해서 차갑게 만든다. • 오이냉국, 미역냉국, 가지냉국, 임자수탕 등

2. 국물의 기본

① 기본으로는 쌀뜨물, 멸치, 조개 국물, 다시마 육수, 소고기 육수, 사골육수 등이 있다.

② 육수가 끓는 동안 떠오르는 부유물을 제거해야 육수가 혼탁해지지 않는다.

③ 잡내를 잡기 위해 넣는 마늘이나 파, 생강, 양파, 무, 통후추 등은 미리 넣지 말고, 끝내기 30분 전에 넣어야 본 재료의 구수하고 담백한 맛을 덜 감소시킨다.

(1) 쌀뜨물

① 처음 씻은 물은 겨 냄새 등이 날 수 있으므로 버리고, 2~3번째 씻은 물을 받아서 사용한다.

② 된장이나 고추장을 풀었을 때 쌀뜨물과 토장에 있는 전분과 단백질들이 잘 섞여서 콜로이드 체계를 이루어 온도도 유지되며, 구수한 맛을 한 층 더 느낄 수 있다.

(2) 멸치 또는 조개 국물

① 멸치의 머리와 내장을 제거하여 찬물을 붓고 뚜껑을 연체로 은은한 불에서 10~15분가량 끓여서 걸러낸다.

② 조개를 이용하여 국물을 만들 때는 바지락이나 모시조개를 많이 사용하며, 껍질을 깨끗이 씻은 후 3~4%의 소금물에 담가두어 해감시켜서 사용한다.

(3) 다시마 육수

① 두툼하며 흰 가루가 고르게 분포되어 있는 것이 시원한 맛과 감칠맛(글루탐산)을 낸다.

② 첫 번째 방법 : 찬물에 약 1~2시간 담가두어 다시마 맛이 우러나면 사용한다.

③ 두 번째 방법 : 찬물부터 중간 불 또는 약한 불에서 끓여서 물이 끓기 시작하면 건져내고 사용한다.

④ 너무 오래 끓이면 점액질이 끈끈하게 생기므로 주의한다.

(4) 소고기 육수

① 고기는 물에 씻어 핏물을 제거하고, 뼈가 붙은 것을 찬물에 담가 핏물을 빼고 끓여야 육수가 탁하지 않다.
② 찬물을 붓고 끓이는데, 처음에는 센 불로 끓이다가 끓기 시작하면 불의 세기를 약하게 조절하여 육수가 우러나오도록 충분히 끓인다.

(5) 사골육수

① 사골은 소의 다리뼈로, 골화 진행이 적은 사골이 국물의 색깔이 뽀얗고 단백질·콜라겐 등과 무기질인 칼슘·인 함량이 높다.
② 단면적이 유백색이고 골밀도가 치밀한 것이 좋은데, 그 순서는 '앞사골 > 뒤사골, 건강한 수소 > 암소, 젊은 소 > 늙은 소' 순이다.
③ 핏물을 뺀 뼈는 끓는 물에 한 번 데쳐 물을 버리고, 다시 찬물을 부어 센 불에서 끓이다가 불을 줄여 서서히 끓이면서 거품을 수시로 걷어낸다.

② 깔끔한 국물의 맛을 위해서 여러 종류의 육수를 사용하지 않는다.

2. 국물 양 조절

① 보통 1인분 국의 양은 1컵 반이 적당하다.
② 국물과 건더기의 비율은 3 : 1 정도가 적당하다.

3. 간하기

① 맑은국은 청장(국간장)으로 색, 소금을 이용하여 간을 맞춘다.
② 토장국은 대체로 물(쌀뜨물)이나 육수 10컵에 된장과 고추장의 비율이 5 : 1에서 4 : 1 정도로 잡는다.
③ 냉국의 경우 물(생수), 소금, 식초, 설탕의 비율을 4컵, 2큰술, 1큰술로 잡는다.

03 국·탕 담기

① 찌개와 달리 개인별 그릇에 제공한다.
② 온도를 오래 유지할 수 있도록 탕그릇, 국그릇, 뚝배기 등에 온도를 잘 맞춰 제공한다.

02 국·탕 조리

1. 재료를 선정 및 배합

① 영양소가 중복되지 않도록 선정한다.

01 다음 중 육수를 내는 방법으로 잘못된 것은?

① 멸치는 머리와 내장을 제거한 후 볶아서 사용한다.

② 쌀뜨물은 처음 씻은 물이 진하고 구수하므로 첫물만 사용한다.

③ 소고기는 찬물에 핏물을 빼고 사용한다.

④ 바지락이나 모시조개는 3~4%의 소금물에 해감을 시켜서 사용한다.

해설 쌀을 처음 씻은 물은 겨 냄새 등이 날 수 있으므로 버리고 2~3번째 씻은 물을 받아서 사용한다.

02 국이나 탕에 사용하는 사골에 대한 특성으로 바른 것은?

① 골화 진행이 적은 사골을 이용해야 국물이 뽀얗다.

② 골밀도가 치밀한 것이 좋으므로 건강한 수소보다 늙은 소가 좋다.

③ 앞다리보다 뒷다리가 누린내가 없고 고소하다.

④ 뼈가 연한 핑크빛 혹은 흰색을 띤, 속이 송송 뚫린 것이 좋다.

해설 사골은 소의 다리뼈로 골화 진행이 적은 사골이 국물 색깔이 뽀얗고 단면이 유백색이고 골밀도가 치밀한 것이 좋은데, '앞사골 > 뒷사골, 건강한 수소 > 암소, 젊은 소 > 늙은 소' 순이며, 앞다리가 누린내가 없고 고소하다. 연한 핑크빛 혹은 흰색을 띤 속이 꽉 찬 것이 좋다.

03 국의 국물과 건더기의 비율은 어느 정도인가?

① 1 : 2　　　　② 3 : 1

③ 1 : 1　　　　④ 1 : 3

해설 국의 국물은 1인당 1컵 반(300cc) 정도가 적당하며, 건더기는 국물의 3분의 1 정도가 알맞다.

04 국이나 탕을 담는 그릇으로 적당하지 않은 것은?

① 대접　　　　② 탕기

③ 합　　　　　④ 뚝배기

해설 • 탕기 : 국을 담는 그릇으로 주발과 똑같은 모양
• 대접 : 국이나 숭늉을 담는 그릇으로 밥그릇보다 조금 작은 크기
• 뚝배기는 설렁탕, 장국밥, 찌개 등에 이용
• 합은 작은 합은 밥그릇으로 큰 합은 떡, 약식, 면, 찜 등을 담음

Chapter 04 | 한식 국 · 탕 조리							
1	②	2	①	3	②	4	③

CHAPTER 05 한식 찌개 조리

01 찌개 재료 준비

1. 찌개의 특징

① 찌개는 국과 조리법이 비슷하지만, 국보다는 건더기의 양이 더 많고 간이 센 것이 특징이다.
② 찌개를 부르는 다른 말로는 궁중 용어로 '조치'라고 했다.
③ 고추장으로 조미한 찌개는 감정이라고 부르며, 지짐이라고도 부른다.

2. 찌개의 분류

분류	종류
맑은찌개	• 맹물로 끓이는 것보다 다시마국물을 사용하는 것이 감칠맛이 더 좋다. • 굴두부조치, 애호박젓국찌개, 명란젓찌개 등
토장찌개	• 쌀뜨물이나 멸치, 조개국물을 더해서 사용하면 감칠맛을 더욱 살릴 수 있다. • 두부된장찌개, 절미된장조치, 청국장찌개, 조기고추장찌개, 꽃게찌개, 병어감정, 민어찌개 등
기타	• 순두부찌개, 알찌개, 콩비지찌개 등

3. 재료에 따른 전처리

(1) 육류 전처리

① 소고기와 소고기의 뼈는 핏물 제거를 위해 찬물에 담가서 사용한다.
② 닭고기는 손질하여 잡냄새 제거를 위해 끓는 물에 데쳐서 사용한다.

(2) 어패류 및 해조류 전처리

① 조개류는 3~4%의 소금물에 해감시켜서 사용한다.
② 생선은 비늘과 내장과 아가미를 제거하고, 씻어서 토막 낸다.

02 찌개 조리

1. 찌개의 종류에 따른 조리법

(1) 맑은찌개

새우젓으로 간을 맞출 때 새우젓 국물이나 새우젓 건지를 굵게 다져서 면보에 담고 살짝 짜서 사용하면 국물이 맑다. 굴 사용 시에는 오래 끓이면 단단해지고 맛이 떨어지므로 살짝 끓여 준다. 맑은찌개에 실파나 움파를 주로 사용하는데, 사용 시 마지막에 넣고는 지나치게 오래 끓이지 않고 불을 꺼야 맛이 잘 어우러진다.

(2) 된장찌개

뚝배기나 두꺼운 냄비를 이용하여 뭉근한 불에서 오랫동안 끓여야 제맛이 나며 두부의 부드러운 질감을 유지하기 위해서는 두부에 1% 정도의 소금 간을 미리 해주거나 간을 한 국물에 조리한다.

(3) 생선찌개

물이 끓을 때 넣어야 살이 으스러지지 않고 생선의 비린내를 적게 하기 위해서는 뚜껑을 열고 끓이다가 비린내를 휘발시킨 후 뚜껑을 닫는 것이 좋다. 해수어보다 담수어(메기나 잉어 등)가 더 비린내가 나므로 민물 생선을 이용한 찌개를 끓일 때는 향 채소를 많이 넣는 것이 비린내를 잡는 데 좋다.

03 찌개 담기

찌개 그릇은 찌개의 종류와 색, 형태, 분량 등을 고려해서 선택하며, 조리의 특성에 맞게 건더기와 국물의 양도 조절한다. 냄비로는 솥에 비해 운두가 낮고 손잡이는 고정되어 있으면서 바닥이 평평한 것을 사용하고, 토속적인 그릇인 뚝배기도 많이 사용한다. 찌개를 담는 식기로는 모양은 주발과 같고 탕기보다는 한 치수 작은 크기로 조치보가 있다.

01 고추장으로 조미한 찌개를 무엇이라 하는가?

① 조치   ② 지짐
③ 감정   ④ 응이

해설 찌개를 궁중 용어로 조치라고 했고, 고추장으로 조미한 찌개는 감정이라고 부른다. 지짐이는 국물이 찌개보다 적고 조림보다 많은 음식이고, 응이는 죽보다 더 묽은, 마실 수 있는 죽의 일종이다.

02 다음 중 찌개를 일컫는 궁중 용어로 알맞은 것은?

① 누르미   ② 지짐이
③ 찌개   ④ 조치

해설 찌개를 궁중 용어로 조치라고 했다.

03 소고기 육수를 사용하는 음식이 아닌 것은?

① 시금치국   ② 육개장
③ 해물탕   ④ 미역국

해설 해물탕은 소고기 육수보다는 멸치, 다시마 육수가 잘 어울린다.

04 찌개를 끓일 때 국물과 건더기의 비율로 맞는 것은?

① 3 : 1　　　　② 3 : 4

③ 4 : 6　　　　④ 7 : 3

[해설] 국은 국물과 건더기의 비율이 3 : 1(6 : 4 또는 7 : 4)이고, 찌개는 4 : 6 정도의 비율로 담는다.

05 찌개를 담는 그릇으로 맞는 것은?

① 조치보　　　② 바리

③ 대접　　　　④ 종지

[해설] 한식의 그릇으로 조치보는 찌개를 담는 그릇, 바리는 유기로 된 여성용 밥그릇, 대접은 숭늉 · 면 · 국수를 담는 그릇, 종지는 간장 · 초장 · 고추장 등의 장류와 꿀을 담는 그릇이다.

Chapter 05 | 한식 찌개 조리									
1	③	2	④	3	③	4	③	5	①

CHAPTER 06 한식 전·적 조리

01 전·적 재료 준비

1. 전·적의 개요

① 전(煎)은 생선이나 고기, 채소 등을 저며서 옷을 입혀 기름에 지지는 조리법이다.
② 전유어(煎油魚), 전유아, 저냐, 전야, 전, 전유화(煎油化)라고 하였다.
③ 생선요리 시 어취 해소에 좋은 조리법이다.
④ 면상이나 주안상, 교자상 등에 오른다.

2. 적(炙)의 종류와 특징

구분	종류	특징
산적	떡산적, 파산적, 두릅산적, 장산적, 섭산적, 소고기산적 등	익히지 않은 재료를 양념하여 꼬치에 꿰어서 지지거나 구운 것, 섭산적처럼 석쇠에 굽는 것
누름적	두릅적, 잡누름적, 김치적, 지짐누름적 등	재료를 꼬치에 꿰어서 전을 부치듯이 옷을 입혀서 지진 것
	화양적	재료를 양념하여 익힌 후 꼬치에 꿴 것

02 전·적 조리

1. 전·적 조리 시 유의할 점

전을 반죽할 때의 재료 선택 방법

밀가루, 멥쌀가루, 찹쌀가루를 사용해야 하는 경우	묽은 반죽으로 모양이 잡히지 않고 전을 뒤집기 어려울 때는 달걀의 사용을 줄이고, 밀가루나 쌀가루를 추가로 사용
달걀흰자와 전분을 사용해야 하는 경우	전을 흰색을 유지하면서 딱딱하지 않고 부드럽게 하며, 도톰하게 부치고자 할 때 사용
달걀과 밀가루, 멥쌀가루, 찹쌀가루를 혼합하여 사용해야 하는 경우	전의 점성을 높이고 모양을 잡기 위해 사용
속 재료를 더 넣어야 하는 경우	속 재료가 부족하면 전의 모양이 잡히지 않으면서 넓게 쳐지게 되는데, 이때 밀가루나 달걀을 추가하면 점성은 높여 주지만 전이 딱딱해지므로 속 재료를 더 준비하여 넣는 것이 좋음

03 전·적 담기

① 완성된 전은 종이 타월에 옮겨 기름을 흡수시킨다.
② 도자기, 스테인리스, 유리, 목기, 대나무 채반 등의 재질로 된 그릇을 이용한다.

③ 평평한 접시의 형태를 선택하며, 오목한 접시나 그릇은 열기가 증발하면서 그릇의 벽에 부딪혀 수분이 생길 수 있다.

④ 지짐 누름적의 경우는 익힌 후 꼬치를 빼고 담는다.

출제예상문제

01 익히지 않은 재료를 꼬치에 꿰어서 지지거나 구운 것은?

① 누름적   ② 산적

③ 전유어   ④ 지짐

해설 산적은 익히지 않은 재료를 양념하여 꼬치에 꿰어서 지지거나 구운 것이다.

02 어취를 해소하기에 가장 좋은 조리법은?

① 생선전   ② 생선찜

③ 생선구이   ④ 생선찌개

해설 생선전
어취 해소에 가장 좋은 조리법으로, 밀가루와 달걀물을 입혀서 팬에 지지므로 달걀과 기름의 풍미가 어취 해소에 도움이 된다.

03 전을 만들 때 달걀흰자와 전분을 사용해야 하는 경우로 맞는 것은?

① 점성을 높여 주기 위해서 사용한다.

② 묽은 반죽으로 모양이 잡히지 않을 때 사용한다.

③ 전을 도톰하면서 딱딱하지 않고 부드럽게 부칠 때 사용한다.

④ 속 재료가 부족해 전이 넓게 쳐지게 될 때 사용한다.

해설 달걀흰자와 전분을 사용해야 하는 경우 흰색을 유지하며, 딱딱하지 않고, 도톰하면서 부드럽게 부칠 때

Chapter 06	한식 전 · 적 조리							
1	②	2	①	3	③			

CHAPTER 07 한식 생채·회 조리

01 생채·회 재료 준비

1. 생채와 회의 종류

① 생채의 종류

분류	종류
생채	더덕생채, 무생채, 오이생채, 도라지생채, 배추 겉절이, 상추생채 등

② 회의 종류

분류	종류
생회	육회, 민어회, 해삼·멍게회, 굴회, 갑회 등
숙회	두릅회, 미나리강회, 파강회, 어채, 오징어숙회 등

2. 생채의 재료 준비

① 아삭함과 색, 향, 맛을 즐길 수 있도록 각각의 손질법에 신경을 쓴다.
② 조직이 연한 것이 적당하다.
③ 수용성 비타민과 무기질이 용출되지 않도록 물에 오래 담그지 말고 씻은 후에 자른다.

3. 회의 재료 준비

육회용 소고기는 우둔살이나 홍두깨살을 부드럽도록 결 반대 방향으로 채썬다.

02 생채·회 조리

1. 생채의 조리

① 채소는 결대로 썰어야 부서지지 않는다.
② 미리 무쳐서 두면 물이 생기고 식감도 없어지므로 먹기 직전에 무친다.
③ 산뜻한 맛을 위해서 깨소금이나 참기름은 적게 사용한다.

2. 회의 조리

(1) 생회의 조리

육회는 색 유지를 위해 간장은 조금만 사용하고 설탕과 참기름을 넉넉히 사용한다. 썬 고기를 설탕에 미리 버무려 놓으면 고기 표면에 설탕이 녹으면서 막을 형성하기 때문에 핏물이 빠지는 것을 조금 방지할 수 있다. 육회 조리 시 배를 곁들이면 단백질 분해 효소(Protease)가 들어 있어 소화에 도움을 준다.

(2) 숙회의 조리

오징어 등 해산물을 데칠 때 수축이 심하게 일어나므로 밑 손질이 끝난 후 칼집을 충분히 넣어 준다.

> ※ 미나리강회는 미나리의 잎을 떼고 데쳐 냉수에 헹구고, 고기는 삶아서 뜨거울 때 면보에 싸서 모양을 잡으며, 고기와 황·백 지단을 길이 맞춰 썰고 데친 미나리로 말아서 꼬지로 매듭을 고정한 요리이다.

03 생채·회 담기

메뉴의 종류와 형태, 인원수, 분량 등을 고려해서 그릇을 선택하며, 조리의 종류에 따라서 양념장을 곁들인다. 생채의 경우 그릇에 담아 놓고 시간이 조금 지나면 겉물이 흘러나오므로 먹기 직전에 무쳐서 그릇에 담는 것이 바람직하다.

출제예상문제

01 오이의 쓴맛 성분은?

① 쿠쿠르비타신 ② 타우린
③ 알칼로이드 ④ 글루탐산

해설 오이의 쓴맛성분은 쿠쿠르비타신. 오징어 먹물 성분은 타우린, 도라지의 쓴맛은 알칼로이드, 어패류의 감칠맛 성분은 글루탐산이다.

02 생채 조리 시의 옳은 방법은?

① 생채 조리 시 기름을 사용한다.
② 무생채 등과 같이 고춧가루를 미리 버무려 두면 색이 잘 밴다.
③ 미리 버무려 두면 양념도 배고 싱싱하다.
④ 생채류에는 채소를 살짝 데쳐서 사용하면 오래 두고 먹을 수 있다.

해설 생채 조리 시 기름을 사용하지 않으며, 미리 버무려 두면 숨도 죽고 물이 생기므로 먹기 직전에 버무린다. 채소를 데쳐서 하는 요리는 숙채에 해당된다.

03 미나리강회에 대한 설명으로 옳은 조리법은?

① 삶은 편육은 식혀서 모양을 면 보로 잡는다.
② 미나리는 데쳐 찬물에 헹구지 않고 사용한다.
③ 재료들을 길이를 맞춰 층층이 겹쳐서 먹는 요리이다.
④ 고기의 익은 정도는 꼬지를 찔러 보아 확인한다.

해설 미나리강회
삶은 고기, 황·백 지단을 길이 맞춰 썰고 데친 미나리로 말아서 꼬지로 매듭을 고정한 요리이다.

Chapter 07 | 한식 생채 · 회 조리								
1	①	2	②	3	④			

CHAPTER 08 한식 조림·초 조리

01 조림·초 재료 준비

1. 조림·초의 특징

(1) 조림의 특징

① 조림은 궁중에서는 조리개라고 하였으며, 다양한 재료를 사용한다.
② 흰살생선처럼 담백한 경우는 간장이나 설탕, 생강 등으로 양념을 한다.
③ 붉은살생선의 경우는 비린 맛을 잡기 위해 고추장이나 고춧가루 등을 사용한다.

(2) 초의 특징

① 초(炒)는 한자로 볶는다는 뜻이 있으나 조림처럼 요리하다가 국물이 조금 남았을 때 물녹말을 넣어 윤기 나게 조리는 조리법이다.
② 초는 전복이나 홍합, 불린 해삼 등을 이용하여 전복초, 홍합초, 삼합초 등의 요리를 만든다.

2. 조림·초의 종류

분류	종류
조림	조기조림, 갈치조림, 북어조림, 고등어조림, 두부조림, 감자조림, 풋고추조림, 소고기장조림 등
초	전복초, 홍합초, 삼합초, 마른조갯살초, 마른꼴뚜기초 등

3. 조림·초의 재료 준비

(1) 조림의 재료 준비

① 육류조림 : 육류조림의 대표는 장조림으로 소고기의 대접살, 우둔살, 홍두께살, 사태살을 이용한다. 이때 처음부터 간장을 넣고 조리하면 삼투압에 의해 고기 속의 수분이 빠져나와서 장조림이 단단해지므로 맹물에 삶아서 결합 조직을 용해시켜 고기를 연하게 한 후에 간장과 양념을 넣는다.
② 생선조림 : 어취의 주성분인 트리메틸아민은 수용성이므로 물로 씻으면 어느 정도 제거가 가능하다. 비린내를 감소시키기 위해서 황 함유 채소(무, 대파, 양파 등)를 조림에 이용하며, 고추의 캡사이신(Capsaicin)과 후추의 차비신(Chavicine)도 매운 성분으로 비린내를 감소시키는 데 효과가 있다.

(2) 초의 재료 준비

전복은 껍질째 솔로 문질러 씻고 살 윗부분과 옆면의 검은 빛의 막을 소금으로 문질러 씻어 물기를 닦는다. 전복의 껍질 밑에 행주를 깔고 껍질이 얇은 쪽에 수저를 집어넣어 전복과 껍질 사이에 기둥을 떼 내어 살을 분리시킨 후 내장을 제거한다.

02 조림·초 조리

1. 조림의 조리

(1) 육류조림

① 핏물을 빼고 삶은 고기는 연해지면 간장을 넣는다.

② 장조림의 당도는 30Brix(브릭스) 정도, 염도는 평균 5% 정도가 적당하다.

(2) 생선조림

① 어취의 제거를 위해서 처음 조리 시에는 뚜껑을 열고 조리한다.

② 조림장이 끓을 때 생선을 넣어야 살이 으스러지지 않고 모양도 유지한다.

③ 붉은살생선은 고추장이나 고춧가루 등을 사용하여 어취를 잡는다.

④ 생선조림 시 시간을 길게 잡으면 근육의 수축이 일어나고 염분에 의한 삼투압으로 살이 푸석해진다.

(3) 채소 및 기타 조림

① 푸른색 채소 조림은 짧은 시간에 뚜껑을 열고 조리하면 엽록소 파괴를 줄여 색깔이 누렇게 되는 것을 줄일 수 있고, 약산성인 간장을 사용하면 산에 의해 엽록소가 퇴색되므로 간장 사용량은 줄이고 소금을 함께 사용한다.

② 우엉이나 연근의 플라보노이드 색소는 산성과 만나면 희게 되는데, 조림 시 신맛이 느껴지지 않을 정도의 식초를 소량 사용하면 깨끗한 조림을 만들 수 있다.

2. 초의 조리

① 중불에서 양념장을 끼얹어가며 조려야 색이 곱고 윤기가 난다.

② 조리 마지막에 물녹말을 넣고는 재빨리 고루 저어 재료에 엉기면서 살짝 걸쭉한 상태가 되도록 하여 참기름을 넣고 윤기 나게 조려서 완성한다.

03 조림·초 담기

조리의 종류와 색, 형태, 분량을 고려하여 그릇을 선택하며, 조림은 오목한 그릇에 주재료와 부재료를 조화 있게 소복하게 담고 국물을 끼얹어 담는다. 초의 요리는 오목한 그릇에 담고 잣가루를 고명으로 얹는다.

01 조림의 특징으로 맞지 않는 것은?

① 조림은 육류나 어패류, 채소류 등을 간장에 조린 음식이다.
② 궁중에서는 조리개라고도 불렀다.
③ 식품이 부드러워지고 양념과 맛 성분이 배어드는 조리법이다.
④ 생선조림 시 흰살생선은 고추장과 고춧가루를 넣어 조리한다.

해설 흰살생선은 지방 함량이 적고 담백해서 강한 양념이 필요 없고, 붉은살생선은 고추장이나 고춧가루 등을 사용하여 어취를 잡는다.

02 소고기로 장조림을 할 경우 부위로 적당하지 않은 것은?

① 홍두깨살   ② 사태
③ 우둔살   ④ 갈비살

해설 장조림 시 소고기의 부위로는 앞·뒷다리 사골을 감싸고 있는 부위로 운동량이 많아 근육 다발이 모여 있어 쫄깃한 사태와 고기의 결은 약간 굵으나 근육막이 적어 연한 우둔살, 결이 거칠고 단단한 홍두깨살 등이 사용된다.

03 초 조리 시 맛을 좌우하는 조리원칙으로 틀린 것은?

① 조미료를 넣는 순서는 설탕 → 소금 → 간장 → 식초 순이다.
② 생선요리 시 국물이 끓지 않을 때 넣어야 살이 부서지지 않는다.
③ 들어가는 재료의 크기를 일정하게 썬다.
④ 남는 국물의 양이 10% 이내이어야 한다.

해설 생선요리 시 국물이 끓을 때 생선을 넣어야 살이 부서지지 않는다.

Chapter 08	한식 조림 · 초 조리							
1	④	2	④	3	②			

CHAPTER 09 한식 구이 조리

01 구이 재료 준비

1. 구이의 특징

양념은 세 가지로 구분되는데 소금으로 간을 한 소금구이, 간장양념에 재우거나 발라서 굽는 간장구이, 고추장 양념을 사용한 고추장 양념구이 등이 있다.

2. 구이의 종류

분류	종류
육류	너비아니, 방자구이, 갈비구이, 염통구이, 콩팥구이, 제육구이 등
가금류	닭구이, 메추라기구이, 오리구이 등
어패류	삼치구이, 민어구이, 도미구이, 조기양념구이, 뱅어포구이, 대합구이, 장어구이, 낙지호롱, 키조개 구이 등
기타	더덕구이, 송이구이, 가지구이, 김구이 등

3. 구이의 방법에 따른 도구

① 직접 구이
   ㉠ 석쇠나 망을 이용할 때 열원과 식품과의 거리는 8~10cm 정도가 적당하다.
   ㉡ 석쇠는 아래에서 열이 올라오는 하방 가열법(Under Heat)이다.

   ㉢ 위에서 열이 내려와서 굽는 상방 가열법(Over Heat)으로 살라맨더(Salamander)가 있다.
② 간접 구이
   ㉠ 그릴링(Grilling) : 가스. 전기, 숯, 나무 등의 열원에 두툼한 그릴 판을 올리고 적당히 달구어서 재료를 얹어 구우며, 숯이나 나무를 사용할 경우 훈연향이 식품에 베어 구이의 맛을 돋을 수 있다.
   ㉡ 그리들링(Gridling) : 가스나 전기를 열원으로 하며, 건열과 복사열을 이용한 조리방법으로 두꺼운 철판(Gridle) 위를 달구어서 조리하는 방법이다.

02 구이 조리

1. 육류의 구이 조리

① 너비아니용 소고기는 결 반대로 썰어 설탕이나 단백질 분해 효소가 함유된(파파야, 무화과, 파인애플, 배 등) 과일즙을 먼저 버무려 두면 고기가 연해진다. 또한 분자량이 큰 설탕은 분자량이 적은 간장이나 소금보다 먼저 넣어 주고, 참기름 사용 시 먼저 넣게 되면 막을 형성해서 나머지 양념이 잘 스며들지 않으므로 양념을 넣는 순서를 설탕을 첫 번째 넣

고 다음으로 간장과 파, 마늘, 참기름 순으로 잡는다.

2. 어패류의 구이 조리

생선구이 중 양념구이를 할 경우에는 유장(간장 : 참기름＝1 : 3)을 발라서 초벌구이를 하여 생선을 살짝 익혀야 재벌구이에서 생선이 안까지 고르게 익고 양념도 잘 배며, 양념이 타지 않는다.

4. 구이 조리에 영향을 미치는 요인

(1) 재료의 연화

① 단백질 가수분해 효소 첨가(연육제)
  파파야의 파파인(Papain), 파인애플의 브로멜린(Bromelin), 키위의 액티니딘(Actinidin), 무화과 열매의 피신(Ficin)과 배 또는 생강에 들어 있는 프로테아제(Protease) 등이 있다.

② 수소 이온 농도(pH)
  등전점에서 단백질의 용해도가 가장 낮기 때문에 근육단백질의 등전점인 pH 5~6보다 낮거나 높게 한다. 젖산 생성을 촉진시켜 고기를 숙성시키거나 비슷한 효과를 얻기 위해 산을 첨가하기도 함

③ 염의 첨가
  식염 용액(1.2~1.5%)과 인산염 용액(0.2M)의 수화작용에 의해 근육단백질이 연해짐

④ 설탕의 첨가
  설탕을 과하게 넣으면 탈수 작용으로 고기의 질이 좋지 않지만, 적당히 넣으면 단백질의 열응고를 지연시키므로 단백질의 연화 작용을 가져옴

⑤ 기계적 방법
  만육기(Meat Chopper)로 두드리거나 칼 등으로 두드림으로써 결합 조직과 근섬유를 끊어주고, 칼로 썰 때 고기결의 직각 방향으로 썰어줌

03 구이 담기

구이의 종류와 색, 형태, 분량을 고려해서 음식이 부서지지 않도록 주의하며 따뜻한 온도를 유지하여 담고, 종류에 따라 고명으로 장식한다. 생선구이의 경우 머리가 왼쪽으로 가고 배가 아래쪽을 향하도록 담아낸다.

01 소금구이의 일종으로 춘향전에 나오는 방자가 고기를 양념할 겨를도 없이 구워 먹었다는 데서 유래된 구이 명은?

① 김구이   ② 방자구이
③ 염통구이   ④ 갈비구이

해설 방자구이는 춘향전에 방자가 고기를 양념할 겨를도 없이 소금을 뿌려 구운 것에서 유래한다.

02 구이 요리 시 지방이 많은 식재료를 구울 때 유지가 불 위에 떨어져서 발생하는 연기의 좋지 않은 성분은?

① 아크롤레인   ② 암모니아
③ 트리메틸아민   ④ 토코페롤

해설 지방이 많은 식재료의 직화구이 시 유지가 불 위에 떨어져서 타기 때문에 연기에 아크롤레인이 발생할 수 있다.

03 어패류 구이 방법으로 옳지 않은 것은?

① 통구이를 하고자 할 때는 입으로 내장을 꺼낸다.
② 손질한 생선은 2%의 소금을 뿌려서 간이 들도록 한다.
③ 조개류는 소금물에 담가 해감을 시킨 후 사용한다.
④ 유장을 발라 초벌구이를 하는 이유는 참기름의 향을 생선에 배게 하기 위해서이다.

해설 생선구이 시 유장을 발라 초벌구이를 하면 재벌구이에서 생선이 안까지 고르게 익고 양념도 잘 밴다.

04 생선구이를 담는 법으로 옳지 않은 것은?

① 생선구이가 부서지지 않도록 담는다.
② 머리가 오른쪽 배가 위쪽을 향하도록 담는다.
③ 온도가 떨어지지 않도록 따뜻한 온도를 유지하여 담는다.
④ 종류에 따라 고명으로 장식한다.

해설 완성된 생선구이는 머리가 왼쪽으로 가고 배가 아래쪽을 향하도록 담는다.

Chapter 09	한식 구이 조리							
1	②	2	①	3	④	4	②	

CHAPTER 10 한식 숙채 조리

01 숙채 재료 준비

1. 숙채의 특징

① 숙채(熟菜)는 익힌 나물로 채소, 산나물, 들나물, 뿌리 등의 채소를 데치기, 삶기, 찌기, 볶기 등의 열을 가하는 조리 과정을 거쳐서 양념한 반찬이다.

② 끓이거나 삶기에 비해 수용성 영양소의 손실이 적다.

2. 숙채의 종류

분류	종류
무침나물	• 채소나 버섯류를 데치거나 쪄서 양념하여 무쳐낸다. • 콩나물, 숙주나물, 시금치나물, 가지나물, 취나물, 비름나물, 머위나물, 씀바귀나물 등
볶음나물	• 채소를 그대로 또는 살짝 데치거나, 불려서 팬에 기름을 두르고 볶다가 수분을 약간 주고 볶듯이 익혀낸 나물이다. • 도라지나물, 고사리나물, 무나물, 박나물, 버섯나물 등
기타 나물	• 익히거나 볶아낸 숙채의 일종이다. • 구절판, 잡채, 탕평채, 죽순채, 월과채, 밀쌈 등

3 숙채의 재료 준비

(1) 불리기와 데치기

묵은 나물 재료는 미지근한 물에 불리거나 불린 다음 삶아서 사용하는데, 맛 성분의 용출을 막기 위해서 물의 온도를 높여서 단시간 불리는 것이 바람직하지만 미지근한 물에 불릴 경우에는 설탕을 조금 넣어서 불리면 맛 성분의 용출도 줄이고 빨리 불릴 수 있다. 고사리를 불릴 때 미지근한 쌀뜨물을 사용하면 고사리가 부드러워지고 특유의 냄새도 잡아준다.

(2) 숙채 재료의 특징

콩나물	• 머리가 노란색을 띠고 통통하며, 검은 반점이 없이 너무 길지 않은 것 • 비타민 B와 C, 단백질과 무기질이 풍부함
비름	• 줄기가 길지 않고 억세지 않으며 꽃술이 적으면서 꽃대가 없고, 잎이 신선하고 향기가 좋은 것
시금치	• 수산 성분이 있어 뚜껑을 열고 데쳐서 헹구어 사용하고, 수산을 없애주는 참깨와 함께 섭취하면 좋음 • 조개와 함께 국에 넣어 먹으면 빈혈 예방에 좋고, 철분이 풍부함
고사리	• 칼슘, 섬유질, 카로틴, 비타민이 풍부함 • 어린순을 삶아서 말렸다가 식용으로 사용함 • 고사리 뿌리는 궐근이라 하며, 두통·해독·해열 효과가 있고 관절통 등을 치료하는 약재로 쓰이기도 함

숙주	• 뿌리가 무르지 않고 잔뿌리가 없어야 함 • 줄기는 가는 것이 좋고 노란 꽃잎이 많이 피거나 푸른 싹이 나거나 웃자라고 살이 찌고 통통한 것은 좋지 않음
쑥갓	• 7월이 제철 • 칼슘과 철분이 풍부하여 빈혈과 골다공증에 좋음 • 동초채라고도 하며, 위장을 따뜻하게 하고 심장 기능을 활성화함 • 비타민 C와 비타민 A, 알칼리성이 풍부하여 가래, 변비 예방에 좋음 • 쑥갓과 어울리는 재료(음식궁합) : 두부, 씀바귀, 셀러리, 솔잎
미나리	• 습지에서 자라 생명력이 강하고 사계절 식용이 가능 • 특유의 향으로 식욕을 돋음 • 회, 생채, 숙채, 김치, 전, 국, 전골, 찌개, 탕 등의 부재료로 사용함
가지	• 칼로리가 낮고 수분이 많으며, 열을 내리고 혈액순환을 좋게 함 • 안토시아닌계 색소로 자주색이나 적갈색을 띰 • 냉국, 볶음, 장아찌, 나물, 조림, 김치 등에 활용 가능
물쑥	• 이른 봄에 나온 물쑥을 이용하여 초를 넣어 나물을 만들고, 묵이나 김, 배 등을 넣어 무치면 맛이 있음
씀바귀	• 봄철 입맛을 돋우는 나물로, 예부터 귀한 나물로 여김 • 뿌리를 초고추장에 무쳐 먹으면 좋음
표고버섯	• 저칼로리 식품으로 단백질과 가용성 무기 질소물 및 섬유소를 함유 • 맛을 내는 성분 : 5-구아닐산 나트륨 • 독특한 향 : 레티오닌 • 생것보다 햇볕에 말린 것이 영양분이 더 좋고, 혈액순환을 돕고 피를 맑게 하며 고혈압과 심장병에도 좋음
두릅	• 비타민과 단백질이 많음 • 어리고 연한 두릅을 살짝 데쳐서 초고추장에 무침
무	• 소화를 촉진하는 디아스타제가 들어 있고, 해독 작용이 뛰어나 밀가루 음식과 먹으면 좋음 • 리그닌이란 식물성 섬유는 변비 개선, 장내 노폐물 청소 등으로 혈액이 깨끗해져 세포에 탄력을 줌 • 무 숙채는 나복나물이라고도 하며, 조리 시 새우젓이나 소금으로 간을 함

02 숙채 조리

1. 무침과 볶기

(1) 무침

신선한 산나물은 초고추장에 신맛이 나게 무쳐도 좋으며, 묵은 나물은 된장을 넣어서 구수하게 무치면 맛이 어우러진다. 씀바귀의 쓴맛은 식초와 설탕을 넉넉히 넣고 양념하면 맛의 상승효과가 커진다.

(2) 볶기

볶기 전에 양념을 미리 하면 간이 잘 배어 맛이 좋고, 묵은 나물의 경우 볶으면서 물이나 육수를 조금 넣어 조리하면 나물이 부드러워진다.

03 숙채 담기

숙채의 종류에 따라 고명을 올리거나 양념장을 곁들이기도 한다. 담을 때 기름기나 이물질이 그릇에 묻지 않도록 한다.

01 양파 껍질에 함유되어 있는 황색 색소로 고혈압 예방 및 노화 방지에 효과가 있는 성분은?

① 안토시안　　② 퀘세틴
③ 자일리톨　　④ 비타민

해설 양파 껍질에 있는 플라보노이드의 일종인 퀘세틴은 고혈압과 노화 방지에 효과가 있으며, 강력한 항산화제로 세포의 손상을 막아준다.

02 숙채의 재료 중 한방에서 그 뿌리를 궐근이라 하며, 해열 효과 · 해독 · 두통에 효과가 있는 것은?

① 씀바귀　　② 고사리
③ 비름　　④ 두릅

해설 고사리의 뿌리를 한방에서는 궐근이라 하며, 해열 효과 · 해독 · 두통에 효과가 있다.

03 음식의 궁합으로 쑥갓과 함께 먹으면 좋은 식품으로 묶이지 않은 것은?

① 쑥갓과 두부　　② 쑥갓과 셀러리
③ 쑥갓과 솔잎　　④ 쑥갓과 파래

해설 쑥갓과 함께 요리하면 맛과 영양이 더욱 좋아지는 재료는 두부, 씀바귀, 셀러리, 솔잎이 있다.

04 숙채에 대한 설명으로 틀린 것은?

① 숙주와 콩나물은 다듬어서 데친 후 무친다.
② 구절판, 탕평채, 잡채 등이 숙채에 속한다.
③ 호박이나 오이 등은 소금에 절였다가 볶지 않고 기름에 무친다.
④ 숙채에 사용되는 채소로는 콩나물, 비름, 가지, 두릅, 무, 고사리 등이 있다.

해설 숙채에 사용하는 재료는 소금에 절였다가 팬에 기름을 두르고 볶아서 사용한다.

05 물에 데치거나 기름에 볶는 나물을 무엇이라 하는가?

① 생채　　② 적
③ 숙채　　④ 회

해설 숙채는 채소, 산나물, 들나물, 뿌리 등의 채소를 데치기, 삶기, 찌기, 볶기 등의 열을 가하는 조리 과정을 거쳐서 양념한 요리이다.

Chapter 10	한식 숙채 조리								
1	②	2	②	3	④	4	③	5	③

한식 볶음 조리

01 볶음 재료 준비

1. 볶음의 특징

수용성 영양소의 손실이 적고 지용성 비타민의 흡수율을 높일 수 있다.

2. 볶음의 종류

볶음에는 채소와 육류, 수산물, 기타 가공식품 등이 사용된다.

분류	종류
채소	고구마순볶음, 호박새우젓볶음, 건새우마늘쫑볶음, 감자채볶음, 호박고지볶음 등
육류	닭갈비, 제육볶음, 버섯불고기 등
수산물	오징어볶음, 미역줄기볶음, 낙지볶음, 꽈리고추멸치볶음 등
가공식품	떡볶이, 두부두루치기, 순대볶음, 두부어묵볶음 등

3. 재료 준비

부드러운 재료인 버섯류나 호박 등은 잘 익으므로 크게 준비하고, 당근 등과 같은 단단한 재료는 얇게 썰어 준비한다. 수분이 많은 식품은 볶을 때 온도를 떨어뜨리므로 어느 정도 수분을 제거하여 준비한다.

4. 볶음의 조리 도구

볶음 도구로는 작은 팬보다는 큰 팬을 사용하는 것이 좋은데, 재료가 바닥에 닿는 면이 넓어야 균일하게 익고 양념도 잘 섞이면서 속까지 밴다.

02 볶음 조리

1. 볶음 조리 시 참고 사항

① 기름의 사용량은 5~10%가 적당하며, 발연점이 높은 것을 사용하면 식품에 기름의 흡수량이 적어 기름지지 않게 볶음이 가능하다. 또한 식품의 향기에 영향을 덜 줄 수 있도록 향을 갖고 있지 않은 대두유, 옥수수유, 면실유 등의 식물성 기름이 적당하다.

② 볶는 온도가 너무 낮으면 식품의 수분 증발이 일어나지 않아 기름이 재료로 흡수되어 볶음이 담백함이 없고 기름지며, 온도가 너무 높으면 재료가 속까지 익기 전에 타게 되므로 볶는 온도에 유의한다.

③ 향을 내기 위한 참기름이나 들기름 등은 휘발성이므로 조리의 마지막 단계에 넣는다. 참기름은 리그난이 산패를 막는 기능을 하며, 보관 시 직사광선을 피해 상온에 보관하는데 4℃ 이하에 보관 시 굳거나 부유물이 뜰 수 있다. 반면 들기름은 리그난이 함유되어 있지

않아서 냉장 보관을 해야 하는데, 오메가-3 지방산이 많이 들어 있어 공기에 노출되면 영양소가 파괴된다.

2. 재료에 따른 불 조절과 볶음 조리법

① 육류는 육즙이 유출되면 퍽퍽해지고 질겨지므로, 기름의 연기가 비춰질 정도로 달구어서 손잡이를 위로하고 불꽃을 팬 안쪽으로 끌어들여 훈제되는 향을 유도하면서 볶으면 육즙도 잡으면서 풍미도 있다.

② 마른 표고버섯은 볶으면서 약간의 물을 넣어주면 촉촉하게 볶을 수 있고, 일반 버섯은 물이 나오지 않도록 센 불에서 단시간 볶거나 소금에 살짝 절인 후 볶는다.

③ 오징어나 낙지볶음처럼 부재료로 들어가는 야채는 연기가 날 정도로 센 불에 먼저 볶고, 주재료를 넣고 다시 볶은 후에 양념은 마지막에 넣고 잘 볶아 준다.

03 볶음 담기

볶음요리는 돔형(소복이 쌓는 방법)으로 담는 것이 잘 어울린다. 음식을 담고 통깨를 뿌릴 때는 흩트려 뿌리면 지저분해 보일 수 있으므로 중앙 부분에 모아서 뿌린다.

01 볶음 조리의 특징으로 잘못된 것은?

① 소량의 기름을 이용해 뜨거운 팬에 익히는 방법이다.
② 센 불에서 단시간에 볶아 내므로 원하는 질감, 색과 향을 살릴 수 있다.
③ 재료가 타지 않도록 낮은 온도에서만 볶아 준다.
④ 수용성 영양소의 손실이 적다.

해설 낮은 온도에서 볶으면 식품이 많은 기름을 흡수하여 좋지 않다.

02 볶음의 재료 준비 과정으로 옳지 않은 것은?

① 부드러운 재료는 크게, 단단한 재료는 얇게 썬다.
② 수분이 많은 재료는 미리 수분을 제거하고 준비한다.
③ 습열 조리보다 연화가 작으므로 육질이 연한 식품을 이용한다.
④ 볶음에 사용하는 기름은 동물성 기름이 적당하다.

해설 식품의 향기에 영향을 덜 줄 수 있는 향을 갖고 있지 않은 식물성 기름(대두유, 옥수수유, 면실유 등)이 적당하다.

03 볶음 조리 도구로 적당한 것은?

① 바닥이 좁은 팬
② 바닥이 넓은 팬
③ 편수 냄비
④ 속이 깊은 곰솥

해설 재료가 균일하게 익으며, 양념장이 골고루 배어들 수 있
도록 바닥이 넓은 큰 팬을 사용한다.

04 볶음요리를 담을 때 주의 사항이 아닌 것은?

① 접시의 내원을 벗어나지 않게 담는다.
② 온도와 색, 풍미를 유지하여 담는다.
③ 한식에 가장 어울리는 음식 담는 법은
돔형(소복이 쌓는 방법)이다.
④ 음식을 담은 후 통깨를 음식 전체에 뿌
려 고소함을 더해 준다.

해설 음식을 담을 때 통깨는 흩트려 뿌리면 지저분해 보일 수
있으므로 중앙 부분에 모아서 뿌린다.

05 참기름과 들기름에 대한 설명으로 틀린 것은?

① 볶음요리 시 휘발성이므로 조리의 마지
막 단계에 넣는다.
② 참기름에는 산패를 방지하는 리그난이
들어있다.
③ 들기름은 마개를 막아서 상온 보관한다.
④ 참기름은 상온에, 들기름은 냉장 보관한다.

해설 참기름은 리그난(산패를 막는 기능)을 함유하고 있으며
직사광선을 피해 상온 보관하고, 들기름은 리그난을 함
유하고 있지 않으며 냉장 보관한다.

Chapter 11	한식 볶음 조리								
1	③	2	④	3	②	4	④	5	③

01 김치 재료 준비

1. 김치의 효능

김치의 효능에는 항균작용, 중화작용, 다이어트 효과, 항암 작용, 항산화·항노화 작용, 동맥경화 예방 작용 등이 있다.

2. 재료 준비

(1) 재료 선별 및 다듬기

배추 김치	선별법	• 배추는 결구(배추 같은 채소의 잎이 여러 겹으로 겹쳐서 둥글게 속이 드는 일) 정도가 단단하고, 속잎이 노란색이고 잎의 백색부가 넓고 얇으며 겉잎의 색은 진한 녹색이고 잎수가 많은 것으로 중간크기가 좋음 • 배추 저장의 최적 조건은 온도 0~3℃, 상대습도 95%임 • 결구형 배추는 포합형이라고도 하고 배추김치, 김장용으로 알맞음
	다듬기	• 병충해를 입은 부위와 잎과 줄기 부위가 억센 청잎 부위 등을 다듬기
	자르기	• 칼로 배추의 밑동 부분을 먼저 5~10cm가량 칼집을 낸 다음 양손으로 벌려서 2등분하거나 그대로 칼로 잘라서 2등분하기
배추 김치	절이기	• 마른 소금법 : 마른 소금을 배추 사이에 직접 뿌림 • 염수법 : 염수에 주재료를 담가 놓아서 절임 • 봄/여름 : 소금 농도 7~10%로 8~9시간 정도 절임 • 겨울 : 12~13%로 12~16시간 정도 절임
	세척 및 물빼기	• 물빼기 정도는 배추의 염 농도가 2~3%가 되도록 맞추고, 3~4회 세척함 • 염도가 낮으면 김치의 조직감이 아삭아삭하고 색은 좋으나 저장성이 나쁘고, 염도가 6% 이상에서는 배추가 짜고 질감이 질김
깍두기	선별법	• 무는 좌우 대칭이 반듯하고 매끈한 모양, 잔뿌리가 적고 묵직한 것 • 외상이 없고 진한 녹색의 탄력이 있고 광택 있는 무청이 달려 있는 것
	다듬기	• 칼로 이물질과 흙이 묻은 청잎과 잔뿌리를 제거하고 밑동을 제거하기
	세척 및 물빼기	• 무 전체를 고루 문질러 세척하고 채반에 놓고 물기를 빼기
	무 썰어 절이기	• 무를 폭 2cm 정도로 둥글게 썬 후 사방 2cm 정육각형의 깍둑썰기를 하여 소금을 뿌려 절인 후 세척하여 채반에 물기를 빼기

(2) 김치를 담그기 위한 조건

좋은 재료의 선택	• 주재료 채소의 조직이 살아 있는 상태를 유지하려면 채소 중의 펙틴질이 분해되기 전에 담그기 • 펙틴질은 펙티네이스(pecti-nase)라고 하는 효소에 의해 분해되어 조직이 물러지거나 연해지는데 이 효소는 세포 내에 존재하나 세포막이 파괴되면 세포 밖으로 나와 펙틴을 분해하기 때문에 좋은 품질의 싱싱한 주재료를 선택해야 함
절임	• 천일염을 사용하면 주재료의 조직감을 아삭한 상태로 유지해 주고 천일염 중의 칼슘이 펙틴질과 펙틴-칼슘 복합체를 만들어 펙티네이스(pectinase)에 의한 분해를 막아줌 • 채소 중에 수분을 빨리 배출시켜 조미료가 주재료에 쉽게 침투되도록 돌 등의 무게감 있는 것으로 눌러주어 압력을 가하기
저장온도	• 유산균이 맛있는 성분을 만들고 생성된 이산화탄소가 날아가지 않아 톡 쏘는 맛을 내기 위해서는 저온(4℃ 이하)에서 온도 변화 없이 저장하기
공기	• 김치를 부패시키는 균은 산소를 좋아하고 유산균은 산소를 싫어해서 공기가 들어가지 않도록 밀폐시키기

02 김치 조리

1. 김치 양념류의 특징

① 고추

품종 및 산지	• 가지과 채소로 남아메리카가 원산지 • 보은, 영양, 음성, 청양에서 재배된 고추가 유명함 • 종류 : 꽈리고추, 청양고추, 오이맛고추, 아삭이고추 등
영양성분 및 효능	• 비타민 A, B₁, B₂, C, E, 칼륨 및 칼슘이 많고 이중 비타민C가 제일 많음 • 포도당, 과당, 자당, 갈락토오스 등이 존재함 • 고추씨 : 단백질, 불포화 지방산이 풍부 • 고추의 빨간색 : 캡산틴(capsantin), 카로틴(carotene) • 매운맛 성분 : 캡사이신(capsaicin)-고추의 끝부분보다 씨가 있는 부위와 꼭지 쪽에 많음 • 감칠맛 성분 : 베타인(betain)과 아데닌(adenine) • 고추의 작용 : 생선의 비린내, 육류의 누린내 제거, 지방산패 억제, 방부효과 및 유산균 발육 증진 등 • 고추의 효과 : 암예방효과, 염증억제, 항산화, 진정, 비만예방, 혈중 콜레스테롤의 수치 낮춤, 혈액순환 촉진, 식욕증진 등

② 마늘

품종 및 산지	• 백합과 파속(allium)에 속하며 중앙아시아가 원산지 • 품종 　– 난지형 마늘 : 논마늘로 저장성이 약하고 매운맛이 덜함/ 남해, 무안 등에서 5월 중순부터 출하 　– 한지형 마늘 : 밭마늘로 저장성이 좋음 /서산, 의성, 단양 등 중북부 내륙지방에서 6월 중순 이후 출하 • 마늘의 종류 　– 6쪽마늘(마늘의 쪽수가 6쪽 내외) : 매운맛이 강함(김장용으로 적합) 　– 여러쪽 마늘 : 김장용으로 적합 　– 장손마늘 : 마늘장아찌용, 잎마늘용으로 적합
영양성분 및 효능	• 당질, 단백질, 무기질 함유/비타민 B₁, B₂, C, K(칼륨), Ca(칼슘), P(인)이 많고 셀레늄, 아연, 게르마늄, 사포닌, 폴리페놀이 풍부 • 알리티아민(allithiamine) : 알리신에 비타민 B₁이 결합된 것 → 비타민 B₁의 체내 흡수와 이용률을 높이고 신진대사 촉진, 피로회복에 좋음 • 알리신(allicin) : 알린(alliin)에 알리네이즈(allinase)가 작용하여 생성 → 천연 항생제로 불림 • 효능 : 강장, 항암, 항산화, 피로회복, 항동맥경화, 항혈전, 혈액순환 촉진, 면역증강 등

③ 파

품종 및 산지	• 백합과에 속하는 채소로 중국이 원산지 • 종류 　– 대파 : 양념으로 사용 　– 쪽파 : 양념뿐 아니라 김치 주재료로도 사용 　– 실파 : 조직이 단단하지 못하여 센 김치 양념에 쉽게 무를 수 있음
영양성분 및 효능	• 칼슘, 철분, 무기질이 많지만, 유황이 풍부하여 산성식품임 • 잎 부분에는 베타카로틴, 비타민B₁, C, K(칼륨)가 많고 흰 줄기 부분에는 비타민C가 많음 • 알릴설파이드(allysulfide)류 : 대파의 자극성 성분으로 소화액 분비 촉진, 진정작용, 발한작용 등 • 파의 매운 성분은 알린(allin)이 효소 알리네이즈(allinase)에 의해 분해된 알리신(allicin) 때문으로 비타민 B₁의 이용률을 높여 줌

④ 생강

품종 및 산지	• 생강과에 속하고 인도, 말레이시아 등 아시아가 원산지 • 좋은 생강은 발이 6~8개로 모양과 크기가 고르고 굵은 것 • 품종 : 대생강(봉상생강), 중생강(황생강), 소생강(아생강) 　– 서산, 산청, 완주 등이 주산지
영양성분 및 효능	• 당질(40~60%는 전분), 식이섬유가 많고, 비타민과 무기질은 소량 • 매운맛 성분 : 진저론(gingerone), 진저롤(gingerol), 쇼가올(shogaol) • 향기성분 : 시트랄(citral), 리나올(linalool)

⑤ 갓

품종 및 산지	• 십자화과에 속하며 중앙아시아가 원산지 • 종류 및 색깔에 의해 분류 　– 적갓(붉은갓) : 냄새가 진하며 고춧가루를 넣는 배추김치나 깍두기에 주로 사용/안토시아닌 색소가 많음 　– 청갓(푸른갓) : 시원함과 깨끗함을 주는 동치미, 백김치에 주로 사용
영양성분 및 효능	• 단백질과 당질이 들어 있고, 베타카로틴과 비타민 B₁, B₂, C의 함량이 높음 • 매운맛 성분 : 이소티오시아네이트(isothiocyanate) → 항균, 항암, 호흡기질환, 가래에 효과가 있음

⑥ 소금

특성 및 중요성		• 주성분은 염화나트륨(NaCl)으로 순수한 짠맛이 나고 불순물도 소량 들어 있어 약간의 쓴맛을 냄 • 저장성을 향상시키고, 적절한 발효조절 작용을 함
종류 및 특징	천일염 (호염)	• 바닷물을 햇볕에 건조시켜서 얻은 것 • 굵은 입자의 결정 반투명한 검은색 • 염도 : 80% • 용도 : 배추절임, 오이지, 생선절임, 채소절임 등
	꽃소금 (재제염)	• 천일염을 물에 녹여 재결정시킴 • 고운 흰색 입자 • 염도 : 90% 이상 • 용도 : 채소 소금 절임, 장 담그기 등

종류 및 특징	정제염	• 재제염을 재결정시킴 • 백색, 흡습성이 적음 • 염도 : 90% 이상 • 용도 : 음식의 간 맞추기
	식탁염	• 정제염에 방습제인 탄산칼슘과 염화마그네슘을 첨가함 • 정제염보다 약간 거칠지만 고름 • 용도 : 식탁 위에서 완성된 요리에 뿌림
	맛소금	• 정제염에 MSG를 첨가함 • 희고 적은 입자 • 용도 : 김구이, 각종 요리 등

⑦ 젓갈

영양성분 및 효능		• 소금의 농도가 13~18%로 고염식품 • 김치에 첨가 시 염도를 고려하여 소금의 양을 0.2~0.4% 줄여야 함 • 새우젓은 칼슘 함량이 높고 지방함량이 적어 담백한 맛을 냄 • 멸치젓은 지방, 아미노산의 함량이 높음
분류	젓갈류	• 어패류에 소금만 넣고 2~3개월 발효시킨 것으로 새우젓, 조개젓, 갈치속젓, 멸치젓 등이 있음 • 양념 젓갈류 : 고춧가루, 마늘, 생강, 깨, 파 등을 첨가한 것으로 명란젓, 창난젓, 오징어젓, 꼴뚜기젓, 어리굴젓, 아가미젓 등이 있음
	식해류	• 쌀, 엿기름, 조 등의 곡류와 소금, 고춧가루, 무채 같은 부재료를 혼합하여 숙성 발효시킨 것으로 가자미식해, 명태식해 등이 있음

분류	액젓	• 장기간(6~24개월) 소금으로 발효 숙성시켜 생선의 육질이 효소에 의해 가수분해되어 형체가 없어지게 되고 이를 여과한 것으로 '어장유'라고도 함

03 김치 담기

1. 김치 담그기의 필요지식

김치의 발효 미생물	• 김치의 발효가 진행되면서 젖산 및 유기산들이 생성, pH가 내려가고 저온 숙성 과정 중 혐기적 조건이 유지되어 유기산균과 같이 내산성을 지닌 혐기성균이 선택적으로 자람 • 김치 발효에 관여하는 미생물은 200여 종이 넘음
	• 발효에 관여하는 미생물 　－ 류코노스톡 메센테로이데스 (Leuconostoc mesenteroides) : 김치 발효 초반에 젖산발효를 하여 젖산과 함께 이산화탄소, 초산, 에탄올을 생산함 　－ 락토바실러스 플랜타럼(Lactobacillus plantarum) : 김치 발효 중반 이후에 관여하여 마지막까지 군집을 유지하는데 내산성이 강하고 젖산발효를 하는 유산균으로 김치의 pH를 떨어뜨리고 젖산을 풍부하게 생성하여 김치 맛의 숙성에 관여 함 　－ 락토바실러스 브레비스(Lactobacillus brevis), 락토바실러스 사키 (Lactobacillus sakei), 페디오코코스 (Pediococcus sp.) : 김치 장기간 보관 시 김치의 산패, 조직의 연화, 맛이 시어짐에 관여함

김치의 산패 원인	• 김치의 주재료와 부재료가 청결하지 못한 경우 • 김치의 저장온도가 높거나 소금의 농도가 낮은 경우 • 발효의 마지막에 곰팡이나 효모들에 오염된 경우
김치 발효균에 의한 산패	• 오랜 시간 숙성으로 김치 유산균의 젖산발효로 김치의 pH가 생성되고 유산균의 생육에 사용하는 포도당의 양도 급격하게 감소하면서 강한 내산성을 가지는 균들이 자람 • 포도당 외에 식물세포의 세포벽을 이루는 오탄당 성분들을 이용하여 성장하는 유산균들의 번식이 늘어나 김치 조직을 연화 시키고 오탄당의 발효는 젖산과 함께 초산을 생성하여 김치의 신맛을 강하게 함
김치 발효 중에 발생하는 그 밖의 변화	• 버섯속의 함유되어 있던 포도당 (glucose)과 갈락투론산(galacturonic acid)으로 부터 비타민 C가 생합성되는데 초기에는 감소하지만 맛있게 익을 때까지 계속적으로 증가하다가 감소함 • 발효 초기에는 호기성 세균, 중기 이후에는 주로 혐기성 세균이 발효하게 되고 후기가 되면 과도한 발효로 생성된 산을 이용하는 산막 효모류 등이 증가함

2. 김치 완성하기

김치 종류	담그기(완성하기)
배추김치	• 절임배추의 바깥쪽 잎부터 차례로 펴서 밑동 안쪽부터 사이사이에 양념소를 고르게 펴 바르기(밑동쪽에 충분히 들어가도록 넣고 잎 부위는 양념이 묻히도록) → 양념소 넣기가 끝나면 김치 포기 형태가 이루어지도록 모아서 보관할 용기에 담기 → 제일 위에 배추 겉대 절인 것으로 덮기 → 김치냉장고에 보관하여 숙성시키기 → 김치를 필요한 만큼 꺼내서 썰고 반드시 꼭꼭 눌러 두어야 김치 맛이 변하지 않음 • 배추의 전체적인 염도 평형과 맛의 유지를 위하여 절임배추는 줄기 부위보다는 잎 부위의 염도가 높아서 상대적으로 줄기 부위에 양념소를 많이 채워주어야 발효과정에서 전체적으로 염의 평형이 이루어지고 균일한 발효가 이루어짐
깍두기	• 양념을 배합하여 버무리기가 끝난 깍두기 용기에 담기 → 꼭꼭 눌러서 담고 김치냉장고에 보관하여 숙성시키기 → 필요한 만큼 꺼내고 나서는 눌러 두어 깍두기 맛이 변하지 않도록 하기

01 김치의 효능으로 바르지 않은 것은?

① 중화 작용
② 다이어트 효과
③ 향균 작용
④ 고혈압 예방

해설 김치는 소금과 젓갈이 사용되기 때문에 소금 섭취를 많이 하면 발생할 수 있는 고혈압, 위암 등을 예방하기 위해 김치를 싱겁게 담그는 것이 바람직하다.

02 배추김치 재료 선별법으로 바른 것은?

① 배추는 결구 정도가 단단한 것을 고른다.
② 무는 잔뿌리가 많은 것을 고른다.
③ 생강은 발이 3개 정도인 것을 고른다.
④ 배추절임에 꽃소금을 사용한다.

해설 무는 잔뿌리가 적고 묵직한 것, 생강은 발이 6~8개로 고르고 굵은 것, 배추절임에는 천일염(호염)을 사용한다.

03 배추김치 담그기에서부터 저장법에 대한 설명으로 바른 것은?

① 유산균은 산소를 좋아해서 공기가 조금 들어가게 한다.
② 산패의 원인은 소금의 농도가 높은 경우에 일어난다.
③ 저온(4℃)에서 온도 변화 없이 저장한다.
④ 김치의 발효가 진행되면 pH가 올라간다.

해설 유산균은 산소를 싫어해서 공기가 들어가지 않도록 밀폐시키고, 소금의 농도가 낮은 경우 산패의 원인이 되며, 발효가 진행되면 젖산 및 유기산들이 생성되어 pH가 내려간다.

04 다음 젓갈에 대한 설명으로 바르지 않은 것은?

① 소금의 농도가 13~18%로 고염식품이다.
② 어패류에 소금만 넣고 6~24개월 숙성시킨 것을 젓갈이라 한다.
③ 김치에 첨가 시 염도를 고려하여 소금의 양을 0.2~0.4% 줄여야 한다.
④ 멸치젓은 지방과 아미노산의 함량이 높다.

해설 장기간(6~24개월) 소금으로 발효 숙성시켜 생선의 육질이 효소에 의해 가수분해되어 형체가 없어지게 된 것을 액젓이라 한다. 젓갈은 어패류에 소금만 넣고 2~3개월 발효시킨 것이다.

05 김치에 사용되는 재료 중 지방산패 억제와 비만예방의 효과가 있는 것은?

① 마늘　　　② 생강
③ 갓　　　　④ 고추

해설 고추의 성분 중 캡사이신(capsaicin)은 체지방을 연소시키는 작용을 하여 체내 지방축적을 막아 다이어트에 효과가 있다.

Chapter 12 | 김치 조리									
1	④	2	①	3	③	4	②	5	④

PART 07

양식 조리

CHAPTER 01 서양 음식의 식생활 문화 및 기초 조리 실무

01 양식의 개요

1. 양식의 개요

양식이라고 하면 미국 요리만을 생각하는 경우가 있으나 미국, 캐나다 등의 북미대륙을 비롯하여 프랑스, 이탈리아, 영국, 독일 등의 유럽에서 전해진 서구의 음식을 총칭한다.

2. 양식의 코스 요리

에피타이저	• 식욕을 증진시키기 위한 요리 : 카나페, 훈제연어, 캐비어 등 • 식사 전의 술 : 식욕을 돋우기 위해 셰리와인과 드라이 버무스 등을 사용함
수프와 빵	• 본 요리로 들어가기 전 위에 부담을 덜어줌 • 빵이 미리 빵 바구니에 제공되는 경우도 있고 수프 뒤에 제공되는 경우도 있는데, 주요리를 먹을 때 같이 먹게 됨
생선 요리	• 육류 요리를 먹기 전에 나오며, 백포도주가 제공
육류 요리와 샐러드	• 정찬에 중심이 되는 요리 : 소고기, 송아지고기, 닭고기, 양고기 등이 사용되며, 붉은 포도주가 나옴 • 샐러드를 곁들이며, 육류 요리를 먹는 동안 간간이 먹음
디저트	• 단맛과 풍미가 있는 케이크, 아이스크림, 파이, 푸딩, 과일 등이 사용
음료	• 커피, 홍차, 녹차 등

3. 기본 식재료 썰기

① 썰기 종류와 규격

큐브(Cube)	정육면체로 써는 방법 중 가장 큰 썰기로 사방 2cm의 크기로 썬다.
다이스(Dice)	큐브보다는 작은 정육면체 크기로 사방 1.2cm의 크기로 썬다
스몰 다이스 (Small Dice)	다이스의 반 정도의 정육면체로 사방 0.6cm 크기로 썬다.
브뤼누아즈 (Brunoise)	스몰 다이스의 반 정도의 정육면체 크기로 사방 0.3cm로 썬다.
쥘리엔 (Julienne)	재료를 얇게 자른 뒤 포개어 놓고 얇고 길게 써는 형태를 말하며, 0.3cm 정도 두께로 썬다.
파인 쥘리엔 (Fine Julienne)	쥘리엔 두께의 반인 약 0.15cm로 썬다.
시포나드 (Chiffonade)	채소를 아주 얇게 써는 것을 말한다
바토네 (Batonnet)	감자튀김(프렌치프라이)의 형태로 써는 방법이다
슬라이스 (Slice)	재료를 위에서 작업대와 직각으로 절단하는 형태로, 한식 조리의 편 썰기와 같은 형태이다.
페이잔 (Paysanne)	야채에 많이 이용되며, 두께 0.3cm로 가로×세로 1.2cm 크기의 사각형 모양으로 써는 방법이다
촙(Chop)	식재료를 잘게 칼로 다지는 방법이다.
샤또(Chateau)	길이 5~6cm 정도의 끝은 뭉뚝하고 배가 나온 원통 형태의 모양으로 깎는다.
올리베트 (Olivette	샤또보다는 길이가 짧고(4cm 정도) 끝이 뾰족하며, 올리브 형태로 깎는다.

4. 조리 기구의 종류 및 용도

① 자르거나 가는 용도로 쓰이는 조리 기물

종류	용도
에그 커터(Egg Cutter)	삶은 계란을 자르는 도구로, 반으로 자르는 것, 슬라이스로 여러 조각을 내는 것
제스터(Zester)	오렌지나 레몬의 색깔 있는 부분만 길게 실처럼 벗기는 도구
베지터블 필러 (Vegetable Peeler)	오이, 당근 등의 채소류 껍질을 벗기는 도구
스쿱(Scoop)	멜론이나 수박 또는 당근 등의 모양을 원형이나 반원형의 형태로 만드는 도구[볼 커터(Ball Cutter)라고도 함]
롤 커터 (Roll Cutter)	얇은 반죽을 자르거나 피자 등을 자를 때 사용하는 도구
자몽 나이프 (Grafefruit Knife)	반으로 자른 자몽을 통째로 돌려가며 과육만 발라내는 도구
그레이터 (Grater)	채소나 치즈 등을 원하는 형태로 가는 도구
만돌린 (Mandoline)	과일이나 야채를 채나 다용도로 썰 때 사용되고, 와플 형태로도 감자 등을 썰 수 있는 도구
푸드 밀 (Food Mill)	완전히 익힌 감자나 고구마 등을 잘게 분쇄하기 위한 도구

② 물기 제거나 담고 섞는 등의 용도로 쓰이는 조리 기물

종류	용도
시노와(Chinois)	스톡이나 소스 또는 수프를 고운 형태로 거를 때 사용되는 도구
차이나 캡 (China Cap)	걸러진 식재료가 토마토소스 등과 같이 입자가 조금 있기를 원할 때나 삶은 식재료를 거를 때 사용하는 도구
콜랜더 (Colander)	많은 양의 식재료의 물기를 제거할 때나 거를 때 사용되는 도구
스키머 (Skimmer)	뜨거운 것을 조리할 시 스톡이나 소스 안의 식재료를 건져낼 때 사용되는 도구
시트 팬 (Sheet Pan)	식재료를 담아 두거나 옮길 때 사용되는 도구로 카트(Cart)에 끼워 많은 양을 옮길 수 있고 크기는 다양함
호텔 팬 (Hotel Pan)	음식물을 보관할 때 사용하는 도구로 넓이와 높이가 다양함
래들 (Ladle)	육수나 소스, 드레싱 등을 뜰 때 사용하는 도구로 크기와 모양은 다양함(한국에서는 국자라고 함)
키친 포크 (Kitchen Fork)	음식물을 옮기거나 뜨거운 큰 육류 등을 고객 앞에서 썰 때, 한 손은 카빙 나이프, 한 손에는 키친 포크를 잡고 고정시켜 주는 용도 등으로 사용하는 도구
계량컵과 계량스푼 (Measuring Cup, Measuring Spoon)	식재료의 부피를 계량하는 도구
소스 팬 (Sauce Pan)	소스를 데우거나 끓일 때 사용
프라이팬 (Fry Pan)	크기와 종류는 다양하고 간단하게 소량의 음식을 볶거나 튀기는 등 다용도로 사용됨
버터 스크레이퍼 (Butter Scraper)	버터를 모양내서 긁는(얼음물에 담가 놓으면 형태 유지) 도구
미트 텐더라이저 (Meat Tenderizer)	스테이크 등을 두드려 모양을 잡거나 육질을 연하게 할 때 사용하는 도구
솔드 스푼 (Soled Spoon)	스푼이 길어서 롱스푼이라고도 하며, 음식물을 볶을 때 섞거나 뜨는 용도로 사용하는 도구

위스크(Whisk)	크림을 휘핑하거나 계란 등 유동성 액체를 섞을 때 사용하는 도구

③ 기계류가 있는 조리 기물

종류	용도
블렌더(Blender)	소스나 드레싱 등 음식물을 곱게 가는 데 사용하는 기물
초퍼(Chopper)	고기나 야채 등을 갈 때 사용하는 기물
슬라이서(Slicer)	많은 채소나 육류 또는 큰 음식물을 다양한 두께로 썰 때 사용하는 기물
민서(Mincer)	고기나 야채를 으깰 때 사용하고, 틀의 구멍이 다른 것을 갈아 끼우면 원하는 형태를 얻을 수 있는 기물
그리들(Griddle)	윗면이 두꺼운 철판으로 되어 가스나 전기로 작동되고 온도 조절이 용이하여 여러 종류의 식재료를 볶거나 오븐에 넣기 전의 초벌 구이에 이용하는 기물
그릴(Grill)	가스나 숯의 열원으로 달구어진 무쇠를 이용하여 조리하는 기물로, 식재료 겉 표면의 형태와 향이 좋아짐
샐러맨더 (Salamander)	음식물이 위에서 내리쬐는 열로 인하여 조리되고, 음식물을 익히거나 색깔을 내거나 뜨겁게 보관할 때에도 사용하는 기물
딥 프라이어 (Deep Fryer)	여러 가지 음식물을 튀길 때 사용하는 기물
컨벡션 오븐 (Convection Oven)	음식물을 속까지 고르게 익힐 때 사용하고, 컨벡션 오븐은 찌고 삶고 굽는 등의 다용도로 사용이 가능한 기물
스팀 케틀 (Steam Kettle)	대용량의 음식물을 끓이거나 삶는 데 사용하고, 기계적으로 구부릴 수 있어 편리한 도구

토스터(Toaster)	샌드위치를 만드는 데 사용하는 빵을 구워 주는 것으로 회전식으로 구워줌
샌드위치 메이커 (Sandwich Maker)	샌드위치를 만들어진 상태로 빵에 그릴 형태의 색을 내거나 데워 주는 도구

5. 소고기의 부위별 사용 용도

① 어깨살(Chuck)

부위	특징	용도
앞다리 위쪽을 포함한 부분	운동량이 많은 부위로 살이 질기고 지방 함량이 적으며, 잘 발달된 근육으로 고기의 향이 풍부함	스튜(Stew) 스톡(Stock) 등

② 앞다리살(Fore Shank and Brisket)

부위	특징	용도
무릎관절 위부터 어깨 바로 밑 부분까지	짙긴 근육 살로 콜라겐이 많이 함유되어 습열로 오랫동안 조리ㅎ·면 콜라겐화 됨	조림 콘소메 (Consom—me) 등

③ 갈비살(Ribs)

부위	특징	용도
목살에서 이어지는 등 쪽 회장근인 로스 부분	고운 육질과 근육이 적음	스테이크 (Stek) 로스트 (Roast) 등

④ 양지살(Short Plate)

부위	특징	용도
앞 등심을 축으로 바로 아랫부분	섬유질이 질기며, 붉은 살 육질에 지방이 켜켜로 포개져 있음	브레이징 (Braising) 등

⑤ 뒷등심(Short Loin)

부위	특징	용도
뒤쪽 등심	근육의 형태가 마치 눈과 같은 모양을 하고 있어 립아이(Rib Eye)라고불리며, 그 아래쪽으로 안심(Tenderloin)을 포함하고 있음 근육을 거의 쓰지 않는 부위로 육질이 부드럽고 지방이 적음	스테이크(Stek) 등

⑥ 옆구리살(Flank)

부위	특징	용도
등심과 연결된 아랫배쪽 부분	근육이 줄무늬 형태로 늘어져 있으며 육질이 비교적 질긴 편임	수프(Soup) 등

⑦ 아랫등심(Sirloin)

부위	특징	용도
허리 부분과 다리 살 부분 주위에서 가장 부드러운 적색 살	육질이 연하고 지방도 적당히 포함되어 있음	스테이크(Stek) 로스트(Roast) 등

⑧ 엉덩이 살(Round)

부위	특징	용도
엉덩이 살	근육 덩어리가 크게 분포되어 있어 육질이 질긴 편에 속함	브레이징(Brais–ing) 스튜(Stew) 등

6. 가열 조리 방법

① 건식열 조리 방법

종류	조리법
철판구이 (Broiling)	열이 철판 또는 금속성 조리 기구에 닿아 적정온도가 되었을 때 재료를 넣어 조리하는 방법
석쇠구이 (Griling)	석쇠가 열원과의 적절한 거리를 유지하는 역할을 하도록 하여 굽는 방법. 열원(숯, 나무, 가스 등)에 의한 재료에 훈연(Smoky) 향을 돋을 수 있는 장점이 있음
로스팅 (Roasting)	오븐구이는 뜨거운 열이 재료의 주위를 맴돌게 하여 구워지는 방법. 높은 온도에서 색을 내고 낮은 온도로 낮춰 오랜 시간 익히는데, 육즙의 손실이 적고 연하여 맛이 좋음
굽기 (Baking)	오븐을 예열하여 육류와 생선, 제과, 제빵 등과 감자, 파스타, 생선, 채소 등의 요리에도 활용되는 조리법으로, 열기가 골고루 순환되는 전도 방식에 의해 조리가 되면서 표면이 캐러멜화되기 시작함
그레티네이팅 (Gratinating)	조개류, 육류, 생선류, 가금류, 채소, 파스타, 감자 등의 조리한 재료 위에 치즈, 버터크림, 크러스트(Crust) 소스, 버터 또는 설탕 등을 올려서 갈색을 내기 위해 오븐이나 샐러맨더, 브로일러 등에 넣어 조리하는 방법
볶음 (Sauteing)	• 소테(Saute)는 전도열에 의한 건열식 조리법 중의 대표적 조리 방법으로, 적은 양의 재료를 빠른 시간에 볶아 내는데 효과적인 조리법 • 예열하여 충분히 열이 전달되도록 하며, 190~220℃가 적합함 • 식품의 맛있는 즙의 유출을 방지하고 영양소 파괴를 최소화할 수 있음

종류	조리법
팬 프라잉 (Pan Frying)	• 소테(Saute)와 비슷한 조리법이지만, 다른 점은 조리 시작 시 표면 온도는 소테보다 비교적 낮으며 조리 시간도 김 • 충분히 예열을 해야 재료에 필요 이상으로 기름이 스며들지 않으며, 170~200℃가 적합함
튀김 (Deep Frying)	기름의 대류 원리를 이용한 조리 방법으로 튀김기름의 온도는 175~190℃에서 적당함
시어링 (Searing)	육류, 생선류, 가금류를 팬을 달구어 짧은 시간에 육즙이 빠져나가지 않도록 구워서 오븐에 넣어 익히는 정도를 맞추게 됨

② 습식열 조리 방법

종류	조리법
삶기 (Poaching)	• 액체의 내부 온도가 65~92℃일 때 완전히 잠기도록 재료를 넣어서 데치는 방법 • 재료의 풍미를 살리기 위해 삶기를 할 때 스톡(Stock), 부용(Bouillon), 식초를 넣은 물을 많이 사용함
은근히 끓이기 (Simmering)	• 낮은 불에서 재료가 흐트러지지 않도록 은은하게 끓여 85~96℃ 사이에서 비교적 높은 열을 유지하여 내용물이 계속적으로 대류 현상을 유지하며 조리되도록 하는 방법 • 스톡(Stock), 맑은 국물(Broth), 식초 등에 미르포와(Mire Poix)를 넣어 맛을 내며, 필요시 소금과 후춧가루로 간을 함
끓이기 (Boiling)	일반적으로 100℃ 이상을 유지하며, 많은 양의 재료를 액체 속에서 익히기 위한 목적으로 사용됨
데침 (Blanching)	• 기름이나 물을 매개체로 이용하여 고온에서 짧게 익혀내는 방법으로 재료와 매개체의 비율은 1 : 10 정도가 좋음 • 데치기를 통해 육류, 가금류, 생선류의 표면 단백질이 응고되어 영양소 손실이 적고 부드러워짐

종류	조리법
증기찜 (Steaming)	수증기의 열을 이용한 조리법으로 수증기의 압력이 가해질 수 있도록 공간을 폐쇄한 다음 조리하여야 함
글레이징 (Glazing)	채소류, 육류, 생선류와 가금류를 버터, 설탕, 꿀, 과일즙, 육즙 등을 졸여서 윤기나게 코팅시키는 방법

③ 복합 조리 방법

종류	조리법
브레이징 (Braising)	• 복합 조리의 대표적인 조리 방법으로 저료는 덩어리가 큰 것을 건식열로 먼저 갈색으로 구워 육즙이 나오는 것을 막고, 그 후에 소스나 채소 등을 곁들여 적당한 열로 조리를 하는데, 재료 주변으로 오일을 감싸서 조리되는 동안 건조되는 것을 막아 주며 이때 생기는 육즙은 소스로 사용함
스튜잉 (Stewing)	• 브레이징이 육류를 큰 덩어리로 조리하기 위해 사용한다면 스튜잉은 작은 덩어리로 썰어서 표면을 색을 낸 다음 습식열로 조리하는 것이 특징임 • 브레이징보다는 재료의 크기가 작아서 조리 시간이 짧고 소스를 충분히 넣어 재료가 잠길 정도로 하고 조리 왼료 시까지 재료들이 건조되는 일이 없도록 함
프왈레 (Poeler)	• 채소, 가금류, 육류 등을 뚜껑이 있는 그릇에 담고 140~210℃의 오븐에 조ㄹ하는 방법으로, 소스를 재료 위에 자주 끼얹어가며 익힌 후 가금류와 육류 등을 꺼내 스톡 또는 소스, 와인을 넣어 데글레이즈(Deglaze)한 후 졸여서 체에 걸러 소스로 이용함

수비드 (Sous Vide)	• 재료를 비닐봉지(진공 상태)에 담아 고기류는 55~60℃, 채소류는 좀 더 높은 온도에서 짧게는 1시간에서 길게는 72시간까지 미온의 미지근한 물에서 익히는 조리 방법 • 장점은 재료의 맛을 살릴 수 있고 수분이 유지되며, 영양소 파괴도 줄일 수 있고, 재료가 골고루 익음 • 고기류는 66℃ 부근에서 단백질 변성이 일어나는데, 그보다 낮은 온도에서 조리하여 육즙이 고기 속으로 배어들어 고기의 질감이 부드러움. 소요시간은 1시간 반에서 2시간 정도로 약 50℃에서 레어(Rare)가 나오고, 약 60℃에서 미디엄(Medium)이 완성됨
도자기 구이 (Pot Roasting)	• 주로 감자, 고구마, 통닭, 통오리 등을 종이(한지)나 포일(Foil)로 싸고 그 위에 진흙을 발라 600~1,200℃ 오븐이나 가마에 굽는 방법
압력조리 (Pressure Cooking)	• 재료를 물이나 기름에 넣고 압력을 가하는 방식으로 열효율이 높고 빠른 시간 내에 조리가 가능함
피치먼트 (Parchment) – 종이에 싸서 굽기 (En Papillote)	• 찜과 비슷한 조리법으로 주로 어패류에 사용되며 재료에 양념 또는 허브(향신료) 등으로 마리네이드(Marinade)를 하거나 채소와 과일 등을 함께 넣어 기름종이(Parchment Paper)에 싼 후 오븐에서 조리하는 방식

출제예상문제

01 다음 중 습식열 조리 방법에 해당되지 않는 것은?

① 삶기(Poaching)
② 볶음(Sauteing)
③ 은근히 끓이기(Simmering)
④ 글레이징(Glazing)

해설 습식열 조리 방법
삶기, 은근히 끓이기, 끓이기, 데침, 증기찜, 글레이징이며, 볶음은 건식열 조리 방법이다.

02 다음의 썰기 종류에 대한 설명으로 맞는 것은?

정육면체로 써는 방법 중 가장 큰 썰기로 사방 2cm의 크기로 썰어서 스튜나 샐러드 조리 등에 사용한다.

① 다이스(Dice) ② 촙(Chop)
③ 큐브(Cube) ④ 샤또Chateau)

해설 • 다이스(Dice) : 큐브보다는 작은 정육면체 크기로 사방 1.2cm의 크기
• 촙(Chop) : 식재료를 잘게 칼로 다지는 방법
• 샤또(Chateau) : 길이 5~6cm 정도의 끝은 뭉뚝하고 배가 나온 원통 형태

03 조리 도구 중 자르거나 가는 용도로 쓰이는 기물이 아닌 것은?

① 에그 커터(Egg Cutter)
② 스키머(Skimmer)
③ 제스터(Zester)
④ 그레이터(Grater)

해설 스키머(Skimmer)
뜨거운 것을 조리할 시 스톡이나 소스 안의 식재료를 건져 낼 때 사용되는 도구

05 소의 부위 중 스테이크를 하기에 적당하지 않은 부위는?

① 갈비살(Ribs)
② 뒷등심(Short Loin)
③ 양지살(Short Plate)
④ 아랫등심(Sirloin)

해설 양지살은 섬유질이 질기며, 붉은살 육질에 지방이 켜켜이 포개져 있어 스테이크용으로 적합하지 않다.

04 식재료 써는 방법 중 다음은 어떤 방법에 대한 설명인가?

> 한 손으로 재료를 잡고 칼을 잡은 손을 밀면서 썰며, 안쪽 옆에서 작업 시 보면 칼 잡은 손이 시계 방향으로 원 형태를 그리며 밀어서 작업한다.

① 내려썰기　　② 밀어서 썰기
③ 당겨서 썰기　　④ 터널식 썰기

해설 • 내려썰기 : 식재료의 양이 적거나 간단한 작업을 할 때 사용하는 방법
• 당겨서 썰기 : 한 손으로 재료를 잡고 칼을 잡은 손으로 당기면서 썰며, 안쪽 옆에서 작업 시 보면 칼 잡은 손이 시계 반대 방향으로 원 형태를 그리며 당겨서 작업
• 터널식 썰기 : 한 손으로 재료를 터널 모양으로 잡고 써는 방법으로, 식재료를 길게 썰 때 사용하는 방법

06 서양요리의 식탁 예절로 맞지 않은 것은?

① 포크와 나이프는 안쪽에서 바깥쪽으로 순서대로 사용한다.
② 주로 쉐리와인(Sherry wine)을 식전주로 사용한다.
③ 바닥에 떨어트린 포크와 나이프는 줍지 않는다.
④ 수프는 앞에서 먼 쪽으로 밀듯이 떠서 먹는다.

해설 식탁에 놓여 있는 포크와 나이프는 바깥쪽에서 안쪽으로 순서대로 사용한다.

Chapter 01	서양 음식의 식생활 문화 및 기초 조리 실무								
1	②	2	③	3	②	4	②	5	③
6	①								

CHAPTER 02 양식 스톡 조리

01 스톡 조리

스톡(Stock)은 서양 요리의 기본으로 소고기, 닭고기, 생선, 야채와 같은 재료 본래의 맛을 낸 국물로 수프와 소스의 맛을 결정하는 가장 중요한 조리 과정 중의 하나이다.

1. 스톡 재료 준비

(1) 스톡의 재료

종류	특징
부케가르니 (Bouquet garni)	• 허브와 향미 채소를 실로 묶은 것 • 통후추, 월계수 잎, 타임, 파슬리 줄기와 마늘을 사용 • 오랫동안 조리하면서 향을 추출하기 위해 통째로 사용
미르포아 (Mirepoix)	• 스톡에 향기를 강화하기 위해 사용 • 양파 50%, 당근 25%, 셀러리 25%의 비율로 사용 • 브라운스톡 : 양파, 당근, 셀러리 • 흰색 육수 : 무, 버섯, 대파
뼈 (bone)	• 소뼈와 송아지 뼈 – 가장 많이 쓰이고 등뼈, 목뼈, 정강뼈가 사용되며 6~8시간 이내 조리 • 닭 뼈 – 가격 조건이 좋아 자주 쓰이고 목뼈와 등뼈가 사용되며 5~6시간 이내 조리 • 생선 뼈 – 흰살생선(넙치와 가자미 등)을 사용하며, 기름을 많이 함유한 연어, 참치 등은 부적합함 피와 불순물 제거를 위해서 찬물에 담갔다가 사용

(2) 스톡의 종류와 특성

스톡은 색에 의해 화이트스톡과 브라운스톡으로 나누며, 두 스톡의 큰 차이점은 오븐을 이용하여 갈색으로 구워서 사용했는지의 여부이고, 생선스톡의 경우 미르포아 사용 시 당근은 제외한다.

종류	특징
화이트스톡 (White Stock)	• 닭, 송아지, 소 등의 뼈와 미르포아, 부케가르니를 넣어 끓이며, 색을 내지 않는다. • 종류 : 화이트 비프스톡, 화이트 피시스톡, 화이트 치킨스톡, 화이트 베지터블스톡
브라운스톡 (Brown Stock)	• 뼈와 채소를 높은 열(오븐)에서 캐러멜화(갈색으로 구워)하고, 토마토페이스트와 같은 토마토 부산물이 첨가되어 장시간 끓여 만든다. • 종류 : 브라운 비프스톡, 브라운 빌스톡, 브라운 게임스톡, 브라운 치킨스톡
생선스톡 (Fish Stock)	• 생선 뼈나 갑각류의 껍질과 미르포아, 부케가르니를 넣어 1시간 이내로 은근히 색이 나지 않게 조리한다. • 생선 퓌메(Fish Fumet) : 생선스톡에 레몬주스나 화이트와인을 첨가하고 간을 하여 생선스톡보다 더 강한 향을 가진다.
쿠르부용 (Court Bouillon)	• 야채와 부케가르니, 식초, 와인 등의 산성 액체를 넣어 은근하게 끓여서 만들며, 생선이나 야채를 삶아내기[포칭(Poaching)]위한 매개체로 사용한다. • 나지(Nage) : 생선 뼈나 갑각류(가재 등)의 껍데기를 쿠르부용에 넣어 끓이는 것

2. 스톡 조리

(1) 스톡 조리하기

조리 순서	주의점
찬물에서 시작하기	• 재료의 맛과 향 등을 잘 용해시키기 위해 반드시 찬물로 시작한다. • 뜨거운 물로 시작하게 되면 불순물이 빨리 굳어지고 맛이 우러나지 못하며 혼탁해진다.
불 조절하기	• 스톡이 끓기 시작하면 불을 줄여서 90℃를 유지하게 은근하게 끓여야 뼛속 맛과 향이 우러나온다. • 센 불로 조리 시 내용물의 움직임이 빨라져서 기름기가 물과 함께 엉켜 혼탁해진다.
거품 및 불순물 걷어 내기	• 불순물과 거품을 스키머(Skimmer)로 제거해 주면 되고, 일정한 시간을 두고 떠오르는 불순물은 계속 제거해 준다
간 하지 않기	• 간을 하지 않는데, 용도에 따라 소량이 될 때까지 졸여서 사용해야 하므로 소금간을 미리 하면 대단히 짠 맛이 날 수 있다.

3. 스톡 완성

(1) 스톡 거르기

① 내용물과 스톡이 서로 분리되도록 원뿔체(China Cap)에 소창을 씌워 거른다

② 국자나 흡수지를 이용하여 기름을 걷어낸다.

(2) 스톡 냉각시키기

① 열전달이 빠른 금속기물에 옮겨 얼음을 넣은 냉수에 식힌다.

② 2단계로 냉각시키는데 첫 번째는 21℃로 2시간 이내로 냉각시키고, 두 번째 단계

는 추가로 4시간 동안 5℃ 이하로 냉각시키는 것이 안전하다.

(3) 스톡 보관하기

냉각된 스톡은 잔존하는 기름기가 표면에 굳어있게 되는데, 슬로티드 스푼(Slotted Spoon, 액체와 고형물을 분리할 때 사용)과 같은 기구로 떠내어 기름을 제거한다.

(4) 스톡의 품질 평가 기준

종류	특징	개선 방법
맑지 못하다	조리 시 불 조절의 실패와 이물질	찬물에서 스톡 조리 시작(시머링), 소창을 사용하여 걸러냄
향이 적다	충분히 조리되지 않고 뼈와 물과의 불균형	뼈를 추가하고 조리 시간을 늘림
색상이 옅다	뼈와 미르포아가 충분히 태워지지 않음	짙은 갈색으로 태우기
무게감이 없다	뼈와 물과의 불균형	뼈를 추가하기
짜다	조리하는 동안 소금을 넣음	스톡을 다시 조리하기(소금 사용 금지)

01 스톡(Stock)에 사용하는 재료가 아닌 것은?

① 부케가르니(Bouquet Garni)
② 미르포아(Mirepoix)
③ 우유(Milk)
④ 뼈(Bone)

해설 스톡의 재료로는 부케가르니, 미르포아, 뼈가 사용된다.

02 스톡에 사용하는 뼈(Bone) 중 가격 조건이 좋아 자주 쓰이는 것은?

① 소뼈   ② 송아지 뼈
③ 생선 뼈   ④ 닭 뼈

해설 닭 뼈는 다른 뼈에 비해 가격 조건이 좋아 자주 쓰인다.

03 스톡 조리 시의 주의 사항으로 바르지 않은 것은?

① 스톡은 조리 마지막에 소금 간을 연하게 한다.
② 찬물에서부터 끓여 재료의 맛이 잘 용해되게 한다.
③ 90℃를 유지하게 은근하게 끓여야 맛과 향이 우러난다.
④ 떠오르는 불순물은 계속적으로 제거해 준다.

해설 스톡 조리 시 간을 하지 않는데, 그 이유는 용도에 따라 소량이 될 때까지 졸여서 사용해야 하므로 소금간을 미리 하면 대단히 짠 맛이 날 수 있기 때문이다.

04 스톡에 사용되는 조리법으로 은근하게 끓이는 방법인 조리법은?

① 보일링(Boiling)
② 시머링(Simmering)
③ 글레이징(Glazing)
④ 스티밍(Steaming)

해설 시머링(Simmering)
85~96℃ 사이에서 비교적 높은 열을 유지하며, 내용물이 계속적으로 대류 현상을 유지하면서 조리되도록 하는 방법이다.

05 완성된 스톡의 품질 평가 시 색상이 맑지 못한 원인으로 맞는 것은?

① 스톡 조리 시 불 조절의 실패와 이물질
② 뼈와 물과의 불균형
③ 뼈와 미르포아가 충분히 태워지지 않음
④ 뼈를 갈색으로 태우지 않았음

해설 스톡의 색상이 맑지 못한 원인은 조리 시 불 조절의 실패와 이물질 등이며, 개선 방법은 찬물에서 스톡 조리를 시작(시머링)하고, 소창을 사용하여 걸러낸다.

Chapter 02 | 양식 스톡 조리

| 1 | ③ | 2 | ④ | 3 | ① | 4 | ② | 5 | ① |

전채 요리는 식사의 첫 코스에 나오는 요리로, 식욕을 촉진시키는 요리이다. 영국 및 미국에서는 에피타이저(Appetizer)라고 하고 프랑스에서는 오르되브르(Hors d'oeuvre)라고 하는데, Hors 는 '앞'을 의미하고 oeuvre는 '식사'를 뜻하여 식전에 나오는 모든 요리의 총칭을 말한다.

01 전채 조리

1. 전채 재료 준비

(1) 전채 요리의 분류

명칭	종류	특징
플레인 (Plain)	햄 카나페, 생굴, 캐비아, 올리브, 토마토, 렐리시, 살라미, 소시지, 새우 카나페, 안초비, 각종 치즈, 과일, 거위 간, 연어 등	형태와 맛이 유지된 것
드레스트 (Dressed)	과일주스, 칵테일, 육류 카나페, 게살 카나페, 소시지 말이, 구운 굴, 스터프트에그 등	조리사의 아이디어와 기술로 가공된 것

(2) 전채 요리의 종류와 특징

종류	특징
오르되브르 (Hors d'oeuvre)	식욕을 돋우기 위하여 식사 전에 나오는 간단한 요리

칵테일 (Cocktail)	해산물을 주재료로 사용하거나 과일을 이용하여 크기를 작게 만들어 차갑게 제공
카나페 (Canape)	빵을 작게 자르거나 크래커 등을 이용하여 한입 크기로 만듦
렐리시 (Relishes)	셀러리, 무 등을 스틱형으로 예쁘게 다듬어 마요네즈 등과 같은 소스를 곁들임

(3) 전채에 사용되는 재료의 특성

재료	특성
육류	• 부드러운 안심과 등심 부위 • 송아지 목젖 • 생고기를 염지해서 말린 이탈리아의 파마햄(Parma Ham) • 소고기를 양념해서 말린 에어 드라이 비프(Air Dry Beef)
가금류	• 오리, 거위, 닭, 간, 메추리, 꿩 등이 이용 • 로스트, 테린, 훈제, 갈라틴 같은 조리 방법을 사용

생선류	• 생선류, 극피동물(성게와 해삼류), 갑각류, 연체동물 등을 사용
	• 조리법
	  – 생것에 양념하는 타르타르(Tartar), 훈제(Smoked), 세비체(Ceviche, 해산물을 회처럼 얇게 잘라 레몬즙이나 라임즙에 재운 후 차갑게 먹는 중남미 지역의 대표적인 음식)
	  – 쿠르부용(Court Bouillon, 야채와 부케가르니, 식초, 와인 등의 산성 액체를 넣어 은근하게 끓여서 만듦)에 살짝 삶아서 콩디망(Condiments, 여러 가지 양념을 섞은 것)으로 양념

채소류	• 양상추와 당근, 셀러리, 양파, 로메인상추 등 • 향이 많이 나고 강한 채소는 요리의 특성에 맞게 사용함

2. 전채 요리 조리

(1) 전채 요리의 조리 특징

① 신맛과 짠맛이 적당히 있고, 주요리보다 소량으로 만듦

② 예술성이 뛰어나야 함

③ 계절감, 지역별 식재료 사용이 다양해야 함

④ 주요리에 사용되는 재료와 반복된 조리법을 사용하지 않음

3. 전채 요리 완성

① 전채 요리 접시 담기

　㉠ 고객의 편리성이 우선 고려되어야 한다.

　㉡ 재료별 특성을 이해하고 적당한 공간을 두고 담는다.

　㉢ 접시의 내원을 벗어나지 않게 담는다.

　㉣ 일정한 간격과 질서를 두고 담는다.

　㉤ 소스는 많이 뿌리지 않고 적당하게 뿌린다.

　㉥ 가니쉬(Garnish)는 요리 재료의 중복을 피해서 담는다.

　㉦ 주요리보다 양과 크기가 크거나 많지 않게 한다.

　㉧ 색깔과 맛, 풍미, 온도에 유의하여 담는다.

② 전채 요리에 적합한 콩디망(Condiments, 조미료나 양념)은 전채 요리에 어울리는 양념이나 조미료, 향신료 등을 말하며, 어떻게 제공할 것인지 선정해야 한다.

[전채 요리에 사용되는 콩디망의 종류]

종류	특징
오일 앤 비네그레트 (Oil vinaigrette)	• 기본적으로 오일과 식초를 3 : 1의 비율로 사용 • 해산물이나 채소 요리에 어울림
베지터블 비네그레트 (Vegetable vinaigrette)	• 양파, 홍피망, 청피망, 노란 파프리카, 마늘, 파슬리 등을 작은 주사위 모양으로 자르고 오일과 식초를 3 : 1의 비율로 섞어 사용 • 해산물 요리에 많이 사용됨
토마토 살사 (Tomato salsa)	• 토마토를 작은 주사위 모양으로 잘라 다진 양파, 올리브유, 적포도주, 식초, 파슬리 다진 것을 섞고 간을 해서 사용
마요네즈 (Mayonnaise)	• 마요르카섬의 마온에서 유래된 것으로 마온풍 소스라는 뜻 • 정제된 식물성 유지와 달걀노른자를 유화시켜 반고체 식품으로 만든 소스 • 채소와 같이 먹거나 무쳐서 사용함
발사믹 소스 (Balsamic sauce)	• 포도주 식초의 일종인 발사믹 식초를 반으로 졸여 올리브유와 소금, 후추로 간을 해서 사용

01 전채 요리를 플레인(Plain)과 드레스트(Dressed)로 구분하는데, 플레인의 종류에 속하지 않는 것은?

① 햄카나페   ② 칵테일
③ 새우카나페   ④ 생굴

해설 전채 요리의 분류
- 플레인(Plain) : 형태와 맛이 유지된 햄카나페, 생굴, 캐비아, 올리브, 토마토, 렐리시, 살라미, 소시지, 새우카나페, 안초비, 각종 치즈, 과일, 거위 간, 연어 등
- 드레스트(Dressed) : 조리사의 아이디어와 기술로 가공된 것으로 과일주스, 칵테일, 육류카나페, 게살카나페, 소시지 말이, 구운 굴, 스터프트 에그 등

02 전채 요리에 사용되는 도구 중 다음의 설명에 해당하는 것은?

> 생크림이나 양념 된 속 재료를 넣어서 모양을 짜 주는 용도이며 스터프드 에그(Stuffed egg)를 만들 때 사용한다.

① 에그 슬라이서(Egg Slicer)
② 스패츌러(Spatula)
③ 그레이터(Grater)
④ 페이스트리 백(Pastry Bag)

해설 페이스트리 백(Pastry Bag)
짤 주머니라고도 하며, 생크림이나 양념 된 속 재료를 넣어서 모양을 짜 주는 용도이다. 스터프드 에그(Stuffed Egg)를 만들 때 사용한다.

03 전채 요리의 조리 특징으로 틀린 것은?

① 적당한 신맛과 짠맛으로 다음 요리를 먹고 싶게끔 해야 한다.
② 주요리에 사용되는 재료와 반복된 조리법을 되도록 사용한다.
③ 크기를 작게 하여 소량으로 만들어 다음 요리에 대한 기대감을 가지게 한다.
④ 계절에 맞는 식재료와 지역별 식재료를 사용하여 다양함을 추구해야 한다.

해설 전채 요리는 주요리와의 재료, 조리법이 겹치지 않고 영양적으로 균형이 잡히도록 준비한다.

04 전채 요리에 사용되는 콩디망(Condiments)은 무엇을 말하는가?

① 전채 요리 조리 방법의 한 종류이다.
② 오르되브르(Hors d'oeuvre)와 같은 말이다.
③ 전채 요리 중의 하나이다.
④ 전채 요리에 어울리는 양념이나 조미료, 향신료 등을 말한다.

해설 콩디망은 전채 요리에 어울리는 양념이나 조미료, 향신료 등을 말하며, 발사믹소스 · 토마토살사 · 베지터블 비네그레트, 오일 앤 비네그레트, 마요네즈와 같은 소스류 등을 사용한다.

Chapter 03 | 양식 전채 조리							
1	②	2	④	3	②	4	④

CHAPTER 04 양식 샌드위치 조리

01 샌드위치 조리

1. 샌드위치 재료 준비

(1) 샌드위치의 분류

분류	종류	특징
온도에 따른 분류	핫 샌드위치	• 빵 사이에 뜨거운 속 재료인 고기패티, 어패류 • 패티, 그릴 야채 등이 주재료가 되게 만든 샌드위치
	콜드 샌드위치	• 빵 사이에 차가운 속 재료가 주재료가 되게 만든 샌드위치
형태에 따른 분류	오픈 샌드위치	• 얇게 썬 빵 위에 재료들을 얹고 위에 얹는 빵을 올리지 않고 오픈해 둔 샌드위치 • 오픈샌드위치, 브루스케타(Brustchetta), 카나페(Canape) 등
	클로즈드 샌드위치	• 얇게 썬 빵 위에 속 재료를 놓고 위에서 빵을 덮는 형태의 샌드위치
	핑거 샌드위치	• 일반 식빵을 클로즈드 샌드위치를 만들어 손가락 모양으로 길게 3~6등분으로 썬 샌드위치
형태에 따른 분류	롤 샌드위치	• 빵을 넓고 길게 잘라 재료(크림치즈, 게살, 훈제 연어, 참치)를 넣고 둥글게 말아 썰어 제공하는 형태의 샌드위치 • 토르티야, 딸기롤 샌드위치, 단호박롤 샌드위치, 게살롤 샌드위치 등

(2) 샌드위치의 구성 요소 및 특징

샌드위치를 구성하는 요소는 5가지로, 그 구성 요소와 특징은 다음과 같다.

빵 (Bread)	• 단맛이 덜하며, 썰었을 때 단면이 깨끗하게 썰리는 조직을 가지고 있는 것이 적당함 • 거친 빵보다는 부드러운 빵(거친 빵보다 쉽게 눅눅해지지 않고, 상하는 속도가 느림)이 주로 사용됨
수프레드 (Spread)	• 코팅제 : 빵이 눅눅해지는 것을 방지 • 접착제 : 빵과 속 재료가 흐트러지는 것을 방지 • 맛의 향상 : 개성 있는 맛을 내며, 전체적으로 맛이 어우러지게 함 • 감촉 : 촉촉한 감촉을 위해 사용함
주재료로서의 속 재료	• 핫 샌드위치 : 뜨거운 빵과 뜨거운 속 재료를 이용함 • 콜드 샌드위치 : 상온의 빵과 차가운 속 재료를 이용함
부재료로서의 가니쉬	• 가니쉬는 야채류, 과일과 싹류를 이용해 보기 좋게 하여 상품성 있게 함

양념 (Condiment)	• 샌드위치에 사용하는 소스 혹은 드레싱으로 재료의 맛이 개성 있게 표현될 수 있게 하는 역할을 함

(3) 샌드위치 수프레드의 종류

샌드위치의 속 재료에서 나오는 수분으로부터 빵이 눅눅해지는 것을 방지하기 위해 사용하는 방수코팅제 역할을 하는 소스를 수프레드라고 한다.

분류	종류
단순 수프레드	단순 수프레드
복합 수프레드 (두 가지 이상을 혼합)	버터 또는 마요네즈를 기본으로 한 복합 수프레드, 유제품을 기본으로 한 복합 수프레드, 올리브오일을 기본으로 한 복합 수프레드 등

02 샌드위치 조리

샌드위치의 조리는 5단계로 세분할 수 있으며, 이렇게 5단계로 조리를 하면 다양한 샌드위치를 만들 수 있다.

빵 종류의 선택 → 수프레드의 선택 → 속재료의 선택 → 가니쉬 선택 → 세팅 및 곁들임 세팅

03 샌드위치 완성

(1) 샌드위치 요리 플레이팅 시 고려 사항

① 재료 자체가 가지고 있는 고유의 색감과 질감을 잘 표현하기
② 전체적으로 심플하고 청결하며, 깔끔하게 담아내기
③ 요리의 알맞은 양을 균형감 있게 담아내기
④ 고객이 먹기 편하도록 플레이팅하기
⑤ 음식과 접시 온도에 신경 쓰기
⑥ 색 맛과 향이 공존하도록 플레이팅하기

(2) 샌드위치 썰기

샌드위치는 완성품의 특성에 맞게 다음 10가지 방법 중에 선택하여 썰기를 한다.
[샌드위치 썰기의 종류]
삼각 3쪽 썰기, 사다리꼴 3쪽 썰기, 사선썰기, 삼각 2쪽 썰기, 삼각 4쪽 썰기, 사각 모양 4쪽 썰기, 사각 모양 2쪽 썰기, 사각 모양 3쪽 썰기, 사선 4쪽 썰기, 사선 3쪽 썰기 등

(3) 샌드위치 담기, 세팅하기

샌드위치는 용도에 맞게 담아서 샌드위치, 양념류(Condiments, 콩디망), 포크, 나이프, 접시를 이용하여 시각적으로 보기 좋게 세팅한다.

01 식빵에서의 수프레드(Spread)의 역할로 거리가 먼 것은?

① 코팅제   ② 팽창제
③ 접착제   ④ 맛의 향상

해설 수프레드의 역할
코팅제, 접착제, 맛의 향상, 촉촉한 감촉

02 샌드위치의 구성 요소들에 대한 설명으로 바르지 않은 것은?

① 빵은 거친 빵보다는 부드러운 빵이 주로 사용됨
② 수프레드는 전체적인 맛이 어우러져야 한다.
③ 주재료로서의 속 재료 중 핫 샌드위치는 뜨거운 빵과 차가운 속 재료를 이용한다.
④ 샌드위치에 사용하는 양념은 소스 혹은 드레싱을 의미한다.

해설 핫 샌드위치 : 뜨거운 빵과 뜨거운 속 재료를 이용함

03 샌드위치 조리의 5단계 중 다음의 괄호 안에 들어갈 단계는 무엇인가?

빵 종류의 선택 → (㉠)의 선택 → (㉡)의 선택 → (㉢)선택 → 샌드위치 세팅 및 곁들임 세팅

① ㉠ 가니쉬, ㉡ 속 재료, ㉢ 수프레드
② ㉠ 수프레드, ㉡ 가니쉬, ㉢ 속 재료
③ ㉠ 수프레드, ㉡ 속 재료, ㉢ 가니쉬
④ ㉠ 속 재료, ㉡ 수프레드, ㉢ 가니쉬

해설 샌드위치의 조리 과정
빵 종류 선택 → 수프레드 선택 → 속 재료 선택 → 빵과 수프레드와 속 재료에 어울리는 가니쉬 선택 → 샌드위치 세팅 및 곁들임

04 샌드위치 요리 플레이팅 시 고려 사항으로 바르지 않은 것은?

① 전체적으로 화려한 느낌이 들도록 가니쉬를 한다.
② 고객이 먹기 편하도록 플레이팅 한다.
③ 요리에 맞게 음식과 접시 온도에 신경을 쓴다.
④ 요리의 알맞은 양을 균형감 있게 담아낸다.

해설 전체적으로 심플하고 청결하며 깔끔하게 담아낸다.

Chapter 04	양식 샌드위치 조리						
1	②	2	③	3	③	4	①

01 샐러드 조리

1. 샐러드 재료 준비

(1) 샐러드의 기본 구성

샐러드의 기본 구성은 다음과 같다.

구성 요소	특징
바탕 (Base)	• 잎상추, 로메인상추와 같은 샐러드 채소로 구성 • 그릇을 채워주는 역할과 사용된 본체와의 색 대비를 이루는 것
본체 (Body)	• 본체는 좋은 샐러드를 만들기 위해 법칙을 준수하여 요리함
드레싱 (Dressing)	• 샐러드의 성공 여부에 매우 중요한 역할을 함 • 맛을 증진시키고 가치를 돋보이고 소화를 도움
가니쉬 (Garnish)	• 완성된 제품을 아름답게 보이게 함 • 형태를 개선하고 맛을 증진시킴

(2) 샐러드의 분류

샐러드의 분류	특징
순수 샐러드	• 한 가지 채소로만 이루어진 샐러드를 지칭했으나, 여러 가지 채소를 배합하여 영양, 맛, 색상 등 서로 조화를 이루도록 함 • 주로 잎채소를 생으로 사용하고, 재료를 단순히 구성함
혼합 샐러드	• 각종 식재료, 향신료, 소금, 후추 등으로 혼합되어 양념, 조미료 등을 첨가하지 않고 그대로 제공할 수 있는 완전한 상태로 만들어진 것을 말함 • 2~3가지 이상의 재료를 사용하며, 생으로 또는 익혀서 만듦 • 애피타이저나 뷔페에 사용함
더운 샐러드	• 중간 불이나 낮은 불에서 드레싱을 데워 샐러드 재료와 버무려 만듦
그린 샐러드	• 흔히 부르는 가든 샐러드(Garden Salad)가 여기에 속함 • 한 가지 또는 그 이상의 샐러드를 드레싱과 곁들이는 형태로 만듦

(3) 샐러드용 채소 손질

순서	특징
채소 세척 (Clean)	• 흐르는 물에 씻어내고 3~5℃ 정도의 차가운 물에 30분 정도 담가 놓는다. • 어린잎같이 여린 채소 등은 잎이 상할 수 있으므로 차가운 물보다 상온의 물에 담근다.
채소 정선 (Cutting)	• 손으로 뜯든지 칼로 잘라서 정선, 채소가 가진 모양을 그대로 살려서 정선을 한다. • 부드럽게 먹기 위해 겉잎보다는 속잎을 사용하고 줄기보다는 잎을 사용한다.
채소의 수분 제거 (Dry)	• 채소가 살아났으면 건져서 스피너를 이용하여 수분을 제거한다. • 수분이 없어야 드레싱이 채소에 잘 달라붙어 있고 보관 시에도 오래 저장할 수 있다.

보관하기 (Store)	• 넓은 통에 젖은 행주를 깔고 채소를 무게에 눌리지 않도록 2/3만 채워 담은 후 위에 다시 젖은 행주를 덮어서 보관한다. • 많은 채소 보관 시에는 통을 여러 개로 분산해서 보관한다.

(4) 드레싱

드레싱은 샐러드의 맛을 향상시키고 소화를 돕기 위한 액체 형태의 소스로, 재료를 끓이지 않고 혼합하여 만든 것이므로 냉소스로 분류한다.

① 드레싱의 사용 목적
  ㉠ 차가운 온도의 드레싱은 샐러드의 맛을 한층 더 증가시킴
  ㉡ 맛이 강한 샐러드를 부드럽게 해줌
  ㉢ 음식 섭취 시 입에서 즐기는 질감을 높여 줌
  ㉣ 드레싱의 신맛은 소화를 촉진시킴
  ㉤ 상큼한 맛으로 식욕을 촉진시킴

② 드레싱의 종류
  드레싱은 3가지로 크게 분류하는데, 그 종류는 첫째 차가운 유화 소스류, 둘째 유제품 기초 소스류, 셋째 살사&쿨리&퓌레 소스류 등이다.
  ㉠ 차가운 유화 소스류

종류	특징
비네그레트 (Vinaigrettes)	• 오일과 식초를 3 : 1로 섞어 사용 • 레드와인 비네그레트, 발사믹 비네그레트, 셔리와인 비네그레트 등이 있음

마요네즈 (Mayonnaise)	• 난황에 오일, 머스터드, 소금, 식초, 설탕을 넣고 잘 섞어 유화작용에 의해 분리되지 않게 만든 드레싱 • 사우전아일랜드 드레싱 등이 있음

  ㉡ 유제품 기초 소스류
  • 주재료는 우유, 생크림, 치즈 등의 유제품으로 만듦
  • 신맛보다는 크림이나 치즈의 맛을 느낄 수 있게 만듦
  • 샐러드드레싱 혹은 디핑소스(Dipping Sauce)로 이용됨
  • 허브와 크림치즈와 우유를 섞어 만든 허브 크림 드레싱이대표적임

  ㉢ 살사&쿨리&퓌레 소스류

살사류 (Salsa)	• 익혀지지 않은 과일 혹은 채소로 만들어짐 • 향을 첨가하기 위해 감귤류의 주스, 식초, 포도주 같은 산을 넣어 줌 • 살사는 신선한 재료로 만든 멕시칸 토마토살사와 익혀진 재료로 만드는 처트니, 렐리시, 콤포트 등으로 나뉨
쿨리와 퓌레 (Coulie & Puree)	• 쿨리 : 퓌레 혹은 용액의 형태로 잘 졸여지고 많이 농축된 맛을 가진 음식으로, 현대의 쿨리는 소스와 같은 농도에 날 것이나 요리된 과일이나 채소로, 달콤한 형태의 맛과 모양으로 만들어지고 있음 • 퓌레 : 과일이나 채소가 블렌더나 프로세서에 의해 갈아진 형태로 다시 걸러진 부드러운 질감의 액체 형태 음식을 말함

③ 드레싱의 기본 재료

분류	특징
오일 (Oil)	• 샐러드 주재료와 궁합이 맞는 오일을 사용함 • 오일의 종류 : 올리브오일, 옥수수기름, 카놀라유(겨자과에 속하는 1~2년생 초본인 유채의 꽃씨로부터 압착·추출한 기름), 포도씨유, 호두기름, 땅콩기름, 면실유(목화씨를 쪄서 압착하여 얻은 기름), 헤이즐넛오일, 바질오일, 아몬드오일, 코코넛오일, 아르간오일(아르가니아나무 열매의 씨에서 추출한 오일), 아보카도오일 등 • 올리브오일이 주로 사용되며, 산도가 가장 좋은 엑스트라 버진 올리브 오일이 가장 많이 사용됨
식초 (Vinegar)	• 식초의 맛에 의해 드레싱의 맛이 결정될 정도로 절대적 역할을 함 • 종류 : 사이다식초, 발사믹식초, 와인식초, 셰리식초, 레몬식초, 현미식초, 라스베리식초 등
달걀노른자 (Egg Yolk)	• 마요네즈나 다른 드레싱의 유화제로 사용됨 • 신선한 달걀을 사용해야 하고, 그렇지 않은 달걀은 유화가 되지 않고 풀려 버리는 '유분리 현상'이 생길 수 있음
소금 (Salt)	• 천일염을 사용하며, MSG가 첨가된 소금은 드레싱 맛에 영향을 줄 수 있으므로 되도록 순수한 소금을 사용함
후추 (Pepper)	• 매운맛을 내기도 하며, 모든 음식에 빠져서는 안 되는 중요한 재료임 • 오일이나 달걀의 비린 맛을 잡아 줄 수 있음
설탕 (Sugar)	• 단맛을 내는데 최고의 재료이지만, 근래 당을 적게 먹는 추세로 설탕보다는 올리고당, 꿀, 포도당, 메이플시럽 등이 대체 재료로 사용됨
레몬 (Lemon)	• 신맛을 내고 드레싱 완성 마지막에 생 레몬즙을 짜서 넣으면 상큼한 드레싱이 완성됨

2. 샐러드 조리

(1) 유화드레싱의 원리

유지는 물에는 녹지 않지만, 혼합하면서 저어 주거나 또는 친수성기와 친유성기(소수성)를 갖고 있는 유화제와 함께하여 유화액을 이룬다. 이 성질을 이용하여 만든 마요네즈는 난황이 유화제로 작용하여 식물성유·식초·난황으로 만들며, 소금·후추·겨자를 첨가하는데, 맛 외에도 유화액을 안정시키는 데 도움이 된다.

(2) 유화드레싱 조리 방법

① 비네 그레트 만들기

믹싱 볼에 머스터드, 소금, 후추, 허브 등을 넣고 식초를 조금씩 부어 가며 거품기로 빠르게 저어 주고, 천천히 오일을 부어 가며 크림 상태가 되게 저어 준다.

② 마요네즈 만들기

㉠ 믹싱 볼에 달걀노른자와 머스터드, 소금, 후추를 넣고 거품기로 빠르게 섞으면서 기름을 조금씩 넣어가며 마요네즈를 단들고, 되직한 농도가 나오면 식초를 조금씩 부어 가며 농도를 조절해 준다.

ⓛ 농도는 소프트 피크(Soft Peak, 외관
    상으로는 윤기가 흐르며 저었을 때 리
    본이 그려져서 그대로 약 15초간 머무
    는 정도의 점성) 정도가 되어야 한다.
③ 유화드레싱 유분리 현상과 복원 방법
  ㉠ 유분리 현상의 원인
    • 초기에 기름을 너무 많은 양 빨리 넣
      었을 때
    • 달걀노른자에 비해서 기름이 많았을 때
    • 기름의 온도가 너무 낮아 유화액 형
      성이 완전하지 못할 때
    • 젓는 속도와 방법이 부적당했을 때
    • 고온에 저장하여 물과 기름의 팽창
      계수가 다를 때
  ㉡ 유분리 복원 방법
    • 새로운 달걀노른자를 거품이 일 정
      도로 저어 준 후 유분리된 마요네즈
      를 조금씩 부어 가면서 다시 드레싱
      을 만든다.
    • 잘 형성된 마요네즈에 분리된 마요
      네즈를 조금씩 넣어서 재생시킨다.

3. 샐러드요리 완성

(1) 샐러드와 드레싱의 조화

심플 샐러드 (단순 샐러드)	컴파운드 샐러드 (복합 샐러드)

• 다양한 엽채류(잎채소류)를 먹기 좋게 잘라서 다양한 콩디망을 올리고 드레싱을 끼얹음
• 드레싱을 버무리지 않고, 먹기 직전에 바로 채소 위에 올림
• 아삭한 본연의 맛을 살림
• 드레싱을 선택할 수 있는 장점
	• 채소를 먹기 좋게 잘라서 대부분 익혀 다양한 콩디망과 같이 조리사가 만든 드레싱에 버무려 제공함
	• 채소와 버무려져 있어서 드레싱을 선택할 수 없음
	• 복합샐러드 조리 시의 규칙
	  – 재료 간의 궁합을 맞추기
	  – 색과 맛이 겹치지 않도록 하기
	  – 재료 간의 맛의 상승 작용을 고려하기
	  – 플레이팅 시 질감과 색감을 맞추기

(2) 샐러드 완성 시 주의 사항

① 채소를 담을 때의 주의 사항
  ㉠ 채소의 물기를 반드시 제거하고 담기
  ㉡ 부재료가 주재료를 가리지 않도록 하기
  ㉢ 주재료와 부재료의 모양, 색상, 식감은
     항상 다르게 준비하기
  ㉣ 드레싱의 양은 샐러드의 양보다 많지
     않게 담기
  ㉤ 드레싱의 농도가 너무 묽지 않게 하기
  ㉥ 드레싱은 제공할 때 뿌리기(미리 뿌리
     지 않기)
  ㉦ 샐러드를 미리 만들면 반드시 덮개를
     씌워 채소가 마르는 일이 없도록 하기
  ㉧ 가니쉬의 중복 사용을 피하기

(3) 플레이팅

① 플레이팅의 구성 요소

구성 요소	특징
통일성 (Unity)	접시에 담을 때 중심 부분에 음식을 균형 있게 담기
초점 (Focal Point)	메인과 가니쉬가 상하 대칭 또는 좌우대칭을 나타내면서 정확한 초점이 있어야 함
흐름(Flow)	접시에 담긴 음식이 통일성과 초점을 잘 나타내면 움직임이 있는 것과 같은 흐름이 연상되어야 함
균형 (Balance)	복잡함과 단순함의 균형과 색의 균형, 조리 방법의 균형, 음식 혹은 재료의 균형, 질감과 향미의 균형이 있어야 함
색 (Color)	자연스러운 색을 연출함
가니쉬 (Garnish)	맛, 향과 조화를 이뤄야 하며 보기에도 좋아야 함

② 플레이팅의 기본 원칙
 ㉠ 접시의 내원을 벗어나지 않기
 ㉡ 고객의 편리성에 초점을 두어 담기
 ㉢ 재료별 특성을 이해하고, 일정한 공간을 두어 담기
 ㉣ 획일적이지 않게 질서와 간격을 두어 담기
 ㉤ 불필요한 가니쉬를 배제하고, 주요리와 같은 수로 담기
 ㉥ 소스의 사용이 음식의 색상이나 모양을 버리지 않게 담기
 ㉦ 가니쉬는 복잡하고 만들기 힘든 것은 피하고, 간단하고 깔끔하게 담기

01 샐러드의 구성 요소 중 맛을 증진시키고 가치를 돋으며, 소화를 돕는 것은 무엇인가?

① 바탕(Base)
② 본체(Body)
③ 드레싱(Dressing)
④ 가니쉬(Garnish)

해설 드레싱(Dressing)
맛을 증진시키고 가치를 돋보이며, 샐러드의 성공 여부에 매우 중요한 역할을 함

02 샐러드에 사용할 채소 세척에 대한 설명으로 알맞지 않은 것은?

① 충분한 물에 흙이나 모래를 씻어낸다.
② 씻은 채소는 3~5℃ 정도의 차가운 물에 30분 정도 담가 놓는다.
③ 허브와 꽃은 조심스럽게 물에 넣었다가 꺼내는 동작을 반복한다.
④ 어린잎같이 여린 채소는 차가운 물에 헹군다.

해설 어린잎같이 여린 채소 등은 잎이 상할 수 있으므로, 차가운 물보다 상온의 물에 담근다.

03 샐러드 채소 손질 및 보관에 관한 설명으로 바르지 않은 것은?

① 많은 채소를 용기에 보관 시 분산하지 않고 한 통에 모두 담아 보관한다.

② 흐르는 물에 헹궈 씻는다.

③ 드레싱이 채소에 잘 달라붙을 수 있도록 수분이 없어야 한다.

④ 샐러드의 용도에 맞게 손으로 뜯던지 칼로 정선한다.

해설 많은 채소 보관 시에는 통을 여러 개로 분산해서 보관하도록 한다.

04 마요네즈의 유분리 복원 방법으로 옳은 것은?

① 식초를 넣어 준 후 다시 기름을 조금씩 넣어 준다.

② 새로운 달걀노른자에 분리된 마요네즈를 조금씩 넣어 만든다.

③ 분리된 마요네즈에 겨자와 설탕을 넣고 다시 잘 저어 준다.

④ 기름을 천천히 더 넣고 한쪽 방향으로 세게 저어 준다.

해설 유분리 복원 방법
• 첫 번째 방법 : 새로운 달걀노른자를 거품이 일 정도로 저어 준 후 유분리된 마요네즈를 조금씩 부어 가면서 다시 드레싱을 만든다.
• 두 번째 방법 : 잘 형성된 마요네즈에 분리된 마요네즈를 조금씩 넣어서 재생시킨다.

05 심플 샐러드(단순 샐러드)의 특징으로 바르지 않은 것은?

① 채소와 버무려져 있어서 드레싱을 선택할 수 없다.

② 아삭한 채소와 드레싱 본연의 맛을 살린다.

③ 다양한 콩디망을 올리고 드레싱을 끼얹는다.

④ 드레싱을 버무리지 않고 먹기 직전에 바로 채소 위에 올린다.

해설 채소와 버무려져 있어서 드레싱을 선택할 수 없는 것은 컴파운드 샐러드(복합 샐러드)의 특징이며, 심플 샐러드는 드레싱을 택할 수 있는 장점이 있다.

Chapter 05 | 양식 샐러드 조리

| 1 | ③ | 2 | ④ | 3 | ① | 4 | ② | 5 | ① |

01 조식 조리

조식의 종류는 각종 주스류와 조식용 빵, 커피나 홍차로 구성된 유럽식 아침 식사(Continental Breakfast)와 달걀 요리와 감자요리, 햄, 베이컨, 소시지가 고객의 취향에 따라 제공되는 미국식 아침 식사(American Breakfast), 빵과 주스 등 미국식 조찬과 같이 제공되나 달걀과 감자요리에 생선요리나 육류 요리가 제공되며 조식 요리 중 무겁게 느껴지는 영국식 아침 식사(English Breakfast)가 있다.

1. 달걀 요리 조리

(1) 달걀의 선별법

① 달걀의 선별법

선별법	내용
투시법	어두운 곳에서 달걀에 광선을 비추면 난각은 광선을 투과하므로 난각의 크기, 난황의 색, 크기, 이물질 혼입, 혈란 등을 보고 선별하는 방법이다.
비중법	선도가 좋은 달걀의 비중은 1.08~1.09로 시간이 지남에 따라 기공을 통해 수분이 증발하여 비중이 가벼워진다. 6%의 소금물에 담가서 가라앉는 달걀은 신선한 달걀이고, 위로 뜨는 것은 선도가 떨어지는 달걀이다.

할란 판정	달걀을 깨서 보았을 때 흰자와 노른자의 높이가 높고, 퍼지는 지름이 작을수록 선도가 좋은 달걀이다.

(2) 달걀 요리의 종류

① 습열을 이용한 달걀 요리

종류		특징
포치드 에그 (Poached Egg)		90℃ 정도의 비등점 아래 뜨거운 물에 식초를 넣고 익히는 방법
보일드 에그 (Boiled Egg) : 삶은 달걀이라고 하며, 100℃ 이상의 끓는 물에 달걀을 넣어 익히는 정도를 달리 함	코들드 에그 (Coddled Egg)	100℃ 끓는 물에 30초 정도 살짝 삶은 달걀
	반숙 달걀 (Soft Boiled Egg)	100℃ 끓는 물에 3~4분간 삶아 노른자가 1/3 정도 익은 달걀
	중반숙 달걀 (Medium Boiled Egg)	100℃ 끓는 물에 5~7분간 삶아 노른자가 반 정도 익은 달걀
	완숙 달걀 (Hard Boiled Egg)	100℃ 끓는 물에 10~14분간 삶아 노른자가 완전히 익은 달걀

② 건식열을 이용한 달걀 요리

종류		특징
달걀 프라이 : 프라이팬을 이용해 달걀을 조리하는 방법으로 뒤집기와 노른자의 익은 상태에 따라서 분류함	서니 사이드 업 (Sunny Side Up)	한쪽 면만 익는 조리법으로 노른자위가 떠오르는 태양과 같다고 해서 붙여짐
	오버 이지 (Over Easy Egg)	양쪽 면을 살짝 익히는 조리법으로 흰자가 반쯤 익었을 때 노른자가 터지지 않도록 뒤집어 흰자를 익히며, 노른자가 터지지 않도록 함
	오버 미디엄 (Over Medium Egg)	오버 이지와 같은 방법으로 조리하며, 달걀노른자가 반 정도 익도록 조리하는 방법
	오버 하드 (Over Hard Egg)	양쪽으로 완전히 익히는 조리법
스크램블 에그 (Scrambled Egg)		달걀을 빠르게 휘저어 만든 요리
오믈렛 (Omelet)		달걀을 넣어 빠르게 휘저어 스크램블 에그를 만들다가 프라이팬을 이용하여 럭비공 모양으로 만든 달걀 요리. 치즈오믈렛, 스페니시 오믈렛
에그 베네딕틴 (Egg Benedictine)		구운 잉글리시 머핀에 햄,포치드 에그(Poached Egg)를 얹고 홀랜다이즈 소스(Hollandaise Sauce)를 올린 미국의 대표적 달걀 요리

2. 조찬용 빵류 조리

(1) 아침 식사용 빵의 종류

① 아침 식사용 빵

종류	특징
토스트 브레드 (Toast Bread)	식빵을 0.7~1cm 두께로 얇게 썰어서 구운 빵으로 버터나 잼을 발라 먹음
데니시 페이스트리 (Danish Pastry)	덴마크의 대표적인 빵으로 다량의 유지를 중간에 층층이 끼워 만든 페이스트리 반죽에 잼, 과일, 커스터드 등의 속을 채워 구운 빵
크루아상 (Croissant)	크루아상은 프랑스어로 초승달을 의미하며, 버터를 켜켜이 넣어 만든 페이스트리 반죽을 초승달 모양으로 만든 프랑스의 대표적인 페이스트리임
베이글(Bagel)	밀가루, 이스트, 물, 소금으로 반죽해서 가운데 구멍이 뚫린 모양으로 만들어 발효시켜 끓는 물에 익혀 오븐에 한 번 구워 냄
잉글리시 머핀 (English Muffin)	영국에서 아침 식사에 먹는 달지 않고 납작한 빵으로 샌드위치용으로도 사용됨
프렌치 브레드 (French Bread, Bagutte)	프랑스의 대표적이며 주식인 빵으로 밀가루, 이스트, 물, 소금만으로 만들며, 모양은 가늘고 길쭉한 몽둥이 모양으로 바삭바삭한 식감이 특징임
호밀빵 (Rye Bread)	독일의 전통 빵으로 호밀이 주원료로 속이 꽉 차 있고 향이 강하며, 섬유소가 많아 건강빵으로 사용됨

종류	특징
브리오슈 (Brioche)	프랑스의 전통 빵으로 밀가루, 버터, 이스트, 설탕 등으로 달콤하게 만들며, 아침 식사용으로 사용됨
스위트 롤 (Sweet Roll)	영국에서 처음 만들어졌으며 건포도, 향신료, 시럽 등의 재료를 겉에 입히지 않은 모든 롤빵을 의미하며, 일반적으로 롤 사이에는 계핏가루를 넣음
하드 롤 (Hard Roll)	껍질은 바삭하고 속은 부드러운 빵으로, 주로 강력분으로 반죽을 만들고, 속을 파내고 채소나 파스타를 넣어 만들기도 함
소프트 롤 (Soft Roll)	모닝 롤이라고도 부르며 둥글게 만든 빵으로 하드 롤보다 설탕, 유지가 많이 들어가고, 달걀을 첨가하여 속이 매우 부드러움

② 아침 식사 조리용 빵

종류	특징
프렌치토스트 (French Toast)	• 건조해진 빵을 활용하기 위해 만들어 조리법으로 아침 식사로 많이 사용되고, 프랑스에서는 팽 페르뒤(Pain Perdu)라고 부르며 못쓰게 된 빵이란 뜻을 가진다. 달걀물에 계핏가루, 설탕, 우유를 넣고 섞은 후 빵을 담가 팬에 버터를 두르고 구워서 잼과 시럽을 곁들임
팬케이크 (Pancake)	• 핫케이크라고도 하며, 뜨거울 때 먹으면 맛이 있다. 밀가루, 달걀, 물 등으로 만들어 프라이팬에 구어 버터와 메이플시럽을 뿌려 먹음

와플(Waffle)	• 아침 식사, 브런치, 디저트로 인기가 있으며, 서양과자의 일종으로 벌집 모양으로 바삭한 맛을 가지고 있음 • 미국식 와플은 베이킹파우더를 넣어 반죽하고 설탕을 많이 넣어 달게 먹음 • 벨기에식 와플은 이스트를 넣어 발효시킨 반죽에 달걀흰자를 거품 내어 반죽해서 구워 먹음 반죽 자체는 달지 않아 과일이나 휘핑크림을 얹어서 먹음

(2) 조찬용 빵의 곁들임

종류	특징
딸기 잼 (Strawberry jam)	다량의 당분을 함유하고 있으며, 딸기의 70~80%의 설탕을 넣고 조려서 젤리화 또는 시럽화한 것
블루베리 잼 (Strawberry jam)	다량의 설탕과 식초 또는 레몬주스를 블루베리에 넣고 조려서 젤리화한 것
오렌지 마멀레이드 (Orange marmalade)	오렌지에 설탕과 물을 넣고 끓여서 만들었음
버터(Butter)	우유의 유지방을 분리하여 크림을 만들고 응고시켜 만든 유제품으로 평균 지방이 81%임
메이플 시럽 (Maple syrup)	설탕 단풍나무에서 생산된 수액으로 만든 시럽으로, 팬케이크나 와플에 주로 발라서 먹음
꿀(Honey)	천연 감미료로 꿀의 80%가량이 탄수화물이며, 단백질과 무기질로 구성되어 있고 팬케이크 등에 제공됨

(3) 조찬용 빵류에 사용되는 조리 도구

조리도구	특징
토스터(Toaster)	• 전기를 이용하여 식빵이나 빵을 굽는 기구 • 일반적으로 가정용은 2개의 식빵을 구울 수 있지만, 업소용은 로터리 형태로 돌아가면서 굽는다.
가스 그릴 (Gas Grill)	• 팬케이크나 채소를 볶을 때 사용되며, 가스를 이용하여 넓은 번철로 되어 있어 대량 요리가 가능하다.
프라이팬(Fry pan)	• 팬케이크를 굽거나 부재료를 조리할 때 사용하며, 기름을 두르고 볶거나 굽는 도구로 사용된다.
스패출러 (Grill Spatula)	• 뜨거운 음식을 뒤집거나 옮길 때 사용된다.
와플 머신 (Waffle Machine)	• 전기를 이용하며, 요철 모양의 와플을 만들 때 사용되는 기구로 둥근 모양, 사각 모양 등 다양한 모양이 있다.

3. 시리얼류 조리

(1) 시리얼의 분류

① 차가운 시리얼(Cold cereals)

종류	특징
콘플레이크 (Cornflakes)	• 옥수수를 구워서 얇게 으깨어 만든 것으로, 1906년 초기에 환자들의 건강식으로 만든 식품이었다.
올 브랜 (All Bran)	• 밀기울을 으깨어 가공한 것으로, 천연 밀기울은 섬유질을 함유하고 있어 소화를 돕는다.

라이스 크리스피 (Rice Crispy)	• 쌀을 바삭하게 튀긴 것으로 간편히 먹을 수 있다.
레이진 브렌 (Raisin bran)	• 구운 밀기울 조각에 달콤한 건포도를 넣은 것으로, 섬유소와 비타민, 미네랄을 함유하고 있다.
시레디드 휘트 (Shredded Wheat)	• 밀을 조각내고 으깨서 사각형 모양으로 만든 비스킷 형태이다.
버처 뮤즐리 (Bircher Muesli)	• 오트밀(귀리)을 기본으로 견과류 등을 넣은 것으로, 스위스의 내과 의사가 자신의 병원 환자들을 위해 개발한 음식이다. • 생과일과 채소가 들어간 음식으로 오트밀과 견과류, 과일 등을 우유나 플레인 요구르트에 넣고 냉장고에 하루 보관한 다음 먹는다.

② 더운 시리얼(Hot cereals)

오트밀 (Oatmeal)	귀리를 볶은 다음 거칠게 부수거나 납작하게 누른 식품으로 육수나 우유를 넣고 죽처럼 조리해서 먹는다. 식이섬유소가 풍부하며, 스코틀랜드에서 오래전부터 이용해왔다.

01 다음 중 건식열을 이용한 달걀 요리에 해당하지 않는 것은?

① 스크램블 에그(Scrambled Egg)
② 오믈렛(Omelet)
③ 에그프라이(Fried Egg)
④ 포치드 에그(Poached Egg)

[해설] • 습식열을 이용한 달걀 요리 : 포치드 에그, 보일드 에그
• 건식열을 이용한 달걀 요리 : 달걀 프라이, 스크램블 에그, 오믈렛, 에그 베네딕틴

02 아침 식사용 빵으로 자주 사용되는 다음 설명에 해당하는 빵의 이름은 무엇인가?

프랑스어로 초승달을 의미하며, 버터를 켜켜이 넣어 만든 페이스트리 반죽을 초승달 모양으로 만든 프랑스의 대표적인 페이스트리

① 데니시 페이스트리(Danish Pastry)
② 브리오슈(Brioche)
③ 크루아상(Croissant)
④ 하드 롤(Hard roll)

[해설] • 데니시 페이스트리 : 다량의 유지를 중간에 층층이 끼워 만든 페이스트리
• 브리오슈 : 프랑스의 전통 빵으로 밀가루, 버터, 이스트, 설탕 등으로 달콤하게 만들며, 아침 식사용
• 하드 롤 : 껍질은 바삭하고 속은 부드러운 빵

03 더운 시리얼로 사용되며, 귀리를 볶은 다음 거칠게 부수거나 납작하게 누른 식품은?

① 올 브랜(All Bran)
② 시레디드 휘트(Shredded Wheat)
③ 오트밀(Oatmeal)
④ 콘플레이크(Cornflakes)

[해설] • 올 브랜 : 밀기울을 으깨어 가공한 것
• 시레디드 휘트 : 밀을 조각내고 으깨서 사각형 모양으로 만든 비스킷 형태
• 콘플레이크 : 옥수수를 구워서 얇게 으깨어 만든 것

04 달걀 프라이(Fried Egg) 중 다음 설명에 해당하는 명칭은 무엇인가?

달걀의 양쪽 면을 살짝 익히는 조리법으로 흰자가 반쯤 익었을 때 노른자가 터지지 않도록 뒤집어 흰자를 익히며, 노른자가 터지지 않도록 한다.

① 오버 이지(Over Easy Egg)
② 오버 미디엄(Over Medium Egg)
③ 오버 하드(Over Hard Egg)
④ 서니 사이드 업(Sunny Side Up)

[해설] • 오버 미디엄 : 오버 이지와 같은 방법으로 조리하며, 달걀노른자가 반 정도 익도록 조리
• 오버 하드 : 달걀의 양쪽 면을 완전히 익도록 조리
• 서니 사이드 업 : 달걀의 한쪽 면만 익히는 조리

Chapter 06	양식 조식 조리							
1	④	2	③	3	③	4	①	

01 수프 조리

1. 수프 재료 준비

(1) 수프의 구성 요소

육수 (Stock)	• 수프의 맛을 좌우하는 가장 기본이 되는 요소 • 생선, 소고기, 닭고기, 채소와 같은 식재료의 맛을 낸 국물
농후제	• 농도를 조절하는 농후제를 리에종(Liaison)이라고도 함 • 가장 일반적으로 사용하는 것이 루(Roux)로, 밀가루를 색이 나지 않게 볶은 화이트 루(White Roux)를 기본으로 사용함 • 농후제의 일종으로는 전분 성분을 지닌 채소, 버터, 뵈르 마니에(Beurre Manie), 달걀노른자, 크림, 쌀 등이 있음
곁들임 (Garnish)	• 육류, 가금류, 생선류, 채소, 향신료를 적절한 양을 사용하고, 모양과 적당한 크기로 자른 다음 제공하는 것이 일반적임 • 토마토 콩카세(Tomato Consasse), 크루통(Crouton), 파슬리, 달걀요리, 덤블링(Dumpling), 휘핑크림(Whipping Cream) 등이 있음
허브와 향신료	• 허브는 식물의 잎, 줄기, 꽃, 뿌리 등이 이용되며, 사람들의 생활에 도움이 되고 향기가 있는 식물을 총칭 • 향신료는 방향성과 자극성을 지닌 식물의 종자와 열매, 뿌리, 줄기, 나무껍질 등에서 얻어지는 재료들을 말함

(2) 수프의 종류

농도 (Concentration)	맑은 수프 (Clear Soup)	콘소메 수프 (Consomme Soup)
	진한 수프 (Tick Soup)	크림 수프류 (Cream Soup)
		퓨레 수프류 (Puree Soup)
		비스큐 수프류 (Bisque Soup
온도 (Temperature	뜨거운 수프 (Hot Soup)	대부분의 진한 수프나 맑은 수프
	차가운 수프 (Cold Soup)	차가운 콘소메 수프 (Cold Consomme Soup)
		가스파초 수프 (Gazpacho Soup)
		차가운 오이 수프 (Cold Cucumber Soup)
재료 (Ingredient)	고기수프 (Beef Soup)	보르시지 수프 (Borsch Soup)
		굴라시 수프 (Goulash Soup)
	채소수프 (Vegetable Soup)	미네스트로네 수프 (Mionestrone Soup)
	생선수프 (Fish Soup)	부야베스 수프 (Bouillabaisse Soup)

지역 (Region)	국가적 (National Soup)	헝가리안 굴라시 수프 (Hingarian Goulash Soup)
	지역적 (Regional Soup)	체다치즈 수프 (Cheddar Cheese Soup)

(3) 수프의 분류

맑은 수프 (Clear Soups)	• 포만감을 주기보다는 다른 요리와 함께 제공된다. • 국물에 맛이 스며들어 맛을 느낄 수 있게 하며, 색이 깔끔하고 투명한 색을 지닌다.
크림과 퓌레 수프 (Cream and Pureed Soups)	• 맛이 부드럽고 감촉이 좋아 사람들에게 가장 대중적으로 알려져 있는 수프의 일종이다.
비스크 수프 (Bisque Soups)	• 새우나 바닷가재 등의 갑각류 껍질을 으깨어 채소와 함께 충분히 우러나도록 끓인 수프이다. • 마지막에 크림을 넣어 주는데, 재료를 과하게 첨가하면 맛이 변하므로 주의한다.
차가운 수프 (Cold Soups)	• 스패니시 수프인 가스파초는 차가운 수프로 오이, 토마토, 양파, 피망, 빵가루에 올리브유와 마늘을 곁들여 얼음과 함께 제공하는 차가운 수프이다.

(4) 수프에 사용되는 채소 썰기 방법

채소 썰기 명칭		써는 법
막대 모양으로 썰기 (Cutting Stick)	쥘리엔 (Julienne)	0.3×0.3×2.5~5cm 막대 모양으로 써는 방법
	알리메트 (Allumette)	0.32×0.32×2.5~5cm 막대 모양으로 써는 방법
	바토네 (Batonnet)	0.64×0.64×5~6.4cm 크기의 막대 모양으로 써는 방법

막대 모양으로 썰기 (Cutting Stick)	퐁뇌프 (Pont-neuf)	1.27×1.27×7.6cm 크기의 막대 모양으로 써는 방법
	쉬포나드 (Chiffonade)	실처럼 가늘게 채 써는 방법(허브나 채소의 얇은 잎을 둥글게 말아서 써는 방법)
주사위 모양 썰기 (Dice)	브뤼누아즈 (Brunoise)	가로와 세로 0.3cm 정육면체 모양으로 써는 방법
	큐브 (Cube)	가로와 세로 2cm 정육면체 모양으로 써는 방법
	다이스 스몰 (Dice Small)	0.6×0.6×0.6cm 정육면체 모양으로 써는 방법
	다이스 미디엄 (Dice Medium)	1.2×1.2×1.2cm 정육면체 모양으로 써는 방법
	콩카세 (Concassere)	0.5cm의 정육면체 모양으로 써는 방법
얇게 썰기 (Slice)	론델 (Rodelles)	둥글고 얇게 써는 방법
	디아고날 (Diagonals)	어슷하게 써는 방법
기타 모양으로 썰기	샤토 (Chateau)	5cm 길이의 타원형 모양으로 써는 방법
	에멩세 (Emincer)	얇게 저며 써는 방법(양파, 버섯 등)
	아세 (Hacher)	잘게 다지는 방법(양파, 당근, 고기)
	민스(Vince)	채소나 고기를 잘게 다지는 방법
	올리베트 (Olivette)	올리브 모양으로 써는 방법
	파리지엔 (Parisienne)	둥글게 모양을 내어 뜬 것

2. 수프 조리

(1) 농도(Concentration)에 의한 수프 조리

① 맑은 수프(Clear Soup) : 맑은 스톡을 사용하며 농축하지 않음

분류	특징
콩소메 (Consomme)	소고기, 닭, 생선을 이용함
맑은 채소 수프 (Clear Vegetable Soup)	미네스트로네(Minestrone)

② 진한 수프(Thick Soup) : 농후제를 사용한 걸쭉한 상태의 수프

분류		특징
크림 (Cream)	베샤멜 (Bechamel)	화이트 루(White roux)에 우유를 넣고 만든 약간 묽은 수프
	벨루테 (Veloute)	블론드 루(Blond roux)에 닭육수를 넣고 만든 것을 기본으로 함
포타주 (Potage)		일반적으로 콩을 사용하며 리에종(Liaison)을 사용하지 않고, 재료 자체의 녹말 성분을 이용하여 걸쭉하게 만든 수프를 의미
퓌레 (Puree)		야채를 잘게 분쇄한 것을 퓌레(Puree)라 하며, 부용(Bouillon)과 결합하여 수프를 만듦(크림을 사용하지 않음)
차우더 (Chowder)		게살, 감자, 우유를 이용한 크림수프
비스크 (Bisque)		갑각류를 이용한 부드러운 수프로 크림의 맛과 농도를 조절함

(2) 온도(Temperature)에 의한 수프 조리

① 가스파초(Gazpacho) : 다양한 채소(토마토, 오이, 양파, 피망, 토마토주스 등)로 만든 차가운 수프의 하나로 믹서에 채소를 갈아 체에 걸러 빵가루, 마늘, 올리브유, 식초 또는 레몬주스를 넣어 간을 하여 걸쭉하게 만들어 먹는 수프이다.

② 비시스와즈(Vichyssoise) : 차가운 수프의 일종으로 감자를 삶아 체에 내린 퓌레와 대파 흰 부분을 함께 볶아 육수 또는 물을 넣고 끓인 다음 크림, 소금, 후추 간을 하고 차게 식혀서 먹는 수프이다.

3. 수프요리 완성

(1) 수프 조리와 마무리하기

① 대부분의 수프는 육수를 사용하여 서서히 끓인다.

② 콩소메와 같은 맑은 수프는 서서히 끓여서 향과 맛을 최상으로 끌어 올린다.

③ 루(Roux)를 사용하는 수프는 바닥에 눋지 않도록 서서히 저어가며 끓여야 최상의 맛과 질감, 모양을 얻을 수 있고, 찌꺼기나 거품을 계속 제거해 준다.

④ 향신료는 수프의 풍미와 맛을 더한다.

⑤ 미르포아(Mirepoix)는 모든 수프에 반드시 사용하는 것은 아니지만, 종류에 따라 사용하기도 하고 가니쉬에도 이용된다.

(2) 수프요리 담기의 고려 사항

① 재료 자체의 고유의 색상과 질감을 잘 표현한다.

② 청결하고 깔끔하게 담고 전체적으로 보기 좋아야 한다.

③ 양은 균형감 있게 알맞게 담는다.

④ 고객이 편하게 먹을 수 있게 플레이팅(접시 꾸미기)이 이루어져야 한다.

⑤ 음식과 접시의 온도는 요리에 맞게 신경 써야 한다.

(3) 수프의 가니쉬(Garnish)

① 가니쉬의 역할

　㉠ 수프의 맛을 더하여 주는 역할

　㉡ 맛과 영양, 풍미를 증가시키고 씹는 느낌을 줌

　㉢ 그릇에 담은 후 모양을 살려 주는 역할

　㉣ 곁들임 채소는 일정한 모양으로 잘라서 살짝 데치거나 튀겨서 사용함

　㉤ 단맛(당근, 양파, 셀러리, 파슬리, 대파, 퀜넬 등)이 있는 것이 좋음

② 가니쉬의 종류

종류	특징
수프에 첨가되는 형태 (Garnish)	• 콩소메에는 필수적으로 가니쉬가 들어감 • 콩소메의 경우 채소, 국수, 달걀지단, 버섯, 라비올리 등으로 다양하게 넣음 • 진한 수프에 첨가되는 가니쉬의 형태는 그 자체 내용물이 가니쉬로 보이는 형태의 것을 의미함
수프에 어울리는 형태 (Toopping)	• 크림수프의 경우 수프의 농도가 진하기 때문에 위에 띄워 주는 가니쉬인 크루통, 파슬리, 차이브, 휘핑크림 등과 같은 가벼운 재료를 사용함

수프에 따로 제공되는 형태 (Accompanish)	• 수프의 형태에 따라 첨가하지 않고 따로 제공될 수 있음 • 고객의 취향에 맞춰 빵이나 달걀, 토마토 콩카세 등의 가니쉬를 제공함

출제예상문제

01 수프의 구성 요소 중 수프의 맛을 좌우하는 가장 기본이 되는 요소는 무엇인가?

① 허브와 향신료

② 곁들임(Garnish)

③ 농후제

④ 육수(Stock)

해설 육수(Stock)
수프의 맛을 좌우하는 가장 기본이 되는 요소로, 수프가 가지고 있는 본래의 맛을 낼 수 있게 해야 한다.

02 수프의 구성 요소 중 수프의 농도를 조절하는 농후제는 무엇인가?

① 리에종(Liaison)

② 향신료(Herb)

③ 크루통(Crouton)

④ 휘핑크림(Whipping Cream)

해설 수프의 농도를 조절하는 농후제를 리에종(Liaison)이라고도 하며, 가장 일반적으로 사용하는 것이 루(Roux)이다. 그 외에 전분 성분을 지닌 야채를 비롯하여 버터, 뵈르 마니에(Beurre Manie), 달걀노른자, 크림, 쌀 등이 있다.

03 다음 중 채소 썰기에 대한 설명으로 바르지 않은 것은?

① 콩카세(Concassere) : 0.5cm의 정육면체 모양으로 써는 방법

② 디아고날(Diagonals) : 둥글고 얇게 써는 방법

③ 올리베트(Olivette) : 올리브 모양으로 써는 방법

④ 큐브(Cube) : 가로와 세로 2cm 정육면체 모양으로 써는 방법

해설 • 디아고날(Diagonals) : 어슷하게 써는 방법
• 론델(Rodelles) : 둥글고 얇게 써는 방법

04 수프의 가니쉬 역할로 바르지 않은 것은?

① 수프의 맛을 더하여 주는 역할

② 맛과 영양, 풍미를 증가시키고 씹는 느낌을 줌

③ 그릇에 담은 후 모양을 살려 주는 역할

④ 곁들임 채소는 일정한 모양으로 잘라서 날것인 생으로 사용함

해설 곁들임 야채는 일정한 모양으로 잘라서 살짝 데치거나 튀겨서 사용함

Chapter 07	양식 수프 조리							
1	④	2	①	3	②	4	④	

CHAPTER 08 양식 육류 조리

01 육류 조리

1. 육류 재료 준비

(1) 육류의 종류

종류	특징
소고기 (Beef)	• 잘 비육(소·돼지·닭 등식용으로 이용할 가축을 살찌게 키우는 일) 된 소의 고기는 선홍색이며, 근섬유의 결이 잘고 탄력이 크며 마블링이 좋음 • 늙은 소나 황소의 고기는 암적색이고, 지방은 황색을 띠며 마블링의 양이 적음
송아지고기 (Veal)	• 담적색이고 지방이 섞여 있지 않으며, 근섬유는 가늘고 수분이 많아 연하지만 육즙이 적어 풍미는 덜함 • 연하여 숙성할 필요는 없으나 변패되기 쉽고 보존성이 짧음
돼지고기 (Pork)	• 암수의 구별 없이 7개월~1년의 어린 돼지고기를 식육으로 사용함 • 일반적으로 담홍색, 회적색, 암적색을 띰 • 지방은 순백색, 두꺼운 지방층을 형성함
양고기 (Lamb)	• 램(Lamb)은 생후 12개월 이하의 어린 양고기이고, 그 이상은 머튼(Mutton)이라 구분함 • 근육섬유가 가늘고 점조성이 풍부하여 우수하지만, 지방이 많고 부티르산이 많아 특유의 누린내가 있어 향신료를 이용하여 조리함 • 어린 양고기는 육질이 연하고 부드러우며, 냄새가 없음
닭고기 (Chicken)	• 육색소인 미오글로빈의 함량이 적어 색이 연하고, 지방 함량이 적어 맛이 담백함
오리고기 (Duck)	• 불포화지방산을 많이 함유하고 있어 혈액 순환을 돕고, 콜레스테롤의 억제와 독성물질의 해독 능력, 고혈압, 중풍 등 성인병 예방에 효과가 있음 • 단백질이 풍부하고 불포화지방산이 다른 육류에 비하여 많으며, 칼슘·철·칼륨·티아민·리보플라빈을 다량 함유하고 있음
거위고기 (Goose)	• 야생 기러기를 길들여 식육용으로 개량함 • 특유의 누린내가 있고 선홍색을 띰 • 지방이 적고, 강알칼리성, 리놀산, 리놀레산을 함유하고 있음 • 서양 요리에서는 세계 3대 진미라 하여 캐비아, 송로버섯, 거위 간을 고급 요리에 사용함
칠면조고기 (Turkey)	• 미국, 멕시코에서 주로 많이 사육되며, 육질이 부드럽고 독특한 향이 있으며 닭고기보다 맛이 좋음 • 소화율이 높고 통째로 굽는 요리를 많이 함 • 크리스마스, 추수 감사제 및 결혼식에 많이 사용됨

(2) 육류의 마리네이드

① 질긴 고기를 부드럽게 하고 누린내를 제거하며, 간이 배도록 하기 위해 향미를 낸 액체나 고체를 이용하여 절이는데, 이 과정을 마리네이드(Marinade, 밑간)라 한다.

② 육류에 향미와 수분을 주어 맛이 좋아진다.

③ 식용유, 올리브유, 레몬주스, 식초, 와인, 과일 간 것, 향신료 등을 섞어서 만든다.

④ 식초와 레몬주스는 질긴 고기를 연하게 만드는 작용을 한다.

(3) 향신료

① 향신료의 역할

육류나 생선의 잡내를 감소시키고, 신선하고 상큼함을 부여한다. 식품의 향과 맛을 향상시키고 방부 작용과 산화 방지, 보존성 증가, 식욕을 돋우며, 소화 흡수를 도와 신진대사를 촉진한다.

② 사용 용도에 따른 분류

분류	특징
향초계 (Herb)	• 생잎을 사용하여 잡냄새를 제거하거나 외관상 신선하고 장식적인 요소로 사용 • 로즈메리, 바질, 세이지, 파슬리, 타임 등
종자계 (Seed)	• 과실이나 씨앗을 건조시켜 사용 • 육류에 많이 사용하며, 브레이징이나 스튜에 첨가하거나 제과류에 사용 • 캐러웨이 시드, 셀러리 시드, 큐민 시드 등
향신계 (Spice)	• 특유의 강한 맛과 매운맛을 이용하는 것 • 후추, 너트메그(육두구), 마늘, 겨자, 양겨자, 산초 등
착색계 (Coloring)	• 특유의 향은 있지만, 맛과 향이 강하지 않아 음식에 색을 주는 향신료로 사용 • 파프리카, 샤프란, 터메릭 등

③ 사용 부위에 따른 분류

분류	특징
잎 (Leaves)	• 향신료의 잎을 사용함 • 바질, 세이지, 처빌, 타임, 코리안더, 민트, 오레가노, 마조람, 파슬리, 스테비아, 타라곤, 세몬 밤, 로즈메리, 라벤더, 월계수 잎, 딜 등
씨앗 (Seed)	• 씨앗을 건조시켜 사용함 • 너트메그, 케리웨이 씨, 큐민, 코리안더 씨, 머스터드 씨,딜 씨, 휀넬 씨, 아니스 씨, 흰 후추, 양귀비 씨, 메이스 등
열매 (Fruit)	• 과실을 말려서 사용함 • 검은 후추, 파프리카, 카다몬, 주니퍼 베리, 카옌페퍼, 올스파이스, 스타 아니스(팔각), 바닐라 등
꽃 (Flower)	• 꽃을 사용함 • 샤프론, 정향, 케이퍼 등
줄기와 껍질 (Stalk and Skin)	• 줄기 또는 껍질을 신선한 상태 또는 말려서 사용함 • 레몬그라스, 차이브, 계피 등
뿌리 (Root)	• 뿌리를 사용함 • 터메릭, 겨자(고추냉이), 생강, 마늘, 호스래디시 등

(4) 육류 재료 준비

① 소고기

[소고기의 부위별 특징과 조리법]

부위	특징	조리법과 용도
목살 (Chuck)	지방이 적고 결합 조직이 많아 육질이 질김	• 스튜, 브레이징 • 미트볼, 햄버거 패티
등심 (Loin)	근육 결이 가늘고 지방이 있어 맛이 좋음	• 그릴링, 브로일링, 로스팅 • 스테이크
안심 (Tenderloin)	지방이 적고 부드럽고 연함	• 그릴링, 브로일링 • 스테이크
양지 (Brisket)	섬유가 섞여 질김	• 스튜, 브레이징, 보일링 • 미트볼, 햄버거 패티, 콘비프

우둔 (Round)	지방이 적으며 맛이 좋음	• 그릴링, 브로일링, 로스팅 • 스테이크
갈비 (Rib)	마블링이 좋고 약간 질기며, 맛이 좋음	• 그릴링, 브로일링, 로스팅 • 스테이크
채끝살 (Striploin)	지방이 적당히 있어 맛이 좋음	• 그릴링, 브로일링, 로스팅 • 스테이크

② 돼지고기

[돼지고기의 부위별 특징과 조리법]

부위	특징	조리법과 용도
어깨살 (Shoulder)	어깨 부분의 살로, 근육 사이에 지방이 있어서 맛이 진함	• 브레이징, 로스팅 • 패티, 소시지
등심 (Loin)	살이 풍부하고 두꺼운 지방층이 덮여 있어 연하고 결이 섬세함	• 로스팅, 프라잉 • 스테이크
안심 (Tenderloin)	지방이 약간 있어 맛이 부드럽고 갈비 안쪽에 있어 맛이 좋음	• 로스팅, 프라잉 • 스테이크
갈비 (Rib)	근육 내 지방이 소량 함유, 맛이 좋음	• 브로일링, 로스팅 • 바비큐, 스테이크
다리 (Leg)	육색이 짙고 지방이 적음	• 로스팅, 스튜잉 • 꼬치, 바비큐
삼겹살 (Belly)	복부에 위치 근육과 지방이 있어 풍미가 좋음	• 로스팅, 브레이징, 그릴링 • 바비큐, 베이컨, 소시지

2. 육류 조리

(1) 육류 조리 방법

양식의 육류의 조리 방법으로는 건열식 조리 방법과 습열식 조리 방법, 복합 조리 방법, 기타 조리 방법 등이 있다.

① 건식열 조리 방법(Dry Heat Cooking)

조리 방법	특징	열전달매체와 조리기구
석쇠구이 (Broiling)	• 윗불구이(Over Heat) 방식으로 열원이 위에 있어 불 밑에서 음식을 넣어 익히는 방법 • 재료가 타지 않도록 석쇠 온도에 주의해야 함	공기, 석쇠
그릴구이 (Grilling)	• 아랫불구이(Under Heat) 방식으로 열원이 아래 있으며, 직접 불로 굽는 방법 • 숯불 사용 시 훈연의 향이 좋고, 석쇠 온도 조절을 통하여 줄무늬가 나도록 구울 수 있음	공기, 그릴
로스팅 (Roasting)	• 육류나 가금류를 통째로 오븐에 굽는 방법으로, 150~220℃의 온도에 향신료나 버터, 오일 등을 바른 재료를 넣어 구움	공기, 오븐
베이킹 (Baking)	• 대류열을 이용한 오븐 구이로, 육류 외에 빵, 타르트, 파이, 케이크 등의 제과, 제빵에 이용	공기, 오븐
소테 (Sauteing)	• 소테 팬이나 프라이팬에 소량의 버터나 기름을 넣고 160~240℃에서 단시간 조리하는 방법	기름, 조리용 난로
팬 프라잉 (Pan Frying)	• 적은 양의 기름으로 170~200℃의 온도에서 튀기는 방법으로, 채소는 141~151℃, 육류, 가금류 등의 커틀릿은 125~135℃가 적당함	기름, 조리용 난로

조리 방법	특징	열전달매체와 조리기구
튀김 (Deep Fat Frying)	• 딥 팻 프라잉 튀김 방법은 140~190℃의 온도에서 튀기는 방법으로, 반죽을 입혀 튀기는 스위밍(Swimming) 방법과 그냥 튀기는 바스켓(Basket) 방법이 있음	기름, 튀김기
그레티네이팅 (Gratinating)	• 조리한 재료 위에 버터, 치즈, 크림, 소스, 크러스트(Crust), 설탕 등을 올려 샐러맨더(Salamander), 브로일러(Broiler), 오븐 등에서 뜨거운 열을 가해 색깔을 내주는 방법	공기, 샐러맨더, 브로일러, 오븐
Searing (시어링)	• 팬에 센 불로 육류나 가금류를 짧은 시간에 겉만 누렇게 지지는 방법 • 오븐에 넣기 전에 사용함	기름, 조리용 난로

② 습식열 조리 방법(Moist Heat Cooking)

조리 방법	특징	열전달매체와 조리기구
포칭 (Poaching)	• 비등점 이하(65~92℃)의 온도에서 액체(물, 스톡, 와인 등) 등에 육류, 가금류, 달걀, 생선, 채소 등을 잠깐 넣어 익히는 것 • 단백질 유실방지 및 재료가 건조해지거나 딱딱해지는 것을 방지할 수 있음	물, 액체, 조리용 난로
삶기, 끓이기 (Boiling)	• 물이나 육수 등의 액체에 재료를 끓이거나 삶는 방법	물, 액체, 조리용 난로
시머링 (Simmering)	• 액체를 60~90℃의 아주 뜨겁지 않고, 식지 않을 정도의 약한 불에서 조리함	물, 액체, 조리용 난로

조리 방법	특징	열전달매체와 조리기구
증기찜 (Steaming)	• 물을 끓여 수증기의 대류 작용을 이용하여 조리함 • 물에 삶는 것보다 재료의 형태가 유지되고, 영양 손실이 적으며 풍미와 색채 유지에 좋은 조리법	수증기, 조리용 난로
데치기 (Blanching)	• 많은 양의 끓는 물이나 기름에 재료를 짧게 데쳐 찬물에 식히는 조리법 • 끓는 물에 데친 후 찬물에 식히고, 끓는 기름에 데치는 경우는 130℃ 정도의 온도에 데쳐 주면 재료의 조직이 부드러워지고, 피 등의 불순물을 제거할 수 있음	물, 액체, 기름, 조리용 난로
글레이징 (Glazing)	• 버터나 과일의 즙, 육즙 등과 꿀, 설탕을 졸여서 재료에 입혀 코팅시키는 조리법	물, 액체, 조리용 난로

③ 복합 조리 방법(Combination Cooking)
  ㉠ 건식열 조리 방법과 습식열 조리 방법을 모두 이용하여 조리한다.
  ㉡ 질긴 부위나 맛이 덜한 부위를 조리할 때 사용한다.

조리 방법	특징	열전달매체와 조리기구
브레이징 (Braising)	• 팬에서 색을 낸 고기에 볶은 채소, 소스, 굽는 과정에서 흘러나온 육즙 등을 브레이징 팬에 넣은 다음 뚜껑을 덮고 천천히 조리하는 방법 • 150~180℃의 온도에서 천천히 장시간 끓여서 조리하며, 온도가 너무 높으면 육질이 질겨진다. 주로 질긴 육류나 가금류를 조리할 때 사용함	기름, 액체, 조리용 난로, 오븐, 스킬렛 (Skillet)
스튜 (Stewing)	• 육류, 가금류, 미르포아, 감자 등을 약 2~3cm 크기로 썰어, 달군 팬에 기름을 넣고 색을 내어 볶은 후 그래비 소스(Gravy Sauce)나 브라운 스톡(Brown Stock)을 넣어 110~140℃의 온도에 끓여서 조리하는 방법	기름, 액체, 조리용 난로, 오븐, 스킬렛

④ 기타 조리 방법

조리 방법	특징
수비드 (Sous Vide)	• 수비드는 프랑스어로 진공 저온, 영어로는 Under Vacuum이라고 한다. • 완전 밀폐와 가열 처리가 가능한 위생 플라스틱 비닐 속에 재료와 부가적인 조미료나 양념을 넣은 상태로 진공 포장한 후 일반적인 조리 온도보다 상대적으로 낮은 온도(55~65℃)에서 장시간 조리함 • 맛과 향, 수분, 질감, 영양소를 보존하며 조리하는 방법

(2) 육류의 익힘 정도

돼지고기나 송아지고기처럼 다 익혀 먹는 경우는 내부 온도가 68℃ 이상 높게 하고, 소고기와 양고기처럼 익힘 정도를 조절하여 먹는 경우는 온도를 조절하여 굽는다. 굽는 요령은 고기 속의 육즙이 빠져나가지 않도록 팬을 달구어서 육류를 놓고 겉면을 익혀 색을 낸 후 익힌다. 고기의 익힘 정도는 레어(Rare), 미디엄 레어(Medium Rare), 미디엄(Medium), 미디엄 웰던(Medium Well Done), 웰던(Well Done) 등 5가지의 단계로 이루어진다.

3. 육류 요리 완성

(1) 육류 요리 플레이팅의 구성 요소

육류 요리 플레이팅 구성을 위해서 5가지의 요소가 필요하며, 모든 재료가 조화와 균형을 이루게 플레이팅을 구성해야 한다.
① 단백질 파트 : 육류, 가금류 등
② 탄수화물 파트 : 감자, 쌀, 파스타 등
③ 비타민 파트 : 브로콜리, 콜리플라워, 아스파라거스 등
④ 소스 파트 : 육류와 조화를 이루는 소스 (모체소스, 응용 소스 등)
⑤ 가니쉬 파트 : 향신료, 튀김 등

(2) 가니쉬(Garnish)

① 색을 좋게 하여 시각적인 효과가 있어야 한다.
② 식욕을 돋우며, 미각을 상승시킬 재료를 이용한다.
③ 장식이 눈에 너무 띄거나 음식의 맛을 변형해서는 안 된다.

01 육류의 마리네이드(Marinade)에 대한 설명으로 바르지 않은 것은?

① 질긴 고기를 부드럽게 해 준다.
② 누린내를 제거하며, 간이 배도록 한다.
③ 식용유, 올리브유, 레몬주스, 식초, 와인, 과일 간 것, 향신료 등을 섞어서 만든다.
④ 식초와 레몬주스는 고기에 향을 주기 위해서 사용한다.

해설 육류의 마리네이드(Marinade)에 사용하는 식초와 레몬주스는 질긴 고기를 연하게 만드는 작용을 한다.

02 향신료 중 특유의 강한 맛과 매운맛을 이용하는 것이 아닌 것은?

① 너트메그   ② 산초
③ 셀러리 시드   ④ 후추

해설 특유의 강한 맛과 매운맛을 이용하는 향신계
너트메그(육두구), 산초, 후추, 마늘, 겨자, 양겨자 등

03 육류 조리에 사용하는 소스의 준비로 바르지 않은 것은?

① 색이 안 좋은 요리에는 화려한 소스 사용
② 단순한 요리에는 단순한 소스 사용
③ 팍팍한 요리에는 수분이 많고 부드러운 소스 사용
④ 싱거운 요리에는 싱거운 소스 사용

해설 소스 준비 시 싱거운 요리에는 강한 소스를 사용한다.

04 육류 요리 플레이팅의 구성 요소가 아닌 것은?

① 소스 파트
② 무기질과 지방 파트
③ 단백질 파트
④ 가니쉬 파트

해설 육류 요리 플레이팅의 5가지 요소 : 단백질 파트, 탄수화물 파트, 비타민 파트, 소스 파트, 가니쉬 파트

Chapter 08	양식 육류 조리								
1	④	2	③	3	④	4	②		

CHAPTER 09 양식 파스타 조리

01 파스타 조리

1. 파스타 재료 준비

(1) 파스타와 밀

밀은 특성에 따라 일반 밀과 듀럼밀로 분류되고, 단백질의 정도에 따라 강력, 중력, 박력으로 나뉜다.

[밀의 종류와 특성]

밀의 종류	특성
일반 밀 (연질 소맥)	• 우리가 흔하게 접하는 밀로 옅은 노란색을 띰 • 가루로 만들어져 빵과 케이크, 페이스트리 등 오븐 요리에 사용함
듀럼밀 (경질 소맥)	• 파스타 제조에 사용 • 제분하면 연질 밀가루보다 다소 거친 느낌이 드는 노란색을 띠고, 세몰리나(Semolina)라는 모래알 같은 가루가 만들어짐 • 글루텐 함량이 연질밀보다 많아 점성과 탄성이 높아 파스타를 만들기에 적당함 • 당근에 포함된 카로티노이드 색소가 많이 포함되어 있어 듀럼밀로 만든 파스타는 밝은 호박색을 가짐

(2) 파스타의 종류

파스타의 종류	특징
건조 파스타	• 경질 소맥인 듀럼밀을 거칠게 제분한 세몰리나를 주로 사용함 • 면의 형태를 만든 후 건조시켜 사용함
생면 파스타	• 세몰리나에 밀가루를 섞어 사용하거나 밀가루만을 사용하여 강력분과 달걀을 이용하여 만듦 • 신선하고 부드러운 식감을 가지고 있으며, 다른 재료의 혼합에 따라 다양한 색의 표현이 가능함

(3) 생면 파스타의 종류

파스타의 종류	특성
오레키에테 (Orecchiette)	• '작은 귀'라는 의미로, 귀처럼 오목한 것에서 유래 • 원통으로 자른 반죽을 엄지손가락으로 눌러 모양을 내거나 날카롭지 않은 칼 같은 도구로 모양을 냄 • 소스가 잘 입혀지도록 안쪽 면에 주름이 잡혀야 함 • 부서지지 않고 휴대가 쉬워 뱃사람들이 많이 이용했음
탈리아텔레 (Tagliatelle)	• 이탈리아 중북부 지역인 파르메산 치즈로 유명한 에밀리아-로마냐주에서 주로 이용됨 • 적당한 길이와 넓적한 형태로 소스가 잘 묻는 장점이 있음 • 쉽게 부서지는 단점으로 둥글고 새집처럼 말려서 보관하기 쉽게 사용함 • 소고기와 돼지고기로 만든 진한 소스를 사용함

탈리올리니 (Tagliolini)	• '자르다'라는 의미가 있으며, 면 제조 시 달걀과 다양한 채소를 넣어 만듦 • 탈리아텔레보다는 좁고 스파게티보다는 두꺼움 • 이탈리아 중북부 리구리아 지방에서 전통적으로 사용함 • 소스는 크림, 치즈, 후추 등을 주로 사용함
파르팔레 (Farfalle)	• 나비넥타이 모양 혹은 나비가 날개를 편 모양을 가지고 있음 • 이탈리아 중북부 에밀리아–로마냐 지역에서 유래되었음 • 면을 충분히 말려서 사용하는 것이 좋음 • 부재료로 닭고기와 시금치를 사용함 • 크림소스, 토마토소스와도 잘 어울림
토르텔리니 (Tortellini)	• 도우(Dough)에 내용물을 넣고, 반지 모양으로 만든 것이 특징임 • 소를 채운 파스타로 이탈리아의 중북부인 에밀리아–로마냐 지방에서 주로 이용됨 • 속을 채우는 재료는 다양하나 보통 버터나 치즈를 사용함 • 맑고 진한 묽은 수프에 사용하기도 하고 크림을 첨가하기도 함
라비올리 (Ravioli)	• 두 개의 면 사이에 치즈나 시금치, 고기, 다양한 채소 등으로 속을 채운 만두와 비슷한 형태를 가지고 있음 • 주로 사각형 모양을 기본 모양으로 반달, 원형 등 다양한 모양을 만들 수 있음

(4) 파스타에 필요한 소스

종류	특징
조개육수	• 갑각류의 풍미를 살리거나 해산물 파스타 요리에 사용함 • 바지락, 모시조개, 홍합 등을 사용하고 30분 이내로 맛이 변하지 않게 끓임
토마토소스	• 최상의 토마토로 적당한 당도와 진하게 농축된 감칠맛을 가진 것을 고르며, 제철이 아닌 경우에는 가공한 토마토도 무방함 • 믹서기에 갈아서 사용하는 것보다는 으깬 후 끓이는 방법을 선호하고, 여러 가지 다른 재료를 추가할 수 있음
볼레네즈소스 (라구소스)	• 이탈리아식 미트소스로 돼지고기, 소고기, 채소와 토마토를 오래 농축하여 진한 맛이 날 때까지 끓여서 만듦
화이트크림 소스	• 밀가루와 버터, 우유를 주재료로 만든 화이트소스로 버터와 밀가루를 고소하게 색이 나지 않게 화이트 루를 만들어 사용함
바질페스토 소스	• 이탈리아 리구리아를 대표하는 바질을 주재료로 사용한 소스 • 전통적인 제노바 스타일의 소스는 대리석으로 된 절구를 사용하지만, 믹서기에 갈거나 도마 위에서 다져서 만들기도 함 • 바질을 끓는 소금물에 데쳐서 사용하면 페스토가 산화되거나 색이 변하는 것을 지연시킬 수 있음

2. 파스타 조리

(1) 파스타 삶기

① 씹히는 정도가 느껴질 정도로 삶는 것이 보통이며, 적당히 삶아 원하는 식감을 얻는 것이 중요함

② 알 덴테(Al Dente)는 파스타를 삶는 정도를 의미하며, 입안에서 느껴지는 알맞은 상태를 나타냄

③ 파스타 양의 10배 정도로 깊이가 있는 냄비가 알맞고, 1리터 내외의 물에 파스타의 양은 100g 정도가 알맞음

④ 소금의 첨가는 파스타의 풍미를 살려 주고, 밀 단백질에 영향을 주어 파스타 면에 탄력을 줌

⑤ 물이 끓으면 소금 농도는 1% 정도로 맞추고 파스타가 서로 달라붙지 않도록 분산시켜 넣어 주고 잘 저어 주며, 삶는 시간은 파스타가 소스와 함께 버무려지는 시간까지 계산해야 함

⑥ 파스타 면을 삶은 면수는 농도를 잡아 주고, 올리브유가 분리되지 않고 유화될 수 있도록 함

3. 파스타요리 완성

(1) 파스타의 완성

① 탈리아텔레 같은 넓적한 면은 치즈와 크림 등이 들어간 진한 소스가 어울림

② 파스타에 사용하는 버터와 치즈의 역할은 부드러운 질감을 줌

③ 소스가 많이 묻을 수 있는 짧은 파스타의 경우 진한 질감을 가진 소스를 사용함

④ 소를 채운 파스타의 경우 소에 이미 일정한 수분과 맛이 결정되어 있으므로 수프 또는 가벼운 소스를 이용함

⑤ 조개나 해산물을 이용한 육수는 요리의 향과 맛을 살리기 위함이 주된 목적이므로 센 불에 오랫동안 끓이지 않는 것이 중요함

⑥ 토마토소스의 경우 씨 부분이 믹서에 갈리면 신맛이 나기 때문에 손으로 으깨는 것이 좋고 수분을 고려하여 충분히 졸여 주거나 수분을 첨가해 주어야 함

⑦ 화이트크림을 이용할 경우에는 눌거나 타지 않도록 고루 저어야 함

⑧ 바질 페스토 소스의 경우 변색을 방지하기 위해 소금물에 데쳐서 사용하거나 조리 과정에 너무 뜨거운 환경에 오래 방치하지 않도록 함

⑨ 올리브 오일과 면을 삶은 면수(전분이 녹아 있는 물)를 파스타를 완성하는 데 사용하여 소스가 분리되는 것을 방지하거나 농도 조절도 되고, 파스타의 수분을 유지하는 데 도움이 됨

⑩ 소스와 파스타를 버무리는 경우가 대부분인데 소스 의에 면을 올려 소스와 파스타 각각의 질감을 얻는 경우도 있음

⑪ 파스타의 형태가 굵고 단단한 경우 수분이 많이 필요하며, 양념이 잘 어우러져야 함

01 다음 중 나비넥타이 모양 혹은 나비가 날개를 편 모양을 가지고 있는 파스타의 종류는?

① 파르팔레(Farfalle)
② 오레키에테(Orecchiette)
③ 탈리아텔레(Tagliatelle)
④ 토르텔리니(Tortellini)

해설 • 오레키에테(Orecchiette) : 귀처럼 오목한 모양
• 탈리아텔레(Tagliatelle) : 적당한 길이와 넓적한 형태
• 토르텔리니(tortellini) : 도우(Dough)에 내용물을 넣고 반지 모양으로 만듦

02 파스타 삶기에 대한 설명으로 틀린 것은?

① 소금의 첨가는 풍미를 살리고 면에 탄력을 준다.
② 1리터의 물에 파스타의 양은 100g 정도가 알맞다.
③ 삶은 면을 바로 사용하지 않을 경우에 빠르게 열기와 습기를 빼 주어야 한다.
④ 파스타 면을 삶은 면수는 면을 삶은 후 버린다.

해설 파스타 면을 삶은 면수는 농도를 잡아 주고, 올리브유가 분리되지 않고 유화될 수 있도록 한다.

03 파스타의 형태와 소스와의 조화에 대한 설명으로 바르지 못한 것은?

① 길고 가는 면 : 무게감 있는 소스나 올리브유를 이용한 소스
② 길고 넓적한 면 : 면에 잘 달라붙는 진한 소스가 어울림
③ 짧은 면 : 가볍거나 진한 소스 모두 잘 어울림
④ 짧고 작은 면 : 샐러드 재료나 수프 고명으로 사용됨

해설 길고 가는 면 : 가벼운 토마토소스나 올리브유를 이용한 소스가 어울린다.

04 파스타에 자주 사용하는 허브와 스파이스에 대한 설명으로 바르지 않은 것은?

① 오레가노 : 상쾌한 맛을 살림
② 루꼴라 : 부드럽고 달콤한 향을 가짐
③ 타임 : 약간의 산미와 씁쓸한 특유의 향을 지님
④ 페페론치노 : 매운맛을 냄

해설 루꼴라 : 부드러운 매운맛과 톡 쏘는 향을 가짐

05 파스타 조리에 대한 설명으로 바르지 않은 것은?

① 파스타에 사용하는 버터와 치즈의 역할은 부드러운 질감을 준다.

② 탈리아텔레 같은 넓적한 면은 치즈와 크림 등이 들어간 진한 소스가 어울린다.

③ 생면 파스타의 경우 부드러운 질감을 주기 위해 버터와 치즈를 많이 사용한다.

④ 소를 채운 파스타의 경우 무게감 있는 소스를 사용한다.

해설 소를 채운 파스타의 경우 소에 이미 일정한 수분과 맛이 결정되어 있으므로 수프 또는 가벼운 소스를 이용한다.

Chapter 09	양식 파스타 조리								
1	①	2	④	3	①	4	②	5	④

CHAPTER 10 양식 소스 조리

01 소스 조리

1. 소스 재료 준비

(1) 부케가르니(Bouquet Garni)

허브와 향미 채소(통후추, 월계수 잎, 타임, 파슬리 줄기 등)를 실로 묶은 것으로 육수 등에 사용하며, 향을 내는 향신료 다발이다.

(2) 미르포아(Mirepoix)

스톡에 향기를 강화하기 위해 사용하며 양파 50%, 당근 25%, 셀러리 25%의 비율로 사용한다.

(3) 향신료

향신료는 방향성과 자극성을 지닌 식물의 종자와 열매, 뿌리, 줄기, 나무껍질 등에서 얻어지는 재료들을 말한다.

(4) 농후제의 종류와 특성

소스나 수프를 걸쭉하게 하여 농도를 내며 풍미를 더해 주는 것을 농후제라 하며, 여러 가지 방법이 있다.

종류	특성
루(Roux)	• 루는 밀가루와 버터의 혼합물을 고소한 풍미가 나도록 볶아놓은 것을 의미하는데 밀가루와 버터의 비율이 1 : 1이 이상적이다. • 화이트 루(White Roux) : 색이 나기 직전까지만 볶아 낸 것(베샤멜소스와 하얀색 소스에 사용) • 브론드 루(Blond Roux) : 약간 갈색이 돌 때까지 볶은 것(크림수프나 벨루테를 만들 때 사용) • 브라운 루(Brown Roux) : 색이 갈색이 날 때까지 볶아 낸 것(브라운소스 등에 사용)
뵈르 마니에 (Beurre Manie)	• 버터와 밀가루를 동량으로 섞어 만든 농후제로, 향이 강한 소스의 농도를 만들 때 사용함 • 녹여 놓은 버터에 동량의 밀가루와 섞어 준비한 다음 일부를 소스의 일부와 먼저 섞어 농도가 나기 시작하면 나머지 소스를 넣고 완전히 녹을 때까지 저어 줌
전분 (Cornstarch)	• 감자전분, 옥수수전분 외에도 뿌리채소에는 많은 전분을 함유하고 있음 • 전분은 더운물에 호화되므로 찬물이나 차가운 육수에 섞어 두었다가 육수가 끓기 시작하면 불을 줄이고, 국자를 이용하여 자연스럽게 섞어 농도가 나기 시작하면 나머지 소스를 넣고 완전히 녹을 때까지 저어 줌
달걀(Eggs)	• 달걀은 노른자를 이용하여 농도를 내주며 잉글레이즈라는 디저트 소스가 대표적인 소스이고, 홀란데이즈도 달걀노른자의 응고력을 이용한 소스임 • 마요네즈는 달걀노른자의 단백질 특성을 활용한 차가운 소스임

버터(Butter)	• 수프를 끓인 후 버터의 풍미를 더하기 위해 불에서 내린 다음 포마드 상태의 버터를 넣고 잘 저어 주면 약간의 농도를 더할 수 있음

(5) 루(Roux)

루(Roux) 만들기
팬에 버터를 두르고 열을 가해 버터를 녹인 후 동량의 밀가루를 넣고 고루 볶아 용도에 맞게 화이트 루, 브론드루, 브라운 루를 만든다.

2. 소스 조리

육수소스	• 갈색 육수소스 : 오븐에 뼈를 굽고 팬에 채소를 볶아 브라운색(황갈색)을 내어 향신료와 함께 끓여 육수를 만듦 • 흰색 육수소스 : 송아지육수, 닭육수, 생선육수에 연갈색 루(Blond Roux)를 넣어 끓여서 만듦
토마토소스	• 토마토퓌레 : 토마토를 파쇄하여 그대로 조미하지 않고 농축시킨 것 • 토마토쿨리 : 토마토퓌레에 어느 정도 향신료를 가미한 것 • 토마토페이스트(반죽) : 토마토퓌레를 더 강하게 농축하여 수분을 날린 것 • 토마토홀 : 토마토를 껍질만 벗겨 통조림으로 만든 것
우유소스	• 대표적으로 베샤멜소스와 크림소스가 있음 • 베샤멜소스 : 버터를 두르고 밀가루를 넣어 볶다가 색이 나기 직전에 차가운 우유를 넣고 만든 소스로 양파, 밀가루, 버터, 우유의 비율은 1 : 1 : 1 : 20 정도가 좋음 • 크림소스 : 생크림 자체를 졸이거나 생선육수 첨가, 화이트와인 사용 시에 뵈르마니에로 농도를 맞춤

유지소스	• 식용유 소스 : 마요네즈, 비네그레트소스 등 • 버터소스 : 홀란데이즈 소스, 베르블랑 등
디저트소스	• 크림소스 : 앙글레이즈(커스터드소스) • 리큐르소스 : 과일즙소스에 리큐르와 럼을 첨가 • 초콜릿소스 : 녹인 버터에 코코아 가루, 설탕 시럽, 바닐라 향 등을 첨가

3. 소스 완성

(1) 소스 종류에 따른 좋은 품질 선별법

소스의 종류	품질 선별법
브라운소스	• 진한 고급 소스를 뽑기 위해서는 일주일 또는 5일간의 시간이 소요된다. • 대량으로 사용하는 경우 3~4일로 축소하여 만들어 내기도 하지만, 오래 끓인 소스의 맛을 따라올 수는 없다.
벨루테소스	• 생선 벨루테는 비린내가 나지 않도록 신선한 흰살생선을 사용한다.
토미토소스	• 숙성이 잘된 토마토가 소스의 색감을 주는 역할을 하므로 잘 익은 토마토를 사용해야 하지만, 구하기 힘들 경우에는 통조림을 사용하는 경우가 많다.
마요네즈	• 직접 만든 마요네즈는 산패에 주의하며, 마요네즈에서 파생된 타르타르소스, 다우젠아일랜드드레싱 또는 시저드레싱 등도 산패에 주의한다. • 시판되는 마요네즈를 사용하는 것도 나쁘지 않다.
비네그레트	• 엑스트라 버진 올리브유의 풍미가 소스의 중요한 역할을 하며, 용도에 따라 파생되는 비네그레트는 향이 강한 올리브유보다 포도씨유나 일반 샐러드유를 사용하는 것이 좋을 수 있다.

버터소스	• 질 좋은 소스는 좋은 버터에서 나오며 60℃ 이상 가열하면 수분과 유분이 분리되어 사용할 수 없는 기름이 될 수 있으므로 만들어진 소스의 보관에 유의한다.
홀란데이즈	• 완성된 소스는 따뜻하게 보관해야 한다. • 자체로서도 소스로 사용될 수 있으나 다른 소스에 곁들여 색을 내는 용도로 사용하는 경우가 많으므로 농도에 주의한다.

(2) 소스를 용도에 맞게 제공하는 방법

① 사용하는 음식의 맛을 끌어올려야 한다.
② 소스의 향으로 인해 원재료의 맛을 저하시켜서는 안 된다.
③ 많은 양의 접시를 제공해야 하는 연회장의 경우는 약간 되직한 게 좋다.
④ 튀김류에 사용되는 소스는 제공 직전에 뿌려서 튀김이 바삭함을 유지하도록 한다.
⑤ 질 좋은 스테이크에 고기의 맛을 즐기기 위해서는 많은 양의 소스를 제공하지 않는다.
⑥ 주재료의 맛이 특징과 개성이 없을 때는 개성이 강한 소스를 사용하고, 주재료의 맛에 개성이 충분할 때에는 그 맛을 상승시킬 수 있는 소스가 필요하다.

01 소스에 사용되는 농후제의 종류와 특성으로 맞지 않는 것은?

① 달걀의 흰자를 이용하여 농도를 내준다.
② 루(Roux)는 밀가루와 버터의 혼합물을 볶아 사용한다.
③ 뵈르 마니에(Beurre Manie)는 버터와 밀가루를 동량으로 섞어 만든다.
④ 전분은 감자, 옥수수전분 외에도 뿌리채소에는 많은 전분을 함유하고 있다.

해설 달걀은 노른자를 이용하여 농도를 내준다.

02 다음은 어떤 농후제에 대한 설명인가?

버터와 밀가루를 동량으로 섞어 만든 농후제로 녹여 놓은 버터에 동량의 밀가루와 섞어 준비한 다음 일부를 소스의 일부와 먼저 섞어 농도가 나기 시작하면 나머지 소스를 넣고 완전히 녹을 때까지 저어준다.

① 루(Roux)
② 전분(Cornstarch)
③ 뵈르 마니에(Beurre Manie)
④ 버터(Butter)

해설 뵈르 마니에는 향이 강한 소스에 사용한다.

03 소스를 용도에 맞게 제공하는 방법으로 바르지 않은 것은?

① 원재료의 맛을 저하시켜서는 안 된다.
② 연회장처럼 많은 양을 제공시 약간 묽게 하는 게 좋다.
③ 튀김류에 사용 시 제공 직전에 뿌린다.
④ 스테이크에 고기의 맛을 즐기기 위해서는 많은 양의 소스를 제공하지 않는다.

해설 많은 양의 접시를 제공할 때는 약간 되직한 게 좋다.

04 소스 종류에 따른 좋은 품질 선별법으로 옳지 않은 것은?

① 홀란데이즈 – 완성된 소스는 따뜻하게 보관해야 한다.
② 벨루테소스 – 루를 타지 않게 약한 불로 잘 볶는다.
③ 토마토소스 – 잘 익은 토마토를 사용한다.
④ 브라운소스 – 탄내가 살짝 나더라도 갈색으로 충분히 볶아야 한다.

해설 브라운소스는 좋은 재료를 사용하며, 재료를 볶는 과정에서 탄내가 나지 않게 볶아야 한다.

Chapter 10	양식 소스 조리							
1	①	2	③	3	②	4	④	

PART 08

중식 조리

01 중국 음식의 문화와 배경

농경문화에서 중국인은 식(食)을 매우 중요하게 여겨 왔는데 식문화에 수천 년 동안 축적해온 문화의 저변이 나타나며 수천 가지의 식재료와 다양한 조리법으로 음식을 발전시켜왔다. 기름을 이용한 요리가 많고 농후한 요리나 담백한 요리가 주를 이루고 있다.

한 나라 때에는 곡류로 가루를 만들어 떡이나 만두류를 개발하였고 원 나라 때에는 서방세계로 중국요리가 전파되었다. 청나라 시대 들어서면서 중국요리가 화려하게 발전했는데 상어지느러미요리, 곰발바닥요리 등 다양한 식재료가 사용되었다. 중국은 오랜 역사 속에 다민족 국가가 모여 지방요리를 형성하였고 다양한 조리법을 발전시켜왔다.

02 중국 음식의 분류

중국 요리는 북부 지역의 북경 요리, 동부 지역의 상해 요리, 서부 지역의 사천 요리, 남부 지방의 광동 요리로 4지역으로 분류하여 나누어진다.

종류	특징	대표 음식
산둥 요리 (북경 요리)	• 북부 • 봄은 건조하고 여름은 고온 다습한 한랭 • 궁중 요리의 중심, 고급 요리가 발달함 • 짧은 시간에 조리하는 튀김 요리, 볶음 요리 발달	구전대장, 오리구이, 면류, 전병, 만두 등
강소 요리 [상해(남경) 요리]	• 중동부 • 온화한 기후가 특징 • 해산물을 즐겨 사용하고 간장, 설탕을 많이 사용해서, 맛은 짜면서도 달콤하고 기름기가 많아 맛이 진하고 양이 푸짐함 • 찜, 조림 발달	연두장어, 게 요리, 동파육, 볶음밥 등
광둥 요리	• 남부 • 열대성 기후 • 재료가 가지고 있는 그대로의 맛을 잘 살려 담백함과 서유럽 요리의 영향을 받아 다양한 맛을 냄 • 기름과 소금을 적게 사용 부드럽고 담백함	탕수육, 팔보채, 딤섬, 상어 지느러미 찜 등
사천 요리	• 중서부 • 강우량이 풍부하고 비옥한 토지이므로 예부터 악천후를 이겨 나기 위해 향신료를 많이 사용 • 매운 요리와 마늘, 파, 고추 등을 사용하는 요리가 많음 • 소금에 절인 생선 등을 주재료로 채소와 육류를 이용한 볶음이나 찜요리 등이 발달함	마파두부, 궁보계정, 새우 고추장볶음 등

03 중국 음식의 특징 및 용어

1. 중국 음식의 특징

① 재료의 선택이 자유롭고 넓다.
② 맛과 조리법이 다양하고 풍부하다.
③ 기름 사용이 많지만, 음식을 강한 불로 단시간 볶아 영양 파괴를 줄인다.
④ 다양한 조미료와 향신료를 사용한다.
⑤ 조리기구가 간단하고 사용이 용이하다.
⑥ 음식의 어우러짐과 보온의 목적으로 전분을 사용한다.
⑦ 음식의 모양이 화려하고 풍성하다.

2. 중국 음식의 식사 예절

(1) 중국 음식의 식사 예절

① 개인별 식사가 제공되는 것이 아니라 가운데 돌릴 수 있는 회전식탁 위에 음식을 놓고 각자 양만큼 덜어서 먹는 방법이다.
② 주빈이 되는 손님이 가장 안쪽인 상좌(上座)에 앉고 주빈의 좌우에는 주빈 다음으로 중요한 손님을 앉게 하며, 주인은 시중을 드는 사람이 드나드는 문 쪽의 하좌에 앉는다.
③ 중국 음식은 시간의 순서에 따라 하나씩 나오는 코스 형태이다.
④ 스푼은 탕을 먹을 때만 사용하고 밥이나 국수는 젓가락을 사용하며, 양손으로 먹을 때는 왼손에 스푼을 들고 음식을 덜어 담은 다음 오른손에 쥔 젓가락을 사용해서 먹는다.

⑤ 생선 요리는 머리는 손님 쪽으로 향하게 하고 상석인 사람이 먹으며, 생선을 뒤집지 않는다.

(2) 중국식 정찬 식사

중국의 정찬 식사는 전채 → 두채 → 주채 → 탕채 → 침채의 순서로 제공된다.

전채(前菜)	• 식욕을 돋우는 역할을 하며, 주로 냉채요리가 나온다. • 해파리, 오향장육, 송화단, 전복 해삼, 패주, 오징어 등
두채(頭菜)	• 부드럽고 따뜻한 맑은 탕 요리로 고급재료를 이용한다. • 송이수프, 삭스핀게살수프 등
주채(主菜)	• 주요리로 고기, 해물, 두부, 야채로 이루어진다. • 야채볶음, 생선찜, 가상두부, 전가복 등
탕채(湯菜)	• 국물 요리로 다른 요리를 다 낸 후 연회의 후반부인 면점 앞에 낸다. • 야채두부탕, 새우완자탕, 생선완자탕 등
면점(面点)	• 밀가루나 쌀가루 등으로 만든 음식으로 밥, 면류, 만두 등이 있다. • 만두, 화권, 밥류 등
첨채(甛菜)	• 단맛의 후식을 의미한다. • 빠스옥수수, 빠스고구마, 지마구 등

04 중식 기초 기능 익히기

1. 썰기

종류	특징
조(條, tia'o, 티아오)	채썰기, 길이 5~7cm, 두께 0.7~1cm
니(泥, ni, 니)	잘게 다지기
정(丁, ding, 띵)	깍둑썰기
사(絲, si, 쓰)	가늘게 채썰기, 길이 5~7cm, 두께 0.3mm
편(片, pia'n, 피엔)	편썰기
입(粒, le'i, 리) 또는 미(未, we'i, 웨이)	쌀알 크기 정도로 썰기
곤도괴(滾刀塊, da'o kua'i, 다오 콰이)	재료를 돌리면서 도톰하게 썰기

2. 중식 조리도(切刀, 절도, 치에 다오 qie dāo) 용어의 이해

종류	특징
채도 (菜刀, ca'i da'o, 차이 다오)	채소를 썰 때 사용하는 칼
딤섬도 (點心刀, dian sin da'o, 디엔 신 다오)	딤섬 종류의 소를 넣을 때 사용하는 칼
조각도 (雕刻刀, dia'o ke' da'o, 띠아오 커 다오)	조각칼

05 기본 기능 습득하기

1. 조리 도구 및 기구의 종류와 용도

(1) 중식 조리에 사용되는 기물

도구명	도구의 특징
칼	모양은 직사각형이며, 칼끝이 직선으로 된 것과 활모양으로 굽은 것이 있고 칼은 므거우며 칼날이 예리함
중화 팬	음식을 볶을 때 사용하는 프라이팬으로 바드이 둥글어 열이 균등하게 고루 미치도록 되어 있으며, 무쇠로 만들어져 있음
편수 팬	프라이팬 모양으로 구멍이 뚫려 있어 식재료를 물이나 기름에서 건져 낼 때 사용함
중식 국자	식재료를 볶을 때뿐만 아니라 식재료를 덜어 사용할 때에도 이용함
도마	식저료를 자를 때 사용하며, 플라스틱과 나무 도마가 있음
풋(put)	육수를 끓일 때 사용되며, 대량으로 소스를 만들 때 사용함
볶음 튀김 국자	모양은 둥근 모양이며, 작은 구멍이 나 있어 재료를 튀겨 건지거나, 데치거나, 삶아 건질 때 사용함
제면기	면을 뽑거나 만두피를 밀 때 사용함
대나무 찜기	식재료나 딤섬을 쪄서 낼 때 사용함

2. 양념류 및 향신료

(1) 중국 요리에 사용하는 양념류

식품명		특징
간장		1~2년 정도 되는 묽은 간장은 국 등에 사용하고, 중간장은 찌개나 나물, 5년 이상 된 진간장은 약식(藥食)이나 전복초(全鰒炒) 등을 만드는 데 사용
흑초		검은콩으로 발효시켜 만든 식초로, 광동요리에 많이 사용되며 독특한 향기와 맛을 지니고 있음
미추		쌀을 발효시켜 만든 중국 전통 식초로 알코올 성분이 들어 있음
노추		노두유는 광동 일대에서 쓰는 색깔이 진한 간장으로, 색이 진하며 짠맛은 강하지 않아 주로 색을 낼 때 사용함
막장		검은콩, 밀, 누에콩, 고추를 발효시켜 만든 것으로, 검은 윤기가 나며 볶음, 찜, 무침, 절임 요리 등에 사용됨
액젓		새우, 조개, 멸치 등의 어패류의 살과 알, 창자 등을 소금기 있는 양념에 절여서 삭힌 저장 식품
가공 소스류	해선장	대두를 중심으로 설탕, 식초, 소금, 쌀, 밀가루, 고추, 마늘을 발효시킨 소스이며, 짠맛과 단맛, 고소하며 독특한 향으로 구이용, 국 등에 사용됨
	두반장	두반장은 발효시킨 메주콩에 고추를 갈아 넣고 양념을 첨가하여 맵고 칼칼한 맛을 내는 요리에 쓰이는데, 주요리로 마파두부 등에 사용됨

가공 소스류	춘장	대두, 소금, 밀가루를 이용하여 발효시킨 중국식 된장으로 발효를 시키면 검은색으로 변하여 맛이 깊어짐
	검은콩 소스	주로 광동요리에 많이 사용되며, 독특한 향과 맛을 지니고 있음 보통 식초와 섞어서 요리를 희게 만들어 사용하기도 함
	바비큐 소스	닭고기, 돼지고기, 쇠고기 등 구이 요리 등의 소스로 많이 사용됨
	XO소스	홍콩에서 만들어진 소스로 고추기름을 기본으로 하여 건관자, 건새우, 건고추, 중식 햄, 게 혹은 말린 전복, 송로버섯 등 값비싼 식재료를 잘게 자른 후 고추기름에 볶는다. 보통 소스 맛보다는 건더기 중심의 소스로 주로 딥핑소스류나 볶음 요리에도 널리 사용됨
	고추기름	고춧가루를 80~90℃의 기름에 볶아 우려 만든 기름으로, 매운맛을 내는 요리나 고기 특유의 냄새를 잡을 때 사용함
	굴소스	신선한 생굴을 으깨어 끓여 조려서 농축시켜 만든 소스임
	파기름	뜨거운 기름에 파를 끓여 만드는데, 파의 감칠맛과 풍미가 있어 모든 요리에 두루 사용
	겨잣가루	중국 냉채 요리에 이용되는 소스로, 미지근한 물에 개어 15분 정도 따뜻한 곳에 숙성시켜 사용함

가공 소스류	두시장	황두와 흑두를 삶아서 찐 뒤에 발효시킨 것으로 건두시, 강두시, 수두시 세 종류로 분류함
	매실소스	중국 매실과 생강, 고추를 섞어 만든 소스로, 연육 작용으로 육류구이용으로도 쓰이고 튀김 요리의 소스로 쓰임
	생추왕 간장	색깔이 짙은 간장을 통틀어 말하고 간장의 신선한 맛이 매우 진하며, 노추보다 약간 묽은 짠 간장임
	황두대장 (황두장)	밀가루, 대두, 소금, 누룩을 섞은 후 4개월 이상 발효를 시킨 것으로, 북경요리와 태국 요리에 많이 쓰임
	새우간장	새우젓 같은 독특한 냄새를 지녔으며, 요리에 강한 맛을 내기 위해 볶음, 수프, 조미 국물, 소스에 사용됨

(2) 중국 요리에 많이 사용하는 향신료의 종류

향신료	특징
인삼	• 뿌리에는 사포닌이 들어 있고, 원기 회복·정신 안정·진액을 생성하는 효능이 있음 • 혈액 순환, 과로, 무기력, 기침, 어지럼증, 구토 등에 좋음
숙지황	• 생지황의 뿌리, 줄기를 찐 것으로 당분과 비타민이 주성분임 • 음기를 자양하고 혈을 보호하는 효능이 있음 • 천궁과 배합해서 쓰면 빈혈에 좋음
팔각	• 상록수인 대회향의 열매로 여덟 개의 씨방으로 이루어짐 • 오래 끓이거나 푹 고는 요리와 밑 양념을 했다가 만드는 요리에 사용하고 오향의 주요 원료이며, 소화 불량 설사에 좋음

구기자	• 눈을 맑게 하고, 허리와 무릎이 시리고 아픈 곳과 머리가 어지럽고 눈이 침침할 때 효과가 있음
산마	• 참마의 줄기를 말린 것으로 비장과 신장의 기능을 강화함
천궁	• 미나리과에 속한 천궁의 뿌리, 줄기로 혈액 순환을 좋게 하고 당귀와 적절히 쓰면 빈혈에 좋으며, 풍을 막고 통증을 멎게 하며 두통, 폐경, 복통, 타박상에 좋음
당귀	• 쿠마린이 들어 있고, 대표적인 보혈제임
감초	• 폐에 좋고 해독 작용을 하고 약재들을 조화시키는 효능이 있음
계피	• 오래 끓이는 요리에 많이 사용되고 혈액 순환과 위액 분비를 촉진함
정향	• 소화 불량, 구토, 설사에 좋고 항균 작용을 하여 피부의 백선 치료에 사용하며, 음식에 사용하면 구치를 없애 주는 효능이 있음
동충 하초	• 항암 작용이 있고 구안와사증에 효과가 있으며, 인공 재배로 수요량이 늘어나고 있음
산초	• 고기의 잡내를 없애 주고 절임 요리 등의 향을 내는 데 사용하고 맛은 맵고 얼얼하며, 시력을 보호하고 기침이나 천식에 좋음

(3) 중식 조리 기초 작업 방법 이해

① 육수

중국 요리에서의 육수는 수프나 탕을 만드는 데 기초가 되는 국물로 닭 뼈, 생선 뼈, 소뼈 등을 오랜 시간 끓여서 만든다.

㉠ 육수 조리 시의 주의 사항

내용	주의 사항
찬물 사용	찬물에 재료가 충분히 잠길 정도로 부어서 끓임

낮은 불에 서 조리	뼈, 근육, 섬유질 속에 알부민, 단백질 등은 찬물에서 비교적 잘 용해되므로 낮은 불에서 서서히 끓임
불순물 제거	혼탁도를 줄이기 위해 불순물 을 지속적으로 제거해 줌
육수 걸러 내기	완성된 육수는 깨끗하고 투명 하게 유지하기 위해 잘 걸러 서 위에 뜨는 기름은 걷어 냄
냉각	거른 육수는 금속기물을 사용 하여 재빨리 식혀 박테리아 증식을 줄임
저장	냉각된 육수는 뚜껑이 있는 용기로 옮겨 냉장고에 보관하 고 오랜 시간 저장 시에는 냉 동시킴

ⓒ 육수의 종류

내용	주의사항
닭육수	가금류 육수는 풍미를 느끼게 할 때 많이 사용되며, 특히 닭 육수는 소고기 육수보다 담백 한 맛을 내기 때문에 중국 요 리의 맛을 살리기 위해 닭육 수를 대부분 사용함
생선육수	흰살생선의 뼈(광어 뼈 등)를 사용하여 찬물에 담가 핏물을 빼고 끓는 물에 데친 후 찬물 에서 대파, 생강 등을 넣고(강 한 향신료는 되도록 피함) 끓 임
소뼈육수	뼈에는 근육과 뼈를 연결하는 힘줄과 연골이 많이 들어 있 는데, 조리 과정에 콜라겐은 물과 함께 젤라틴으로 변하게 되며 육수는 풍부한 단백질과 무기질이 포함되어 있음

② 소스의 기본 구성 요소

　㉠ 육수 : 소스의 맛을 좌우하는 가장 기

본이며, 요리의 깊은 맛을 낼 수 있도
록 조리되어야 한다.

　㉡ 농후제 : 대부분 전분이 젤라틴화 되는
원리를 이용한 것으로, 농후제로 사용
되는 자신의 특성은 최소화하고 소스
기본 재료의 특성을 최대화하는 재료
가 농후제로 적격이다. 칡은 쉽게 분
리되지 않고 일반 전분보다 윤기가 투
명하고 향이 미세하며, 반응도 빨라
값이 비교적 비싼 편이다.

06 기본 조리 방법 습득하기

1. 중국 요리의 조리 방법 이해

중국 요리는 재료를 뜨거운 탕에 데치거나 미리
익히고, 기름에 데치는 등 애벌 조리를 한 후 마
무리 조리를 하는 것이 보편적으로, 약 80%가
기름에 볶는 방법이 쓰이고 있다. 또 쪄서 튀겨
내거나 다시 볶는 식의 복합적인 조리법이 발달
하였다. 열을 전달하는 매체에 따라 물을 사용하
는 조리법, 기름을 사용하는 조리법, 증기를 사
용하는 조리법으로 나눈다.

① 물을 열전도체로 하는 조리법

조리법	특징
배(ba, 바)	• 북경요리에서 가장 많이 쓰이는 조리법으로, 배의 기본은 소(shao, 샤오)와 같지만, 조리 시간이 더 길다. 완성된 요리는 부드럽고 녹 말을 풀어 넣어 맛이 매끄러움

소 (shao, 샤오)	• 소는 조림을 말하며 볶거나, 지지거나, 튀기거나, 쪄서 미리 가열 처리한 재료에 육수와 조미료를 넣고 끓이다가 약불로 조려 푹 삶아 익히는 조리법으로, 불의 세기와 녹말 양에 따라 맛이 달라짐
돈(dun, 뚠)	• 육수를 넉넉히 붓고 재료를 넣어 오래 가열하는 방법으로 과돈(侉炖), 청돈(淸炖), 격수돈(隔水炖)으로 나눔 • 과돈 : 재료에 녹말가루나 밀가루를 묻히고 다시 달걀을 입혀 지져서 모양을 만든 다음 물 또는 육수를 넣고 끓이는 방법 • 청돈 : 끓는 물에 재료를 살짝 데친 뒤 물에 넣고 가열하는 방법 • 격수돈 : 끓는 물에 데친 재료를 그릇에 담고 탕즙을 적당히 넣은 뒤 뚜껑을 꼭 닫고 직접 불 위에서 끓이거나 큰 팬에 물을 넣고 끓여 증기로 익히는 방법
민(men, 먼)	• 약한 불에서 뚜껑을 덮고 오래 끓이는 조리법으로, 좀 딱딱한 재료를 큼직하게 썰어 뜨거운 물이나 기름에 데친 후 소량의 탕즙과 조미료를 넣어 센 불에서 끓이다가 약한 불로 낮춰 즙이 걸쭉해지고 재료가 푹 삶아지도록 오래 졸인다. 요리의 마지막에 물 전분을 넣어 주기도 함
외(wei, 웨이)	• 조금 질긴 재료를 큼직하게 잘라 물에 데친 후 물을 넉넉히 붓고 강약 조절을 하면서 은근하게 익히는 방법으로, 완성된 요리에 육수가 비교적 많이 담겨 있음
쇄 (shuan, 쑤안)	• 얇게 썬 양고기나 연한 야채를 뜨거운 육수에 살짝 익힌 후 소스에 찍어 먹는 방법으로 중국에서는 훠궈로, 일본에서는 샤부샤부라는 명칭의 음식과 비슷함

자(zhu, 쮸)	• 동물성 재료를 작게 썰어서 육수를 붓고 센 불에서 끓이다가 약불로 줄여 익히는 조리 방법으로, 재료를 익혀 조미한 뒤 그대로 먹거나 건져서 다시 요리하기도 함
회 (hui, 후에이)	• 재료를 혼합하여 탕이나 물을 넣고 익히는 조리법으로, 홍회 · 청회 · 백회 · 소회로 나눔 • 홍회 : 간장이나 황설탕을 넣고 전분을 사용하여 농도가 진한 요리 • 청회 : 전분이 들어가지 않음 • 백회 : 전분이 조금 들어가는 조리법 • 소회 : 기름, 향신료, 동물성 재료와 양념을 넣고 걸쭉하게 졸이는 조리법
탄(tun, 툰)	• 연한 재료를 저미거나 완자를 만들어 물이나 육수에 빠르게 데치는 조리법

② 기름을 열전도체로 하는 조리법

조리법	특징
초 (chao, 챠오)	"볶다"라는 뜻으로 기름을 두르고 센 불이나 중불에 짧은 시간 볶아서 익히는 조리법으로, 영양 손실이 적고 중국요리에서 가장 많이 사용됨
팽(peng, 펑)	주재료를 밑간하여 튀기거나 볶아 낸 뒤 다시 부재료와 조미료 등을 넣고 센 불에서 볶고 육수를 조금 넣어 조려주는 조리법
폭(bao, 빠오)	1.5cm 정육면체로 썰거나 재료에 칼집을 내어 기름이나 뜨거운 물에 데친 후 센 불에서 빠르게 볶아 내는 조리법으로, 재료 자체의 맛이 살아 있어 부드럽고 바삭한 느낌의 질감을 느낄 수 있음
작(zha, 짜)	손질한 재료를 넉넉한 기름에 튀기는 조리 방법

류(liu, 리우)	재료에 간을 하고 전분이나 밀가루 튀김옷을 입혀 기름에 튀기거나 삶거나 찐 뒤 다시 여러 가지 조미료로 걸쭉한 소스를 만들어 재료 위에 끼얹거나 또는 조리한 재료를 소스에 버무려 묻혀 내는 조리 방법
첩(tie, 티에)	세 가지의 재료를 쓰는 첩은 특수한 조리법으로 만들어지는데 첫 번째 재료를 곱게 다지고, 두 번째 재료는 넓게 편을 내어 그 위에 재료를 얹고, 다시 세 번째 재료로 덮음 만든 음식을 아래로 하여 바삭하게 기름에 지져 낸 다음 그릇에 물을 적당량 부어 수증기로 익힘
전(jian, 지엔)	뜨겁게 달군 팬에 기름을 두르고 밑손질한 재료를 넣어 양면 또는 한 면만 익히는 조리법

③ 증기를 열전도체로 하는 조리법

조리법	특징
고(kao, 카오)	가장 원시적이고 오래된 조리 방법으로, 건조한 뜨거운 공기와 복사열로 재료를 직접 익히는데 연료로는 장작, 석탄, 숯, 가스와 적외선 등이 사용되며, 재료가 가열되면서 수분이 증발되어 튀김처럼 표면이 바삭거리고 향이 좋아지며, 속은 육질이 부드러워짐. 대표적인 요리로 북경오리구이가 있음
증(zheng, 쩽)	재료를 증기로 쪄서 익히는 조리 방법 • 분증 : 오향초본 등의 조미료를 재료와 버무려 그릇에 담아 증기에 익힘 • 청증 : 재료를 밑간하여 그릇에 담아 수증기로 익힘 • 백회 : 전분을 소량으로 넣어 조리하는 방법 • 포증 : 연잎이나 대나무 잎 등으로 재료를 싸서 그릇에 담아 증기에 익힘

01 다음 중 중식 썰기 방법 중 육류나 표고버섯, 죽순 등을 넓적한 모양으로 써는 방법은?

① 쓰(絲)　　② 피엔(片)

③ 띵(丁)　　④ 니(泥)

해설 • 쓰(絲) : 가늘게 채썰기
• 띵(丁) : 깍둑썰기
• 니(泥) : 잘게 다지기

02 중식 조리도에 대한 설명으로 옳지 않은 것은?

① 곤도괴(滾刀塊) : 재료를 돌려 깎기 하는 칼

② 채도(菜刀) : 채소를 썰 때 사용하는 칼

③ 딤섬도(點心刀) : 딤섬 종류의 소를 넣을 때 사용하는 칼

④ 조각도(雕刻刀) : 조각에 사용하는 칼

해설 곤도괴(滾刀塊)
썰기의 용어로 재료를 돌리면서 도톰하게 써는 방법을 말한다.

03 중식의 다양한 조리를 할 수 있는 팬으로 바닥이 둥글어 불에 닿는 면이 넓고, 열이 균등하게 미치도록 되어 있는 조리 도구는 무엇인가?

① 중화 팬 ② 편수 팬
③ 소스 냄비 ④ 프라이팬

해설 중화 팬은 바닥이 둥글어 열이 균등하게 전달되고, 팬 바닥을 넓게 쓸 수 있어 주로 볶음과 튀김에 사용된다.

04 다음 설명에 대한 향신료는 무엇인가?

- 상록수인 대회향의 열매로 여덟 개의 씨방으로 이루어짐
- 오향의 주요 향신료임
- 오래 끓이거나 푹 고는 요리에 사용됨

① 산초 ② 천궁
③ 숙지황 ④ 팔각

해설 팔각
중국 요리에 많이 사용하는 향신료 중의 하나로 오향분의 주재료로 쓰고, 방향이 강해 음식의 향을 돋우며 오래 끓이는 요리에 사용된다.

05 중국 4대 요리의 특징으로 바르지 않은 것은?

① 북경요리 : 궁중 요리의 중심, 고급 요리 문화가 발달함
② 상해요리 : 해산물을 즐겨 사용하고 맛은 짜면서 달콤함
③ 사천요리 : 악천후 적 기후의 영향으로 향신료를 많이 사용함
④ 광둥요리 : 외국과의 교류가 없어 전통 요리만 발달함

해설 광둥 요리
외국과의 교류가 많은 지역으로 전통 요리와 국제적인 요리의 특성이 조화를 이뤄 발달하였다.

06 조리 방법 중 열 전도체가 다른 것은 무엇인가?

① 초(chao, 챠오) ② 증(zheng, 쪙)
③ 작(zha, 짜) ④ 전(jian, 지옌)

해설 ①, ③, ④는 기름을 사용하는 조리법이며, ②는 증기를 사용하는 조리법이다.
- 초(chao, 챠오) : 기름을 두르고 센 불이나 중불에 짧은 시간 재료를 볶는 조리 방법
- 증(zheng, 쪙) : 재료를 증기로 쪄서 익히는 조리 방법
- 작(zha, 짜) : 손질한 재료를 넉넉한 기름에 튀기는 조리 방법
- 전(jian, 지옌) : 뜨겁게 달군 팬에 기름을 두르고 재료를 익히는 조리 방법

07 중식 조리에서 전분의 기능으로 바르지 않은 것은?

① 수분과 기름의 분리되는 성질을 융화시 킨다.
② 소화를 용이하게 해 준다.
③ 뜨거운 요리의 온도를 유지해 준다.
④ 튀김 요리 사용 시 바삭한 식감을 준다.

해설 전분 사용으로 수분과 기름이 분리되는 성질을 융화시 키고 뜨거운 요리의 온도를 빨리 식지 않게 해 주며, 튀 김에 사용하면 바삭한 식감을 준다.

08 대두를 발효시킨 소스로, 짠맛과 단맛이 나 는 소스는?

① 해선장　　　② 두반장
③ 굴소스　　　④ XO소스

해설 • 두반장 : 발효시킨 메주콩에 고추를 갈아 넣고, 양념을 첨가하여 만듦
• 굴소스 : 생굴을 소금과 발효시켜 만들어 굴의 감칠맛 이 농축된 소스
• XO소스 : 고추기름을 기본으로 하여 건관자, 건새우, 건고추, 송로버섯 등 값비싼 식재료를 잘게 자른 후 고추기름에 볶은 것

Chapter 01	중국 음식의 식생활 문화 및 기초 조리 실무								
1	②	2	①	3	①	4	④	5	④
6	②	7	②	8	①				

CHAPTER 02 중식 절임·무침 조리

01 절임 및 무침 준비

1. 절임의 특징

(1) 절임류의 특징

① 조미 식초의 기본적인 비율은 물 : 식초 : 설탕의 비율이 2 : 1 : 1이 되도록 한다.

② 주로 양조식초를 많이 사용하고 곡물식초 (쌀, 현미)는 부드러움을 주고, 과일식초는 새콤한 강한 맛을 준다.

③ 백설탕, 황설탕, 유기농 설탕 등을 주로 사용하고, 흑설탕의 경우는 색을 진하게 만들기 때문에 사용하지 않는다.

④ 채소 절임의 채소는 오이, 당근, 무, 콜리플라워, 양배추 등 다양하게 사용된다.

⑤ 절임의 채소는 소금으로 숨을 죽여서 사용한다.

(2) 절임 조리 시의 유의 사항

조미 식초는 뜨거울 때 재료에 부어야 아삭함이 유지되고 내열성이 강한 유리병이나 스테인리스통을 사용한다.

2. 절임 및 무침에 많이 사용되는 채소의 종류

채소의 종류	특징
자차이(榨菜)	• 일종의 장아찌로 자차이(榨菜)라고 불리는 채소의 뿌리를 소금과 양념에 절여서 만들며, 우리나라의 무김치와 비교하여 중국의 절임김치라고 할 수 있고, 중국 쓰촨성(四川省)의 대표적인 음식임 • 씹히는 식감이 좋고 약간 짭짤한 맛이 입맛을 돋우며, 국내 고급 중식당에서는 밑반찬으로 즐겨 먹음
향차이(芫荽)	• 파슬리과에 속하며 고수라고도 하는데, 특유하고 독특한 냄새가 사람에 따라 악취로 느낄 수도 있음
청경채	• 성장 기간이 짧은 십자화과 채소로 몸 전체가 녹색일 경우 청경채라 부르고, 잎줄기가 백색이면 백경채라 부름
무(Radish)	• 십자화과의 뿌리채소로 쓰임새가 다양하고, 전분 분해 효소인 디아스타제가 풍부하여 소화를 촉진함
당근(Carrot)	• 비타민 A의 함량이 높으며, 베타카로틴은 7,000mg(익힌 것 8,300) 이상 풍부하게 함유되어 있음
양파(洋葱)	• 항균 효과를 비롯하여 중금속 해독 작용, 콜레스테롤의 감소 및 항동맥경화 효과, 혈당 저하 효과, 심혈관계질환 예방, 항암 효과 등이 있음
마늘(大蒜)	• 각종 생리 활성이 풍부하며, 알리신 성분은 항균 작용을 함 • 독특한 향과 맛이 있어 나쁜 냄새를 잡고 향미를 돋우어 줌

고추(名词)	• 캡사이신 성분은 기름의 산패를 막고 젖산균의 발육을 돕고, 위산 분비를 촉진시켜 소화를 돕지만 지나치게 먹으면 간, 신장에도 부담을 줄 수 있음 • 조림, 절임, 장아찌, 고춧가루, 고명 등으로 사용됨
배추(白菜)	• 한자어로는 숭채(菘菜) 또는 백채(白菜)라고 하며 무, 고추, 마늘과 함께 우리나라 4대 채소에 속함
양배추 (圓白菜)	• 유럽이 원산지로 칼로리는 낮고 비타민 C가 풍부하며 피클, 김치, 생식, 쌈, 샐러드, 즙 등으로 사용됨
땅콩	• 지방질과 단백질을 많이 함유한 고열량 식품이며, 콜레스테롤 수치를 낮춰 주는 불포화지방산을 함유하고 있음

흑초	• 광둥 요리에 많이 사용됨 • 검은콩을 발효시켜서 만든 식초 • 요리를 흰색으로 만들고 싶을 때는 보통 식초와 혼합하여 사용함
고추기름	• 식용유를 끓여서 팔각, 파, 생강, 양파와 같은 향신료를 으깨서 받친 다음 고춧가루로 매운맛과 향을 낸 것 • 사천 요리에 빠질 수 없는 조미료
막장	• 검은콩, 밀, 누에콩, 고추를 발효시켜 만듦 • 검고 윤기가 나는 것이 우수한 제품임 • 찜 요리, 생선에 얹어 먹거나 반찬류의 무침이나 절임 요리에 사용함

3. 절임과 무침에 사용되는 향신료와 조미료

(1) 향신료의 사용 목적 및 종류

① 향신료는 요리의 향과 맛을 살리고 비린내와 잡냄새를 제거하며 재료의 보존에 도움을 준다.

② 향신료는 주로 장(생강), 충(파), 쏸(마늘), 화자오(산초씨), 띵샹(정향), 팔각, 따후이(대회향), 계피, 샤오후 이(회향), 천피(귤껍질) 등이 사용된다.

(2) 조미료의 종류와 특징

종류	특징
간장	• 음식의 간을 맞추는 기본양념 • 복합된 독특한 맛과 함께 향을 지님
굴소스	• 신선한 생굴을 으깬 다음 끓여서 조리고 농축시켜서 만듦 • 중식당에서 가장 많이 사용됨

02 절임류 만들기

1. 절임류 만들기

(1) 절임 재료

종류		특징
소금	천일염 (호렴)	• 바닷물을 햇볕에 건조시켜 소금 결정체로 얻은 것으로, 불순물이 함유되어 있으며 배추절임, 오이지, 생선절임 등에 사용함
	제제염 (꽃소금, 고운소금)	• 천일염을 다시 물에 녹여 재결정시킨 것으로, 천일염보다 입자가 작고 희어서 장 담그기, 간 맞추기 등에 사용함
	정제염	• 제제염을 재결정하여 염화나트륨의 순도를 99% 이상으로 높인 것이며, 음식의 맛을 내는 데 사용함

종류	특징
젓갈	• 젓갈은 수산물을 이용한 발효 식품으로 젓갈의 종류는 크게 원료와 제품형태 및 제법에 따라 젓갈, 양념 젓갈, 식해, 액젓 등으로 분류할 수 있음
식초	• 3~5%의 초산 등이 함유된 산성 식품이며, 생선의 비린내를 잡고 단백질을 단단하게 해주고 살균 작용이 있음 • 곡류, 알코올성 음료, 과실류 등을 원료로 하는 양조식초와 빙초산이나 초산을 주원료로 하는 합성식초로 나누어짐 • 절임, 무침에 사용하며, 강한 산성으로 방부 효과가 있어 식품의 저장에도 이용됨
설탕	• 사탕수수나 사탕무가 주원료로 수크로스가 주성분인 감미료로, 사탕수수로 만드는 수수설탕(Cane Sugar)과 사탕무로 만들어지는 무설탕(BeetSugar)으로 나누며, 그 외에 사탕단풍의 수액으로 만든 단풍설탕, 대추야자의 수액으로 만든 야자설탕 등이 있음

(2) 절임 만들기

종류	특징
김치절임	• 우리나라 지방의 김치 특색은 북쪽의 추운 지방에서는 고춧가루를 적게 쓰는 백김치, 보쌈김치, 동치미 등이 유명하며, 호남 지방은 매운 김치, 영남 지방은 짠 김치가 특색임 • 중·북부 지방에서는 새우젓, 조기젓을 쓰고, 남부 지방에서는 멸치젓, 갈치젓을 많이 사용함
피클	• 우리나라의 전통 식품인 장아찌와 제조 방법이 비슷한 서양식 반찬 요리임 • 오이, 작은 양파, 토마토, 피망, 양배추, 콜리플라워, 당근, 비트, 버섯, 버찌, 올리브 등을 소금에 절인 후 조미액(향신료, 식초, 설탕)에 담가 절인 음식

종류	특징
장아찌	• 장아찌는 장지(醬漬) 또는 장과(醬瓜)라그 하며 무, 오이, 고추, 가지, 깻잎 등의 채소류와 굴비, 전복 등의 어패류, 김과 파래 등의 해조류를 간장, 된장, 고추장, 젓갈, 식초 등의 절임원에 담가 침장액의 삼투와 효소의 작용으로 독특한 풍미를 내게 하는 저장 발효 식품임

03 무침류 만들기

1. 무침에 대한 이해

① 채소나 말린 생선, 해초 등에 갖은양념을 하여 국물 없이 무치거나 볶아서 양념을 넣고 버무린 음식으로, 먹기 직전에 무쳐서 내는 것이 고소하고 재료의 맛을 낼 수 있다.
② 양념이 주재료보다 향이 강하면 주재료의 특유의 맛을 느낄 수가 없다.

2. 무침의 조리

① 재료로는 다양한 봄 야채, 해산물, 육류 등을 사용할 수 있다.
② 자차이는 흐르는 물에 짠맛이 없어질 때까지 담가 두었다가 양념에 무치는데, 식초를 사용하여 신맛을 내도 좋고 오이, 양파, 대파를 함께 사용해도 된다.

04 절임 보관 및 무침 완성하기

1. 숙성

(1) 식품의 저장 원리

식품의 저장은 영양적, 기호적, 위생적 가치 등을 포함한 식품의 품질을 변하지 않게 보전하는 것이다.

(2) 식품의 변질을 방지하는 원리

수분 활성 (Water Activity ; Aw) 조절	탈수, 건조, 농축, 염장, 당장
온도 조절	냉장 · 냉동 보관
pH 조절	산 저장
가열 살균	통조림, 병조림, 레토르트 식품
광선 조사	자외선 조사, 방사선 조사
산소 제거	가스 치환(CA 저장), 진공 포장, 탈산소제 사용

2. 저장 방법

저장 방법		원리
건조법	자연건조법	태양열과 자연통풍을 이용하는 방법이 있음
	인공건조법	터널건조법, 분무건조법, 진공건조법 등
발효와 초 절임		• 미생물은 특정한 조건 아래에서 산소와 알코올을 이용한 발효를 하면서 절임 저장 같은 바람직한 효과를 냄

당장법	• 설탕을 첨가하여 식품의 삼투압을 높여 미생물의 생육 저지 효과를 이용한 저장법
훈연법	• 어류 · 육류를 소금에 절인 후 참나무, 자작나무, 오리나무 및 호두나무 등의 목재를 태워서 생기는 연기의 화학 성분을 식품 표면에 부착 및 침투시켜 건조시키는 방법 • 연어, 송어, 청어, 굴 및 조개와 같은 훈제 어패류와 소시지, 햄 및 베이컨 등의 육제품
염장법	• 소금의 삼투작용에 의해 식품이 탈수되어 세균이 생육하는 데 필요한 수분이 감소되고, 식품에 붙어 있던 세균도 삼투압에 의해 원형질 분리가 일어나 미생물의 생육이 억제되는 원리를 이용한 저장법 • 오이지, 무짠지, 김치류 등
움저장법	• 땅을 파고 농산물을 통으로 또는 가공하여 저장하는 방법 • 감자, 고구마, 무의 저장에 사용

출제예상문제

01 절임류 조리 시의 유의 사항으로 바르지 않은 것은?

① 용기는 내열성이 강한 유리병을 사용한다.

② 조미한 초는 끓인 후 식혀서 재료에 붓는다.

③ 채소를 이용한 절임류는 식감이 떨어지므로 단시간 내에 소비한다.

④ 주로 양조식초를 많이 사용한다.

해설 조미한 식초는 끓여서 뜨거울 때 부어야 원재료의 아삭함이 오래 유지된다.

02 성장 기간이 짧은 십자화과 채소로 백경채라고도 불리는 채소는 무엇인가?

① 향차이　　　　② 양배추
③ 양파　　　　　④ 청경채

해설 청경채는 몸 전체가 녹색일 경우는 청경채라 부르고 잎줄기가 백색인 경우는 백경채라고 부른다.

03 일종의 장아찌로 우리나라의 무김치와 비교하여 중국의 절임김치라 할 수 있으며, 중국 쓰촨성의 대표적인 식재료는 무엇인가?

① 자차이　　　　② 향차이
③ 양배추　　　　④ 백편두

해설 자차이는 자차이라고 불리는 채소의 뿌리를 소금과 양념에 절여서 만들며, 고급 중식당에서 밑반찬으로 사용한다.

04 다음 절임류에 사용하는 소금에 대한 설명에 해당하는 것은?

> • 바닷물을 햇볕에 건조시켜 소금 결정체로 얻은 것으로, 불순물이 함유되어 있다.
> • 배추절임, 오이지, 생선절임 등에 사용한다.

① 재제염(꽃소금)　　② 정제염
③ 천일염(호렴)　　　④ 맛소금

해설 재제염은 천일염을 다시 물에 녹여 재결정시킨 것이고, 정제염은 재제염을 재결정하여 염화나트륨의 순도를 높인 것이며, 정제염에 글루탐산나트륨을 입힌 것이 맛소금이다.

05 저장 방법 중 훈연법에 대한 설명으로 바르지 않은 것은?

① 독특한 향미를 준다.
② 수지분이 많은 전나무, 감나무 등을 사용한다.
③ 훈제 육제품으로는 소시지, 베이컨, 햄 등이 있다.
④ 훈연의 연기는 방부제 역할을 한다.

해설 훈연법에는 수지(樹脂)가 적은 참나무, 자작나무, 오리나무, 호두나무 등을 사용한다.

Chapter 02 | 중식 절임 · 무침 조리									
1	②	2	④	3	①	4	③	5	②

01 육수 및 소스 준비하기

1. 주재료 및 부재료 준비

(1) 육수의 개요

육수는 부재료와 주재료를 혼합할 때나 소스를 만들 때 등 음식의 맛과 소스의 맛을 결정하는 가장 중요한 과정으로 소뼈, 닭뼈, 생선뼈, 채소, 향신료 등을 물과 함께 끓여서 우려낸 국물이다.

[뼈의 종류와 특징]

소뼈	소나 송아지뼈에 근육과 뼈를 연결하는 힘살과 연골에 포함되어 있는 콜라겐이 조리 과정에서 물과 함께 젤라틴으로 변하여 풍부한 단백질과 무기질이 육수에 함유됨
닭뼈	가격이 저렴하고 중국 요리에 가장 많이 사용되는 육수로, 뼈로 풍부한 육수를 만들기 어려울 때는 통째로 사용함
갑각류	갑각류인 랍스터나 꽃게 등을 이용하여 육수를 생산함
돼지뼈	특유의 냄새를 제거하기 위해 향신채소나 향신료를 사용하여 육수를 생산함

(2) 소스의 개요

소스(Sauce)의 어원은 고대 라틴어 Salus에서 유래되었는데, Sails는 소금을 첨가한다는 Salted의 옛말로, 이것이 시간이 지나면서 소스라는 말로 유래된 것으로 추측되고 있다.

육수에 향신료 등을 넣고 농후제로 농도를 조절하여 음식에 사용하는 것으로 액체 또는 반유동 상태의 조미료를 의미한다.

[소스의 기본 구성 요소]

요소	특징
육수	• 소고기, 닭고기, 돼지고기, 갑각류, 야채류, 향신료 등의 본맛을 낸 국물로 소스의 맛을 좌우하는 가장 기본 요소임 • 완성된 육수의 보관 시 다른 향이 스며들지 않도록 주의함
농후제	• 녹말이 젤라틴화되는 원리를 이용하는 것으로, 젤라틴화된 물과 함께 열을 가하면 끈끈해짐 • 음식의 감촉, 맛의 느낌을 살려 줌 • 옥수수, 감자, 고구마, 에로우 루트(열대지방의 칡뿌리 전분) 등이 사용됨

02 육수 및 소스 만들기와 보관하기

1. 육수 조리

① 육수 조리 과정 및 주의 사항

조리 과정	주의 사항
찬물에서 시작하기	• 끓이는 중에 물이 줄어들면 보충해 주고, 뼈가 물 밖으로 나오면 산소와의 접촉으로 검게 되어 생산에 영향을 주므로 주의함 • 재료의 맛과 향 등을 잘 용해시키기 위해 반드시 찬물로 시작하며, 재료가 충분히 잠길 정도로 물을 부어 시작함(뜨거운 물로 시작하게 되면 불순물이 빨리 굳어지고 뼛속 맛있는 맛이 우러나지 못하며 혼탁해짐)
센 불에서 시작하여 약한 불로 조리	• 끓기 시작하면 불을 줄여서 90℃를 유지하며, 은근하게 끓여야 뼛속 맛과 향이 우러나고 맑게 생산됨 • 센 불로 조리 시 내용물의 움직임이 빨라져서 기름기가 물과 함께 엉켜 혼탁해짐
거품 및 불순물 걷어 내기	• 불순물은 처음 끓어오르기 시작할 때가 가장 많으며, 거품과 함께 제거해 주면 되고 일정한 시간을 두고 떠오르는 불순물은 계속적으로 제거해 줌 • 냄비 주위에 붙어 있는 기름띠는 젖은 타월로 닦아 내면 더 깨끗한 스톡을 생산할 수 있음
거르기	• 사용된 뼈와 채소 등이 부서지지 않게 분리하고 표면 위의 기름을 국자나 흡수지를 이용하여 걷어 냄 • 체에 소창을 씌워 통과시켜 맑게 걸러 냄
냉각시키기	• 거른 후 빨리 식히는 것이 안전한데, 열전달이 빠른 금속기물에 옮겨 얼음을 넣은 냉수에 식힌다. 이때 물 순환을 용이하게 하기 위해 용기와 바닥 사이에 볼록한 쇠로된 망을 깔아주고 냉각되는 동안에도 한 번씩 저어 주면 빨리 냉각됨 • 2단계로 냉각시키는데 첫 번째는 21℃로 2시간 이내로 냉각, 두 번째 단계는 추가로 4시간 동안 5℃ 이하르 냉각시키는 것이 안전함
보관하기	• 냉각된 육수의 잔존하는 기름기가 표면에 굳어 있게 되는데, 슬로티드 스푼(Slotted Spoon : 액체와 고형물을 분리할때 사용)과 같은 기구로 떠내어 기름을 제거하며, 뚜껑이 있는 용기에 담아 용기 뚜껑에 만든 날짜와 시간을 기록함

② 육수 조리

조리 과정	조리 방법 및 사용 용도
닭육수	• 닭뼈, 닭발 핏물 제거하기 • 식재료와 물을 넣어 익기 전까지 강불로 끓이기(끓기 시작하면 중불로 낮추고 거품과 기름 제거) • 중불에서 천천히 끓이기(월계수잎을 첨가하고 1시간~1시간 30분정도 천천히 끓이기) • 건더기와 기름을 제거하고 고운체에 걸러 완성하기 • 용도 : 게살수프, 팔보채 등
돈육수	• 등뼈, 잡뼈, 사골의 핏물 제거하기 • 향채를 넣어 끓이면서 기름과 거품을 제거하고 월계수잎, 통후추 넣기 • 건더기와 기름을 제거하고 체에 걸러 완성하기 • 용도 : 훠궈(중국식 샤브샤브), 탄탄면(사천식 매운탕면) 등

해물육수	• 갑각류, 조개류, 생선 등을 찬물에 담가 깨끗이 세척하기 • 무, 대파 등을 넣고 끓이면서 중불로 낮추고 거품을 제거하기(1시간30분) • 건더기를 건져 내고 고운체로 거르기 • 용도 : 생선 완자탕, 삼선탕, 짬뽕 등
상탕	• 노계, 돼지방심, 중국 햄, 돼지 정강이뼈, 대파, 생강 등을 넣어 끓인 육수로, 세척하고 핏물을 제거하여 냄비에 넣고 끓이기(통후추, 월계수잎 등 첨가) • 끓기 시작하면 불을 줄이고, 약불로 6시간 정도 끓이기 • 건더기와 기름을 제거한 후 고운체에 거르기 • 용도 : 샥스핀수프, 불도장, 제비집 요리 등

2. 소스 조리

① 소스의 종류 및 조리법과 사용 요리

소스의 종류	조리법
마늘소스	• 마늘 20g, 식초 50ml, 백설탕 30g, 소금 10g, 물(육수) 50ml • 주요리 : 해파리냉채, 오향장육, 닭고기냉채 등
겨자소스	• 겨자 20g, 식초 30g, 설탕 30g, 소금 10g, 육수(물) 20g, 참기름 약간 • 주요리 : 오징어냉채, 양장피 잡채, 삼선냉채 등
탕수소스	• 설탕 50g, 식초 30g, 간장 20g, 소금 5g, 물 200g, 레몬 80g, 파 20g, 생강 10g, 양파 20g, 전분 50g • 주요리 : 탕수육, 생선수육, 탕수 돼지갈비 등
깐풍소스	• 간장 50g, 설탕 70g, 식초 70g, 물 50g, 건 홍고추 5g, 파 5g, 마늘 20g, 생강 5g, 후추 적당량 • 주요리 : 깐풍기, 깐풍꽃게, 깐풍새우 등

칠리소스	• 고추기름 30g, 마늘 15g, 생강 5g, 파 20g, 두반장 10g, 토마토 케첩 30g, 육수(물) 100g, 식초 20g, 설탕 50g, 청주 20g, 소금 5g • 주요리 : 칠리새우, 칠리소스 돼지갈비, 칠리랍스터 등
짜장소스	• 볶은 춘장 50g, 돼지고기 100g, 양파 100g, 호박 50g, 생강 5g, 간장 5g, 청주5g, 설탕 10g, 녹말 30g, 치킨 베이스 약간 • 주요리 : 짜장면, 짜장밥
XO소스	• 패주 100g, 마른 새우 30g, 마른 고추 10g, 고춧가루 20g, 굴소스 20g, 중국 햄30g, 마늘 30g, 대파 30g, 양파 30g • 주요리 : XO볶음밥, XO해삼, 소안심 XO소스 등
유린기	• 대파 20g, 마늘 30g, 물(육수) 100ml, 간장 30g, 식초 20g, 레몬즙 10g, 설탕 20g, 후춧가루 3g, 참기름 조금 • 주요리 : 유린기 등
전복소스	• 노계 2kg, 돼지족 1kg, 돼지껍질 500g, 생강 100g, 실파 100g, 통마늘 50g, 홍고추 20g, 상탕 2L, 닭육수 3L, 통후추 50g, 소홍주 30g, 캐러멜 10g, 메기소스 10g, 전복 500g • 주요리 : 일품전복 등
어향소스	• 물 100g, 고추기름 5g, 생강 2g, 마늘 10g, 대파 10g, 간장 5g, 굴소스 15g, 두반장 5g, 설탕 5g, 식초 30g, 전분 적당량, 후추 조금 • 주요리 : 어향장어, 어향가지 등

② 소스 조리 시의 주의 사항

조화	소스의 농도, 광택, 색채 등이 조화를 이루어야 하며, 색채는 주재료와 담는 그릇과 소스의 색깔이 조화를 이루도록 해야 함
맛	주재료의 순한 맛을 느낄 수 있어야 하며, 인공적이지 않아야 함
시각	혐오감을 주는 색채는 피해야 함

③ 전분으로 농도를 맞추는 방법
 ㉠ 전분의 힘을 빌려서 수분과 기름의 분리되는 성질을 융화시킨다.
 ㉡ 고온의 기름으로 처리하여 거친 재료의 표면을 먹을 때 매끄럽게 느끼게 해 준다.
 ㉢ 뜨거울 때 먹는 중국 음식이 잘 식지 않도록 전분으로 농도를 맞춘다.

3. 육수와 소스 보관 시의 관리

① 온도 관리
 세균은 0℃ 이하 80℃ 이상에서는 증식이 어렵다. 60℃ 이상으로 가열하여 4℃ 이하로 냉각시켜서 보관한다.
② pH 관리
 pH 6.6~7.5 사이에서는 증식이 왕성하다. pH 4.6 이하로 떨어지면 증식이 정지된다.

출제예상문제

01 뼈의 종류 중 중국 요리에 가장 많이 사용되는 육수는?

① 소뼈　　　　② 갑각류
③ 돼지 뼈　　　④ 닭 뼈

해설 닭 뼈는 가격이 저렴해서 중국 요리에서 가장 많이 사용되는 육수 재료이다.

02 육수의 종류 중 훠궈와 탄탄면에 사용하는 육수는?

① 돈육수　　　② 닭육수
③ 해물육수　　④ 상탕

해설 돈육수는 돼지의 등뼈나 잡 뼈 등을 이용하여 만들며, 중국 요리 훠궈와 탄탄면 등에 사용한다.

03 다음 소스 중 양장피잡채, 삼선냉채 등에 사용되는 소스는?

① 깐풍소스　　② 겨자소스
③ XO소스　　　④ 유린기

해설 겨자소스
겨자를 발효시켜서 식초 · 설탕 · 소금 등을 넣어 만들며, 양장피잡채 · 오징어냉채 · 삼선냉채 등에 사용한다.

Chapter 03 | 중식 육류 · 소스 조리							
1	④	2	①	3	②		

CHAPTER 04 중식 튀김 조리

01 튀김 준비

1. 유지의 분류

종류		특징
식물성 유지	대두유	가장 많이 사용되는 기름으로, 콩으로부터 원유를 채취하여 가공
	옥수수유	옥수수의 배아로부터 채취하여 가공
	미강유 (현미유)	미강으로부터 채취한 원유를 가공
	유채유	유채꽃의 품종을 개발하여 5% 이하 (에루스산)로 만든 카놀라유를 생산
	참기름	참깨를 볶아 압착법으로 짜낸 기름
	들기름	들깨를 압착법으로 짜낸 기름
	면실유	목화의 종실을 이용하여 가공
	코코넛유 · 팜유	식물성 유지이지만, 포화지방산 함량이 높음
	올리브유	질이 좋은 올리브유는 향을 잃지 않는 압착법을 이용
	땅콩기름 (낙화생유)	땅콩으로부터 채취하여 가공
동물성 유지	버터	우유 중의 지방을 주성분으로 하는 유제품
	우지	소의 지방조직으로부터 얻어지는 고체 지방
	라드	돼지의 지방조직을 정제한 지방
	어유	정어리, 청어 등에서 얻은 기름

가공 유지	마가린	버터 대용으로 사용되며, 식물성 유지를 원료로 수소화시켜 경화를 이룬 다음 유화제 등 첨가물을 넣어 만듦
	쇼트닝	식물성 유지를 수소화시켜 질소나 공기를 혼입시켜 크리밍성과 가소성을 증진시킴, 트랜스지방산이 생성되므로 주의함

2. 재료에 따른 조리 방법

재료		조리 방법
육류	돼지고기 (猪肉)	• 연한 분홍색으로 탄력이 있고, 근육 사이에 흰색 지방이 잘 발달된 마블링이 형성된 것이 좋음 • 누린내 제거를 위해 마늘, 생강, 양파, 대파 , 생강, 술, 장류 등을 사용함
	소고기 (牛肉)	• 선홍색으로 탄력이 있고 마블링을 형성한 것이 상품성이 있음
	닭고기 (鸡肉)	• 껍질에 윤기가 돌고 살이 통통한 것을 선택함 • 조리용은 1kg 정도, 삼계탕용은 450g의 영계가 좋음
어패류	어류 (鱼类)	• 아가미는 선홍빛을 띠고 안구는 맑고 튀어나온 상태가 신선하며, 산란기 직전이 맛이 좋음
	패류 (贝类)	• 어류에 비해 지미 성분인 글루탐산, 호박산, 핵산 등이 많아 구수하고 시원한 맛을 냄
	갑각류 (甲壳纲)	• 글루코겐이 많아 감칠맛이 나며, 조리 시 생강이나 홍소주를 사용하여 어취를 제거하고 맛을 풍부하게 조리함

채소류(菜蔬类)	• 조리 시 채소의 식감 때문에 센 불에서 재빨리 볶아 내고 특히 튀김 시 식감을 살려 조리함
두부류(豆腐类)	• 수분을 제거하고 조리에 이용함

3. 재료에 따른 튀김 온도 조정

(1) 튀김 온도, 시간, 재료와의 관계

① 튀김기름의 선택

튀김에 사용하는 기름은 재료의 향기에 영향을 덜 주도록 향을 갖고 있지 않고 발연점이 높은 식물성 기름이 좋은데, 정제가 잘 된 대두유·옥수수기름·면실유 등이 적당하다. 반면 정제하지 않은 올리브기름이나 참기름, 유화제를 갖고 있는 쇼트닝(발연점이 낮음), 물과 유화제가 들어 있는 마가린과 버터는 사용이 불가능하다.

② 재료에 따른 적정 튀김 온도

ⓐ 어패류 : 170℃에서 1~2분가량

ⓑ 채소류 : 160~170℃에서 3분가량

ⓒ 육류

• 1차 튀김 : 165℃에서 8~10분가량

• 2차 튀김 : 190~200℃에서 1~2분가량

ⓓ 두부 : 160℃에서 3분가량

02 튀김 조리하기

1. 기름을 이용한 중식 조리법

초(炒)	"볶다"라는 뜻으로 기름을 두르고 센 불이나 중 불에 짧은 시간 볶아서 익히는 조리법
폭(爆)	1.5cm 정육면체로 썰거나 재료에 칼집을 내어 기름이나 뜨거운 물에 데친 후 센 불에서 빠르게 볶아 내는 조리법
전(煎)	뜨겁게 달군 팬에 기름을 두르고 밑 손질한 재료를 넣어 양면 또는 한 면만 익히는 조리법
작(炸)	손질한 재료를 넉넉한 기름에 튀기는 조리법
류(熘)	재료에 간을 하고 전분이나 밀가루 튀김옷을 입혀 기름에 튀기거나 삶거나 찐 뒤, 다시 여러 가지 조미료로 걸쭉한 소스를 만들어 재료 위에 끼얹거나 또는 조리한 재료를 소스에 버무려 묻혀 내는 조리법
팽(烹)	썬 주재료를 밑간하여 튀기거나 볶아 낸 뒤 다시 부재료와 조미료 등을 넣고 센 불에서 볶고, 육수를 조금 넣어 조려 주는 조리법
첩(貼)	세 가지의 재료를 쓰는 첩은 특수한 조리법으로 만들어지는데, 한 가지 재료를 곱게 다져 큰 편을 낸 다른 재료 위에 얹고 나머지 재료로 덮는다. 편을 낸 재료를 아래로 향하게 하여 바삭하게 지져 낸 다음 물을 적당량 부어 수증기로 익힘

2. 중식 튀김 조리법 및 튀김옷 재료

중식의 기름을 이용한 중식 조리법 중 튀김 조리법은 작(炸)과 팽(烹)이 있다.

① 작(炸) : 전처리 과정을 한 재료를 넉넉한 기름에 바삭하게 튀겨 내는 조리법

② 팽(烹) : 재료를 튀겨 낸 후 다른 팬에 부재료와 양념을 이용하여 소스를 완성하여 튀겨 낸 재료와 같이 넣고 빠르게 조리하는 방법

3. 중식 튀김옷 재료

전분	• 튀김을 할 때 사용하는 전분의 종류는 감자전분, 고구마전분, 옥수수전분이 있음 • 한 종류의 전분 또는 두 종류의 전분을 혼합하여 사용하기도 함 • 소스의 농도를 맞출 때는 감자전분을 많이 활용함
밀가루	• 글루텐이 적은 박력분을 많이 활용함
물	• 글루텐의 형성을 저해하고 단백질의 수화를 늦게 하기 위해 찬물을 사용함
달걀	• 튀김옷의 경도를 도와주고 맛을 좋게 하지만, 오래되면 눅눅해지고 질감이 떨어짐
식소다	• 소량의 식소다 사용은 탄산가스를 방출하고 수분을 증발시켜 튀김옷의 수분 함량이 낮아지면서 가볍게 튀겨지지만, 쓴맛이 발생할 수 있음
설탕	• 소량의 설탕 첨가는 글루텐의 형성이 저해되고 튀김옷이 부드럽고 바삭하며, 튀김옷의 색이 적당하게 갈변함

4. 튀김 조리 시 주의 사항

① 튀김 시 재료는 기름양의 60%를 넘지 않게 한다.

② 두꺼운 팬을 사용하여 온도의 변화가 적게 해야 맛있는 튀김이 된다.

③ 튀김 재료는 두 번 튀겨야 맛과 풍미가 좋아지는데, 두 번째 튀길 때는 1차보다 온도를 높여서 튀겨야 재료 안에 있는 여분의 수분과 기름기가 빠져 맛있는 튀김이 된다.

④ 물 전분으로 소스의 농도를 잡을 때는 끓기 바로 직전에 투입하는데, 이유는 소스 속에서 물 전분이 익는 속도와 퍼지는 속도가 적당해 소스에 전분 덩어리가 없이 매끈한 소스가 되기 때문이다.

03 튀김 완성하기

1. 중국 그릇(식기)의 분류

창야오판 (椭圓形盘子, 타원형 접시)	장축(타원의 중심을 지나는 가장 긴 선분)이 17~66cm 정도로, 음식 형태가 길면서 둥근 모양 또는 장방형 음식을 담는 데 적당하고, 생선·오리 등 동물의 머리와 꼬리 부분을 담을 경우에 사용함
위엔판 (圓形盘子, 둥근 접시)	지름이 13~66cm 정도 중식에서 가장 많이 사용하는 그릇으로, 수분이 없거나 전분으로 농도를 잡은 음식을 담는 데 사용함
완(碗, 사발)	지름이 3.3~53cm 정도로 다양하며, 탕(湯)이나 갱(羹)을 담을 때 사용하고 크기에 따라 식사류나 소스를 담을 때 사용함

2. 튀김 요리에 어울리는 기초 장식

① 식품 조각

㉠ 음식을 돋보이게 하기 위해 사용하며, 크기는 접시 길이의 1/2, 넓이의 1/3이 넘지 않도록 한다.

㉡ 식품 조각의 소재는 용(龍)은 위업과 고귀함, 봉황(鳳凰)은 아름다움과 평화, 잉어(鯉魚)는 성공과 발전, 출세, 닭(鷄)은 관직에 오르는 것을 의미한다.

② 식품 조각의 도법

절도법 (切刀法)	사물의 큰 형태를 만들 때 사용하는 도법으로, 위에서 아래로 썰기를 할 때 또는 돌려 깎을 때 사용하는 도법
착도법 (戳刀法)	재료를 찔러서 활용하는 도법으로 새 날개, 생선 비늘, 옷 주름, 꽃 조각에 활용

각도법 (刻刀法)	주도를 사용하여 재료를 깎을 때 사용하 며 가장 많이 사용됨
선도법 (旋刀法)	칼을 사용하여 타원을 그리며 재료를 깎 을 때 사용하는 도법
필도법 (筆刀法)	칼을 사용하여 그림을 그리듯 재료 표면 에 외형을 그릴 때 사용하는 도법

출제예상문제

01 다음 튀김기름으로 적당하지 않은 것은?

① 대두유
② 옥수수기름
③ 면실유
④ 마가린

해설 물과 유화제가 들어간 마가린은 튀김기름으로 사용이 불가능하다.

02 중식 튀김 조리법 중 기름을 넉넉히 하여 튀겨 내는 조리법은?

① 작(炸)   ② 팽(烹)
③ 초(炒)   ④ 전(煎)

해설 • 팽(烹) : 썬 주재료를 밑간하여 튀기거나 볶아 낸 뒤 다시 부재료와 조미료 등을 넣고 센 불에서 볶고 육수를 조금 넣어 조려 주는 조리법
• 초(炒) : 재료를 적당한 크기로 잘라 기름을 두르고 센 불이나 중불에 짧은 시간 볶아서 익히는 조리법
• 전(煎) : 뜨겁게 달군 팬에 기름을 두르고 밑 손질한 재료를 넣어 양면 또는 한 면만 익히는 조리법

03 튀김옷의 재료 중 다음 설명에 해당하는 것은?

> 소량 사용은 탄산가스를 방출하고 수분을 증발시켜 튀김옷의 수분 함량이 낮아지면서 가볍게 튀겨지지만, 쓴맛이 발생할 수 있다.

① 설탕   ② 식소다
③ 달걀   ④ 전분

04 튀김 조리 시 주의 사항에 대한 설명으로 틀린 것은?

① 튀김 시 재료는 기름양의 60%를 넘지 않게 한다.
② 두꺼운 팬은 온도의 변화가 적어서 맛있는 튀김이 된다.
③ 재료를 두 번 튀길 시 1차보다 온도를 낮게 해서 튀긴다.
④ 튀김옷은 재료의 양을 고려하여 만든다.

해설 튀김 재료를 두 번 튀길 시 두 번째 튀길 때는 1차보다 온도를 높여서 튀겨야 재료 안에 있는 수분과 기름기가 빠져나가 맛있는 튀김이 된다.

05 다음 설명에 해당하는 중식 식기는?

지름이 13~66cm 정도 중식에서 가장 많이 사용하는 그릇으로, 수분이 없거나 전분으로 농도를 잡은 음식을 담는 데 사용한다.

① 완 　　　　② 위엔판
③ 챵야오판　　④ 풋

해설 • 완 : 사발 모양으로 지름이 3.3~53cm 정도로 다양하며, 탕(湯)이나 갱(羹)을 담을 데 사용하고 크기에 따라 식사류나 소스를 담을 때 사용함
• 챵야오판 : 타원형 접시로 음식 형태가 길면서 둥근 모양 또는 장방형 음식을 담는 데 적당함
• 풋(Put) : 육수를 끓일 때 사용되며, 대량으로 소스를 만들 때 사용하는 용기

Chapter 04 | 중식 튀김 조리									
1	④	2	①	3	②	4	③	5	②

01 조림 준비

1. 재료와 부재료 준비 및 전처리

(1) 조림의 정의와 특성

① 정의 및 특성

육류나 생선류, 채소, 가금류, 두부 등의 식재료를 손질하여 양념을 하면서 불 조절을 하여 끓여서 국물이 거의 없을 때까지 자박하게 끓여 내는 조리법으로, 물 전분을 넣기도 한다.

㉠ 홍소[紅燒, 홍샤오(hong shao)] : 뜨거운 기름이나 끓는 물에 생선류, 육류, 가금류, 갑각류, 해삼류를 데친 후 부재료와 함께 볶아 간장소스에 조림한다.

㉡ 민[燜, 먼(men)] : 사전적 의미는 "뜸을 들이다, 띄우다"라는 의미를 가지고 있으며, 다른 의미로는 뚜껑을 닫고 약한 불에 끓이거나 익히는 것이라고 정의한다.

(2) 재료에 따른 조림의 종류

① 육류 조림 : 난자완스, 오향장육 등

② 어패류 조림 : 호소도미 등

③ 두부류 : 홍소두부 등

④ 야채류 : 오향땅콩조림 등

02 조림 조리하기

1. 조림 조리 시의 유의 사항

① 생선조림 시 92~94% 익었을 때 불을 끄고 남은 열로 익혀 생선 내부에 맛이 스며들도록 하고, 생선 자체의 맛 성분이 외부로 빠져나가지 않도록 한다.

② 생선조림 시 비린내 감소를 위해 처음에는 뚜껑을 열고 조림하고, 비린 맛이 휘발되면 뚜껑을 덮고 서서히 조려야 비린 맛을 감소시킨다.

③ 생강이나 마늘 등은 거의 익은 상태에서 넣는다.

④ 생선조림 시 끓는 물에 넣어야 단백질이 순간 응고되어 살이 부서지지 않는다.

03 조림 완성하기

1. 조림 완성하기

그릇	• 일반적으로 소스가 흐르지 않을 오목하게 들어가 있는 그릇이 적합함 • 냄비 제공 시 밑바닥에 고체 알코올을 붙여 제공할 수도 있고, 인덕션 위에 그릇을 올려 제공할 수도 있음 • 그릇의 크기는 다른 요리들과의 조화를 고려하고 사기·에나멜·유리 등이 많이 사용되고, 범랑·철제·인덕션 전용 용기를 사용할 수 있음

기초장식	• 무와 당근, 오이 등을 이용하여 꽃, 사물을 조각하며, 꽃을 활용하고 장식물이 요리보다 크거나 먹을 수 없는 것을 올려서는 안 됨
담기	• 크기, 모양, 색감을 파악하여 조화 있게 담음
제공하기	• 크기가 큰 것은 너무 작지 않고 부서지지 않도록 잘라서 제공함

출제예상문제

01 조림에 대한 설명으로 바르지 못한 것은?

① 장식은 요리보다 크기가 커도 아름다우면 된다.

② 민[燜, 먼(men)]은 뚜껑을 닫고 약한 불에 끓이거나 익히는 것을 말한다.

③ 생선조림 시 끓는 물에 넣어 조리한다.

④ 그릇은 소스가 흐르지 않는 오목한 그릇이 적합하다.

해설 장식은 요리보다 크거나 먹을 수 없는 것을 올려서는 안 된다.

02 조림의 종류 중 육류 조림에 속하는 것은?

① 난자완스   ② 호소도미

③ 홍소두부   ④ 오향땅콩조림

해설 • 육류조림 : 난자완스, 오향장육 등
• 어패류조림 : 호소도미 등
• 두부류 : 홍소두부 등
• 야채류 : 오향땅콩조림 등

03 생선조림 시의 주의 사항으로 바르지 않은 것은?

① 비린내 감소를 위해 수 분간 뚜껑을 열고 조림한다.

② 생강과 마늘은 생선이 거의 익은 후에 넣어 준다.

③ 조림 시 70% 정도 익었을 때 불을 끄고 남은 여열로 익힌다.

④ 끓는 물에 생선을 넣어야 살이 부서지지 않는다.

해설 생선조림 시 92~94% 익었을 때 불을 끄고 남은 열로 익혀 생선 내부에 맛이 스며들도록 하고, 생선 자체의 맛 성분이 외부로 빠져나가지 않도록 한다.

Chapter 05	중식 조림 조리							
1	①	2	③	3	③			

01 밥 준비하기

1. 곡류의 종류와 특성

(1) 쌀

① 쌀의 종류

쌀의 종류	특징
인도형 (인디카형)	쌀알의 길이가 길어 장립종이라고 하며, 불투명하고 찰기가 적어 밥알들이 서로 떨어진다. (인도, 인도차이나 반도,타이완, 중국의 남부 등에서 재배됨)
일본형 (자포니카형)	쌀알의 길이가 짧고 둥글어 단립종이라고 하며, 밥을 지었을 때 끈기(찰기)가 있다. (한국, 일본, 중국, 동북부 및 중부 아메리카 등에서 재배됨)
자바형 (자바니카형)	쌀알의 길이가 인디카형과 자포니카형의 중간으로 밥을 지었을 때 끈기가 적다. (필리핀, 중국의 북부, 서부 지방에서 재배됨)

② 쌀의 점성에 따른 분류 : 멥쌀은 아밀로오스 함량이 20~25%이며, 아밀로펙틴 함량은 75~80%이고, 찹쌀은 아밀로펙틴이 100%로 이루어져 있기 때문에 찹쌀은 멥쌀보다 천천히 노화되며 더 끈기가 있고 높은 점성을 나타낸다.

③ 쌀의 품질과 영양 성분 : 쌀의 영양 성분은 당질이 75%이며, 뇌의 활동을 돕고 체내

인슐린 분비를 낮추어 비만 예방에 도움을 준다.

(2) 보리

① 보리의 종류 : 보리의 종류는 쌀보리와 겉보리가 있는데, 쌀보리는 껍질이 종실에서 잘 분리되고 배유 부분이 많아 밥에 섞어 먹고, 겉보리는 분리되기가 쉽지 않고 배유도 적어 엿기름을 만들거나 보리차로 이용된다. 보리의 소화율을 개선하기 위해 가공한 고열 증기로 부드럽게 한 후 기계로 눌러 만든 압맥과 홈을 따라서 분할하여 2등분한 할맥이 있다.

② 보리의 품질과 영양 성분 : 보리에는 트립토판이 비교적 많이 함유되어 있고 리신과 트레오닌은 부족하다. 식이섬유소인 베타글루칸이 많이 함유되어 있어 면역력을 높여 주고 대장의 기능을 향상시켜 준다.

(3) 밀

밀은 경질밀, 중간밀, 연질밀의 세 종류로 분류하며, 단백질 함량이 경질밀 13% 이상, 연질밀 9% 이하, 중간밀은 경질밀과 연질밀의 중간으로 주로 제분하여 빵류, 면류, 케익, 과자류 등에 사용된다.

(4) 옥수수

쌀 다음으로 많이 생산된다. 세계 3대 곡류로 탄수화물, 지방, 단백질이 다량 함유되어 있

지만, 단백질은 제인(Zein)으로 필수 아미노 산인 트립토판이 부족하여 옥수수를 주식으로 하는 경우 단백질 결핍증이나 나이아신 결핍으로 펠라그라에 걸리기 쉽다.

2. 밥의 종류

① 덮밥류 : 류산슬덮밥, 잡탕밥, 송이덮밥, 잡채밥 등
② 볶음밥류 : 새우볶음밥, XO볶음밥, 게살볶음밥, 카레볶음밥 등

02 밥 짓기

중식 밥 조리의 용도에 따라 쌀의 양을 준비하여 씻어서 불려 밥 짓는 도구를 선정하여 쌀에 계량된 물을 혼합하여 밥을 짓는다.

03 요리별 조리하여 완성하기

요리명	특징
류산슬 덮밥	새우를 제외한 모든 재료를 채썰어 볶으면서 청주, 간장, 굴소스로 맛을 내고, 육수를 넣고 물 전분을 넣어 밥 옆에 담아냄
잡탕밥	모든 재료는 편을 썰어 볶으면서 청주, 간장, 굴소스로 맛을 내고, 육수를 넣고 물 전분을 넣어 밥에 담아내며, 고추기름을 사용하면 매콤함을 줄 수 있음
송이덮밥	송이는 편을 썰어 기름에 데쳐서 볶으면서 청주, 간장, 굴소스로 맛을 내고, 육수를 넣고 물 전분을 넣어 밥 옆에 담아내며, 고추기름을 사용하면 매콤함을 줄 수 있음
마파두부 덮밥	고추기름에 고기와 향채를 볶고 두반장 등으로 맛을 내고 육수, 두부, 물 전분 순으로 넣어 완성함
잡채밥	향채소를 볶고 굴소스 등을 넣어 맛을 내고, 재료를 넣어 볶은 후 육수를 넣어 간을 맞추고 데쳐 놓은 당면을 넣어 한 번 조려 준 뒤 기름에 익힌 고기를 넣고 볶아 냄
새우볶음밥	재료를 네모로 썰어 데쳐 놓고, 달걀을 먼저 살짝 볶은 뒤에 밥과 함께 다시 볶고 소금 간을 하고 데친 재료를 넣고 한 번 더 볶아 접시에 담아냄
XO볶음밥	달걀을 먼저 볶은 뒤 밥을 함께 넣어 볶으면서 소금으로 약간만 간을 하고 XO소스를 넣고 볶으면서 파를 넣어 다시 볶아 접시에 담아냄 ※ XO소스 만들기 　마른 관자, 마른 새우, 베이컨은 찐 후 기름으로 한 번 바짝 튀기고 팬에 고추기름을 두른 후 마늘, 양파를 볶으면서 간장, 굴소스를 넣고 튀겨 놓은 재료를 넣어 약불로 계속 볶아 식힌 후 냉장 보관하여 사용함
게살볶음밥	달걀을 먼저 살짝 볶은 뒤 밥을 넣어 함께 볶은 후 소금으로 간을 하고, 데쳐 놓은 재료들을 넣고 센 불에서 볶아 접시에 담아냄
카레볶음밥	재료는 네모로 썰고 팬에 달걀을 먼저 볶은 뒤 밥을 넣어 다시 볶으면서 카레 가루를 넣고 볶아 접시에 담아냄(카레에 기본 간이 되어 있으므로 간을 하지 않음)
삼선볶음밥	달걀을 먼저 볶은 뒤 준비된 밥을 넣고 볶으면서 소금으로 간을 하고, 데쳐 놓은 재료를 넣고 볶아 접시에 담아냄(삼선은 세 가지 해물을 뜻하며 새우, 해삼, 갑오징어를 많이 사용함)

출제예상문제

01 다음과 같이 만든 소스를 활용하는 중식 밥 요리는 무엇인가?

마른 관자, 마른 새우, 베이컨은 찐 후 기름으로 한 번 바짝 튀기고 팬에 고추기름을 두른 후 마늘, 양파를 볶으면서 간장, 굴소스를 넣고 튀겨 놓은 재료를 넣어 약불로 계속 볶아 용기에 담아서 식힌 후 냉장 보관하여 사용한다.

① 송이덮밥 ② XO볶음밥
③ 류산슬 덮밥 ④ 마파두부덮밥

해설 XO소스를 만드는 방법으로, 이 소스를 활용하여 만든 밥요리는 XO볶음밥이다.

02 소화율을 높이기 위해 압맥과 할맥으로 가공하는 곡류는?

① 쌀 ② 옥수수
③ 보리 ④ 밀

해설 보리는 소화율을 개선하기 위해 고열 증기로 부드럽게 한 후 기계로 눌러 만든 압맥과 홈을 따라서 분할하여 2등분한 할맥으로 가공한다.

03 다음 설명에 해당하는 곡류의 종류는?

필수아미노산인 트립토판이 부족하여 이것을 주식으로 하는 경우

① 옥수수 ② 쌀
③ 보리 ④ 밀

해설 옥수수에 대한 설명으로, 옥수수를 주식으로 하는 경우 단백질 결핍증이나 나이아신 결핍으로 펠라그라에 걸리기 쉽다.

04 다음 중 인도형(인디카형)에 대한 설명으로 바른 것은?

㉠ 쌀알의 길이가 길어 장립종임
㉡ 불투명함
㉢ 아밀로오스 함량이 25%로 찰짐
㉣ 인도, 인도네시아, 방글라데시, 베트남, 태국 등에서 재배됨

① ㉠, ㉡, ㉣ ② ㉡, ㉢, ㉣
③ ㉠, ㉢ ④ ㉠, ㉡, ㉢, ㉣

해설 아밀로오스 함량이 적을수록 찰기가 더 많은데, 인도형(인디카형)은 아밀로오스 함량이 25%나 되어 찰기가 적어 밥알들이 서로 떨어진다.

Chapter 06 | 중식 밥 조리								
1	②	2	③	3	①	4	①	

CHAPTER 07 중식 면 조리

01 면 재료 준비하기

1. 면의 정의 및 분류

(1) 정의

곡분이나 전분류를 주원료로 하여 성형하거나 이를 열처리, 건조 등을 한 국수, 냉면, 당면, 유탕면류, 파스타류를 말한다.

(2) 면류의 특징

① 면류의 특징

종류	특징
밀가루국수	• 밀가루국수는 밀가루 등의 곡분을 주원료 하여 제조한 것 • 밀가루의 기준은 우리나라의 경우 단백질 함량 9.5% 정도, 회분 함량 0.5% 정도이고, 중국식 국수의 경우에는 익힌 국수는 단백질 함량이 10.5% 정도, 생국수는 12% 또는 그 이상 • 제조 공정은 밀가루, 소금(2% 정도) 또는 알칼리제(탄산나트륨과 탄산칼륨의 혼합물이 가장 널리 쓰임)를 1~2% 첨가물(30~35%)로 반죽한 후 6단 롤러를 이용하여 점차 반죽의 두께를 줄여 면대를 형성한 다음 자르게 됨 • 반건조 생면은 생면을 반건조하여 수분 함량을 20% 정도로 조절한 면을 말함
전분국수	• 대표적인 전분국수는 당면임 • 전분은 80% 이상 주원료로 하여 제조한 것으로 우리나라에서는 고구마전분, 옥수수전분이 주로 이용되며, 일본에서는 감자, 고구마, 녹두전분이 이용되고, 중국에서도 녹두전분이 이용됨
파스타 (Pasta)	• 듀럼 세몰리나(Semolina), 듀럼(Durum) 가루, 파리나(Farina) 또는 밀가루를 주원료로 하여 파스타 성형기로 제조한 것으로 마카로니, 스파게티 등을 말함 • 건조시간은 15~28시간이 걸리고 최종 수분 함량은 12%로 함
냉면	• 메밀가루, 곡분 또는 전분을 주원료로 하여 압출, 압연 또는 이와 유사한 방법으로 성형한 것으로, 밀가루에 메밀가루가 5% 이상 첨가된 것
유탕면류	• 면발을 익힌 후 유탕처리를 한 것을 말함 • 지방질 함량은 20% 정도로 조절 • 라면은 면대를 형성하여 자른 다음 스팀으로 2분 정도 증자하여 전분을 호화시키고 성형한 다음 140~160℃의 유탕에서 튀겨 수분을 제거함
기타 면류	• 수제비, 만두피 등

② 면의 재료

밀가루	• 글루텐(Gluten)이 있어 점성(Gliadin)과 탄성(Glutenin)을 띠게 되어 빵, 면류, 과자 등을 제조할 수 있음 • 밀의 소화율은 90%이나 밀가루의 소화율은 98%임
소금	• 밀가루 기준 2~6%의 함량으로 사용함 • 글루텐에 대한 점탄성을 증가, 맛과 풍미를 향상, 삶는 시간을 단축, 보존성을 향상시켜 줌
물	• 원료분 100에 대해 물 35 이상을 혼합하여 반죽함 • 면 삶는 물은 충분하게 하여 끓는 물에서 삶음

02 면 뽑아내기

1. 면 뽑기

(1) 생면류의 면발 형성

① 면대와 면발에 대한 이해 : 면대란 반죽을 롤러를 이용해서 얇고 넓적하게 펴서 만든 것을 말하며, 면발은 칼날이나 절출기를 이용하여 면 가닥을 만든다.

② 면 수분 함량 : 다가수(물을 많이 넣은) 면발, 일반 면발, 반건조 면발, 건조 면발 등으로 구분한다.

③ 면발의 굵기 : 면발의 굵기에 따라 세면, 소면, 중면, 중화면, 칼국수면, 우동면 등으로 구분한다.

세면	• 굵기가 가장 가는 면 • 중국이나 일본 등에서 사용
소면	• 세면보다 조금 굵은 면발 • 잔치국수나 비빔면 등에 사용
중화면	• 소면보다 조금 굵은 면발 • 일본식 라면, 짜장면, 짬뽕 등에 사용 • 일본식 라면에는 상대적으로 더 가는 면발을 사용 • 짜장면, 짬뽕 등에는 상대적으로 더 굵은 면발을 사용 • 최근 가는 것을 선호하는 것으로 보임 • 수타로 뽑은 중화면은 굵기가 일정하지 않은 것이 특징임
칼국수면	• 중화면보다 조금 굵은 면발 • 닭, 고기국물 : 넓으면서 두께는 얇은 면 • 해물, 팥칼국수 : 폭은 좁고 두께가 두꺼운 면발
우동면	• 칼국수 면보다 조금 굵은 면발 • 우동 등의 요리 재료로 사용함 • 우동 면발의 기준은 일본 사누끼 지방 것을 표준으로 여기는 경우가 일반적임

④ 면발의 규격 : 면발의 규격은 면발의 폭과 두께로 정해진다.

면발의 폭	면발
	번호
	의미
		• 면발의 폭은 일반적으로 번호로 정하며, 번호의 의미는 30mm의 길이를 해당 번호로 나눈 값이 그 번호의 면발의 폭을 의미함
		  - 10번 면의 폭은(30mm÷10＝3mm) 3mm임
		  - 20번 면의 폭은(30mm÷20＝1.5mm) 1.5mm임

	번호 표현 방식	• # 뒤에 숫자를 표기하는데, 예를 들어 #10이란 10번 면이란 의미이고 면발의 폭은 3mm라는 의미임

면발의 두께	• 면발의 규격은 주로 폭의 길이를 기준으로 하며, 두께의 규격에 대한 번호 매기기 방식이나 기준은 없음 • 우동면의 경우 면발의 폭과 면발 두께의 비율은 4 : 3 정도일 때 선호도가 높음

차게 하는 냉면, 온면 준비	• 냉면은 차게 제공 • 냉면 외 모든 요리는 따뜻하게 제공하는데, 면을 깨끗이 씻은 다음 깨끗한 뜨거운 물에 면을 데워 나가는데 이는 중식 면 요리는 차가우면 기름이 끼고 맛이 떨어지기 때문임

03 면 삶기

[면 삶기 순서]

물이 끓고 있는지 확인	• 면을 뽑기 전에 삶을 물이 끓고 있는지 확인(물이 끓지 않는 상태에서 면을 뽑으면 이미 뽑힌 면이 엉겨 붙음) • 면의 탄력성을 위해 끓는 물에 소금을 넣음
익은 면을 씻을 찬물 준비 확인	• 면이 익으면 찬물에 바로 담가 씻어 주어야 함(잡냄새 제거, 면의 탄력성을 유지)
요리에 맞는 그릇이 준비되어 있는지 확인	• 용도에 맞는 그릇에 면을 준비함(국물이 있는 면, 국물이 없는 면)
면 삶기	• 끓는 물에 넣고 잘 저어 서로 엉겨 붙는 부분이 없도록 하여 두 번 정도 끓인다는 생각으로 끓어오르면 찬물을 한 번 붓고 다시 끓어오를 때 건져 냄
기계면과 수타면의 삶는 시간이 다름을 이해	• 기계면은 수분 함량을 잘 조절해야 하는데 수분함량이 많으면 기계의 밀대나 절삭기에 반죽이 붙어 면을 뽑기가 어려움
면 헹구기	• 찬물에 충분히 헹구어 주는 것이 면의 탄력을 줌 • 최소 두 번 정도 씻어 주면서 면의 잡냄새를 완전히 제거함

04 재료 손질하여 면 완성하기

1. 면 요리 완성 시 고려 사항

① 메뉴에 따라 소스나 국물을 만든다.
② 색깔, 맛, 향, 온도, 농도, 국물의 양을 고려하여 소스나 국물을 담아낸다.

2. 중식 면 요리의 종류

① 온면 : 짜장면, 우동면, 유니짜장면, 짬뽕, 기스면, 울면, 굴탕면, 해물볶음면, 사천탕면 등
② 냉면 : 냉짬뽕, 중식 냉면 등

01 반건조 면은 수분 함량을 몇 % 정도로 조절한 면인가?

① 20%   ② 10%

③ 30%   ④ 40%

해설 반건조 생면은 생면을 반건조하여 수분 함량을 20% 정도로 조절한 면을 말한다.

02 면 제조 시 소금의 역할로 맞지 않는 것은?

① 점성과 탄성을 준다.

② 맛과 풍미를 향상시킨다.

③ 반죽을 연화시킨다.

④ 삶는 시간을 단축시킨다.

해설 소금은 밀가루의 글루텐에 대한 점탄성을 증가시켜서 탄력을 준다.

03 굵기가 가장 가는 면으로 중국과 일본 등지에서 사용되는 면은?

① 소면   ② 중화면

③ 칼국수면   ④ 세면

해설 세면은 굵기가 가장 가늘며, 국내에서 요리 소재로 사용하는 곳은 드물며, 중국이나 일본 등에서 많이 사용된다.

04 면 삶기에 대한 설명으로 바르지 못한 것은?

① 물이 끓을 때 면을 넣어 삶는다.

② 잘 저어 엉겨 붙지 않도록 삶는다.

③ 삶은 면은 찬물에 가볍게 한번 헹구어 낸다.

④ 면의 탄력성을 위해 끓는 물에 소금을 넣는다.

해설 찬물에 충분히 헹구어 주는 것이 면에 탄력을 주고, 최소 두 번 정도 씻어 주면서 면의 잡냄새를 완전히 제거한다.

Chapter 07	중식 면 조리							
1	①	2	③	3	④	4	③	

CHAPTER 08 중식 냉채 조리

01 냉채 준비하기

1. 냉채 준비

(1) 메뉴를 고려한 냉채 요리의 선정

① 냉채의 정의

중국 요리의 순서 중 처음 나가는 요리로 차갑게 두었다가 나가는 요리를 냉채(冷菜)라 한다.

② 냉채의 특징

량반(凉盤), 냉반(冷盤), 냉훈(冷燻)이라고도 부른다. 소화가 잘 되게 구성하는 특징이 있으며 요리 온도는 4℃가 적당하다.

③ 냉채 요리 선정 시 주의 사항

주요리를 보고 냉채의 종류를 결정하고 조리법이 겹치지 않게 한다.

(2) 메뉴의 특성과 성격을 고려한 재료의 선정

① 냉채에 사용 가능한 재료

재료		
재료	육류	• 소고기, 돼지고기, 닭고기 등의 모든 고기의 부위와 내장
	해물	• 해삼, 새우, 전복, 패주, 조개 등
	채소류	• 무, 배추, 당근 등
향신료		• 소화 촉진, 향미 증진 • 종류 : 산초, 후추, 팔각, 계피, 감초, 진피, 초과, 정향, 월계수잎, 파, 마늘, 생강 등 • 향신료는 어둡고 건조한 곳에 보관

양념류	• 간장, 소금, 설탕, 식초, 레몬즙, 겨잣가루, 고추기름, 참기름, 볶은 참깨, 토마토케첩, 고수 등
소스	• 주재료, 계절, 손님의 기호에 맞게 선택함
조리법	• 삶아서 익힌 후 무치기, 장국물에 끓이기, 양념에 담그기, 돼지껍질의 젤라틴 성분 이용하기, 훈제 등

(3) 재료에 따른 냉채 요리의 손질법

① 재료 손질법

재료	특징과 손질법
새우	• 수염, 머리 위와 꼬리의 뾰족한 부분을 제거, 칼로 등을 갈라 모래집을 꺼내기, 칼로 등을 가른 다음은 물에 다시 씻을 필요 없음
해파리와 해파리 머리	• 해파리와 해파리 머리는 물에 담가 소금기를 완전히 빼고 너무 뜨겁지 않은 온도에 (너무 뜨거우면 오그라듦) 데쳐냄(15초 이내로 데침)
오징어	• 오징어는 내장과 껍질을 제거하고 사용함
갑오징어	• 몸통 속의 단단한 부분, 껍질, 다리를 제거하고 몸통만 사용함(15초 이내로 데침)
숭어	• 비늘과 내장을 제거하고 사용함

피단	• 신선한 것으로 선택하여 한 개씩 껍질을 까서 사용함 • 피단은 달걀이나 오리알을 삭힌 것으로 완전히 익은 것을 좋아하면 찜통에 넣어 쪄서 사용함
분피	• 손으로 부스러뜨려 끓는 물에 담가 부드러워지면 사용함
오이	• 오이는 소금으로 문질러 씻은 다음 사용함
땅콩	• 전날 물에 불려 맑은 물이 나올 때까지 씻어서 사용함

02 기초 장식 만들기

1. 요리에 따른 기초 장식 선정

기초 장식은 냉채가 나갈 때 음식을 아름답게 보이기 위해 하는 장식으로 채소의 뿌리 부분, 오이, 수박, 호박 등을 이용하여 꽃, 동물, 풍경 등을 표현하며 손님들의 식욕을 증진시키고 연회의 품격을 높일 수 있다.

(1) 기초 장식의 순서

주제를 정하여 디자인하고 그에 맞는 재료를 선택하여 초벌 조각하고 다듬어서 완성한다.

2. 재료의 특성을 고려한 기초 장식

(1) 기초 장식에 사용하는 재료

재료	내용
무	• 기초 장식의 재료로 가장 많이 사용됨 • 크기가 커서 원하는 장식을 만들기 쉬움 • 속이 차고, 부드러워 원하는 모양을 만들어내기 쉬움 • 색이 희어서 색깔로 물들이기 쉬움
당근	• 붉은색을 좋아하는 중국에서 많이 이용됨 • 앵무새, 장미꽃 등을 만듦
오이	• 가장 간단한 방법으로 접시의 가장자리를 두르는 방법
감자	• 흰색 꽃을 표현하는 데 사용됨
고추	• 청고추, 홍고추, 피망 등을 색깔별로 사용 가능 • 고추는 꽃, 피망은 소스를 담는 그릇으로 활용
가지	• 굵기가 두껍고 색이 균일하며, 속이 꽉 차고 꼭지가 길게 붙어 있는 것을 사용
양파	• 동그란 모양의 것으로 뿌리가 있는 채로 사용

03 냉채 조리하기

1. 냉채 조리법의 종류

조리법	특징
무치기	• 누구나 할 수 있는 손쉬운 방법 • 부드럽고 상큼하고 깔끔한 맛이 나게 무침 • 양념은 소금, 간장, 설탕, 식초, 다진 마늘, 파기름, 생강즙, 산초기름, 고추기름, 겨잣가루, 후춧가루, 참기름, 고수 등 사용

장국물에 끓이기		• 양념과 향료 등을 넣어 만든 국물에 넣고 약한 불로 끓이는 조리법 • 깊은 맛이 나고, 부드러운 것이 특징
양념에 담그기	소금물에 담그기	• 재료를 소금물에 넣어 담그는 방법으로, 담그는 동안 수분은 빠지고 소금물이 들어가기 때문에 단단한 질감을 주는 것이 특색 • 배추, 무, 셀러리 등은 소금물에 절였다 바로 냉채로 사용 가능
	간장에 담그기	• 간장에 절였다 사용하는 방법 • 배추 밑동, 오이 등과 같은 신선한 채소를 절여서 사용 가능
	술에 담그기	• 소흥주(찹쌀로 빚은 술)에 소금을 넣어 절이는 방법 • 게, 새우 등을 담그면 재료들이 술에 취하게 되고, 취한 후 가열하여 상에 냄
양념에 담그기	설탕과 식초에 담그기	• 설탕과 식초에 담그기 전 소금에 절이는 과정을 통하여 채소의 수분을 뺀 다음 단맛이 배이게 하는 방법 • 오이는 최소 8시간 지나면 숙성 • 양배추, 당근, 무 등은 최소 4~5일 지나야 먹을 수 있음
	양념에 담그기는 장시간 보관이 가능함	
수정처럼 만들기		• 돼지껍질 등 아교질 성분이 많은 것을 끓여서 차갑게 만들어두면 수정처럼 맑게 응고되는 원리를 이용함 • 돼지다리, 생선살, 새우살, 닭고기, 게살 등에 이용됨
훈제하기		• 가공하거나 재웠던 재료를 삶기, 찌기, 튀기는 방법을 이용하여 익힌 후 설탕, 찻잎, 쌀 등을 솥에 넣고 밀봉하여 냉채로 이용할 재료에서 훈제한 향이 느껴지도록 한 방법으로, 훈제한 요리는 색이 붉은빛이 되며, 향기가 있어 독특한 맛임 • 돼지고기, 닭, 오리, 돼지의 내장 각 부위, 메추리, 달걀, 생선, 오징어, 소라 등 사용 가능

2. 냉채 종류에 적합한 소스의 선택

겨자	겨잣가루를 뜨거운 물로 갠 후 끓는 물에 10분간 찐 다음 사용
케첩	토마토케첩에 간장, 술, 설탕, 물을 섞어 하루 지난 다음 사용
춘장	두반장, 춘장, 간장, 설탕, 술을 섞어 하루 지난 다음 사용
레몬	레몬, 설탕, 물, 녹말가루, 참기름을 섞어 하루 지난 다음 사용
콩장	콩장, 술, 소금, 설탕, 간장을 섞어 하루 지난 다음 사용

04 냉채 완성하기

1. 제공하는 냉채의 양

한 사람이 한 젓가락이나 두 젓가락 정도 먹을 양을 제공

2. 냉채 담기 고려 사항

색, 맛 ,향을 중시하면서 생동감 있게 담는다.

3. 냉채 담기

냉채 담는 방법	특징
봉긋하게 쌓기	• 미리 썰어 놓은 재료를 데쳐 만든 냉채를 담는 방법 • 서로 다른 재료의 모양이 일정하지 않으므로 산봉우리처럼 봉긋하게 올라오게 담도록 함 예 해파리냉채 등
평편하게 펴 놓기	• 정형화된 냉채를 썬 다음 접시에 평편하게 담는 방법 • 오이 등의 재료를 깔기도 하고, 원래의 재료 모양대로 만들기도 함 예 통닭 냉채 등
쌓기	• 냉채를 한 조각씩 잘라서 계단 형태로 담는 방법
두르기	• 접시의 중앙에 썬 재료를 동그랗게 또는 꽃 모양으로 담는 방법 • 재료를 가지런하게 잘 썰어야 정갈함
형상화 하기	• 서로 다른 색깔과 형태의 냉채 요리를 색상을 배합하여 꽃이나, 새, 동물 등을 표현하는 방법 • 숙련된 단계에 이르도록 여러 번 반복이 필요함 • 시간이 걸리므로 위생에 신경 써야 함

4. 냉채에 어울리는 기초 장식

종류	특징
해물에 어울리는 기초 장식	• 색이 희거나 미색인 경우 어떤 색이든 사용 가능(해파리 머리 무침 등) • 색깔이 있는 냉채는 흰색이나 붉은 계통을 사용함(술 취한 새우, 훈제 숭어 등)
육류에 어울리는 기초 장식	• 마늘소스 삼겹살 냉채 : 고기가 익어서 희게 변하여서 흰색과 갈색이 나는 장식(무, 오이, 양파 등) • 오향장육 : 색이 짙은 음식은 흰색 장식

출제예상문제

01 냉채 요리 선정 시의 주의 사항으로 옳지 않은 것은?

① 가격 결정은 주요리에 따라 결정한다.
② 계절 변화에 따라 냉채도 변화를 주어야 한다.
③ 재료와 부재료에 균형을 이루어야 한다.
④ 주요리와 조리 방법이 겹치게 한다.

해설 주요리와 조리 방법이 겹치지 않도록 한다.

02 냉채의 기초 장식 재료로 색깔을 물들이기 쉬운 재료는?

① 당근　　　　② 무
③ 감자　　　　④ 오이

해설 무는 색이 희어서 색깔을 물들이기 쉽다.

03 냉채 담는 방법으로 해파리냉채를 담기 적당한 방법은?

① 쌓기　　　　　② 두르기
③ 봉긋하게 쌓기　④ 형상화하기

해설 봉긋하게 쌓기는 미리 썰어 놓은 재료를 데쳐서 만든 냉채를 담는 방법으로, 서로 다른 재료의 모양이 일정하지 않으므로 산봉우리처럼 봉긋하게 올라오게 담는 방법이다. 해파리냉채를 담을 때 사용한다.

04 중식요리 기초 장식 중에서 가장 간단한 방법으로 얇게 썰어 장식하는 식재료는 무엇인가?

① 오이　　　　　② 무
③ 당근　　　　　④ 가지

해설 기초 장식에 사용하는 재료 중 오이는 가장 간단한 방법으로 접시의 가장자리를 두르는 데 사용된다.

Chapter 08 ǀ 중식 냉채 조리									
1	④	2	②	3	③	4	①		

01 볶음 준비하기

1. 볶음 재료 준비

주재료로는 육류와 해물류, 채소류, 두부 등을 사용하고 향신료, 채소류, 조미료 등을 부재료로 사용하여 요리한다.

2. 볶음 요리의 특징

주재료와 부재료를 이용하여 볶음 요리 시 전분을 사용하지 않는 볶음류[초채(炒菜), chao cai, 차오 차이]와 전분을 사용하는 볶음류[류채(熘菜), liu cai, 리우 차이]로 나눌 수 있다.

※ 기름은 볶음 요리에 열매체로 사용되며 음식에 영양과 맛, 부드러움, 고소함을 더해 주며, 지용성 비타민의 흡수를 돕는다.

분류	특징과 요리명
전분을 사용하지 않는 볶음류	• 초채(炒菜, chao cai, 차오 차이)라고 함 • 부추잡채, 고추잡채, 당면잡채, 토마토 달걀볶음 등
전분을 사용하는 볶음류	• 류채(熘菜, liu cai, 리우 차이)라고 함 • 중식의 대표적인 요리법 • 전분 사용으로 걸쭉한 질감을 주고 음식이 잘 식지 않음 • 라조육, 마파두부, 새우케첩볶음, 채소볶음, 류산슬, 전가복, 브로콜리소고기볶음, 새우완자, 마라우육, 꽃게콩소스볶음, 부요게살 등

02 볶음 조리하기

1. 중식 볶음 조리법

볶음조리법	특징
초(炒, 차오)	• '볶는다'는 뜻으로 중식 조리에 가장 많이 사용되는 조리법으로, 기름을 조금 넣고 재료를 불 조절하여 익힘 예 부추볶음, 당면잡채 등
폭(爆, 빠오)	• 재료를 1.5cm 정육면체로 썰거나 가늘게 채썰고, 혹은 꽃 모양으로 만들어 칼집을 내어 뜨거운 물이나 탕, 기름 등으로 먼저 고온에서 매우 빠른 속도로 뒤섞어 열처리를 한 뒤 볶아 내는 방법 • 재료 원래의 맛을 그대로 살리고 부드럽고 아삭아삭한 질감을 살리는 데 적당함 예 궁보계정 등
류(熘, 려우)	• 조미료에 재운 재료를 녹말이나 밀가루, 튀김옷을 입혀 기름에 먼저 튀기거나 삶거나, 찌는 방식으로 조리하는 요리 • 여러 가지 조미료와 혼합하여 걸쭉한 소스를 만들어 재료 위에 끼얹거나 또는 조리한 재료를 소스에 버무려 묻혀 내는 조리법 • 주재료의 맛이 깨끗하며 부드럽고, 연한 맛을 유지함 예 류산슬, 라조기 등
작(炸, zha)	• 기름을 넉넉히 붓고 센 불에 튀기는 조리법 예 짜장면 등

전(煎, jian)	• 기름을 두르고 지지는 조리법 • 우리나라의 전과 같은 조리법인데, 한식의 전보다는 좀 더 많은 기름을 필요로 함 예 난젠완쯔 등

2. 오방색과 중국 요리

중국을 중심으로 한 동양 문화권은 음(陰)과 양(陽)의 2개의 기로 이루어졌다는 이론과 천문학적 철학으로 발전한 음양오행[목(木) : 청색(靑), 화(火) : 적색(赤), 토(土) : 황(黃), 금(金) : 백(白), 수(水) : 흑(黑)]설이 우주인식과 사상체계의 중심이 되어 그 위주로 음식의 색과 맛을 만들었다. 동서남북과 중앙의 다섯 방위가 오방으로 그 특징은 다음과 같다.

오방색	특징
노란색 (황, 黃)	• 부와 재산의 상징이며, 오행 가운데 중심에 해당 • 식재료 : 당근, 고구마, 생강, 바나나, 콩, 오렌지, 옥수수, 죽순 등(죽순은 흰색으로, 당근은 붉은색으로 취급하기도 함)
빨간색 (적, 赤)	• 경사와 기쁨의 색으로 중국인들이 노란색과 더불어 좋아하는 색 • 식재료 : 홍고추, 홍피망, 팥, 석류, 토마토 등
흰색 (백, 白)	• 양배추, 양파, 양송이, 새송이, 무, 마늘, 인삼 등
청색 (청, 靑)	• 청경채, 오이, 파, 완두콩, 풋고추, 피망, 부추, 셀러리, 얼갈이 등
검은색 (흑, 黑)	• 검정콩, 다시마, 우엉, 가지, 표고 등

3. 중식 볶음 재료에 따른 조리

(1) 육류 요리

① 소고기, 돼지고기는 센 불에서 단시간 조리하므로 재료를 고루 일정하게 썬다.

② 잘 익지 않는 재료들은 물이나 저온의 기름으로 미리 살짝 데쳐 놓는다.

(2) 어패류 요리

① 오징어는 칼집을 넣어 조리하면 빨리 익고, 맛도 잘 들고 모양도 예쁘다.

② 볶기 전 살짝 데치거나 또는 일차적 열을 가해두고 볶을 때는 다른 재료와 섞어 한번 휘젓는 정도로 조리한다.

(3) 채소 요리

약불로 조리 시 수분이 빠져나와 맛이 떨어지므로 센불로 조리한다.

(4) 육수 만들기

① 일반적으로 기름에 짧게 볶아 내지만 약간의 육수를 넣어 맛과 농도를 조절하기도 한다.

② 대부분은 닭을 손질하고 남은 뼈와 붙은 살을 사용한다.

03 볶음 완성하기

1 볶음 완성하기

(1) 중국 볶음 음식의 특징

① 정확한 사전 준비 : 단시간 내에 빠르게 조리하므로, 조리 기구 · 조미료 등의 사전 준비가 필요하다.

② 불 조절이 중요하고 화력을 나누어서 사용
  ㉠ 높은 화력을 바탕으로 맛을 그대로 유지하고 영양소의 손실도 최소화한다.
  ㉡ 볶음 요리는 중식 요리의 꽃에 속하는 대표적인 요리이다.

③ 향신료와 조미료의 향을 잘 활용 : 풍미를 높이기 위해 팬을 가열한 후 마늘, 파, 고추 등 향 채소나 간장, 청주 등 조미료를 뜨거운 기름에 먼저 익혀 향을 내어 볶음 요리를 하고, 완성 후에는 참기름, 후추 등을 첨가한다.

출제예상문제

01 볶음 요리 중 전분을 사용하지 않는 요리는?

① 고추잡채 ② 류산슬
③ 전가복   ④ 채소볶음

해설 전분을 사용하지 않은 볶음 요리 : 부추잡채, 고추잡채, 당면잡채, 토마토달걀볶음 등

02 중국 볶음 조리의 특징으로 옳지 않은 것은?

① 단시간 내에 조리하므로 기구와 조미료는 사전 준비한다.
② 식재료가 다양하다.
③ 불 조절이 중요한데 타지 않도록 중불에서 볶는다.
④ 재료 고유의 맛과 향을 살리기 좋다.

해설 중식은 높은 화력을 바탕으로 맛을 유지한다.

03 중식 볶음 조리법 중 다음 설명에 해당하는 것은?

> 조미료에 재운 재료를 튀김옷을 입혀 기름에 먼저 튀기거나 삶거나 찌는 방식으로 조리하는 요리하며, 여러 가지 조미료와 혼합하여 걸쭉한 소스를 만들어 재료 위에 끼얹거나 또는 조리한 재료를 소스에 버무려 묻혀 내는 조리법이다.

① 폭(爆, 빠오)   ② 초(炒, 차오)
③ 류(溜, 려우)   ④ 작(炸, zh`a)

해설 류에 대한 설명으로 류산슬, 라조기 등에 사용하는 조리법이다.

Chapter 09	중식 볶음 조리								
1	①	2	③	3	③				

CHAPTER 10 중식 후식 조리

01 후식 준비하기

1. 후식의 특징

적은 양으로 달콤하고 깔끔한 맛을 내고 더운 것과 찬 것을 모두 낼 때는 더운 것을 먼저 내고 찬 것을 나중에 낸다.

2. 후식의 종류

찬 후식과 더운 후식으로 나누며, 종류로는 빠스류와 시미로, 찹쌀떡 등이 있다.

빠스류	• 빠스(拔絲)는 '실을 뽑다'라는 의미 • 여러 식재료에 설탕을 녹여 시럽을 만든 후 입히는 후식 • 종류 : 고구마빠스, 바나나빠스, 사과빠스, 은행빠스, 귤빠스, 딸기빠스, 아이스크림빠스 등
시미로	• 열대 뿌리채소인 카사바에서 타피오카를 추출하여 여러 식재료와 혼합하여 냉장고에 차게 보관한 후 후식으로 사용 • 모든 과일에 사용하며, 중국 음식의 느끼함을 정리해 줌 • 한식의 한천, 양식의 젤라틴 효과 • 식물성 원료로 소화력에 도움이 됨 • 종류 : 멜론 시미로, 망고 시미로, 연시 시미로 등
기타	• 찹쌀떡, 과일 등

02 더운 후식류 만들기

1. 더운 후식류

① 더운 후식의 종류 : 빠스류 등
② 더운 후식의 식재료 : 고구마, 은행, 바나나, 옥수수 등
③ 빠스류 요리 순서
　재료를 적당한 크기로 잘라 산화방지를 위해 소금이나 설탕물에 담갔다가 그대로 또는 튀김옷을 입혀 튀겨 설탕을 녹인 시럽에 적절히 버무린다.

03 찬 후식류 만들기

1. 찬 후식류

① 찬 후식의 종류 : 행인두부, 시미로, 과일 등
② 찬 후식의 식재료
　㉠ 행인 : 행인은 살구씨를 가리킨다. 안쪽 흰 부분을 갈아서 사용한 요리로, 두부처럼 하얗고 부드러워서 행인두부라고 부른다.
　㉡ 타피오카 : 전분의 일종으로 중식 후식류 중 시미로와 행인두부 등의 응고를 담당하고 특히 찬 음식의 응고에 사용되고 있는 식재료이다.

③ 찬 후식류 만들기

     ⊙ 선과(鮮果) 만들기 : 과일류는 예쁘게 깎아 색상을 고려하여 놓고 후르츠 칵테일은 칵테일 컵에 담아 접시 한쪽에 놓는다.

     ⓛ 행인두부 만들기 : 행인두부는 적당한 크기와 모양으로 썰고, 물과 설탕은 섞어서 끓여서 식혀 시럽을 만든 후 시럽에 행인두부를 담고 바질 잎으로 장식한다.

> ※ 행인두부 만드는 법 : 살구씨 갈은 것 또는 아몬드파우더, 코코넛파우더 등에 설탕, 타피오카, 물을 섞어 한번 끓인 후 우유를 섞어서 틀에 부어 식힌다.

     ⓒ 멜론 시미로 만들기 : 멜론은 껍질과 속 씨를 제거하고 깍둑썰기하여 곱게 갈아 준비한다. 타피오카를 끓는 물에 데쳐 찬물에 행군 후 멜론 간 것을 참가하고, 설탕 시럽을 넣어 그릇에 담고 바질 잎을 올려 장식한다.

04 후식류 완성하기

1. 중국 후식 조리법

화력 조절에 주의하여 정교하고 세밀하게 만든다.

출제예상문제

01 후식의 특징으로 옳지 않은 것은?

① 찬 후식과 더운 후식을 모두 낼 때는 찬 후식부터 제공한다.
② 작은 양으로 부담 없이 즐길 수 있도록 한다.
③ 달콤하고 깔끔한 맛을 내도록 한다.
④ 모양과 향이 중요하다.

해설 찬 후식과 더운 후식을 함께 낼 때는 더운 후식을 먼저 낸다.

02 실을 뽑는 데서 유래된 명칭에서 나온 후식의 요리인 것은?

① 시미로   ② 행인두부
③ 빠스류   ④ 선과(鮮果)

해설 빠스(拔絲)는 '실을 뽑다'라는 의미로, 설탕을 녹여 시럽을 만든 후 입히는 후식이다.

03 찬 후식류에 속하지 않는 것은?

① 행인두부   ② 아이스크림빠스
③ 과일   ④ 시미로

해설 아이스크림빠스는 더운 후식에 속한다.

Chapter 10	중식 후식 조리							
1	①	2	③	3	②			

PART 09

일식 조리

CHAPTER 01 일본 음식의 식생활 문화 및 기초 조리 실무

01 일본 음식의 문화와 배경

일본은 4면이 바다로 둘러싸여 있어 생선요리가 다양하게 발달되었으며 4계절의 식재료를 이용해서 특색 있게 표현하여 그 가치를 한 층 높인 음식들이 특징이다. 예부터 전해 내려오는 전통적 요리와 외국 문화와의 교류를 통해 다양한 조리법을 병행하여 일본식으로 자리 잡은 것도 의의 가 있다고 하겠다.

요리의 특징은 재료 자체의 맛을 최대한 살릴 수 있는 조리법과 눈으로 먹는 요리라고 할 만큼 대나무, 도자기, 칠기, 유리 등을 이용한 조화로운 담음새로 음식의 맛과 색, 조화를 중요시한다.

02 일본 음식의 분류

(1) 일본 요리의 지역적인 분류

관서풍	• 교토(귀족문화)와 오사카를 중심으로 발달한 요리 • 전통적인 일본요리가 발달된 곳 • 색과 형태를 아름답게 꾸미는 일본요리의 특징을 잘 나타냄 • 오사카는 바다와 가까워 어패류를 활용한 생선요리가 발달 • 특징 : 설탕보다는 소금 맛 하나에 의존하는 재료 본위의 요리법, 간이 싱거운 요리, 국물이 다소 많고 담백함

관동풍	• 도쿄의 옛 이름인 에도를 중심으로 발달한 요리 • 도쿄만과 스미다강에서 잡은 어패류를 사용한 초밥, 덴뿌라, 민물장어와 메밀국수 등이 대표음식 • 사회적 지위가 높은 사람에게 제공하기 위한 의례(義禮)요리가 발달 • 특징 : 농후한 맛을 즐겨 맛이 진하고, 달며, 짜고, 국물이 적음

(2) 일본 요리의 형식적인 분류

향응요리 (饗應料理)	• 궁중의 행사의식 등 향응의 연회요리 • 밤, 마른 감, 연어, 전복 등 사용
정진요리 (精進料理)	• 불사의 제(際)에 사용된 요리로 불교사상을 기본으로 함 • 식물성 재료만 사용함
본선요리 (本膳料理)	• 손님 접대 요리로 전해 내려온 정식 일본요리로 회석요리의 원조 • 상을 내는 방법과 형식이 중요시되었으나 그 후 예절과 방식을 멀리하게 됨에 따라 가이세키 요리(회석요리-會席料理)로 변화되어 현재에 이름
남만요리 (南蛮料理)	• 무로마치 시대 말기부터 에도시대 초기에 걸쳐 스페인과 포르투갈 등과 통상하면서 영향을 받은 요리 • 스페인과 포르투갈을 통틀어 남만이라 불렀음 • 덴푸라, 남반즈케 등
회석요리 (懷石料理)	• 차(茶)를 마시기 위해 제공되는 요리

탁복요리 (卓袱料理)	• 에도시대 초기 중국인의 영향을 받아서 알려진 요리법 • 식기는 중국풍이고 맛과 재료는 일본인의 기호에 맞게 담백하게 변화 • 탁복의 탁은 식탁을 복은 보자기로 식탁을 덮는다는 의미를 지니어 "식탁요리"라 할 수 있음
보차요리 (普茶料理)	• 에도시대 초기 중국의 은원스님이 교토에서 포교하면서 전한 중국풍의 사찰요리 • 불교 정신으로부터 살아 있는 것은 사용하지 않는 것을 원칙으로 함 • 두부, 깨, 식물류를 사용
회석요리 (會席料理)	• 복잡한 본선요리를 개선하여 간략하게 한 요리 • 술과 식사를 중심으로 한 연회식 요리 • 현대 호텔이나 음식점 등의 주류를 이루고 있음 • 메뉴 구성 시 오미오감을 살리고 손님의 취향에 맞게 동일한 맛과 재료를 피해서 구성함

03 일본 음식의 특징 및 용어

1. 일본 음식의 특징

색감과 조화를 중시하며 재료 자체 맛을 살리기 위해 조미료를 적게 사용한다. 계절감, 기물, 공간의 조화를 예술적으로 승화시키고자 한다.

2. 일본 요리 담는 법

젓가락으로 집어 먹기 쉽게 오른쪽에서 왼쪽으로 담으며 그릇 바깥쪽부터 자기 앞쪽으로 담고 공간의 미를 살려 가득 담지 않는다.

04 기본 칼 기술 습득하기

1. 칼의 종류와 용도 분류

칼의 종류	용도
생선회칼 [사시미보쵸 (刺身包丁, さしみぼうちょう)]	• 생선회를 자를 때 사용하며, 다른 칼들에 비해 가늘고 길음 • 칼날의 길이는 27~30cm 정도가 사용하기에 편리함 • 칼의 수평이 잘 맞는지 확인하고, 손에 맞는 칼을 선택함
절단칼(데바칼) [데바보쵸 (出刃包丁, でばぼうちょう)]	• 생선을 손질하거나 포를 뜰 때 또는 굵은 뼈를 자를 때 사용 • 칼이 두껍고 무거운 특징이 있음
채소칼 [우스바보쵸 (薄刃包丁, うすばぼうちょう)]	• 채소를 자르거나 무 등을 돌려 깎기할 때 사용 • 칼날이 얇기 때문에 뼈가 있거나 단단한 재료에는 사용하지 않음 • 이 칼을 사용할 때는 자기 몸 바깥쪽으로 밀면서 자름
장어칼 [우나기보쵸 (鰻包丁, うなぎぼうちょう)]	• 장어칼은 민물장어나 바다장어 등을 손질할 때 전용으로 사용 • 장어칼은 칼끝이 45°정도로 기울어져 있고 뾰족하여 장어 손질에 적합하도록 만들어져 있음

2. 올바른 칼 잡는 방법

전약식 (주먹쥐기 형태)	• 가장 일반적인 칼 잡는 방법으로 잡는 방법은 엄지손가락과 집게손가락(검지, 두 번째 손가락)으로 칼자루 주둥이의 꼭지쇠와 칼 뿌리의 배 부분을 잡고 나머지 세 손가락으로 칼자루를 말아 쥐는 방법 • 연속해서 자르거나 단단한 재료를 자를 때 사용하는 쥐기 방법

단도식 (누르기 형태)	• 집게손가락은 칼 뿌리 쪽 배 부분에 붙이고 가운데손가락이 칼 턱밑으로 들어간 부분에 붙인 상태에서 약손 가락과 새끼손가락으로 칼을 감싸듯 이 쥐는 방법
지주식 (손가락질 형태)	• 쭉 편 집게손가락이 칼등 위를 가볍 게 누르는 방법으로 쥐는 방법 • 회칼이나 채소칼을 사용할 때 쥐는 방법 • 단단한 재료는 칼을 깊이 쥐고, 부드 러운 재료는 가볍게 쥔다

3. 칼 연마 및 관리

(1) 일식 조리도의 특징

일식 조리도는 종류가 다양하며 생선을 손질 하기에 적합한 조리도가 발달하였는데, 폭이 좁고 긴 것이 많으며 회칼 등이 매우 예리하 다. 칼날을 세울 때는 반드시 숫돌을 사용해 야 한다.

(2) 조리도의 관리 방법

각자 자신의 조리도를 사용하고 관리하며, 하 루에 한 번 이상 가는 것을 원칙으로 한다. 일 반적으로 수세미를 이용해 비눗물 등으로 닦 고 씻어 물기를 제거하고, 마른 종이에 싸서 보관한다.

4. 기본 썰기[기혼키리(基本切り, きほんきり)]

기본 썰기 방법	특징
와기리 (輪切り, わぎり) – 둥글게 썰기	• 당근, 무, 오이, 고구마 등 둥근 모 양의 채소를 둥글게 썰 때 사용

항게쓰기리 (半月切リ, はんげつぎリ) – 반달 썰기	• 당근, 무 등 둥근 재료를 세로로 이등분한 반달 모양으로 자르는 방법(국물 요리, 조림 요리 등)
이쵸기리(銀杏切リ, いちょうぎリ) – 은행잎 썰기	• 당근, 무, 순무 등 둥근 것을 십 자형의 적당한 두께로 써는 방 법(맑은 국물의 부재료, 조림 등)
지가미기리 (地紙切リ, ちがみぎリ) – 부채꼴 모양 썰기	• 당근, 무 등을 은행잎 모양처럼 자르고 끝부분을 둥근 조각칼로 깎아 내듯이 깎아 내고 써는 방 법으로, 부채꼴 모양으로 나옴
나나메기리 (斜切リ, ななめぎリ) – 어슷하게 썰기	• 우엉, 대파 등을 적당한 두께로 옆으로 어슷하게 자르는 방법 (조림 등)
효시키기리 (拍子木切リ, ひょう しぎぎリ) – 사각 기둥 모양 썰기	• 길이 4~5cm에 두께 1cm 전후 의 사각 막대 모양으로 써는 방 법(채소 요리 등)
사이노메기리 (賽の目切リ, さいのめぎリ) – 주사위 모양 썰기	• 사방 1cm 크기의 주사위 모양으 로 써는 방법
아라레기리 (霰切, あられぎリ) – 작은 주사위 썰기	• 사방 두께 5mm 정도의 작은 주 사위 꼴로 써는 방법
미징기리 (微塵切リ, みじんぎリ) – 곱게 다져썰기	• 곱게 다지는 방법
고구치기리 (小口切リ, こぐちぎリ) – 잘게 썰기	• 우엉이나 실파, 셀러리 등의 가 늘고 긴 재료를 끝에서부터 잘 게 써는 방법
셍기리 (千切リ, せんぎリ) – 채썰기	• 당근, 무 등을 길이로 얇게 자른 다음 다시 이것을 5~6cm 채로 써는 방법

센록퐁기리 (千六本切り, せんろっぽんぎり) - 성냥개비 두께로 썰기	• 성냥개비 크기의 두께로 써는 방법
하리기리 (針切り, はりぎり) - 바늘 굵기 썰기	• 바늘 굵기로 써는 방법(생강, 구 운 김 등을 썰 때)
단자쿠기리 (短册切り, たんざくぎり) - 얇은 사각 채썰기	• 당근, 무 등을 길이 4~5cm, 폭 1cm 정도로 얇게 써는 방법
이로가미기리 (色紙切り, いろがみぎり) - 색종이 모양 자르기	• 당근, 무 등을 가로, 세로 2.5cm 정도의 정사각형으로 얇게 써는 방법
가쓰라무키기리 (桂剝切り, かつらむきぎり) - 돌려 깎기	• 당근, 무, 오이 등을 원기둥 모양 으로 깎은 다음 이것을 돌려 가면 서 껍질을 얇게 벗겨 내는 방법 • 이것을 세로로 자른 것을 겡(け ん)이라고 함
요리우도기리 (縒独活, よりうどぎり) - 용수철 모양 썰기	• 당근, 무, 오이 등을 돌려 깎기 하여 옆으로 비스듬히(나나메기 리) 폭 7~8mm 정도로 잘라 젓 가락 등을 이용해서 용수철 모 양으로 만든 것(생선회 등의 곁 들임 재료로 사용)
란기리 (乱切り, らんぎり) - 멋대로 썰기	• 당근, 우엉, 연근 등의 채소를 한 손으로 돌려 가며 칼로 어슷하 게 잘라 삼각 모양이 나도록 써 는 방법(채소 조림 등)
사사가키 (笹抉切り, ささがき) - 대나무잎 썰기	• 우엉을 칼의 끝을 사용하여 연 필을 깎는 것처럼 돌려 가면서 대나무 잎처럼 깎는 방법[전골 냄비(鋤焼, すきやき) 등에 사용]

구시가타기리 (櫛型切り, くしがたぎり) - 빗 모양 썰기	• 양파를 2등분한 다음 가로로 자 르는 방법으로 보통 1cm 정도 두께로 써는 것을 말함 • 양파 등을 이등분한 다음 재료 를 얼레빗 등처럼 굽은 모양으 로 써는 방법
다마네기미징기리 (玉ねぎみじんぎり) - 양파 다지기	• 양파를 반으로 갈라서 뿌리 반 대쪽에서 칼집을 세로, 가로로 넣어서 잘게 다지는 방법

5. 모양 썰기[가자리기리(飾り切り, かざりきり)]

모양 썰기의 종류	특징
멘토리기리 (面取り切り, めんとりぎり)	• 각 없애는 썰기 • 자른 채소의 모서리를 다듬는 방 법으로 조리 시 깨지는 것을 방 지하기 위함
깃카기리 (菊花切り, きっかぎり)	• 국화 잎 모양 썰기 • 무 등을 두께 2cm로 썰어 밑부 분을 조금 남기고 가로, 세로로 자르는 방법
스에히로기리 (螺子ひろ切り, すえひろぎり)	• 부챗살 모양 썰기 • 죽순의 끝부분을 남기고 윗부분 만 잘라 부챗살 모양으로 자르는 방법
하나카타기리 (花形切り, はなかたぎり)	• 꽃 모양 썰기 • 당근을 정오각형 모양으로 자른 다음 각 면의 중앙에 칼집을 넣 어 꽃 모양으로 깎는 방법
네지우메기리 (捻梅切り, ねじうめぎり)	• 매화꽃 모양 썰기 • 하나카타기리한 당근을 중앙을 향해 45°로 칼집을 넣은 후 단 면의 골이 패인 곳에 또다시 45° 각도로 비스듬히 깎아서 매화꽃 모양을 만드는 방법

마쓰바기리 (松葉切り, まつばぎり)	• 솔잎 모양 썰기 • 당근, 오이 등을 길이 4~5cm, 폭 4mm, 두께 2mm로 잘라서 이 것을 한쪽 끝을 조금 남기고 폭 을 2mm로 하여 한쪽을 잘라서 솔잎 모양으로 만드는 방법
자바라큐리기리 (蛇腹胡瓜切り, じゃばらきゅうりぎり)	• 자바라 모양 썰기 • 오이를 비스듬히 절반 정도만 잘 게 칼집을 넣고, 뒤집어 반대쪽 도 칼집을 잘게 넣어 소금물에 담가 두고 펼치면 모양이 뱀과 닮은 모양으로 초회 등에 사용함

기타 모양 썰기

- 오레마쓰바기리(折れ松葉切り, おれまづばぎり) : 접힌 솔잎 모양 썰기
- 기리치가이큐리기리(切り違い胡瓜切り, ぎりちがいきゅうりぎり) : 오이 원통 뿔 모양 썰기
- 가쿠도큐리기리(角度胡瓜切り, かくどきゅうりぎり) : 나사 모양으로 오이 썰기
- 하나랭콩기리 (花蓮根切り, はなれんこんぎり) : 꽃 연근 만드는 썰기
- 야바네랭콩기리(矢羽蓮根切り, やばねれんこんぎり) : 화살의 날개 모양 썰기
- 자카고랭콩기리(蛇籠蓮根切り, じゃかごれんこんぎり) : 연근 돌려 깎아 썰기
- 자센나스기리(茶せん茄子切り, ちゃせんなすぎり) : 자센 모양 가지 썰기
- 구다고보기리(管牛蒡 切り, くだごぼうぎり) : 원통형 우엉 만드는 썰기
- 다즈나기리기리(手綱切り, たづなぎり) : 말고삐 곤약 썰기
- 무스비가마보코기리(結び蒲鉾切り, むすびかまぼこぎり) : 매듭 어묵 모양 만드는 썰기
- 후데쇼우가기리(筆生姜切り, ふでしょうがぎり) : 붓끝 모양 썰기
- 이카리후우보우기리(いかりふうぼうぎり) : 갈고리 모양 썰기
- 마쓰카사이카기리(松笠烏賊切り, まつかさいかぎり) : 솔방울 모양 오징어 썰기
- 가라쿠사이카기리(唐草烏賊切り, からくさいかぎり) : 당초(唐草(당초))무늬 오징어 썰기
- 아야메기리(菖蒲切り, あやめぎり) : 붓꽃 모양 썰기
- 다이콩노아미기리(大根の網切り, ダイコンのあみぎり) : 그물 모양 무 썰기

05 기본 기능 습득하기

1. 일식 기본양념 준비

(1) 일본 요리 기본양념인 조미료의 사용 순서

① 조미료의 일식 표현

사(さ)	청주(さけ, 사케), 설탕(さとう, 사토우)
시(し)	소금(しお, 시오)
스(す)	식초(す, 스)
세(せ)	간장(しょうゆ, 쇼유)
소(そ)	된장(みそ, 미소)

② 생선 조미 : 청주 → 설탕 → 소금 → 식초 → 간장 순서로 조미함
③ 채소 조미 : 설탕 → 소금 → 간장 → 식초 → 된장 순서로 조미함

(2) 조미료

조미료	특징
된장 (味噌, 미소)	• 적된장 : 붉은빛을 띰. 단맛은 별로 없고 염도가 높으며, 깊은 맛을 내는 요리에 사용(고기요리, 국요리) • 백된장 : 색이 밝고 단맛이 강하며, 염도가 낮아 소스나 요리에 많이 사용되고 된장국요리 시 적된장과 섞어서 사용 • 혼합된장 : 적된장과 백된장이 섞여 있는 된장으로, 가다랑어와 다시마 맛을 첨가하며 한국에서 많이 사용

간장 (醬油, 쇼유)	• 진간장 : 색이 진한 일반간장으로 향이 강해 육류나 생선요리에 적합하고 비린내 제거 효과가 있으며, 생선회나 구이 등을 먹을 때 곁들이는 간장에 사용 • 연한간장 : 진간장보다 염도가 2% 정도 높음 색이 옅고 맛과 향이 담백하며, 재료가 가지고 있는 고유의 맛과 색, 향을 살리기에 좋음 • 백간장 : 원료는 소맥으로 연한 간장보다 색이 연하고 거의 투명에 가까움. 맛을 내는 성분보다 당분과 염분이 많고 담백함 • 다마리간장 : 짙은 흑색으로 독특한 향기와 맛을 갖고 있고 농후한 맛과 단맛을 내고 윤기를 더해줌 조림 요리에 사용 ※ 간장 사용 시 맛을 증진시키고, 냄새 제거 효과, 살균의 효과도 있음
식초 (醋, 스)	• 양조식초 : 곡류, 과실 등을 원료로 초산을 발효시켜서 만들며, 풍미를 가지고 있고 가열해도 풍미가 살아 있음 • 합성식초 : 양조식초의 사용 비율이 60% 이상, 초산을 4.0% 이상 첨가하여 제조하며, 가열하면 풍미는 날아가고 산미만 남음
미림 (味淋, 미림)	• 찐 찹쌀에 소주와 누룩을 혼합하여 약 2개월간 발효시켜(전분이 당화됨) 앙금은 제거하고 여과시켜 투명에 가까운 액체가 됨 • 성분 : 포도당 43%, 수분 42%, 알코올 14% 등 • 미림을 조리에 사용하면 단맛을 형성하여 빛과 색을 좋게 하고, 맛의 농도와 매끄러움에 도움을 주며, 미림에 함유된 알코올은 좋지 않은 냄새를 휘발시킴
소금 (塩, 시오)	• 염화나트륨을 함유하고 짠맛을 부여해 주며, 조리에 사용 시 조미의 역할 외에 탈수 작용, 단백질 응고, 방부 작용, 색의 안정 등의 효과가 있음

설탕 (砂糖, 사토)	• 감미 외에 조리에 사용 시 전분의 노화 방지 효과, 캐러멜화, 방부 작용 등의 효과가 있음

(3) 일본 요리의 기법

① 일본 요리의 구성 요소

일본 요리는 5가지 색과 5가지 맛, 5가지 방법의 구성으로 요리를 만든다.

오색(五色)	흰색, 검정색, 빨간색, 청색, 노란색
오미(五味)	단맛, 짠맛, 신맛, 쓴맛, 매운맛
오법(五法)	생것, 구이, 튀김, 조림, 찜

② 일식 기본 양념하기

기본 양념은 '청주 → 설탕 → 소금 → 식초 → 간장 → 조미료'의 순서로 한다.

2. 일식 곁들임(아시라이, あしらい)

① 곁들임의 정의

곁들임은 주재료에 첨가해서 시각적인 눈으로 보는 일식 조리와 주재료와의 조화로 맛을 한층 돋워주는 역할을 한다. 제철에 나오는 재료를 사용하되 전분이 많은 재료는 전분을 빼고, 진액이 많은 재료는 진액을 빼고 사용한다.

② 곁들임 종류

㉠ 시라가네기(しらがねぎ, 대파 가는 채)

㉡ 하리노리(はりのり, 김 가는 채)

㉢ 하리쇼가(はりしょうが, 생강 가는 채)

㉣ 레몬 오리발

06 기본 조리 방법 습득하기

1. 일식 조리 도구의 종류 및 용도

종류	용도
아게나베 [아게나베(揚鍋, あげなべ)]	튀김 전문용 냄비
달걀말이팬 [타마고야키나베(卵燒鍋, たまごやきなべ)]	달걀말이 전용 달걀말이 팬 (出汁卷鍋)으로 사각으로 된 형태가 대부분임
덮밥냄비 [돈부리나베(丼鍋, どんぶりなべ)]	덮밥 전용 냄비로 소고기· 닭고기덮밥 등의 주로 계란 을 풀어서 끼얹는 덮밥을 만 들 때 사용함
쇠냄비 [데쓰나베(鉄鍋, てつなべ)]	전골냄비라고도 하며, 재질 은 철로 만들어져 두껍고 무 거운 것이 특징
강판 [오로시가네(卸金, おろしがね)]	무나 고추냉이, 생강 등을 갈 때 사용
절구통/절구 방망이 [스리바치/스리코기 (濱鉢,すりばち/ 濱こ木, すりこぎ)]	용도는 재료를 으깨어 잘게 하거나 계속 휘저어서 끈기 가 나도록 하는 데 사용
굳힘틀 [나가시캉(流し岳, ながしかん)]	사각 형태의 스테인리스로 만든 두 겹으로 된 것이고, 달걀·두부 등의 찜 요리, 참 깨·두부 같은 네리모노(ね りもの)와 한천을 이용한 요 세모노(よせもの) 등에 사용
장어 고정시키는 곳 [메우치(目打, めうち)]	뱀장어나 갯장어, 바닷장어 등을 손질할 때 장어의 눈 부 분을 송곳으로 고정시켜서 장어 손질을 할 때 편리함
비늘치기 [우로코히키, 고케히키 (うろこひき, こけひき)]	도미나, 연어 등 생선의 비 늘을 제거할 때 사용하는 기 구로, 비늘을 벗길 때 생선 의 머리 방향으로 긁어야 잘 벗겨짐
요리용 붓 [하케(刷毛, はけ)]	붓은 튀김 재료에 밀가루나 녹말가루 등을 골고루 바를 때 사용하는 요리용, 구이류 에 다레(垂れ, たれ)를 바를 때도 사용함
엷은 판자종이 [우스이타(薄板, うすいた)]	우스이타의 재질은 삼나무나 노송나무를 종잇장처럼 엷게 깎아 만들었으며, 용도는 말 아서 만든 요리를 감싸거나 포를 뜬 생선을 싸서 냉장고 에 보관, 냄비의 바닥에 깔거 나 장식용으로 사용함

출제예상문제

01 일본 요리의 기본 조리법 중 오법(五法)에 해당하지 않는 것은?

① 생것   ② 구이

③ 덮밥   ④ 튀김

해설 일본 요리의 기본 조리법의 5가지 오법은 생것, 구이, 튀김, 조림, 찜이다.

02 일본 요리의 기본 양념인 조미료의 사용 순서로 맞는 것은?

① 설탕 → 소금 → 간장 → 식초 → 조미료 → 청주
② 청주 → 설탕 → 소금 → 식초 → 간장 → 조미료
③ 청주 → 간장 → 소금 → 식초 → 조미료 → 설탕
④ 설탕 → 조미료 → 간장 → 식초 → 소금 → 조미료

해설 일본 기본 양념의 순서
청주 → 설탕 → 소금 → 식초 → 간장 → 조미료

03 일본 간장의 종류 중 짙은 흑색으로 독특한 향기와 맛을 갖고 있는 것은?

① 다마리간장   ② 연한간장
③ 진간장   ④ 백간장

해설 다마리간장은 짙은 흑색으로 농후한 맛과 단맛을 내고, 윤기를 더해 주며 조림 요리에 사용한다.

04 일본 조리도 중 생선을 손질하거나 굵은 뼈를 자를 때 사용하는 칼의 명칭은?

① 우나기보쵸   ② 우스바보쵸
③ 데바보쵸   ④ 사시미보쵸

해설 우나기보쵸 – 장어칼, 우스바보쵸 – 채소칼, 사시미보쵸 – 생선회칼

05 다음 설명에 해당하는 조미료는 무엇인가?

성분은 포도당, 수분, 알코올로 이루어져 있으며 조리에 단맛과 매끄러움, 좋지 않은 냄새 등을 휘발시켜 준다.

① 설탕   ② 올리고당
③ 된장   ④ 미림

해설 미림에 함유된 포도당은 단맛을 형성하고, 아미노산이나 펩티드는 매끄러움을, 알코올은 좋지 않은 냄새를 휘발시키는 효과가 있다.

06 다음 설명에 해당하는 모양 썰기의 명칭은?

오이를 비스듬히 절반 정도만 칼집을 넣고, 뒤집어서 반대쪽도 칼집을 잘게 넣어 소금물에 담가 두었다가 펼치면 뱀과 닮은 모양으로 초회 등에 사용함

① 마쓰바기리   ② 자바라큐리기리
③ 긱카기리   ④ 멘토리기리

해설 자바라큐리기리(자바라 모양 썰기)에 대한 설명으로 초회 등에 사용한다.

Chapter 01	일본 음식의 식생활 문화 및 기초 조리 실무								
1	③	2	②	3	①	4	③	5	④
6	②								

CHAPTER 02 일식 무침 조리

01 무침 재료 준비

1. 일식 무침 조리의 특징

① 종류로는 성게알젓무침, 된장무침, 초된장무침, 호두무침, 땅콩무침, 흰깨와 두부무침, 명란젓 알무침 등이 있다.
② 수분이 생기지 않도록 먹기 직전에 무친다.
③ 무침의 그릇은 작으면서도 깊은 것이 어울리며, 과일 · 대나무 그릇 · 조개껍데기 등을 이용하기도 한다.

2. 재료의 특성

갑오징어	피로 회복(타우린), 성인병 예방(콜레스테롤을 낮춤), 중풍 환자 효과, 다이어트 음식(고단백, 저칼로리)으로 손꼽히고, 살집이 두꺼워 얇게 채썰어서 초회나 무침으로 사용
명란젓	명태의 성수기에 날 명태의 알을 소금에 절였다가 고춧가루와 양념으로 조미한 것
두부	응고제의 양, 압착하는 정도에 따라 단단한 두부, 연두부, 순두부, 비단두부 등이 있음
곤약	구약나물의 땅속줄기를 가루를 내어 석회유를 섞어 끓여서 만든 식품으로, 칼로리가 거의 없어 다이어트에 좋음

피조개	헤모글로빈을 가지고 있어 살이 붉게 보이며, 타우린 · 비타민 · 미네랄이 풍부하고 빈혈 등에 좋으며, 주로 초밥용 재료, 회, 무침에 사용
도미	종류는 참돔, 감성돔, 붉돔, 황돔, 흑돔 등이 있고, 봄철의 분홍빛을 띤 참도미는 단백질이 많고 지방은 적어서 맛이 뛰어나 일본인이 가장 좋아하는 생선이기도 함
시치미	시치미(七味)는 시치미토가라시(しちみとうがらし)의 줄인 말로, 고추를 주재료로 한 향신료를 섞어서 만든 일본의 조미료임

02 무침 조리하기 및 담기

1. 식재료 전처리 및 보관

(1) 무침 식재료 전처리 및 보관

갑오징어	겉껍질과 속껍질 제거 후 가늘게 썰어 50℃ 청주에 살짝 데쳐(비린내 제거 및 부드러워짐) 준비
명란젓	반으로 갈라 칼등으로 알만 밀어내듯이 긁어, 청주와 소금을 넣고 젓가락으로 고루 혼합
두부	끓는 물에 데치고 찬물에 헹궈 면 보에 싸서 무거운 것으로 눌러 물기를 빼고 체에 내려 미림, 설탕으로 밑간함
곤약	소금을 약간 뿌려 방망이로 가볍게 두들기듯 밀고 데쳐서 식힘

도미살	소금을 뿌린 후 구워서 사용
피조개	끓는 물에 소금, 청주를 약간 넣고 질겨지지 않도록 살짝 데쳐서 차게 식힘
채소	차조 잎은 찬물에 씻고, 무순은 끝부분을 다듬은 후 찬물에 씻어 물기를 제거하고 젖은 면 보자기에 담아 용기에 담아 보관

2. 무침 담기

깊이가 약간 있는 작은 접시에 차조기 잎(시소), 무순 등을 곁들여 담는다.

출제예상문제

01 일식 무침 그릇으로 적당하지 않은 것은?

① 화려하고 큰 접시　　② 작은 접시
③ 조개껍데기　　　　　④ 보시기

해설 무침은 너무 화려하거나 큰 접시에 담으면 모양이 좋지 않다.

02 일식 무침의 특징으로 적당하지 않은 것은?

① 제공 직전에 무쳐 내야 한다.
② 재료에 따라서 가열하거나 밑간을 먼저 한 후에 무치는 경우가 있다.
③ 가열하여 무칠 경우 바로 무쳐서 사용한다.
④ 재료는 신선한 것을 사용한다.

해설 무침 시 가열하여 무칠 경우에는 재료를 충분히 식혀서 무친다.

03 갑오징어 명란 무침에 갑오징어 손질법으로 틀린 것은?

① 갑오징어는 살집이 두꺼워 얇게 채썬다.
② 속껍질과 겉껍질을 모두 벗겨야 부드럽다.
③ 청주에 살짝 데치는 것은 비린내 제거와 부드러움을 주기 위해서이다.
④ 90℃ 청주에 살짝 데친다.

해설 갑오징어는 50℃에 살짝 데쳐야 부드러움을 줄 수 있다.

Chapter 02	일식 무침 조리							
1	①	2	③	3	④			

CHAPTER 03 일식 국물 조리

01 국물 재료 준비

1. 국물 요리의 종류와 구성

(1) 국물 요리의 종류

국물 요리는 주재료와 부재료, 향미 재료 등으로 이루어지며, 그 종류는 다음과 같다.

종류	특징
맑은 국물 요리	• 일본 요리의 코스 요리인 회석 요리에 주로 사용된다. • 종류 : 조개맑은국, 도미맑은국 등
탁한 국물 요리	• 식사와 함께 제공된다. • 종류 : 일본된장을 이용한 된장국, 술지게미를 이용한 국물 등

(2) 국물 요리의 구성

종류	특징
주재료 (완다네)	• 어패류, 육류, 채소류 등을 사용한다. • 어패류를 가장 많이 사용하며, 그 종류는 도미(봄이 제철), 대합 (조개류 : 타우린 등의 감칠맛) 등이다.
부재료 (쯔마)	• 제철 채소류, 해조류 등을 주재료와 맛, 색, 질감 등이 어울리는 것으로 선택한다. • 맑은국에 어울리는 부재료 : 죽순, 두릅 등 • 된장국에 어울리는 부재료 : 미역 등

향 (스이구치)	• 향기를 더해 주는 것으로 주재료의 맛을 살리는 역할을 하며, 계절에 맞는 것을 사용한다. • 종류 : 유자, 산초, 시소, 와사비, 겨자, 생강, 깨, 고춧가루 등 • 맑은국 : 유자껍질, 레몬껍질 • 된장국 : 산초가루

02 국물 우려내기

1. 맛국물 재료의 종류와 특성

(1) 가쓰오부시(가다랑어포)

① 가다랑어(참치)를 손질하여 고열로 찐 다음 훈연하여 건조시켜 대팻밥처럼 깎아 놓은 것이다.

② 중앙 부분이 복숭아색을 띠는 것이 상품의 가다랑어포이고, 검은색은 피가 많이 섞여 있어 좋지 않다.

③ 하나가쓰오(花鰹節)는 얇게 썬 가다랑어포로, 모양이 꽃과 같다고 해서 붙여졌고, 이토카키(絲かき)는 실처럼 가늘게 깎은 것을 말한다.

④ 통가다랑어는 말린 상태가 좋고 무게감이 있어 두드렸을 때 맑은소리가 나며, 깎아 놓은 가다랑아포는 투명하고 빛깔이 밝은 것이 좋다.

⑤ 가다랑어포의 종류는 큰 가다랑어포[등 쪽을 오부시(雄節)라 하고, 메부시(雌節)는 배 쪽 부위를 말함]와 작은 가다랑어포(일반적으로 다시 국물 요리에 많이 사용하는데, 작은 가다랑어를 세장 뜨기 해서 손질하여 만든 것)가 있다.

⑥ 구입 후 바로 사용하는 것이 좋으며 통가다랑어인 경우는 냉장, 대패로 밀어 놓은 것은 냉동 보관한다.

⑦ 단백질이 분해되어 이노신산이라는 독특한 맛을 낸다.

(2) 다시마

① 산지

대부분 추운 곳에서 생산된다. 건조되면 검은색 또는 짙은 녹갈색으로 띠고, 두껍고 하얀 염분이 묻어 있는 것을 고른다. 일본은 90%가 차가운 해수의 홋카이도가 주요 산지이다. 다시마의 감칠맛 성분은 글루타민산이다.

② 다시마의 종류

참다시마[마곤부(眞昆布, まこんぶ)] 최상품, 리시리(지역명)[곤부(利尻昆布, りしりこんぶ)], 라우스(지역명)[곤부(羅臼昆布, らうすこんぶ)], 미쓰이시(지역명)[곤부(三石昆布, みついしこんぶ)], 하다카(지역명)[곤부(日高昆布, はたかこんぶ)]

2. 맛국물의 종류

다시마 다시	• 찬물에 다시마를 넣고 서서히 끓이는데, 물이 끓기 직전(90℃)에 건져(다시마를 오래 끓이면 국물이 끈적끈적해짐)내어 완성함
일번다시	• 찬물에 다시마를 넣고 서서히 끓이는데, 물이 끓기 직전(90℃)에 다시마를 건져 낸다. 물이 끓을 때 가쓰오부시를 넣고 불을 끈 후 10~15분 국물을 우려 준다. (너무 오래 두면 국물이 탁하고 맛이 떨어짐. 가다랑어포의 감칠맛은 끓는점 이하의 온도인 80℃ 전후에서 잘 우러나며 온도가 높아지면 잡냄새가 남) 면 보에 걸러서 가다랑어 국물을 완성함 • 최고의 맛과 향을 지닌 맛국물로 고급 요리에 사용 • 용도 : 맑은 국물 요리, 찜 요리 등에 사용
이번다시	• 일번다시를 뽑고 남은 가쓰오부시와 다시마를 넣고 약한 불에서 5분 정도 끓이고, 다시마를 건져 내고 새로운 가쓰오부시를 넣고 표면에 작은 기포가 생기면 불을 끈다. 맛이 들면 10분 정도 후에 면보에 거름 • 용도 : 조림 요리, 된장국 등에 사용
니보시 다시	• 니보시란 쪄서 말린 것을 말하며, 멸치나 새우 등 여러 가지 해산물을 이용하여 만듦 • 멸치의 머리는 그대로 두고 내장(쓴맛)만 제거하고, 물에 멸치와 다시마를 넣고 10시간 정도 상온에서 우린(처음부터 끓이지 않는 이유는 국물이 탁하지 않고 맑고 산뜻한 국물을 얻기 위해서임) 후 센불에서 끓이다가 끓기 직전에 다시마를 건져 내고 면포에 거름 • 용도 : 조림, 찜, 된장국 등에 사용

03 국물 요리 조리하기

맛국물을 이용하여 조리하며 향미 재료인 유자(유즈), 레몬, 산초(산쇼) 등을 첨가하여 완성한다.

01 다음 중 국물 요리에 대한 설명으로 옳지 않은 것은?

① 맑은 국물 요리의 향미 재료로 유자껍질이 많이 사용된다.
② 탁한 국물 요리는 회석 요리에 주로 사용된다.
③ 주재료로 어패류가 가장 많이 사용된다.
④ 부재료는 주재료와 맛, 색감, 질감 등이 어울리는 것으로 선택한다.

해설 맑은 국물 요리는 일본 요리의 코스 요리인 회석 요리에 주로 사용된다.

02 다시마에 대한 설명으로 바르지 않은 것은?

① 감칠맛 성분은 글루타민산이다.
② 온화한 곳에서 생산된다.
③ 두께는 두툼한 것이 좋다.
④ 하얀 염분 같은 것이 묻어 있는 것을 고른다.

해설 다시마는 대부분 추운 곳에서 생산되며, 일본은 해수가 차가운 홋카이도가 주요 산지이다.

03 일식 맛국물 조리에 대한 설명으로 옳지 않은 것은?

① 다시마 맛극물 조리 시 찬물에 넣고 끓기 직전에 다시마를 건진다.
② 다시마를 으래 끓이면 국물이 끈적끈적해진다.
③ 니보시다시는 말린 멸치, 새우 등 여러 가지 해산물을 이용하여 만든다.
④ 가다랑어 맛국물 조리 시 가쓰오부시를 넣고 1시간 이상 우려낸다.

해설 가다랑어 맛국물 조리 시 가쓰오부시를 넣고 10~15분 국물을 우려내는데, 너무 오래 두면 국물이 탁하고 맛이 떨어진다.

04 가쓰오부시(가다랑어포)의 감칠맛 성분은 무엇인가?

① 이노신산　　② 구연산
③ 글루탐산　　④ 타우린

해설 단백질이 분해되어 이노신산이라는 독특한 맛을 낸다.

Chapter 03 | 일식 국물 조리									
1	②	2	②	3	④	4	①		

01 조림 재료 준비

1. 조림(煮る, 니루) 조리의 특징

① 재료(생선, 어패류, 육류, 채소 등)와 국물을 함께 끓여 맛이 식품 속으로 스며들게 하는 조리법이다.

② 밥반찬이 되며, 식단(곤다테, こんだて)을 마무리 짓는 역할을 한다.

③ 야채 니모노(조림, 煮物)는 기본다시만 사용하여 야채를 조리는 담백한 요리이다.

> ※ 생선조림 시의 변화
> 육류에 비해 결체조직의 함량이 적어 조리 시간이 짧다. 근원섬유 단백질은 가열에 의해 살이 단단해지고 탈수에 의해 중량은 감소하며, 염에 녹는 성질에 용출, 액틴과 미오신이 결합하여 겔 구조를 형성하여 점성을 갖는다. 결합조직 단백질은 불용성인 콜라겐이 물속 가열에 의해 수축하였다가 계속 가열하면 팽윤하여 젤라틴으로 용해된다. 수용성 단백질이 습열 조리 시 용출되므로 육수나 국물을 뜨겁게 한 상태에서 넣어야 맛 성분과 수용성 단백질이 국물에 용출되지 않는다.
>
> ※ 조림에 많이 사용되는 도미 선별법
> 전체 색상과 눈의 빛깔이 선명하며 살이 많이 쪄서 살을 눌렀을 때 배 쪽이 단단하며 탄력이 있고, 지느러미를 눌렀을 때 위로 올라와야 한다. 자연산의 경우 몸통에 있는 붉은 띠가 선명하지만 양식은 거무스레한 빛깔을 띤다.

2. 조림의 종류

종류	조미료
미소니 (味噌煮)	등푸른생선(고등어, 전갱이 등)에 된장을 넣어 조리는 방법
니스게 (煮, つけ)	어패류에 정종과 설탕을 먼저 넣어 끓이면서 알코올을 제거시키고 난 후 양념을 넣어 조리는 방법
스니(酢煮)	등푸른생선에 식초를 소량 참가하여 조리는 방법
시라니 (白煮)	소금을 사용하며, 재료 본연의 맛과 색을 살리는 방법
아메니 (飴煮)	엿, 조청 등을 사용하여 재료를 달게 하여 윤기 나게 조림
우마니 (旨煮)	조금 달고, 진한 맛이 들도록 채소류를 조리는 방법
간로니 (甘露煮)	민물고기 조림
데리니 (照り煮)	도시락용으로 많이 사용되며, 다시국물이 없어질 때까지 윤기나고 진하게 조리는 방법
후쿠메니 (含め煮)	오랜 시간 다량의 다시물에 부드럽게 조리는 방법
이로니 (旨煮)	재료(머위, 완두콩, 가지 등)의 색이 변하지 않도록 조리하는 방법
시구레니 (時雨煮)	간장을 이용하여 재료(조개류, 참치, 소고기류 등)에 색과 맛을 내는 방법
아라니 (あら煮)	생선(도미 등)과 채소류에 간장을 이용하여 조리는 방법
야와라카니 (柔煮)	닭고기, 장어, 문어 등을 부드럽게 조림

니마메 (煮豆)	콩류를 부드럽고 윤기 나도록 약불로 장시간 조리는 방법
아게니(揚げ煮)	재료를 먼저 튀긴 후에 조리는 방법
이타메니 (炒め煮), 이리니 (炒煮)	재료를 먼저 기름에 볶아서 조리는 방법

02 조림 조리하기

1. 조림 시 조미료 넣는 방법

① 소금은 입자가 설탕보다 작아 스며들기 쉬어 처음부터 넣으면 재료가 단단해지고, 다른 조미료 들이 스며들기 어려우므로 술, 설탕 등을 먼저 넣어 재료를 부드럽게 해 준다.

② 식초, 간장, 된장은 너무 빨리 넣으면 풍미가 날아 갈 수 있지만, 식초는 근채류 등을 희게 하거나 냄새 제거를 위해서 빨리 넣어 사용하기도 한다.

2. 조림 시 불 조절

조림 조리 시 불의 세기는 처음에는 강하게 하고, 마지막 단계에는 약하게 낮춰 맛과 깊이를 조절한다. 감자류는 약 20분, 엽채류는 5분 이상, 곡류는 20분 이상, 근채류는 30분 이상, 콩류는 2시간 이상 소요된다.

4. 조림 요리의 도구

① 냄비류
    ㉠ 얇은 냄비는 끓는 시간이 일정하지 않아 재료가 탈 수 있다.
    ㉡ 동 냄비, 두꺼운 알루미늄 냄비, 법랑 냄비 등은 불의 닿는 부분이 안정적으로 조리 시간을 일정하게 유지시켜 준다.
    ㉢ 생선이나 부서지기 쉬운 재료는 넓적한 냄비가 적합하다.

② 뚜껑
    [오토시부타(落とし蓋)와 가미부타(紙蓋)] : 뚜껑보다 작아 냄비 안에 들어갈 수 있는 크기로 국물이 넘치는 것을 방지하고 재료에 맛과 열을 골고루 전달하여 건조와 주름을 막아준다.

03 조림 조리 완성하기

1. 조림 완성 및 담기

① 곁들임
    ㉠ 곁들임 채소로는 우엉, 당근, 표고버섯, 꽈리고추, 죽순, 두릅 등을 사용한다.
    ㉡ 생선조림에는 하리쇼가(하리는 바늘, 쇼가는 생강) : 생강을 바늘 굵기로 채썰어서 물에 씻어 매운맛을 빼고 요리에 곁들이면 냄새를 중화, 입가심 등의 역할을 한다.

② 담기
    ㉠ 곁들임 재료는 주로 세워서 모양내어 담는다.
    ㉡ 마지막에 조림 국물을 살짝 끼얹어 윤기를 더해 준다.

01 일식 조림 요리 중 단 조림에 사용되는 조미료가 아닌 것은?

① 맛술　　　　② 청주
③ 설탕　　　　④ 식초

해설 단 조림에는 맛술과 청주, 설탕이 사용된다.

02 일식 조림의 종류 중 등푸른생선에 된장을 넣어 조리하는 방법은?

① 미소니(味噌煮)　② 우마니(旨煮)
③ 스니(酢煮)　　　④ 시라니(白煮)

해설 • 우마니(旨煮) : 조금 달고, 진한 맛이 들도록 채소류를 조리는 방법
• 스니(酢煮) : 등푸른생선에 식초를 소량 참가하여 조리는 방법
• 시라니(白煮) : 소금을 사용하며, 재료 본연의 맛과 색을 살리는 방법

03 일식 조림 조리 시 주의 사항으로 바르지 않은 것은?

① 불의 세기는 강한 불에서 약한 불로 줄여서 조림한다.
② 양념을 할 때는 소금을 먼저 넣은 후 술, 설탕을 넣도록 한다.
③ 냄비로는 동 냄비, 두꺼운 알루미늄 냄비 등이 적당하다.
④ 생선조림의 곁들임으로 고운 생강채가 어울린다.

해설 소금은 입자가 설탕보다 작아 스며들기 쉬워 처음부터 넣으면 재료가 단단해지고 다른 조미료 들이 스며들기 어려우므로, 술과 설탕 등을 먼저 넣어 재료를 부드럽게 해 준다.

04 조림 요리에 사용하는 도구에 대한 설명으로 옳지 않은 것은?

① 오토시부타와 같은 냄비의 뚜껑보다 작은 것을 사용한다.
② 뚜껑의 크기는 냄비와 딱 맞는 것이 좋다.
③ 얇은 냄비는 재료가 탈 수 있다.
④ 생선살이나 부서지기 쉬운 것은 넓적한 냄비가 적당하다.

해설 조림 요리 시 오토시부타(落とし蓋)나 가미부타(紙蓋)와 같이 크기가 작아 냄비 안에 들어갈 수 있는 크기의 뚜껑을 사용하면 국물 넘침 방지, 고른 열 전달, 재료의 건조와 주름을 막을 수 있다.

Chapter 04	일식 조림 조리							
1	④	2	①	3	②	4	②	

CHAPTER 05 일식 면류 조리

01 재료 준비하기

1. 면류의 종류

① 메밀국수[蕎麦, そば(소바)] : 메밀가루가 주원료로, 일본 소바는 초밥, 튀김과 함께 대표적인 일본 요리이다.
② 우동(饂飩, うどん) : 밀가루 반죽을 넓게 펴서 썬 굵은 국수로, 대표적인 일본 요리 중 하나이다.
③ 라멘(ラーメン) : 중국의 국수 요리인 남멘을 기원으로 한 면 요리로 면과 국물, 그 위에 돼지고기, 파, 달걀 등을 올린 일본의 대중음식이다.
④ 소면(素麵) : 밀가루로 만든 국수이다.
　㉠ 납면(拉麵) : 반죽을 당기고 늘려서 만든다.
　㉡ 압면(押麵) : 반죽을 구멍이 뚫린 틀에 넣고 밀어 끓는 물에 넣어 끓여서 만든다.
　㉢ 절면(切麵) : 반죽을 밀대로 얇게 밀어서 칼로 썰어서 만든다.

2. 부재료의 종류

면류의 부재료로는 쑥갓, 팽이버섯, 당근, 오이, 표고버섯, 김, 죽순, 무, 와사비, 대파 채, 실파, 생강 등이 사용된다.

02 면 국물 조리하기

1. 맛국물 조리하기

Chapter 03 일식 국물 조리, 2. 맛국물의 종류 참고

2. 양념류

Chapter 01 일본 음식의 식생활 문화 및 기초 조리 실무, 일식 기본양념 준비 참고

03 면 조리하기

1. 종류에 따른 맛국물 준비

(1) 맛국물의 종류

찬 면류 맛국물	• 게밀국수의 맛국물 비율 : 다시 7 : 진간장(코이구치쇼유) 1 : 맛술 1 • 찬 우동 맛국물 비율 : 다시 6~5 : 진간장(코이구치쇼유) 1 : 맛술 1 • 용도 : 메밀국수, 찬우동, 소면 등
볶음류 맛국물	• 볶음류 맛국물 비율 : 간장 1 : 청주 1 : 맛술 1 : 물 2 • 용도 : 볶음 메밀국수, 볶음 우동소스 등

따뜻한 면류 맛국물	• 따뜻한 맛국물 비율 : 다시 14 : 진간장(코이구치쇼유)1 : 맛술 1(멸치, 가다랑어포, 고춧가루를 추가하여 진한 맛을 내기도 함) • 용도 : 우동, 메밀국수, 소면 등

※ 라멘(ラーメン)의 종류
- 돈코츠라멘 : 돼지뼈로 맛을 냄
- 미소라멘 : 된장으로 맛을 냄
- 시오라멘 : 소금으로 맛을 냄
- 쇼유라멘 : 간장으로 맛을 냄

2. 면 조리

(1) 생면류 면발 형성

① 면발에 대한 이해

  ㉠ 면대와 면발의 차이 : 반죽을 얇게 편 것을 면대라 하고, 면대를 썰어서 만든 면 가닥을 면발이라 한다.

  ㉡ 면발의 구분 : 수분 함량과 굵기에 따라 구분한다.

   • 수분 함량에 따른 구분 : 다가수 면발, 일반 면발, 반건조 면발, 건조 면발 등

   • 면발의 굵기에 따른 구분 : 세면, 소면, 중면, 중화면, 칼국수면, 우동면 등

세면	• 굵기가 가장 가는 면 • 중국이나 일본 등에서 사용
소면	• 세면보다 조금 굵은 면발 • 잔치국수나 비빔면 등에 사용 • 메밀면, 소면보다 조금 굵은 면발을 사용
중화면	• 소면보다 조금 굵은 면발 • 일본식 라면, 짜장면, 짬뽕 등에 사용 • 일본식 라면에는 상대적으로 더 가는 면발을 사용
중화면	• 짜장면, 짬뽕 등에는 상대적으로 더 굵은 면발을 사용 • 최근 가는 것을 선호하는 것으로 보임 • 수타로 뽑은 중화면은 굵기가 일정하지 않은 것이 특징임
칼국수면	• 중화면보다 조금 굵은 면발 • 닭, 고기 국물 : 넓으면서 두께는 얇은 면 • 해물, 팥칼국수 : 폭은 좁고 두께가 두꺼운 면
우동면	• 칼국수면보다 조금 굵은 면발 • 우동 등의 요리 재료로 사용함 • 우동 면발의 기준은 일본 사누끼 지방 것을 표준으로 여기는 경우가 일반적임

  ㉢ 면발의 규격

  PART 08 중식 조리, CHAPTER 07 중식 면 조리, ④ 면발의 규격 참고

3. 면 삶기

(1) 면 삶기의 고려 사항

① 면을 삶을 때

  ㉠ 면을 삶을 때 소금을 넣는 이유는 글루텐이 형성되어 점도와 끈기가 좋아지며, 삼투압을 이용하여 쫄깃하게 유지할 수 있기 때문이다.

  ㉡ 면을 삶을 때 얼음을 넣는 이유는 면의 바깥쪽 부분이 많이 익는 것을 방지하기 위해서이다.

  ㉢ 삶는 물을 충분히 잡아야 탄력과 맛을 유지할 수 있다.

② 면을 행굴 때

  ㉠ 삶은 면은 주무르면서 씻어 표면의 전분 성분을 제거한다.

© 찬물에 신속하게 씻어야 안쪽과 바깥쪽 면의 익힘 정도가 같아지며, 면의 호화를 방지할 수 있다.

© 탄력 있는 면발을 유지하기 위하여 얼음을 준비하여 노화작용을 일으켜 단단함을 유지시킨다.

(2) 면 삶기

우동	• 건 우동(사전에 익혀서 사용)은 익히는 시간이 걸려서 주로 냉동 우동면을 사용하며, 끓는 물에 데쳐서 사용함 • 물이 끓을 때 면을 넣고 젓가락으로 잘 풀어 주고, 바깥부분이 푹 익지 않게 중간에 젓가락으로 면을 위로 올려 고르게 익힘 • 찬물을 준비하여 2~3회 씻어 전분과 잡냄새를 제거함 • 보관할 때에는 찬물에 담가 보관하면 면의 탄력을 유지시킴
메밀국수	• 끓는 물에 소금을 넣고 면이 달라붙지 않도록 고르게 펴서 삶음 • 면의 탄력을 위해 얼음 또는 찬물을 준비하여 온도를 낮추는 동작을 3~4로 반복하여 삶아 냄 • 찬물에 신속히 2~3회 헹구어 면의 호화를 막고, 노화를 상승시켜 탄력을 유지시킴
소면	• 메밀국수 삶는 방법과 같으며, 면발이 가늘어 제품에 따라 차이는 있지만 2~3회 정도 거품이 올라오면 익으므로 주의하여 삶음
※ 소금과 면의 관계 • 글루텐에 대한 점탄성을 증가시킴 • 맛과 풍미를 향상시킴 • 삶는 시간을 단축시킴 • 보존성을 향상시킴	

4. 곁들임 준비

아케다마	• 밀가루(박력분) 1 : 물 5의 비율로 반죽하여 튀긴 후 기름을 제거하고 사용함 • 면류의 완성시간에 맞추어 제공함 • 국물이 있는 면류, 차가운 면류, 덮밥용에 이용함

시찌미	• 7가지 향신료[산초, 진피(귤껍질), 고춧가루, 삼씨(마자유), 파란 김(青海苔), 검은깨, 생강]를 배합하여 혼합함 • 최근에는 지역의 특징이나 개개인의 식성에 맞춰 다양한 배합 비율로 만듦 • 면류에 넣어 제공하는 것은 피하고 고객의 취향에 따라 따로 제공함

04 면 담기

1. 면 조리 완성

찬 면류와 따뜻한 면류, 볶음면류에 맞는 부재료와 맛국물, 곁들임 양념을 준비한다.

2. 면 조리 도구 종류 및 용도

① 냄비
  ㉠ 알루미늄 냄비 : 가볍고 취급이 쉬우며, 열전도가 빠르지만 고온에 약하여 장시간 사용 시 구멍이 나기 쉽다.
  ㉡ 붉은 구리 냄비 : 붉은 냄비 또는 구리 냄비라고 하며, 열전달이 균일하고 열전도율이 좋다. 녹청이 발생하므로 관리가 필요하고(취급이 불편하여 수요가 적음) 무거우며, 가격이 비싸다.
  ㉢ 요철 냄비 : 일반 냄비보다 열흡수율이 높고 붉은 구리와 알루미늄 합금을 쇠망치로 성형한 것으로 요철로 재료가 늘러 붙는 것을 방지해주고, 많이 사용된다. 손잡이가 없어 수납할 때 포개어 놓을 수 있고 씻을 때 편리하다.

01 일본라멘 종류로 연결이 옳지 않은 것은?

① 쇼유라멘 : 굴소스로 맛을 냄

② 돈코츠라멘 : 돼지뼈로 맛을 냄

③ 미소라멘 : 된장으로 맛을 냄

④ 시오라멘 : 소금으로 맛을 냄

해설 쇼유라멘 : 간장으로 맛을 낸다.

02 면발의 굵기에 따른 다음 설명에 해당하는 면은?

- 세면보다 조금 굵은 면발
- 잔치국수나 비빔면 등에 사용

① 소면 ② 칼국수면

③ 중화면 ④ 우동면

해설
- 세면은 굵기가 가장 가는 면, 중화면은 소면보다 조금 굵은 면, 칼국수 면은 중화면보다 조금 굵은 면발, 우동면은 칼국수보다 조금 굵은 면발이다.
- 소면은 세면보다 조금 굵은 면발로 잔치국수나 비빔면 등에 사용한다.

03 소금과 면의 관계로 바르지 않은 것은?

① 맛과 풍미를 향상시킨다.

② 삶는 시간을 단축시켜 준다.

③ 보존성을 향상시켜 준다.

④ 간을 맞출 뿐 면의 탄력과는 관계가 없다.

해설 소금은 글루텐에 대한 점탄성을 증가시킨다.

04 면 요리의 고명에 대한 설명으로 틀린 것은?

① 아게다마는 국물이 있는 면류, 차가운 면류, 덮밥용에 사용된다.

② 꽃 가다랑어포의 선도를 확인하고 사용한다.

③ 시찌미는 면류에 제공 시 모두 뿌려서 나간다.

④ 튀김류를 얹을 때는 튀김과 면류의 조리가 동일하게 이루어지도록 한다.

해설 시찌미 : 면류에 넣어 제공하는 것은 피하고, 고객의 취향에 따라 따로 제공한다.

05 면 삶기에 대한 설명으로 바르지 않은 것은?

① 끓는 물에 소금을 넣으면 글루텐이 형성되어 점도가 좋아진다.

② 삶은 면은 가볍게 헹구어 사용한다.

③ 찬물에 신속히 헹구어 면의 호화를 막고 노화를 상승시킨다.

④ 면을 삶을 때 얼음이나 찬물을 넣으면 면의 바깥쪽 부분이 많이 익는 것을 방지할 수 있다.

해설 삶은 면은 주무르면서 씻어 표면의 전분과 잡내를 제거한다.

Chapter 05	일식 면류 조리								
1	①	2	①	3	④	4	③	5	②

01 밥 짓기

1. 쌀 씻고 불리기

(1) 쌀의 특징

① 태국과 필리핀 등지의 동남아시아에서 생산되는 인디카쌀과 한국, 일본 등에서 생산되는 자포니카쌀로 나눈다.

② 멥쌀은 아밀로오스 20%, 아밀로펙틴 80%로 구성되어 있고 밥을 지었을 때 끈기가 있고 주식으로 사용한다.

③ 찹쌀은 아밀로펙틴 100%로 구성되어 있고, 점성이 매우 강하다.

(2) 쌀 씻기와 불리기

저울을 이용하여 쌀을 계량하고, 찬물을 부어 두 손으로 쌀이 부서지지 않도록 힘을 주어 비벼준다. 따뜻한 물은 쌀이 쉽게 불어 부서질 수 있으니 주의하며, 찬물을 부어 주면서 헹구는 과정을 맑은 물이 나올 때까지 반복한다. 씻은 쌀은 체에 밭쳐 내부까지 수분이 들어갈 수 있도록 하는데, 더운 여름에는 30분, 봄과 가을에는 45분, 겨울에는 1시간 정도 불린다.

2. 조리법에 따른 물 조절과 밥 짓기

(1) 밥물 조절

종류		물의 양 (중량)	비고
밥		1.2배	–
죽	오카유(粥, おかゆ) : 오래 끓여 부드럽게 먹는 죽	10배	쌀을 씻어 물 (또는 다시)을 붓고 끓임
	조우스이(雑炊, ぞうすい) : 짧은 시간에 끓여 간편하게 먹는 죽	2배	밥을 씻어 물 (또는 다시)을 붓고 끓임

(2) 밥 짓기

① 물 조절을 한 쌀을 강한 불로 가열하는데, 비등(액체가 끓어오름)까지 10분 정도 시간이 걸릴 수 있도록 불 세기를 조절한다.

② 끓으면 불을 줄여 끓는 상태가(호화가 활발하게 진행) 15분 정도 유지될 수 있도록 한다.

③ 불을 끄고 잔열로 뜸을 들이며, 10분 정도 유지한다.

02 (녹차) 밥 조리하기

1. 맛국물 내기

(1) 차 밥[오챠즈케(おちゃずけ, お茶漬け, 녹차 밥)

① 차 밥의 용어설명

밥에 녹차 우린 물을 넣어 만든 요리이다. 차 밥에 추가로 사용되는 재료에 따라 "OO 오챠즈케"라고 하는데, 매실장아찌를 사용하면 우메챠즈케, 연어구이를 올린 사케챠즈케 등으로 부른다.

(2) 맛국물 내기

종류	특징
녹차만을 사용	• 녹차 자체의 맛이 진하고 향이 강해야 하므로, 세작(가장 어린 잎)을 이용함 • 고객에게 제공 직전에 뜨거운 물을 사용(80~90℃)하여 뽑음 • 녹차를 낮은 온도(5~10℃)에서 우리면 높은 온도에서 우린 녹차보다 구수한 맛이 적고 오래 지나도 떫은맛이 없지만, 높은 온도에서 우린 녹차는 10분 정도 경과하게 되면 떫은맛이 강해짐
가쓰오부시만을 사용	• 다시마와 가쓰오부시를 사용하여 일번다시를 만들고, 소금 · 우수구치(색이 엷고 짠맛이 강한 간장) · 맛술로 마실 수 있는 정도로 세지 않게 간을 함
녹차와 가쓰오부시 모두를 사용	• 가쓰오부시 맛국물을 만들고, 고객에게 제공 직전에 녹차를 넣고 우려 맛국물을 만듦

(3) 녹차의 구분

① 채취 시기에 따른 분류

명칭	특징
우전	이른 봄에 채취한 것
곡우	우전을 채취 후 입하 전까지 채취한 것
입하 차	입하 이후부터 초여름 사이에 채취한 것
하차	한 여름에 채취한 것
추차	가을에 채취한 것

② 잎의 크기에 따른 분류

종류	특징	
세작	가장 어린잎	대부분 우전과 곡우
중작	세작보다 큰 잎	곡우와 입하차
대작	가장 큰 잎	하차와 추차

2. 기물과 고명의 선택

(1) 기물

① 녹차 밥의 기물은 국물을 충분히 담을 수 있도록 깊이가 어느 정도 있고 덮개가 있으며, 아래쪽은 좁고 위쪽은 넓은 형태를 선택한다.

② 녹차 밥은 뜨겁게 제공되는 요리로 식지 않도록 뜨거운 기물을 준비한다.

(2) 고명

차 밥에는 매실장아찌와 연어를 고명으로 많이 사용하고, 그 외에 생와사비, 김 가는 채, 실파, 참깨 등을 사용한다.

3. 녹차 밥 완성하기

(1) 매실장아찌를 올린 녹차 밥

그릇에 뜨거운 밥을 담고 다진 매실장아찌를 올린 다음 맛국물을 선택하여 붓고 실파, 참깨, 김을 올리고, 와사비는 그릇의 덮개나 별도의 그릇 또는 그릇의 한쪽 부분에 붙여 제공한다.

(2) 연어를 올린 녹차 밥

뜨거운 밥을 담고 그 위에 구은 연어를 올린 다음 맛국물을 선택하여 붓고 실파, 참깨, 김을 올리고 와사비는 그릇의 덮개나 별도의 그릇 또는 그릇의 한쪽 부분에 붙여 제공한다.

(3) 녹차 밥 완성 시 주의 사항

고명이 잠기지 않도록 밥을 그릇에 담을 때 가운데가 솟아나도록 담아야 맛국물을 충분히 부을 수 있고, 서빙하는 과정에서 고명이 흐트러지는 것을 방지할 수 있다.

03 덮밥류 조리하기

1. 덮밥용 맛국물과 양념간장 만들기

(1) 덮밥(丼物, どんぶりもの, 돈부리모노)의 특징

① 덮밥을 돈부리모노라고 하며, 줄여서 돈부리라고 한다.

② 돈부리는 사발 형태의 깊이가 있는 식기를 가리키는 말로, 여기에 밥과 반찬이 되는 요리를 함께 담아 제공하는 요리이다.

(2) 덮밥의 종류

종류	특징
텐동(天丼)	튀김류를 올림
카츠동(カツ丼)	돈까스를 올림
부타동(豚丼)	돼지고기구이를 올림
우나동(鰻丼)	장어구이를 올림
텟카동(鉄火丼)	참치 회를 올림
카이센동(海鮮丼)	여러 가지 회를 올림
오야코동(親子丼)	닭과 달걀조림을 올림

(3) 덮밥용 맛국물 만들기

① 일번다시 : 찬물에 다시마를 넣고 약한 불에 올려 끓기까지 10분간 지속되도록 한 후 다시가 끓으려고 하면 건져 내고, 가쓰오부시를 넣은 후 불에서 내려 일번다시를 만든다.

② 다시 : 간장 : 맛술 : 청주 : 설탕=6 : 1 : 1 : 0.5 : 0.5 비율로 섞어 맛국물을 만든다.

(4) 덮밥에 쓰이는 고명의 특징과 종류

① 고명의 특징

식재료가 가지고 있는 맛, 향, 색을 보완하기 위해 사용한다.

② 고명의 종류

생선회를 올린 덮밥	• 비린맛 제거와 매콤함을 주기 위해 사용 • 고추냉이, 양파, 무순, 실파, 김(감칠맛) 등
구워서 올린 덮밥	• 향과 매운맛을 주기 위해 초피, 실파, 대파 등을 사용

튀겨서 올린 덮밥	• 주로 색감을 주는 고명을 사용
맛국물을 사용하여 익힌 재료를 올린 덮밥	• 향을 주기 위해 쑥갓, 실파, 김(감칠맛) 등을 사용

(5) 덮밥에 쓰이는 냄비(丼鍋, どんぶりなべ, 돈부리나베)

작은 프라이팬 모양으로 손잡이가 직각으로 되어 있으며, 맛국물이 너무 졸여지는 것을 방지하기 위해 뚜껑이 있고 밥에 올리는 과정에서 편하게 하기 위해 턱이 낮고 가볍다.

04 죽류 조리하기

1. 죽의 종류

죽[오카유(お粥)]은 쌀이나 팥 등의 곡물에 물을 충분히 넣고 부드럽게 끓인 것으로 쌀 뿐만 아니라 밥으로도 가능하다.

종류	특징
시라카유(白粥)	흰쌀로만 만든 것
료쿠도우카유 (綠豆粥)	녹두로 만든 것
아즈키카유(小豆粥)	팥으로 만든 것
이모카유(芋粥)	감자나 고구마를 넣어 만든 것
챠카유(茶粥) 등	차를 넣어 만든 것
조우스이(雜炊)	복어, 샤브샤브 등 냄비나 전골을 먹고 난 후 맛국물에 밥을 넣어 끓여 부드럽게 만든 죽 또는 맛국물에 밥과 재료를 넣어 따로 만들기도 함

2. 죽의 조리

(1) 쌀을 사용하여 죽[오카유(お粥)]을 조리한다.

① 쌀의 10배 정도 물을 넣고 강불에서 끓인다. (오카유는 처음에 강불에 끓이지 않으면 대류가 일어나지 않아 쌀이 바닥에 붙어 탈 수 있으므로 주의해야 함)

② 끓을 때까지 바닥을 주걱으로 저어 주고, 끓으면 불을 약하게 줄여 1시간 정도 유지하고 끓이면 오카유가 되는데 소금으로 약하게 간을 한다.

(2) 밥과 전복을 사용하여 조우스이(雜炊)를 조리한다.

① 밥 양 2~3배 정도의 맛국물을 넣고 강불에서 끓이면서 채썬 전복을 넣고 씻어 놓은 밥(밥을 찬물에 씻어 체에 밭쳐둠)을 넣어 농도가 나오게 끓인다.

② 우수구치(국간장)와 맛술로 감칠맛을 주고 풀어 놓은 달걀을 넣고 불을 끈다. 그릇에 죽을 담고 실파와 김, 그리고 물에 갠 고추냉이를 조금 넣어 준다.

01 녹차의 채취 시기에 따른 명칭 중 이른 봄에 채취한 것은?

① 우전   ② 곡우

③ 하차   ④ 추차

해설 우전 : 녹차를 이른 봄에 채취한 것을 말한다.

02 덮밥(丼物, どんぶりもの, 돈부리모노)의 종류 중 튀김류를 올린 것은?

① 규동(牛丼)

② 카츠동(カツ丼)

③ 덴동(天丼)

④ 부타동(豚丼)

해설 규동은 소고기조림, 카츠동은 돈까스, 부타동은 돼지고기구이를 올린 것을 말한다.

03 샤브샤브나 복어 냄비 등을 먹고 난 후 생긴 맛국물에 밥을 넣고 만든 죽의 명칭은?

① 시라카유(白粥)

② 아즈키카유(小豆粥)

③ 조우스이(雑炊)

④ 이모카유(芋粥)

해설 시라카유는 흰쌀, 아즈키카유는 팥, 이모카유는 감자나 고구마를 사용한다.

04 죽[오카유(お粥)]의 조리법으로 바르지 않은 것은?

① 쌀의 10배 정도의 물을 붓고 끓인다.

② 처음에는 약불로 죽을 끓인다.

③ 간은 소금으로 약하게 한다.

④ 쌀이나 팥 등의 곡물에 물을 충분히 넣고 부드럽게 끓인 것을 말한다.

해설 오카유는 처음에 강불에 끓이지 않으면 대류가 일어나지 않아 쌀이 바닥에 붙어 탈 수 있으므로 주의한다.

Chapter 06	일식 밥류 조리							
1	①	2	③	3	③	4	②	

CHAPTER 07 일식 초회 조리

01 초회 조리 개요

1. 일본 초회 조리

(1) 일본 초회 조리의 특징

① 맛이 담백하고 적당한 산미가 있어 식욕 증진, 입안을 개운하게 한다.

② 미역, 오이, 어패류에 새콤달콤한 혼합초를 곁들여 내는 요리로, 여름철 음식으로 적당하다.

③ 날것을 그대로 사용할 때는 재료의 신선도가 중요하다.

④ 짙은 조림이나 튀김 요리 뒤에 배합하면 쾌감을 줄 수 있다.

(2) 초회의 종류

문어초회, 해삼초회, 모듬초회, 도미껍질 초회 등이 있다.

02 초회 조리하기

1. 식재료 손질 및 조리하기

문어	• 밀가루와 소금을 한줌 넣어 문질러 끈적끈적한 점액질과 빨판에 해감을 씻어냄 • 무와 청주, 소금을 넣고 끓으면 문어를 삶아 물기를 제거하고 파도썰기(사사나미쓰쿠리)함
해삼	• 양끝을 잘라 내고 배를 갈라 내장을 제거한 후 소금을 뿌려 문질러 씻어 찬물로 헹구고, 이물질과 점액을 씻어 적당한 크기로 썰기
새조개	• 진한 소금물에 새조개를 해감을 충분히 토하게 한 후 엷은 소금물에 깨끗이 씻어 끓는 물에 데쳐서 차게 식힘
새우	• 꼬리와 몸통 부분을 작은 꼬치로 고정시켜 삶아 꼬치를 빼고 껍질을 벗겨 반으로 가름
도미	• 도미는 손질하여 3장 뜨기 한 후 껍질을 벗겨 살은 얇게 썰고 껍질은 여분의 살이 없게 칼로 밀어 내고 끓는 물에 소금, 청주를 넣고 껍질을 데쳐 식혀 물기를 제거함
오이	• 자바라규리(뱀의 모양)를 만들어 소금에 절여 두었다가 적당한 크기로 썰음
미역	• 물에 소금을 넣고 데쳐서 헹구어 물기를 짜고 김발에 넓은 것부터 놓고 돌돌 말아 물기를 빼고 적당한 크기로 자름

2. 혼합초 재료 준비하기

① 찬물에 다시마를 넣고 끓으면 다시마는 건져 내고, 가쓰오부시를 넣고 불을 끈 후 5분 후에 면 보자기에 맑게 걸러낸 것을 사용한다.

② 재료를 한데 섞어 끓여서 식혀 밀폐 용기에 담아 냉장고에 보관하고 사용한다.

3. 곁들임 양념[やくみ(薬味), 야쿠미] 만들기

야쿠미(양념)는 요리에 첨가하는 향신료나 양념을 말하며 좋은 맛과 향기를 내어 식욕을 증진시키는 역할을 한다.

빨간 무즙 (아카오로시, 모미지오로시)	• 무를 강판에 갈아서 매운맛을 씻어 내고 물기를 짠 후 고운 고춧가루로 아카오로시(빨간 무즙)를 무친다. 마치 붉은 단풍을 물들인 것처럼 적색을 띠므로 모미지(단풍)라고도 함
파	• 실파는 송송 썰어 찬물에 담가 매운맛을 빼고 물기를 뺌 • 대파는 중앙에 심을 빼고 가늘게 채 썰어 찬물에 담가 매운맛을 빼고 사용함
레몬	• 반달 모양으로 자름

03 초회 완성하기

1. 초회 그릇 준비 및 담기

작고 깊이가 있는 그릇에 주재료와 부재료, 야쿠미를 곁들이고 차가운 소스를 끼얹어낸다.

01 초회 조리에 대한 설명으로 바르지 않은 것은?

① 적당한 산미가 있어 식욕을 증진시킨다.
② 짙은 조림이나 튀김 요리 뒤에 배합하면 쾌감을 줄 수 있다.
③ 겨울철에 어울리는 음식이다
④ 날것을 그대로 사용 할 때는 신선도가 중요하다.

해설 초회
새콤달콤한 혼합초를 재료에 곁들여 내는 요리로, 여름철 음식으로 적당하다.

02 초회 재료 손질에 대한 설명으로 바르지 않은 것은?

① 문어는 삶아서 씹힘성 있게 도톰하게 썬다.
② 오이는 자바라규리를 만들어 사용한다.
③ 조개류는 해감을 충분히 시키고 사용한다.
④ 미역은 건미역, 생미역 모두 사용 가능하다.

해설 문어는 빨판을 살리면서 칼을 어슷하게 넣어 파도 타듯이 얇게 포(사사나미쓰쿠리)를 떠서 부드럽게 먹을 수 있게 준비한다.

03 초회 야쿠미에 대한 설명으로 바르지 않은 것은?

① 모미지 오로시는 붉은 단풍을 물들인 것 같다고 해서 붙여졌다.
② 무즙은 갈아서 국물만 짜고 바로 사용한다.
③ 종류로는 파, 레몬, 아카오로시 등이 있다.
④ 맛과 향기를 내어 식욕을 증진시킨다.

해설 야쿠미로 사용하는 빨간 무즙(아카오로시)은 무를 강판에 갈아서 매운맛을 씻어 내고 물기를 짠 후 고운 고춧가루로 무쳐서 사용한다.

05 초회에 주로 사용하는 재료 중 바다의 인삼으로 불리는 재료는?

① 새조개   ② 해삼
③ 문어   ④ 새우

해설 해삼은 단백질과 무기질이 풍부하여 바다의 인삼으로 불린다.

04 초회에 사용되는 조미료가 아닌 것은?

① 식초   ② 간장
③ 설탕   ④ 후춧가루

해설 초회에 사용되는 조미료 : 간장, 식초, 설탕 등

Chapter 07	일식 초회 조리								
1	③	2	①	3	②	4	④	5	②

CHAPTER 08 일식 찜 조리

01 찜 재료 준비

1. 찜 요리의 특징

① 따뜻한 요리로 제공되지만, 여름에는 식혀서 (식어도 딱딱하게 변하지 않는 특징) 시원한 맛으로 제공하기도 한다.

② 재료의 수분을 잃지 않고, 모양이 흐트러지지 않는다.

③ 재료가 부드러워지고 성분 손실이 적으며, 맛을 유지하는 데 좋지만 때로는 직접 가열하는 조리법에 비하여 가열 시간이 길어 맛과 지방 성분이 유출하는 경우가 있다.

④ 식품 전체에 간이 베게 하는 것이 불가능하다는 단점이 있다.

2. 찜의 종류

① 조미료에 따른 분류

사카무시 (술찜)	도미, 대합, 닭고기 등에 소금을 뿌린 뒤 술을 부어 찐 요리로 폰즈(ポ ン酢)가 어울림
미소무시 (된장찜)	된장을 이용해서 냄새 제거, 향기, 풍미를 살린 찜으로, 빠른 시간 내에 쪄야함

② 재료에 따른 분류

가부라무시(무청찜)	무청을 강판에 갈아 재료를 올려서 찐 요리로, 매운맛이 적고 싱싱한 것으로 풍미가 달아나지 않게 빨리 쪄 냄
신주무시(신주찜)	재료 속에 메밀을 넣고 표면을 감싸서 찐 요리
조요무시	산마를 갈아서 주재료에 감싸서 찐 요리
도묘지무시	찐 찹쌀을 물에 불려서 재료에 올려 찐 요리

③ 형태에 따른 분류

도빙무시	찜 주전자에 송이버섯, 닭고기 등 재료를 넣고 다시 국물을 넣어 찐 요리
야와라카무시	문어, 닭고기 재료를 아주 부드럽게 찐 요리
호네무시	다시 물에 생선 감칠맛(뼈까지 충분히)이 우러나오게 해야 하고, 강한 불에 찐 요리로 치리무시(ちり蒸し)라고도 함
사쿠라무시	불린 찹쌀을 벚꽃 나뭇잎으로 말아서 다른 재료와 함께 찐 요리

3. 찜 재료 손질하기

달걀 및 달걀두부 찜	• 달걀을 잘 풀어서 체에 내려 알끈과 불순물 제거

대합술찜	• 3%의 바닷물 농도에 대합을 해감시켜 깨끗한 물로 씻고 껍데기의 불순물 제거 • 대합 두개를 부딪쳐 돌소리가 나면 살아 있고, 둔탁한 소리가 나면 죽은 것임
도미술찜	• 비늘을 벗겨 내장을 분리하고 피를 제거한 후 포를 뜨고, 머리를 반으로 갈라 소금을 뿌려 10분 이상 둔 후 거름망과 국자를 이용해 살짝 데쳐 찬물에 헹궈 불순물을 제거함

※ 데쳐내기[시모후리(しもふり)]
전처리법의 하나로 재료를 데쳐 재빨리 냉수에 담가 씻는 것으로, 어류나 육류 등에 끓는 물을 부어 표면이 하얗게 될 정도로 만들거나 끓는 물에 살짝 데쳐 표면에 서리가 내린 것처럼 하얗게 만드는 방법이다. 가열 후 바로 찬물에 담가 차갑게 식혀 점액질, 비늘, 냄새, 지방, 여분의 수분 등을 제거하고 표면을 응고시켜 본연의 맛을 살리는 데 목적이 있다.

5. 양념 재료 준비

폰즈	• 짠 즙(감귤류) 1, 간장 1 그리고 용도에 따라 다시 물을 약간 섞는 경우도 있음
아쿠미	• 야쿠미는 요리에 첨가하는 향신료나 양념을 말함 • 향기, 식욕을 증진시키는 역할 • 무즙, 생강즙, 실파, 레몬 등

02 찜 소스 조리하기

1. 맛국물 조리

(1) 다시마다시, 일번다시, 이번다시 맛국물 준비

Chapter 03 일식 국물 조리, 02-2. 맛국물의 종류 참고

(2) 생선뼈 다시 맛국물 준비

① 생선의 머리, 뼈를 적당한 크기로 잘라 소금(단백질이 응고되어 불순물이 잘빠져 나옴)에 잠시 재웠다가 끓는 물에 살짝 데쳐 낸 후 찬물에 헹구어 비늘과 불순물을 제거한다.

② 냄비에 찬물, 다시마, 생선뼈를 넣고 중불에서 끓이다가 끓기 직전 다시마는 건지고 거품을 제거하며, 불 조절을 하여 30분 정도 끓여 준 후 면포에 맑게 거른다.

03 찜 조리하기

1. 찜통 사용의 주의 사항

① 찜통 속에 물량을 80% 정도 유지하고 불을 올린다.

② 재료는 찜통의 증기가 올라온 후 넣는다.

③ 뚜껑을 덮을 때 면 보를 덮어 물방울이 재료에 수직으로 떨어지는 것을 방지한다.

④ 찜통 뚜껑은 몸 앞쪽으로 들어 수증기가 몸 반대쪽으로 나가게 한다.

⑤ 2~3단의 경우 단의 위치를 바꿔 줘야 찜 요리가 균일하게 익는다.

⑥ 물을 보충할 할 때는 뜨거운 물을 붓는다.

2. 재료에 따른 찜 시간 조절방법

흰살생선	생으로 먹을 수도 있으므로 살짝 데치는 정도로만 95% 정도 익히기
등푸른 생선	특유의 냄새와 지방이 많아 완전히 익히기
육류	소고기, 오리고기처럼 붉은색은 중심부가 약간 붉은빛이 도는 80%로 익히고, 닭고기나 돼지고기처럼 흰색은 완전히 익히기
조개류	익힐수록 단단해지므로 대합, 중합은 입을 딱 벌리면 완성된 것으로 봄
패소류	살짝 익혀 색과 씹히는 맛을 살림

- 생선, 닭고기, 찹쌀 : 날것일 때 단단한 재료가 쪘을 때 부드러워지는 것은 강한 불로 찌기
- 달걀, 두부, 산마, 생선살 : 부드러웠던 것은 찌면 딱딱해지는데 이런 재료는 약한 불로 찌기
- 청주는 끓여서 알코올을 날리고 사용하여야 음식에서 술 냄새가 약해짐

3. 찜의 조리

(1) 요리별 시간 조절

달걀찜	• 냄비에 중탕하거나 찜통에 중불로 12분 정도 찌기
달걀 두부찜	• 찜통에 중불로 12분 정도 찌기 • 나가시캉(스테인리스 굳힘틀)은 금속성으로 열을 잘 흡수하는데, 달걀이 끓을 때 나가시캉 주위에 신문지를 두툼하게 물에 적셔서 붙이면 열이 일정하게 전달되어 기포가 발생하지 않으며, 또 바닥에 김발이나 대나무젓가락을 깔면 금속과 금속 사이를 떨어뜨려 일정한 열이 전달됨
대합술찜	• 중탕하여 강불로 15분 정도 찌기
도미술찜	• 중탕하여 강불로 15분 정도 찌기

※ 굳힘틀(나가시캉)
스테인리스 재질로 된 사각형 상자인데, 이중으로 되어 있어 안쪽 상자를 들어 올리면 속의 재료를 꺼낼 수 있다.

04 찜 완성하기와 담기

열전도율이 높고 열효율성, 보온성 좋은 것을 택한다. 곁들임을 첨가하여 완성한다.

출제예상문제

01 찜 요리의 특징으로 옳지 않은 것은?
① 재료의 수분을 잃지 않는다.
② 모양이 흐트러지지 않는다.
③ 식히면 딱딱해져서 여름에 제공하기 어렵다.
④ 재료가 부드럽고, 성분 손실이 적다.

해설 찜은 식어도 딱딱하게 변하지 않는 특징이 있어 식혀서 여름에 제공하기도 한다.

02 재료에 따른 찜 시간 조정 방법으로 옳지 않은 것은?

① 흰살생선은 95% 정도 익힌다.
② 소고기, 오리고기는 100% 익힌다.
③ 대합, 중합은 입을 딱 벌리면 완성된 것으로 본다.
④ 생선, 닭고기, 찹쌀은 강불로 찐다.

해설 붉은색 육류는 중심부가 약간 붉은 빛이 도는 80%로 익힌다.

03 다음 중 찜의 조리법에 대한 설명으로 틀린 것은?

① 미소무시(된장찜) : 된장을 이용해서 냄새 제거, 향기, 풍미를 살린 찜
② 사카무시(술찜) : 도미, 대합, 닭고기 등에 소금을 뿌린 뒤 술을 부어 찐 요리로 폰즈(ポン酢)가 어울림
③ 가브라무시(무청찜) : 무청을 강판에 갈아 재료를 올려서 찐 요리
④ 신주무시(신주찜) : 산마를 갈아서 주재료에 감싸서 찐 요리

해설 • 신주무시(신주찜) : 재료 속에 메밀을 넣고 표면을 감싸서 찐 요리
• 조요무시 : 산마를 갈아서 주재료에 감싸서 찐 요리

04 초회 요리에 사용되는 곁들임 재료로, 향신료나 양념을 무엇이라 하는가?

① 야쿠미   ② 폰즈
③ 곤부다시   ④ 쇼유

해설 야쿠미는 요리에 첨가하는 향신료나 양념을 말하며, 무즙 · 생강즙 · 실파 · 레몬 등이 있다.

05 데쳐내기[시모후리(しもふり)]에 대한 설명으로 바르지 않은 것은?

① 살짝 데쳐서 차갑게 식힌다.
② 비늘, 냄새, 지방, 여분의 수분 등을 제거하는 데 목적이 있다.
③ 어류에만 사용하는 방법이다.
④ 표면을 응고시켜 본연의 맛을 살리는 데 있다.

해설 데쳐내기[시모후리(しもふり)]
전처리법의 하나로 재료를 데쳐 재빨리 냉수에 담가 씻는 것으로, 어류나 육류 등에 끓는 물을 부어 표면이 하얗게 될 정도로 만들거나 끓는 물에 살짝 데쳐 표면에 서리가 내린 것처럼 하얗게 만드는 방법이다. 가열 후 바로 찬물에 담가 차갑게 식혀 점액질, 비늘, 냄새, 지방, 여분의 수분 등을 제거하고, 표면을 응고시켜 본연의 맛을 살리는 데 있다.

Chapter 08 | 일식 찜 조리									
1	③	2	②	3	④	4	①	5	③

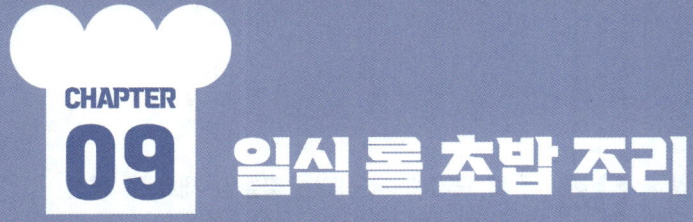

01 롤 초밥 재료 준비

1. 초밥용 밥 준비

(1) 초밥용 쌀의 특성

초밥용 쌀 품종	• 초밥에 적합한 품종으로 고시히카리계와 사사니시키계가 일반적으로 사용 • 고시히카리 품종이 전분의 구조가 단단하고 끈기와 풍미가 더 있고, 수분의 흡수성이 좋아 주로 많이 이용됨
초밥용 쌀의 조건	• 밥을 지었을 때 맛과 향기가 있는 것 • 적당한 탄력과 끈기가 있는 것 • 밥에 배합초를 섞어야 하므로 평상시보다 약간 되게 지을 것 • 수분의 흡수성이 좋아야할 것 (배합초를 잘 흡수할 수 있어야 함)
초밥용 쌀의 선택 및 보관법	• 햅쌀보다는 묵은쌀이 좋음(햅쌀은 전분이 굳어지지 않고 남아 있어 배합초를 뿌렸을 때 흡수율이 낮고 겉의 수분으로 인해 밥이 질퍽해짐) • 현미 상태로 서늘한 곳이나 약 12℃ 정도의 온도로 냉장 보관하고, 사용 직전에 도정을 하여 사용하는 것이 좋음

(2) 초밥용 밥 짓기

쌀 계량	1인분의 쌀은 100g 정도로 밥 양은 230g 정도가 됨
쌀 씻기	잡맛이 스며들지 않게 하기 위해 첫 물은 재빨리 씻는 것이 중요하고, 깨끗한 물이 될 때까지 씻은 후 체에 밭쳐 물기를 제거하고 랩을 덮어 냉장고에서 30분 정도 건조시킴
물 조절하기	씻어 건조한 쌀 1kg에 물 1.1L
밥 짓기	처음 강한 불에서 끓이기 시작하여 호화 온도에 도달하면 약한 불로 줄여 20분 정도 은근히 불 조절을 하고, 수분이 없어지면 불을 끄고 15분 정도 뜸을 들인 다음 내리기 전 불을 3초 정도 강하게 가열하여 풍미를 주어 완성함

2. 용도별 초밥 재료 준비

박고지	뜨거운 물에 씻어 불린 후 간장, 설탕, 맛술을 넣고 부드럽게 조리는데, 식용박이 여물기 전에 껍질을 벗겨 살을 얇고 길게 썰어 말림
달걀	알끈 제거 후 차가운 일번다시, 청주, 소금, 설탕을 넣고 체에 내려 사각 팬에 달걀말이를 하여 김발로 감싸 모양을 만듦
오보로	흰살생선을 물에 삶아 수분을 제거하고 중탕하여 분홍색소를 넣어 색감을 들이고 식혀 설탕, 소금으로 버무림
오이	소금으로 비벼 씻고, 양끝을 자르고 4~6등분 길이로 잘라 씨를 제거하고 소금에 절인 후 물기를 제거함

참치	미지근한 물에 소금 3%의 식염수를 만들고 참치를 해동하여 해동지에 쌓아 냉장고에 보관함
고추냉이	생 고추냉이는 강판에 갈아서 사용(매운맛은 중단과 상단에 많이 분포되어 있어 윗부분부터 가는 것이 좋음)하고 가루 고추냉이는 물에 개어서 (1:1)사용함
생강	초 생강 만들기 : 얇게 편으로 썰어 소금에 절였다가 물에 데쳐 식초, 설탕, 소금을 끓여서 다시 물을 넣고 식혀서 데친 생강에 부어 줌
시소	강한 향균 작용으로 식중독 예방에 도움을 줌

※ **고추냉이의 역할**
매운맛 성분은 시니그린이며, 살균 작용과 생선의 냄새와 맛을 자극하여 식욕을 돋워 주며, 비린맛을 줄여 준다.
※ **냉동참치의 식염수 해동법**
- 여름철 : 18~25℃의 물에 3~5%의 식염수
- 겨울철 : 30~33℃의 물에 3~4%의 식염수
- 봄, 가을 : 27~30℃의 물에 3%의 식염수

02 롤 배합초 조리하기

1. 초밥용 배합 초의 준비

기본 배합초의 비율은 다음과 같다.

배합초	20인분 기준 : 식초 6(300cc) : 설탕 2(100g) : 소금 1(50g)을 혼합하여 은은한 불에서 끓지 않도록 저어서 녹임 ※ 레몬(1/8개), 다시마(8g)를 추가로 넣을 수 있으며, 이 경우에는 체에 걸러 사용한다.

2. 초밥용 도구

① 초밥 버무리는 통(한기리, はんきり) : 한기리(초밥 식히는 나무 통)는 밥을 해서 배합초를 넣어 식히는 통으로 작게 쪼갠 나무를 여러 개 이어서 만드는데, 사용 시 물로 씻어(마른 통은 밥이 붙어 배합초를 섞기가 불편함) 물기를 닦고 밥이 따뜻할 때 배합초를 버무려 사용한다.
② 김밥용 발(卷きす すだれ, 마끼스 스다래) : 둥근 껍질의 대나무로 만든 것이 좋으며, 사용 후 말려서 보관하고 사용 시 발의 껍질 부분이 위로 오게 해서 사용한다.

3. 밥과 배합초의 비율

밥 15에, 배합초 1 정도의 비율을 기본으로 김초밥은 배합초의 비율을 조금 더 적게 하고, 생선 초밥은 조금 높게 하는 경우가 있다.

4. 초밥을 고루 섞는 방법

한기리에 뜨거운 밥을 옮겨 담고, 배합초를 뿌리고 밥알이 깨지지 않도록 나무주걱으로 살살 옆으로 자르듯이 섞고 동시에 한 번씩 밑과 위를 뒤집어 주면서 배합초가 골고루 섞이도록 한다. 밥에 충분히 스며들면 부채질을 하는데, 처음부터 부채질을 하면 배합초가 잘 스며들지 않는다. 이후 밥통에 물 묻은 면 보를 깔고 밥을 옮기고 면 보로 덮고 뚜껑을 덮는다.

03 롤 초밥 조리하기

1. 롤 초밥의 종류

굵게 말은 김초밥 (太卷, 후도마끼)	• 김 한 장을 이용해서 만듦 • 1인분의 양은 한 줄을 8개로 자르기 • 왼쪽부터 오른쪽으로 담고 곁들임 재료는 오른쪽 앞쪽에 담기 • 곁들임 : 시소를 깔고 초생강, 단무지 등을 사용
가늘게 말은 김초밥 (細卷, 호소마끼)	• 가늘게 말은 김초밥(細卷, 호소마끼)은 길게 1/2개로 자른 김에 2개를 말고, 자를 때에는 가늘기 때문에 1/2 자른 후에 3등분하여 12쪽으로 준비한다. • 참치를 넣어 만든 데카마키와 오이를 넣어 만든 캅파마키가 있고, 2개를 12개로 잘라 4개씩 놓는 방법이 있고 12개를 반듯하게 담는 방법이 있음 • 곁들임 : 초생강(데카마키), 야마고보(산우엉), 락교, 단무지 등

2. 좋은 김 선택 및 사용법

김은 두께가 일정하며, 약간 두께가 있고 검은 광택이 나며 매끄럽고 감촉이 좋으면서 좋은 냄새가 나는 것을 고른다. 조리하기 직전에 약한 불에 살짝 구워서 사용하며, 2장을 겹쳐서 바삭하게 굽는 것이 좋다.

3. 롤 초밥 만들 때의 유의 사항

① 김은 사용 직전에 꺼내어 바삭하게 구워 수분이 묻지 않도록 준비한다.
② 쌀알이 깨지지 않도록 살살 편다.
③ 말이를 하고 나서 말이 한 부분이 밑으로 오게 놓아 잘 붙게 한 다음 자른다.

④ 자를 때 행주에 물을 묻혀 칼을 닦으면서 일정한 간격으로 자른다.

04 롤 초밥 담기

1. 기물의 선택

① 기물은 사각형, 둥근 것, 타원형 모두 이용 가능하다.
② 롤 초밥을 담았을 때 8부 안에 들어가는 것이 좋다.
③ 높이가 낮은 접시가 먹기 편하다.
④ 너무 어둡거나 화려한 그릇은 식욕을 떨어뜨리므로 피한다.
⑤ 김의 검은 색과 속 재료를 고려하여 깔끔한 느낌을 주는 것을 선택한다.

2. 롤 초밥 담기

① 한쪽 방향으로 일정하게 담아야 보기에 좋고 깔끔하고 정교해 보이고 먹기에도 편하다.
② 오른손 젓가락으로 먹기에 편하게 담는다.

3. 곁들임 담기

① 초생강, 단무지, 야마고보(산우엉), 시소 등을 사용한다.
② 롤 초밥의 곁들임은 젓가락질을 하기 편하도록 오른쪽 앞부분에 놓는다.
③ 곁들임과 간장을 적절히 조절하여 너무 많은 양을 올리지 않도록 한다.

01 초밥용 쌀의 특성으로 옳지 않은 것은?

① 백미 상태로 냉장 보관한 쌀을 사용한다.
② 햅쌀보다는 묵은쌀이 좋다.
③ 적합한 품종으로 고시히카리계와 사사니시키계가 있다.
④ 밥에 배합초를 섞어야 하므로 평상시보다 약간 되게 밥을 짓는다.

해설 현미 상태로 12℃ 정도의 온도에 보관하다가 사용 직전에 도정을 하여 사용하는 것이 좋다.

02 냉동참치의 식염수 해동법으로 바르지 않은 것은?

① 가을 : 15~20℃의 물에 3%의 식염수
② 봄 : 27~30℃의 물에 3%의 식염수
③ 여름 : 18~25℃의 물에 3~5%의 식염수
④ 겨울 : 30~33℃의 물에 3~4%의 식염수

해설 봄, 가을 : 27~30℃의 물에 3%의 식염수

03 롤 초밥 밥짓기와 배합초 섞기에 대한 설명으로 틀린 것은?

① 밥알이 깨지지 않도록 나무주걱으로 살살 옆으로 자르듯이 섞는다.
② 배합초가 밥에 충분히 스며들면 부채질을 한다.
③ 잡맛이 스며들지 않게 하기 위해 첫 물은 재빨리 씻어낸다.
④ 한기리(초밥 버무리는 통)가 마른 상태에서 밥을 옮겨 담고 배합초를 섞는다.

해설 한기리가 마른 상태에서 밥을 넣으면 달라붙어서 배합초를 섞기가 불편하므로, 물에 씻어서 물기를 닦고 사용한다.

04 롤 초밥 중 굵게 말은 후도마끼에 대한 설명으로 바르지 않은 것은?

① 굵게 말은 김초밥은 김 한 장을 이용해서 만든다.
② 곁들임은 오른쪽 앞쪽에 담는다.
③ 1인분의 양은 1줄을 12개로 자른다.
④ 한 줄로 담는 경우는 왼쪽에서 오른쪽으로 담는다.

해설 1인분의 양은 한 줄을 8개로 자른다.

Chapter 09 | 일식 롤 초밥 조리							
1	①	2	①	3	④	4	③

01 구이 재료 준비

1. 일식 구이의 종류

조미 양념에 따른 분류	시오야끼 (소금구이)	소금으로 밑간을 하여 굽는 구이
	데리야끼 (양념간장구이)	양념간장을 발라 굽는 구이
	미소야끼 (된장구이)	미소(된장)에 재료를 재웠다가 굽는 구이
조리 기구에 따른 분류	스미야끼 (숯불구이)	숯불에 굽는 구이
	데판야끼 (철판구이)	철판에 위에서 굽는 구이
	쿠시야끼 (꼬치구이)	꼬치에 꽂아 굽는 구이

※ 오븐은 간접 구이로 대류나 재료를 싸서 직접 열을 차단하여 조리

2. 식재료의 손질과 특징

(1) 재료별 손질법

어류 (해산물)	• 비늘과 내장, 껍질은 그대로 둠(보통 껍질째 구워서) • 작은 것은 그대로, 큰 생선은 1인분으로 잘라 칼집을 넣어 줌 • 신선도 유지를 위해 신속하고 위생적으로 손질 • 어취를 제거한 후 밑간하기

육류	• 기름과 힘줄을 제거하고, 열전도가 쉽도록 두께를 조절하여 손질하고 밑간하기
가금류	• 힘줄을 제거하고, 껍질이 있는 상태로 밑간하기
야채	• 주로 단단한 재료를 많이 사용하며, 굽는 도중 간이 약해지기 쉽기 때문에 강하게 하는 경우가 많음

※ 어취 제거 방법
- 물에 씻기 : 비린내 성분인 트리메틸아민은 수용성으로 여러 번 씻는다.
- 식초 : 레몬, 식초를 뿌려 주면 어취가 제거되고, 생선 단백질이 응고 되어 균의 발생을 억제할 수 있다.
- 맛술 : 휘발성 있는 알코올은 어취와 함께 날아가며, 맛술이 감칠맛을 더해 준다.
- 우유 : 우유 단백질이 어취와 흡착하여 씻겨 내려가기 때문에 담근 후 씻어서 사용하면 어취 제거에 도움이 된다.
- 향신채소 : 마늘, 양파, 생강, 셀러리, 무, 파슬리 등은 어취를 약화시킨다.

3. 구이 양념

양념의 종류로는 소금구이, 간장양념구이(데리야끼), 된장절임구이(미소쯔게야끼), 유안야끼(유안지 : 유안은 데리소스에 유자를 넣어 재료를 재워 사용함)가 있다.

4. 곁들임(아시라이)

구이에서 곁들임은 구이를 돋보이게 하는 요리이다.

5. 구이 종류별 기물과 특징

샐러 맨더	• 열원이 위에 있어 생선의 기름이나 육류의 기름이 떨어져 연기나 불이 나지 않아 작업이 용이함 • 레버를 위아래로 조절하여 구이 재료가 움직여 불의 강약을 조절하거나 가스 밸브로 조절함
오븐	• 오븐용 팬에 재료를 담아 요리해야 육즙이 흐르지 않음 • 열원에 의한 가열된 공기로 균일하게 가열됨
철판	• 철판용 헤라를 이용하여 눌러 붙지 않게 조리함 • 다양한 식재료를 조리할 수 있음
숯불 화구	• 높은 직화로 굽는 방법으로 타지 않게 거리를 조절하며, 풍미가 베어 맛이 좋아짐

6. 꼬치구이(쿠시야끼)의 조리 방법

노보리 쿠시	• 작은 생선을 통으로 구울 때 쇠꼬챙이를 꽂는 방법으로, 생선이 헤엄쳐서 물살을 가로 질러 올라가는 모양으로 꽂음
오우기 쿠시	• 자른 생선살을 꽂을 때 사용하는 방법
가타즈마오레, 료우즈마오레 쿠시	• 가타즈마오레 : 생선 껍질 쪽을 도마 위에 놓고 앞쪽 한쪽만 말아 꽂는 방법 • 료우즈마오레 : 양쪽을 말아 꽂는 방법
누이 쿠시	• 구울 때 많이 휘는 생선에 사용하는 방법(예 오징어)으로, 살 사이에 바느질 하듯이 꼬치를 꽂고 꼬치와 살 사이에 다시 꼬치를 꽂아 휘는 것을 방지하는 방법

02 구이 굽기

1. 재료에 따른 구이 방법

① 작은 생선

조미 방법	구이방법	종류	사용기물과 특징
소금	소금구이	• 작은 생선은 통구이가 많음 • 은어 소금구이, 전갱이 소금구이	숯불 화로, 샐리맨더

② 흰살 생선(손질된 것)

조미 방법	구이방법	종류	사용기물과 특징
된장절임, 소금	미소야끼, 소금구이	도미소금구이	샐리 맨 더, 오븐

③ 붉은살 생선

조미 방법	구이방법	종류	사용기물과 특징
데리, 유안지	데리야끼, 유안야끼	삼치 유안야끼, 꽁치 내장소스구아	철판 샐러 맨더, 오분, 숯불화로

④ 육류

조미 방법	구이방법	종류	사용기물과 특징
된장절임, 소금, 데리	미소야끼, 데리야끼, 소금구이	돼지고기 된장구이, 소고기 우엉말이(데리소스 사용)	샐러맨더, 오븐, 숯불 화로

⑤ 가금류

조미 방법	구이방법	종류	사용기물과 특징
데리, 소금	데리야끼, 소금구이 닭고기 데리야끼.	오리고기 철판구이 (데리소스 사용)	샐러맨더, 철판, 숯불화로

2. 재료별 구이 시 주의 사항

① 작은 생선구이

　㉠ 쇠꼬챙이를 끼울 때 가운데 뼈를 중심으로 엇갈리게 끼어야 구울 때 재료가 떨어지지 않는다.

　㉡ 지느러미는 타지 않도록 소금을 발라 굽는다.

　㉢ 쇠꼬챙이 제거 시 재료가 식어 꼬챙이에 들러붙지 않도록 뜨거울 때 돌려 가며 뺀다.

② 흰살생선

　㉠ 조직이 단단해서 열원의 침투가 어려워 칼집을 넣고 쇠꼬챙이를 끼운다.

　㉡ 쇠꼬챙이는 생선살이 돌아가지 않도록 오우기쿠시 방법으로 끼운다.

③ 붉은살생선

　㉠ 철판(번철)을 많이 사용하며, 생선살이 부서지지 않도록 자주 뒤집지 않도록 한다.

　㉡ 사용 전 충분히 코팅시켜야 눌러 붙음을 방지할 수 있다.

④ 육류

　열의 전도가 원활하지 않아 겉은 타고 속은 익지 않는 경우가 있으므로 불 조절이 중요하다.

⑤ 가금류

　껍질이 있는 상태로 조리하며, 껍질의 지방이 고기 안으로 스며들어 재료의 지방이 흐르지 않도록 돌려 가며 굽는다.

※ 구이 요리의 굽는 방법
- 여러 번 뒤집지 않고 껍질 부분을 60% 정도 한 번에 잘 굽고, 뒷면도 40%정도 한 번만 돌려 구우면 부서지지 않고 잘 구워진다.
- 흰살생선은 90% 정도 익으면 맛있고, 등푸른생선은 비린내가 강하고 알레르기 반응을 일으킬 수 있기 때문에 완전히 익힌다.
- 민물생선은 비늘을 제거하지 않고 구우면 풍미를 즐길 수 있고, 특유의 비린내가 있으므로 중불에서 천천히 굽는다

3. 곁들임 음식(아시라이)

구이 요리에 제공하는 곁들임으로 입안의 비린맛을 제거하는 역할을 하며, 다양한 아시라이는 계절감을 나타낸다

초절임	• 연근, 무, 햇생강(하지카미) 등이 사용되며, 단촛물에 재워 사용 • 단촛물 : 설탕20g, 식초50cc, 물 50cc
단 조림	• 밤, 고구마, 금귤 등이 사용되며, 설탕에 조려서 사용
간장 양념조림	• 머위, 우엉, 꽈리고추 등이 사용되며, 데쳐서 오시다시(간장 양념절임 : 진하지 않은 연간장, 다랑어포 육수, 청주를 끓여서 식힌 것)에 재워 사용
감귤류	• 레몬, 영귤 등이 사용되며, 구이에 뿌려 먹거나 먹고 난 후 입을 헹굴 때 사용

03 구이 담기

1. 구이 담는 법

곁들임요리(아시라이)와 양념장을 함께 제공하는데, 본요리와 곁들임요리, 양념장이 놓이는 위치와 구도가 정해져 있다.

① 통 생선 : 머리는 왼쪽, 배는 앞쪽, 곁들임은 오른쪽, 양념장은 접시 오른쪽에 둔다.
② 조각 생선 : 껍질이 위를 보고, 넓은 부위가 왼쪽, 곁들임은 오른쪽 앞쪽, 양념장은 접시 오른쪽에 둔다.
③ 육류와 가금류 : 껍질이 위를 향하게 하여 쌓아 올리듯 담는다.

출제예상문제

01 일식 구이 종류에 대한 설명으로 바르지 않은 것은?

① 스미야끼 – 숯불구이
② 데판야끼 – 철판구이
③ 시오야끼 – 고추장 구이
④ 쿠시야끼 – 꼬치구이

해설 시오야끼 – 소금구이

02 구이에 사용되는 기물로 열원이 위에 있어 재료의 기름이 떨어져 연기나 불이 나지 않아 작업이 용이한 기물은?

① 샐러맨더
② 오븐
③ 철판
④ 숯불화구

해설 샐러맨더는 열원이 위에 있어 생선의 기름이나 육류의 기름이 떨어져 연기나 불이나지 않아 작업이 용이함

03 꼬치구이의 조리 방법 중 작은 생선을 통으로 쇠꼬챙이에 꽂아 헤엄쳐서 물살을 가로질러 올라가는 모양으로 꽂는 방법은?

① 오우기쿠시
② 가타즈마오레
③ 누이쿠시
④ 노보리쿠시

해설 노보리쿠시
작은 생선을 통으로 쇠꼬챙이를 이용하여 꽂아서 굽는 방법이다.

04 생선 구이 요리의 굽는 방법으로 옳지 않은 것은?

① 흰살생선은 90% 정도 익으면 맛있다.
② 등푸른생선은 비린내가 강하고 알레르기 반응을 일으킬 수 있어 완전히 익힌다.
③ 쇠꼬챙이 제거 시 재료가 식어 꼬챙이에 들러붙지 않도록 뜨거울 때 돌려 가며 뺀다.
④ 겉면을 80%, 뒷면을 20%로 굽는다.

해설 여러 번 뒤집지 않고 껍질 부분을 60% 정도 한 번에 잘 굽고, 뒷면도 40% 정도 한번만 돌려 구우면 부서지지 않고 잘 구워진다.

05 구이에 곁들임 음식(아시라이)에 대한 설명으로 옳지 않은 것은?

① 입안의 비린맛을 제거한다.

② 입안을 헹궈주는 역할을 한다.

③ 계절과 상관없이 사용한다.

④ 초절임, 단조림, 간장 양념조림 등이 이용된다.

해설 다양한 아시라이는 계절감을 잘 나타낸다

Chapter 10	일식 구이 조리							
1	③	2	①	3	④	4	④	5	③

PART 10
복어 조리

CHAPTER 01 복어 음식의 식생활 문화 및 기초 조리 실무

01 복어 음식의 문화와 배경

복어는 참복과의 바닷물고기를 통틀어 이르는 말로 열대, 아열대 해역에서 분포하며 그 종류만 130종 가까이 되는데 우리나라 남해와 일본 근해에 약 38종류가 분포하고 있다.

복어는 지금부터 2000년 전의 고대 중국에서 알려져 왔으며 송시대의 시인 소동파는 "먹고 죽을 만큼 맛있었다"라고 기록하고 있다. 우리나라는 16세기 정재륜이 쓴 공사견문록에 "인조(仁祖)는 복어 요리를 즐겨 먹었다"라고 나와 있으며 1700년대 작가 미상인 경도잡지에 "복숭아꽃이 떨어지기 전에 복어국을 먹는다."라는 기록이 있다. 최근은 복어 전문가들의 요리연구로 한국인의 입맛에 맞는 다양한 메뉴들이 개발되어 있다.

02 칼 관리

1. 칼의 종류, 칼 연마, 기본 썰기 및 식재료 썰기

PART 09 일식 조리 Chapter 01 일본 음식의 식생활 문화 및 일식 기초 실무 04. 기본 칼 기술 습득 하기 참고

03 기본 기능 습득하기

1. 복어 기본 맛국물 조리

PART 09 일식 조리 Chapter 03 일식 국물 조리 02. 국물 우려내기 참고

2. 복어 기본 재료의 이해

(1) 복어의 독성분

복어의 독소명	• 테트로도톡신(Tetrodotoxin)으로 무색, 무미, 무취의 결정
부위별 독력	• 난소, 간, 내장 순으로 많음
중독 증상	• 지각 마비, 구토, 호흡 곤란을 거쳐 의식불명 후 호흡 정지
치사량, 치사율	• 사람의 치사량은 2mg, 치사율 60% • 복어 한 마리는 성인 33명의 생명을 빼앗을 수 있는 맹독임
기타	• 산란기 직전인 5~7월에 가장 독소가 강하고, 겨울철에 맛이 좋음

> ※ 복어 중독 시 조치 사항
> 복어 독은 파괴되거나 씻기지 않으므로 잘 제거하는 것이 조리법의 비결이며, 중독 시 물, 증조수, 식염수 등을 다량 섭취한 후 위세척을 하고 병원으로 옮긴다.

(2) 복어 독의 성질

복어 독은 무색의 결정으로 무미, 무취하며 알코올, 알칼리성, 산, 열, 효소, 염류, 일광 등에 분해되지 않는다.

(3) 복어 종류별 식용 가능 여부

식용 가능한 복어	범복(도라후구), 검은복(가라스), 참복(마후구), 피안복(히강후구), 붉은눈복어(아가메후구), 상재복(조우사이후구), 배복(나시후구), 섬복(시마후구), 은복(가나후구), 깨복(고마후구) 등
식용 불가능한 복어	독고등어복, 쥐복, 가시복,무늬복, 선인복, 별복, 얼룩 곰복, 별두개복, 부채복, 돌담복 등

(4) 복어의 불가식 부위 명칭

복어의 불가식 부위	눈, 아가미, 심장, 신장, 비장, 위장, 간장, 부레, 담낭(쓸개), 방광, 난소

(5) 자주 사용되는 복어의 종류

밀복 (鯖河豚, さばふぐ)	• 밀복은 참복과 밀복속의 바다 경골어의 총칭으로, 길이가 40cm 정도됨 • 흰밀복, 민밀복, 은밀복, 흑밀복 등
까치복 (縞河豚, シマフグ)	• 까치복은 등 부위와 측면이 청홍색의 바탕색이며, 배면에서 몸 쪽 후방으로 현저한 흰줄무늬가 뻗어 있거나 일부분은 흰 줄무늬가 끊어져서 흰 점 모양으로 되어 있는 것도 있음
검복 (真河豚, マフグ)	• 검복은 등 부위는 암녹갈색으로 명확하지 않은 반문이 있고, 몸 쪽 중앙에 황색선이 뻗어 있으나 성장함에 따라 불분명하게 됨

황복	• 황복은 황점복의 성어와 비슷하지만 가슴지느러미 후방과 등지느러미 기부에 불명료한 흰 테로 둘러진 검은 무늬가 있으며, 중국에서 즐겨 먹어 온 복어로 강으로 거슬러 올라가는 소하성 습성이 있음

(6) 복어의 영양 성분과 효능

① 저지방, 저칼로리, 고단백, 각종 무기질과 비타민을 함유하고 있다.
② 열수 추출물은 숙취 해독에 효과가 있다.
③ EPA(불포화지방산)와 DHA(고도불포화지방산)가 비교적 많이 함유되어 있다.
④ 아미노산과 콜라겐 함량이 높다.
⑤ 다이어트 식품으로 인기가 있다.

04 기본 조리 방법 습득하기

1. 복어 내장 부위 감별

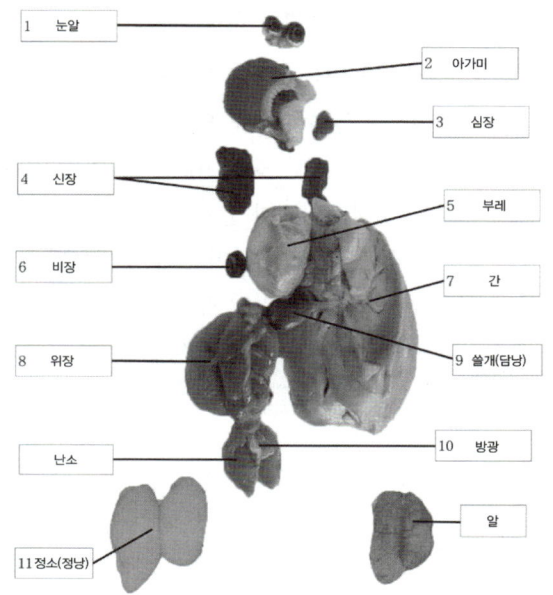

1	눈알
2	아가미
3	심장
4	신장
5	부레
6	비장
7	간
8	위장
9	쓸개(담낭)
10	방광
난소
알
11 정소(정낭)

01 다음 중 복어의 독소명은?

① 테트로도톡신   ② 솔라닌

③ 시큐톡신   ④ 아미그달린

해설 솔라닌 – 감자싹, 시큐톡신 – 독미나리, 아미그달린 – 청매

02 복어의 식용 가능한 부위는?

① 눈   ② 위장

③ 간장   ④ 껍질

해설 복어의 식용 불가능 부위
눈, 아가미, 심장, 신장, 비장, 위장, 간장, 부레, 담낭(쓸개), 방광, 난소

03 복어에 대한 설명으로 바르지 않은 것은?

① 중독 시 위 세척을 하고 바로 병원으로 옮긴다.

② 복어는 여름철에 가장 맛이 좋다.

③ 복어 독은 효소나 각종 염류, 일광에 분해되지 않는다.

④ 난소, 간장, 내장 순으로 독력이 강하다.

해설 복어는 산란기 직전인 5~7월 가장 독이 많고, 겨울철에 맛이 좋다.

04 복어의 특징 중 등 부위와 측면이 청홍색의 탕색으로 배면에서 후방으로 흰 줄무늬가 있거나 일부분은 끊어져서 흰점 모양으로 되어 있는 복어의 종류는?

① 까치복   ② 밀복
③ 검복   ④ 황복

해설 자주 사용되는 까치복에 대한 설명이다.

05 다음 중 식용이 불가능한 복어는?

① 밀복   ② 별복
③ 까치복   ④ 황복

해설 식용으로 사용되는 복어종류는 밀복, 까치복, 검복, 황복이며 별복은식용이 불가능하다.

Chapter 01	복어 음식의 식생활 문화 및 기초 조리 실무								
1	①	2	③	3	②	4	①	5	②

1. 부재료의 종류

배추 (白菜, 하쿠사이)	흰 줄기 부분에 윤기가 나고 바깥 잎은 녹색이 선명하며, 누렇게 변한 부분이나 반점 없이 잎사귀가 확실하게 말려 있고 묵직한 것을 선택함
당근 (人參, 닌징)	녹황색 채소 중에서 카로틴의 함유량이 가장 많으며, 색상이 균일하고 탄력이 있으면서 단단한 것을 선택함
미나리 (芹, 세리)	녹색이 선명하고, 줄기가 너무 굵지 않고 잎 길이가 가지런한 것을 선택함
파 (葱, 네기)	잎이 진한 녹색이고 흰 부분과의 차이가 확실하며, 흰 부분이 길고 단단하면서 윤이 나고 무거운 것을 선택함
무 (大根, 다이콘)	머리 부분이 밝은 녹색이며, 탄력 있고 손으로 들었을 때 묵직한 것을 선택함
표고버섯 (椎茸, 시타케)	주름살이 노란색이고 주름에 상처나 검은 얼룩이 없어야 하며, 갓이 너무 피지 않고 육질이 두껍고 대가 굵고 짧은 것을 선택함

※ 채소 보관법
1. 구입 후 원래 포장지를 벗기고 새로 포장해서 입고된 날짜를 기록하여 보관한다.
2. 엽채류는 물기 없이 보관한다.
3. 신문지나 종이 박스에 담아 마르지 않도록 보관한다.
4. 껍질을 벗기거나 씻은 채소는 되도록 빨리 사용하고 밀폐 용기에 담아서 보관한다.

2. 부재료 썰기

미나리	• 복어 회에 곁들일 용도는 마디가 없고 깨끗한 부분으로 5cm 길이로 잘라둠 • 복어지리나 탕에 사용할 용도면 거머리 등 이물질이 없는지 주의 깊게 살펴보고 7cm 정도로 잘라둠 • 복 껍질 무침에 사용할 용도라면 깨끗하게 손질해서 5cm 정도의 길이로 잘라둠
당근	• 당근은 주로 지리에 사용하는데, 살짝 삶아서 벚꽃 모양으로 모양을 내서 자름 • 70% 정도 익도록 삶아서 찬물에 식힌 후 정오각형으로 잘라서 각 변의 가운데 홈을 파고 둥글게 다듬어서 벚꽃 모양을 냄
무	• 지리 · 탕에 사용할 경우 삶아서 반달 모양으로 자른 다음 은행잎 모양으로 자름 • 회에 곁들이는 폰즈소스의 야쿠미로 사용할 무는 껍질을 벗기고 강판에 갈아서 빨간 고춧물을 들여 빨간 무즙(아카오로시)을 만듦
대파	• 복어살의 크기 등을 고려하여 5~8cm 정도로 어슷썰어 지리에 사용함
표고버섯	• 갓의 중앙 부위에 칼집을 내서 별표 모양을 내 줌
실파	• 실파는 송송 썰어 물에 헹구어 키친타월이나 거즈로 감싸 지그시 짜내어 파의 진액을 제거하고, 주로 폰즈의 야쿠미로 사용하거나 튀김(가라아게)에 사용함
팽이버섯	• 밑동을 잘라 내고 가닥가닥 찢어서 지리 등에 사용함
죽순	• 대부분 통조림을 사용하는데 쌀뜨물에 삶아서 사용하며, 죽순의 하얀 결정은 젓가락 같은 것으로 긁어내고 빗살무늬를 잘 살려서 자름

3. 복떡 굽기

떡을 굽지 않고 그대로 사용하면 형태의 변형이 생기고, 노화가 빠르기 때문에 가열해서 사용한다.

① 복 떡을 3cm 크기로 잘라 쇠꼬챙이에 꽂는다.
② 골고루 굽는다.
③ 준비된 찬물에 담가 형태가 변하지 않게 한다.
(얼음물을 준비해 두면 복 떡을 식히기가 수월하며, 복 떡의 식감을 더욱 쫄깃하게 할 수 있음)

※ 구이 요리의 특징

구이 요리의 특징	• 식재료 고유의 맛이 밖으로 빠져나가지 않음 • 적당히 수분이 감소하여 고유의 맛이 함축됨 • 노랗게 구운 시각적인 맛과 냄새가 풍미를 더해주는 특징이 있음 • 맑은국, 회와 함께 구이 요리는 일본 요리의 메뉴 중 중요한 요리에 속함 • 쇠꼬챙이를 이용하여 굽는 직접 구이가 주종을 이룸	
구이 조리 방법	직접 구이	직접 열원을 이용하여 석쇠나 쇠꼬챙이에 굽는 방법
	간접 구이	재료와 열원 사이에 금속이나 돌 등을 이용하여 타지 않는 요리용 종이, 알루미늄에 싸서 간접적으로 가열하여 굽는 방법

구이용 쇠꼬챙이 (가네시구)의 굵기에 따른 사용 용도	가느다란 꼬챙이 (호소구시)	은어나 빙어 등의 작은 생선구이용
	평행 꼬챙이 (나라비구시)	보통 크기의 생선 사용
	납작한 꼬챙이 (히라구시)	조개나 새우 등 살이 부서지기 쉬운 것을 여러 개 연결해 꽂아 구울 때 사용

출제예상문제

01 복어 지리와 복어 회에 사용되는 부재료가 아닌 것은?

① 홍고추, 목이버섯
② 배추, 당근
③ 미나리, 표고버섯
④ 무, 파

해설 복어 지리와 복어 회에 사용되는 부재료는 배추, 무, 당근, 팽이버섯, 파, 표고버섯, 미나리이며, 홍고추와 목이버섯은 사용하지 않는다.

02 복어 요리 부재료에 대한 설명으로 틀린 것은?

① 무는 은행잎으로 모양내어 사용한다.
② 떡이 부드러우면 굽지 않고 사용한다.
③ 당근은 벚꽃 모양을 내어 사용한다.
④ 대파는 5~8cm로 어슷썰어 사용한다.

해설 떡을 굽지 않고 그대로 사용하면 형태의 변형이 생기고, 노화가 빠르기 때문에 가열해서 사용한다.

03 구이용 쇠꼬챙이 중 은어나 빙어 등의 작은 생선구이용은 무엇인가?

① 나라비구시
② 히라구시
③ 호소구시
④ 석쇠

해설 호소구시는 가느다란 꼬챙이로 작은 생선구이용으로 사용된다.

04 일본 구이 요리의 특징으로 틀린 것은?

① 노랗게 구워진 부분은 풍미를 준다.
② 수분이 감소하여 고유의 맛이 함축된다.
③ 맑은국, 회와 함께 중요한 요리에 속한다.
④ 간접 구이가 주종을 이룬다.

해설 쇠꼬챙이를 이용한 직접 구이가 주종을 이룬다.

Chapter 02 | 복어 부재료 손질								
1	①	2	②	3	③	4	④	

CHAPTER 03 복어 양념장 준비

01 초간장 만들기

1. 초간장 구성 재료

초간장은 폰즈라고도 한다. 감귤류를 가미한 일식 조미료로 초산을 가미하여 맛을 더하며, 냄비 요리인 지리나 샤브샤브, 백숙, 생선회, 냉 샤브샤브, 두부요리, 생선구이, 찜, 초무침 등에 사용된다.

가다랑어포
(가쓰오부시)
	• 가다랑어포를 사용하여 다시를 뽑는데, 그 방법과 재료에 따라 맛이 결정된다. 가쓰오부시는 가다랑어를 포 뜨기 해서 증기로 한 번 찐 후 말려서 단단해진 것을 대패로 얇게 깎은 것을 말함
	  – 혼부시 : 큰 가다랑어를 3장 뜨기 하여 한 쪽 살을 세로로 자른 것
	  – 가메부시 : 작은 가다랑어의 한 쪽 살로 만든 것
	  – 오부시 : 혼부시의 등 부분을 말하며, 오부시는 지방이 적어 좋은 다시를 낼 수 있기 때문에 일반적으로 많이 사용함
	  – 메부시 : 혼부시의 배 부분을 말하며, 메부시는 감칠맛이 나는 다시를 뽑을 수 있고 생선 등 쪽의 검푸른 부분(지아이)을 제거하면 더욱 질 좋고 고급스러운 맛의 다시를 뽑을 수 있음
	• 그 외의 포(자츠부시) : 고등어포(사바부시), 정어리포(이와시부시), 참치포(소우다부시) 등이 있음
	• 다시마(昆布, 곤부) : 다시마는 잘 건조되고 두툼하며, 표면의 흰가루가 전체적으로 고르게 있는 것이 좋음

다시마	• 대부분 추운 곳에서 생산되고 불순물이 없고 잘 건조되어야 하며, 검은색 또는 짙은 녹갈색을 띠고 두껍고 하얀 염분이 묻어 있는 것을 고름 • 일본은 90%가 차가운 해수의 홋카이도가 주요 산지임 • 다시마의 감칠맛을 내는 아미노산은 글루타민산임
진간장 (고이구치쇼유)	• 진간장 : 일반적으로 간장이라고 하면 진간장을 말하며, 염분은 18% 정도로 색이 진하고 향이 좋음 • 연간장(우스구치쇼유) : 염분은 진간장보다 2% 정도 높지만, 색이 옅고 맛과 향기 모두 담백하므로 재료 본연의 색과 맛을 살리는 요리에 적합함 • 다마리간장(다마리쇼유) : 콩을 주원료로 사용하며, 다른 간장과 달리 밀은 사용하지 않고 숙성한 진한 액체의 추출액은 끓이지 않고 그대로 제품화함(맛과 색이 진하고, 약간의 단맛이 있음) • 그 외의 간장 : 백간장(시로쇼유), 생선간장(우오조유), 감로간장(간로쇼유) 등

식초(酢, 스)	• 초산을 주성분으로 한 조미료로 쌀 등의 곡물을 발효시켜 만듦. 생선에 식초를 뿌리는 것은 단백질을 응고시키고, 같은 단백질로 되어 있는 세균도 동시에 변화시켜 없애 버리기 때문에 보존성이 있음
	  – 양조식초 : 곡물, 과실류 등을 초산균을 이용하여 발효시킨 식초
	  – 합성식초 : 빙초산을 물로 희석하여 여러 가지 식품 첨가물을 넣어 만든 식초
	  – 천연식초 : 다이다이, 가보스, 스다치, 레몬 등의 과즙도 향기가 좋아 식초의 일종으로서 요리에 사용함

유자	• 비타민 C, 크립토잔틴, 시트르산이 풍부하여 감기 예방에 좋음
레몬	• 예로부터 비타민 C의 귀중한 보급 원으로 이용되어 왔고, 비타민C의 함유량이 감귤류 중에서 가장 많음 • 향과 신맛을 살려 요리나 음료에 향을 내거나 요리를 장식할 때 사용함
카보스	• 유자의 일종으로 일본 오오이타현의 특산품으로 칼륨, 비타민 C가 풍부하며, 일본 요리에 잘 어울리며 과즙은 국물 요리, 복어 요리 등에 넣고, 껍질은 말려서 향신료 재료로 사용함
영귤(스다치)	• 비타민 C가 풍부한 알갱이가 작은 열매이며, 감기 예방이나 피부미용에 좋음 • 생선회, 생선구이, 국물 요리에 즙을 짜서 뿌려먹음

2. 초간장 만들기

다시와 식초, 간장, 레몬을 혼합하여 초간장을 만들고, 가쓰오부시를 넣고 하루 정도 숙성시킨 뒤 면 보를 이용하여 맑게 걸러 사용한다.

※ 일번다시 만들기
• 찬물에 다시마를 넣고 서서히 끓이는데, 물이 끓기 직전(90℃)에 다시마를 건져 낸다. 물이 끓을 때 가쓰오부시를 넣고 불을 끈 후 10~15분 국물을 우리고(너무 오래 두면 국물이 탁하고 맛이 떨어짐. 가다랑어포의 감칠맛은 끓는점 이하의 온도인 80℃ 전후에서 잘 우러나며 온도가 높아지면 잡냄새가 남). 면 보에 걸러서 가다랑어 국물을 완성한다.
• 최고의 맛과 향을 지닌 맛국물로 고급 요리에 사용한다.

02 양념 만들기

양념[やくみ(薬味), 야쿠미]은 요리에 첨가하는 향신료나 양념을 말하며, 좋은 맛과 향기를 내어 식욕을 증진시키는 역할을 한다

아카오로시, 모미지 오로시 (빨간 무즙)	• 무를 강판에 갈아서 매운맛을 씻어 내고 물기를 짠 후 고운 고춧가루로 아카오로시(빨간 무즙)를 무침 • 마치 붉은 단풍을 물들인 것처럼 적색을 띠므로 모미지(단풍)라고 함
실파	• 실파는 송송 썰어 찬물에 담가 매운맛과 점액질을 제거함
레몬	• 반달 모양으로 자름

03 조리별 양념장(참깨소스) 만들기

① 볶은 깨를 갈아서 간장, 미림 등의 양념을 넣어서 맛을 낸 일본 요리의 대표적인 양념장으로, 향이 좋고 농후한 소스로 담백한 재료를 냄비 요리 등에 찍어 먹는 소스류로 쓰인다.
② 참깨소스 만들기 : 참깨(ゴマ, 고마)를 볶아서 갈은 후 간장과 미림을 넣어가며 농도를 맞춰 완성한다

01 초간장을 만드는 재료로 적당하지 않은 것은?

① 식초, 레몬
② 다시마, 식초
③ 가다랑어포, 간장
④ 영귤(스다치), 소금

해설 초간장의 구성 재료
가다랑어포, 다시마, 간장, 식초, 유자, 레몬, 영귤(스다치), 카보스(유자의 일종)

02 양념(야쿠미) 재료에 사용되지 않는 재료는?

① 고춧가루   ② 무
③ 당근   ④ 실파

해설 양념(야쿠미)재료에는 무, 고춧가루, 실파가 사용된다.

03 복어 요리에 곁들이는 초간장의 이름은 무엇인가?

① 폰즈   ② 참깨소스
③ 야쿠미   ④ 우스구치쇼유

해설 초간장은 폰즈라고도 하며, 감귤류를 가미한 일식 조미료로 초산을 가미하여 맛을 더한다.

04 채소를 강판에 간 즙인 오로시의 기능으로 바르지 않은 것은?

① 매운맛 부여
② 생선 비린내 제거
③ 풍미 증가
④ 해독 작용

해설 채소를 강판에 간 즙인 오로시는 무즙(다이콘오로시), 생강즙(쇼가오로시), 고추냉이즙(나마와사비오로시) 등이 있으며, 해독 작용 · 생선 특유의 냄새 제거 · 풍미 증강 등의 기능이 있다.

05 일본간장 중 염분은 진간장보다 높지만, 색이 옅고 맛과 향이 담백하여 재료 본연의 색과 맛을 살리는 요리에 적합한 것은?

① 다마리간장
② 연간장
③ 백간장
④ 생선간장

해설 연간장(우스구치쇼유)에 대한 설명으로 재료 본연의 색과 맛을 살리는 요리에 적합하다.

Chapter 03	복어 양념장 준비								
1	④	2	③	3	①	4	①	5	②

CHAPTER 04 복어 껍질 초회 조리

01 복어 껍질 준비

1. 복어 껍질[河豚皮(ふぐかわ), 후구가와] 손질하기

복어 껍질 분리하기	복어의 껍질에는 미끈미끈한 점액질이 많고 냄새가 많이 나기 때문에 굵은소금으로 잘 문질러 씻고, 데바칼을 이용하여 복어껍질을 제거한 후 겉껍질과 속껍질을 분리하여 준비함
복어 껍질의 가시 제거	겉껍질은 도마에 밀착시켜 생선회 칼로 밀었다 당겼다 하면서 가시를 완전히 제거하고, 속껍질은 끈적끈적한 점액과 핏줄을 제거함
복어 껍질 데치기	복어 껍질을 데치면서 엄지와 검지로 눌러 보았을 때 무른 느낌이 들 정도로 부드럽게 데치는데, 끓는 물에 소금을 넣고 두께가 있는 꼬리 쪽 껍질은 다른 껍질 보다 먼저 넣고 익혀야 나중에 균등하게 삶아지게 됨
복어 껍질 건조	복어 껍질은 얼음물에 차게 식힌 후 물기를 제거하여 최대한 반듯하게 만들어 냉장고에 넣어 건조한다. 복어 껍질을 좀 더 편평하게 굳히려면 껍질보다 크고 평면이 고른 곳에 랩을 이용하여 반듯하게 고정시켜 냉장 보관 후 꺼내어 랩을 제거하면 되는데, 이렇게 하면 모양도 좋고 썰기에 편리함
복어 껍질 채썰기	복어 껍질을 초회용으로 만들 때에는 씹히는 질감이 좋도록 데바칼을 이용하여 두껍지 않고 가늘게 채를 썰음

※ 조리용 칼의 종류
- 생선회 칼[사시미보쵸(刺身包丁, さしみぼうちょう)] : 생선회를 썰거나 요리를 가르는데 사용하며, 칼날이 예리하고 폭에 비해 길이가 길다.
- 데바칼[데바보쵸(出刃包丁, でばぼうちょう)] : 어류, 수조육류의 손질(오로시)에 사용하며, 뼈를 자르거나 뼈에서 살을 발라낼 때 사용된다.
- 야채칼[우스바보쵸(薄刃包丁, うすばぼうちょう)] : 채소를 취급하는 칼로 돌려깎기에 적합하다

2. 미나리 썰기

흐르는 물에 거머리나 이물질이 없도록 씻어 얇고 여린 쪽으로 복어 껍질의 길이에 맞춰 자른다.

02 복어 초회 양념 만들기

1 초간장

(1) 초간장 재료

Chapter 03 복어 양념장 준비 1. 초간장 구성 재료 참고

(2) 초간장(폰즈) 만들기

초간장은 일번다시 200cc, 진간장 270cc, 식초 360cc, 레몬즙 0.2개, 미림 30cc, 설탕 30mg을 고루 섞어 소스를 만들고, 초가 날아가지 않게 밀폐 용기에 담아 필요시 사용한다.

2. 양념(야쿠미)

Chapter 03 복어 양념장 준비 02 양념 만들기 참고

03 복어 껍질 무치기

1. 복어 껍질 무침

① 채썬 껍질, 미나리, 폰즈(초간장), 양념(야쿠미)을 준비한다.
② 겉껍질과 속껍질의 사용비율은 9:1 정도가 좋다.
③ 먹기 직전에 볼에 채썬 껍질과 미나리, 폰즈 소스, 양념(야쿠미)을 넣고 골고루 잘 섞어 완성한다.
④ 작으면서 깊이가 있는 그릇에 차조 잎을 깔고 소복이 담고 레몬으로 장식하고, 기호에 따라 깨를 뿌린다.
⑤ 초회는 물이 생기기 때문에 먹기 직전에 무친다.
⑥ 그릇으로 무, 감, 귤, 유자, 대나무 그릇, 대합 껍데기 등을 이용하기도 한다.

※ 양념의 종류별 특징

아와세스 합せ酢 (あわせず)	니바이스 (이배초)	청주, 간장, 미림이 주 재료로 재료 전체를 잘 혼합하여 초회 등에 사용(생선과 야채의 혼합 요리에 사용)
	삼바이스 (삼배초)	술, 국간장, 설탕으로 재료 전체를 잘 혼합하여 사용하고, 일반적으로 폭넓게 많이 사용됨(야채 등의 초회에 사용)

아와세스 합せ酢 (あわせず)	도사스	삼바이스에 가쓰오부시, 미림을 넣어 한번 끓인 다음 식혀서 사용(삼바이스보다 고급 요리에 사용)
	아마스 (단초)	청주, 설탕, 미림을 주 재료로 사용
모듬 초 응용		니바이스와 삼바이스에 조미료 이외의 재료를 혼합하여 야채, 어패류 등 고급 재료에서 가정의 반찬에 까지 폭 넓게 사용 ※ 폰즈 : 등자나무즙과 니다시지루, 간장을 섞어 사용
모듬 간장	깨간장	곱게 갈은 흰깨, 설탕, 간장을 섞어 사용(야채류 무침에 사용)
	고추간장	발효겨자, 간장, 미림을 섞어 사용
	땅콩간장	칼로 다진 후 절구에 부드럽게 간 땅콩, 설탕, 간장을 섞어서 사용(야채류에 사용)

01 복어 껍질 손질법으로 틀린 것은?

① 데치기는 눌러 보았을 때 무른 느낌이
들 정도로 부드럽게 데친다.
② 데친 껍질은 얼음물에 차게 식힌다.
③ 복어 껍질은 속껍질과 겉껍질은 따로 분
리하지 않고 사용한다.
④ 데친 껍질은 반듯하게 만들어 냉장고에
넣어 건조한다.

해설 복어의 껍질은 겉껍질과 속껍질을 따로 분리하여 겉껍
질은 가시를 제거하고 사용한다.

02 조리용 칼에 대한 설명으로 틀린 것은?

① 복어 껍질의 가시는 데바칼로 제거한다.
② 생선회칼은 생선회를 썰거나 요리를 가
르는 데 사용한다.
③ 야채칼은 주로 채소를 취급하는 칼이다.
④ 데바칼은 뼈를 자르는 데 사용한다.

해설 복어 껍질의 가시는 생선회칼을 사용하여 제거한다.

03 복어 껍질 무침에 대한 설명으로 틀린 것은?

① 겉껍질과 속껍질은 6 : 4의 비율로 사용
한다.
② 먹기 직전에 무쳐야 물이 안 생긴다.
③ 그릇은 작으면서 깊이가 있는 것을 선택
한다.
④ 미나리는 얇고 여린 쪽을 사용한다.

해설 겉껍질과 속껍질의 사용 비율은 9 : 1 정도가 좋다.

04 복어 초회 양념 중 다음의 설명에 해당하는 것은?

술, 국간장, 설탕으로 재료 전체를 잘 혼합하여 사용
하고, 일반적으로 폭넓게 사용됨

① 니바이스(이배초)
② 삼바이스(삼배초)
③ 아마스(단초)
④ 도사스

해설 삼바이스(삼배초)에 대한 설명으로, 일반적으로 폭넓게
사용됨

Chapter 04	복어 껍질 초회 조리								
1	③	2	①	3	①	4	②		

CHAPTER 05 복어 죽 조리

01 복어 죽의 개요

1. 복어 죽의 개요

① 복어 죽은 맛국물에 밥, 복어 살, 달걀 등을 넣어 만든 죽이다.
② 간단히 복어 냄비를 먹고 난 후 남은 국물에 밥을 넣고 끓인 후 달걀을 풀어 넣고 김 채를 올린다.
③ 죽의 종류는 밥알의 형태가 있는 조우스이와 밥알의 형태가 없는 오카유가 있다.
④ 조우스이는 밥을 씻어 해물과 야채를 넣어 다시로 끓인 것으로 쌀을 절약하는 목적으로 시작된 후에 여러 가지 재료를 넣어 만들었으며 야채죽, 전복죽, 굴죽, 버섯죽, 알죽 등이 있다.
⑤ 오카유는 불린 쌀이나 밥으로 만들 수 있다. 불린 쌀을 사용할 경우 쌀을 반만 갈아서 맛국물을 넣고 끓이고, 밥을 이용할 경우에는 밥에 물을 넣고 밥알을 국자로 으깨어 가면서 끓인다.

02 맛국물 만들기

1. 다시마[昆布(こんぶ), 곤부]의 종류 및 성분

(1) 다시마의 종류

종류	특징
참 다시마	• 한국 동해안, 일본 등에 분포 • 한국토종은 길이가 약 1m, 일본 유입종은 길이가 약 2m로 토종은 알긴산 및 각종 영양소의 함량이 높음 • 모양은 전체적으로 댓잎(대나무의 잎)처럼 생김
애기 다시마	• 한국 동해, 중국, 일본 등에 분포 • 잎은 밑 부분이 좀 넓은 긴 띠 모양으로 길이 0.6~2m, 너비5~9cm로 황갈색 또는 밤색임
개 다시마	• 한국, 일본, 사할린섬, 쿠릴열도 등에 분포 • 길이 1~2m, 너비 20~30cm

(2) 다시마의 성분

① 건다시마는 단백질 7%, 지방 0.5%, 탄수화물 44%, 무기질 28%(칼슘과 철이 풍부) 등이 들어 있다.
② 요오드가 풍부하여 갑상선 호르몬 합성에 도움을 주고, 비타민 C가 많고 단백질의 주성분인 글루탐산은 감칠맛을 준다.
③ 혈압을 내리는 작용, 장의 연동 운동을 도와 변비에 좋다.

④ 다시마 표면의 백색 분말은 만니톨로 단맛을 띠고, 다시마를 국물의 재료로 사용하는 것은 글루탐산과 엑스분이 많이 함유되어 있기 때문이다.

2. 복어 맛국물 만들기

① 다시마의 불순물을 면 보로 제거한다.
② 물과 다시마를 넣고 불에 올려 끓기 직전에 다시마를 건져 낸다. (강한 불에서 빨리 끓이면 맛과 향이 없어지므로 약한 불에서 끓임)
③ 맑게 거른다.

3. 복어 뼈 맛국물 만들기

① 복어의 껍질을 제거하고 세장 뜨기 한다.
② 살을 제외한 남은 머리뼈, 중간뼈, 아가미뼈를 손질하고 흐르는 물에 담가 핏물과 이물질을 제거한다.
③ 냄비에 물, 다시마를 넣고 중불로 올려 끓기 시작하면 다시마를 건져 낸다.
④ 다시마 육수에 손질한 복어 뼈를 넣고 거품과 이물질을 걷어 가며 감칠맛이 우러나오도록 끓인다.
⑤ 국물이 탁한 색에서 맑은 색이 나면 고운체에 거른다.

03 복어 죽 재료 준비하기

1. 재료와 부재료 준비 및 전 처리

(1) 밥 준비하기

① 밥을 물에 씻어 복어 죽 용도로 만들기
  ㉠ 밥알의 형태가 보이는 죽의 밥 씻기 :
    · 새로 한 밥이나 사용하던 밥이 있으면 흐르는 물에 밥알의 형태가 잘 풀리게 씻은 후 채반에 받쳐 물기를 제거한다.
② 쌀을 씻어 불려서 복어 죽 용도로 만들기

> ※ 밥 짓기 물 조절
> 불린 쌀로 죽을 끓일 때 : 불린 쌀과 물의 비율을 1 : 8의 비율로 하여 죽을 끓인다.
> • 고슬고슬한 밥(초밥용 밥) : 씻은 쌀과 물의 비율을 1 : 1로 한다.
> • 일반 밥 짓기 : 씻은 쌀과 물의 비율을 1 : 1.2로 한다.

  ㉠ 여름에는 30분, 겨울에는 1시간 전에 3회 정도 가볍게 씻어 채반에 받쳐 물기를 제거한다.
  ㉡ 강하게 문질러 씻으면 전분이 깎이고 쌀알이 부서진다.
  ㉢ 물의 비율 : 불리기 전 쌀 1kg에 물 1.1L을 넣고 밥을 짓거나 쌀1kg에 물 1L을 넣고 밥을 짓다가 청주 100cc(풍미가 좋은 밥을 지을 수 있음)를 넣고 뜸을 들인다.

(2) 부재료 준비

① 실파와 미나리는 곱게 썰어 흐르는 물에 씻어 물기를 제거한다.
② 김은 살짝 구워 잘게 부수거나 곱게 채썬다.

③ 달걀은 모두 풀어 놓는다. (기호에 따라 노른자만 사용하기도 함)

(3) 복어 살 손질하기

세장 뜨기 한 복어 살은 작은 토막으로 썰어 준비한다.

(4) 복어 정소[河豚白子(ふぐしらこ)] 손질하기

복어의 정소는 소금으로 씻어 흐르는 물에 담가 실핏줄과 핏물을 제거하고, 한 입 크기로 잘라 고운체에 거른다.

04 복어 죽 끓이기

1. 복어 죽 끓이기

복어 조우스이 [河豚の雑炊 (ふぐのぞうすい)] 만들기	조우스이는 밥알의 형체가 있게 끓이는 죽이다. [조리법] ① 다시마 맛국물과 복어 뼈 맛국물 만들기 : 냄비에 물과 다시마를 넣고 중불로 올려 끓기 시작하면 다시마를 건져 내고, 손질한 복어 뼈를 넣고 거품과 이물질을 걷어가며 감칠맛이 우러나오도록 끓여 국물이 탁한 색에서 맑은 색이 나면 뼈만 체로 건져 낸다. 뼈의 살이 부족하면 복어 살을 썰어 넣기도 함 ② 다시에 밥 넣고 끓여서 간하기 : 맛국물에 물에 씻어 물기를 제거한 밥과 복어 살을 넣고, 중불에서 한소끔 끓인 후 소금과 국간장으로 가볍게 밑간하기 ③ 계란 풀기 : 끓기 시작하면 불을 끄고 풀어 둔 계란을 넣고, 송송 썬 실파를 넣고 3~4분가량 뜸들이기
	④ 담기 : 그릇에 담고 취향에 따라 폰즈를 넣어 먹음
복어 오카유 [河豚のお粥 (ふぐのおかゆ)] 만들기	오카유는 밥알의 형체가 없는 일반적인 죽이다. [조리법] ① 복어 살과 참나물 손질하기 : 복어 살은 얇게 포를 떠 가늘게 썰고, 참나물(미쓰바) 줄기는 끓는 물에 데쳐 흐르는 물에 씻어 1cm 길이로 썰기 ② 김과 실파 손질하기 : 김은 불에 살짝 구어 손으로 부수거나 잘게 자르고, 실파는 곱게 썰어 흐르는 물에 2~3회 씻어 체에 건져 수분을 제거하기 ③ 죽 끓이기 : 냄비에 다시마 맛국물과 밥을 넣고 중불로 끓이다가 표면에 떠오르는 거품을 걷어 내고, 어느 정도 죽이 되면 손질해 둔 복을 넣고 천천히 끓이기 ④ 담기 : 소금과 국간장으로 간을 하고, 계란(노른자만 사용할 경우 색이 곱다)을 풀어 넣어 걸쭉하게 되면 기호에 따라 참나물 줄기, 참기름, 깨 등을 첨가하고, 그릇에 복어 죽을 담고 실파와 김을 올림
복어 정소(이리)죽 오카유 [白子お粥 (しらこおかゆ)], 조우스이 [白子雑炊 (しらこぞうすい)] 만들기	시라코는 복어 수컷의 정소, 이리를 뜻한다. [조리법] ① 정소의 핏물 제거 : 복어의 정소는 실핏줄을 제거하고, 흐르는 물에 담가 핏물을 제거하기 ② 정소 준비하기 : 핏물이 제거된 복어의 정소는 적당히 잘라 넣거나 고운체에 곱게 걸러 준비하기 ③ 정소 죽 끓이기 : 복어 조우스이 만들기와 오카유 만들기의 죽 끓이기와 동일한 방법으로 복어 살 대신 적당히 자른 정소나 체에 걸러 둔 복어의 정소를 넣고 중불로 끓이기 ④ 담기 : 소금과 국간장으로 밑간을 하고, 계란을 풀어 넣고 그릇에 담아 실파와 김을 올려 냄

01 복어 죽에 대한 설명으로 바르지 않은 것은?

① 불린 쌀로 죽을 끓일 때는 불린 쌀과 물의 비율을 1 : 8로 한다.
② 조우스이는 밥을 씻어 해물, 야채를 넣어 끓인 죽이다.
③ 오카유는 밥알의 형태가 있는 죽이다.
④ 여름에는 30분 전에 쌀을 씻어 준비한다.

해설 오카유는 밥알의 형태가 없는 죽이다.

02 복어 뼈 맛국물을 만들 때 사용되는 재료가 아닌 것은?

① 다시마   ② 복어 껍질
③ 복어 뼈   ④ 물

해설 복어 뼈 맛국물 재료 : 물, 다시마, 복어 뼈

03 복어 오카유(밥알의 형체가 없는 일반적인 죽)을 만들 때 사용하는 재료가 아닌 것은?

① 쑥갓   ② 참나물
③ 쌀   ④ 김

해설 오카유
밥알의 형체가 없는 일반 죽이다. 복어 살, 맛국물, 밥으로 죽을 끓이고, 기호에 따라 참나물, 참기름, 깨 등을 첨가하고 실파와 김을 올린다.

04 복어 죽 조리의 최종 간은 무엇으로 맞추는가?

① 맛소금, 국간장
② 소금, 국간장
③ 시찌미, 설탕
④ 소금, 시찌미

해설 복어죽의 간은 소금과 국간장으로 맞춘다.

05 복어 죽 조리 방법에 대한 설명으로 틀린 것은?

① 맛국물 조리 시 탁한 색에서 맑은 색이 나도록 끓이고 뼈는 건져 낸다.
② 밥을 지을 때 물의 양을 조절하고 청주를 넣으면 잡냄새가 제거된다.
③ 완성된 죽에 취향에 따라 폰즈를 넣어 먹는다.
④ 계란을 풀어 넣고는 강한 불로 끓여 준다.

해설 불을 끄고 풀어둔 계란을 넣어 준다. 끓이면 부드럽지 못하다.

Chapter 05 | 복어 죽 조리									
1	③	2	②	3	①	4	②	5	④

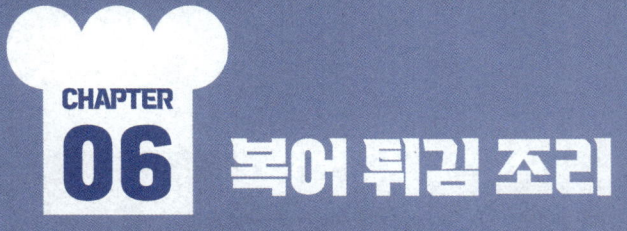

CHAPTER 06 복어 튀김 조리

01 복어 튀김의 개요

1. 복어 튀김의 특징

복어 튀김은 복어 살을 밑간하여 전분이나 밀가루 등을 묻혀서 튀긴 가라아게 형태의 튀김 요리이다.

2. 튀김의 종류

스아게	식재료 그 자체를 아무것도 묻히지 않은 상태에서 튀겨 내 재료가 가진 색과 형태를 그대로 살릴 수 있는 튀김
고로모아게	박력분이나 전분으로 튀김옷(고로모)에 물을 넣어서 만들어 재료에 묻혀 튀겨 내는 튀김
가라아게	양념한 재료를 그대로 튀기거나 박력분이나 전분만을 묻혀 튀긴 튀김

3. 기본 조리 용어

아게다시	• 조미한 조림 국물을 튀긴 재료 위에 부어 먹는 요리 • 비율 : 다시 7 : 연간장 1 : 미림 1
덴다시	• 튀김을 찍어 먹는 간장 소스 • 비율 : 다시 4 : 진간장 1 : 미림 1
고로모	• 튀김을 튀기기 위한 반죽으로 박력분이나 전분으로 만듦

야쿠미	• 요리의 풍미를 증가시키거나 식욕을 자극하기 위해 첨가하는 야채나 향신료 예 파, 와사비, 생강, 간 무, 고춧가루 등
덴카츠	• 고로모(튀김옷)를 방울지게 튀긴 것으로, 튀길 때 재료에서 떨어져 나온 여분의 튀김

02 복어 튀김 재료 준비하기

1. 복어 튀김의 재료 준비

① 손질한 복어 살이 잘 익을 수 있도록 칼집을 넣어 준다.
② 복어 살은 다른 생선에 비해 살이 단단하여 너무 두껍지 않게 도톰하게 썰어 준비한다.
③ 소스를 만들어준다. (국 간장 1T, 미림 1T, 정종1T, 참기름 약간)
④ 복어 살을 소스에 1분간 절여 체에 밭쳐 둔다.
④ 유자껍질을 다져서 복어 살에 묻힌다. (잡내와 느끼함 제거 효과)

2. 튀김 옷 준비하기

① 밀가루(박력분)와 전분 가루를 1 : 1로 섞는다.
② 체에 밭쳐 두었던 복어를 그릇으로 옮겨 밀가루와 전분이 살짝 묻힐 정도로만 넣고 잘 섞이게 저어 준다.

03 복어 튀김 조리와 완성하기

1. 복어 튀김하기

① 양념장에 담갔다가 체에 밭쳐 밀가루(박력분)와 전분을 살짝 묻힌 복어 살을 하나씩 노릇하게 튀긴다.

② 가라아게는 160℃에서 튀기며(일반 튀김 온도는 180℃), 재료의 종류, 크기, 조리 방법에 따라 온도와 시간의 차이가 있다.

③ 튀겨 낸 복어는 채에 밭혀서 기름을 제거한다.

04 복어 튀김 담기

① 계절감 있는 그릇을 선정한다.

② 튀김이 눅눅해지지 않도록 종이나 한지를 깐다.

③ 튀긴 복어 살을 담는다.

④ 튀김 요리는 튀긴 즉시 먹는 것이 가장 맛이 있게 먹는 방법이다.

⑤ 자기가 좋아하는 양념(야쿠미)과 튀김 다시국물을 곁들여서 먹는다.

⑥ 양념과 튀김 다시국물은 튀김 요리를 입에 당기게 하는 역할, 뜨거운 튀김 요리의 열을 조금 낮추어 주는 역할을 한다.

01 튀김의 종류 중 밑간을 하여 그대로 또는 밀가루나 전분을 묻혀 튀기는 것은?

① 스아게　　② 고로모아게
③ 고로모　　④ 가라아게

해설 가라아게는 양념한 재료를 그대로 튀기거나 박력분이나 전분만을 묻혀 튀긴다.

02 가라아게의 튀김 온도로 맞는 것은?

① 140℃　② 160℃　③ 170℃　④ 180℃

해설 일반적인 튀김의 온도는 180℃이지만, 재료에 양념을 하여 튀기는 가라아게와 같은 경우는 타지 않도록 160℃가 적정 온도이다.

03 복어 튀김의 조리법에 대한 설명으로 바르지 않은 것은?

① 복어 살이 잘 익도록 칼집을 넣어 준다.
② 소스에 1분 정도 재웠다가 사용한다.
③ 박력분과 전분을 섞어 물을 넣고 가볍게 반죽한다.
④ 160℃의 온도에 타지 않도록 노릇하게 튀긴다.

해설 복어 튀김은 가라아게 형태의 튀김으로, 소스에 재웠다가 체에 밭쳐 둔 복어 살을 밀가루(박력분)와 전분가루를 묻혀 바로 튀긴다. 물은 사용하지 않는다.

Chapter 06	복어 튀김 조리					
1	④	2	②	3	③	

CHAPTER 07 복어 회 국화 모양 조리

01 복어 살 전처리 작업하기

1. 복어살 전처리

(1) 생선 포 뜨기(오로시)의 종류와 특징

두 장 뜨기 [니마이오로시, (にまいおろし)]	머리를 자르고 난 후 씻어서 살을 포를 떠서 중간 뼈가 붙어 있지 않게 살이 2장이 되게 하는 방법
세 장 뜨기 [삼마이오로시, (さんまいおろし)]	기본적인 생선 포 뜨기의 한 가지 방법으로 생선을 위쪽 살, 아래쪽 살, 중앙 뼈의 3장으로 나누는 것을 말하며, 중앙 뼈에 붙어 있는 살의 뼈를 아래에 두고 뼈를 따라서 칼을 넣어 살을 분리함
다섯 장 뜨기 [고마이오로시, (ごまいおろし)]	생선의 중앙 뼈를 따라서 칼집을 넣어 일차적으로 배 살을 떼어내고, 등 쪽의 살도 떼어 배 쪽 2장, 등 쪽 2장, 중앙 뼈로 다섯 장 뜨기라고 하며, 광어와 가자미처럼 평평한 생선에 주로 이용함
다이묘 포 뜨기 [다이묘오로시, (だいみょおろし)]	다이묘 포 뜨기는 세장 뜨기의 한 가지로 생선의 머리 쪽에서 중앙 뼈에 칼을 넣고 꼬리 쪽으로 단번에 오로시 하는 방법으로, 중앙 뼈에 살이 남아 있기 쉽기 때문에 붙여진 이름으로 전어, 학꽁치 등 작은 생선에 주로 이용함

※ 생선 비린내 제거 방법
- 물로 씻기 : 생선 비린내 주성분인 트리메틸아민은 수용성으로 생선을 물로 씻으면 많이 제거된다.
- 산 첨가 : 식초, 레몬, 유자즙 등 산을 사용하면 트리메틸아민과 결합하여 줄일 수 있다.
- 간장 첨가 : 생선살 단백질의 응고를 촉진시키고 단단하게 하며, 단백질 중 글로불린을 용출시키고 동시에 비린내를 용출시킨다.
- 된장 첨가 : 콜로이드상의 조미료로 흡착성이 강하여 비린내 성분을 흡착하여 비린맛을 약하게 한다.

(2) 복어 세장 뜨기 및 전처리

복어 위치 잡기	껍질을 제거한 복어는 물기를 제거하고 꼬리는 왼쪽, 머리는 오른쪽 방향으로 놓고 중앙 뼈의 윗부분에 최초 칼집을 넣어 포를 뜨기 시작함
칼집 넣기	윗부분에 전체적인 칼집을 넣고 표면이 매끄러워 보이게 뼈와 살을 분리함
등 쪽에 칼집 넣기	등 쪽에도 칼집을 넣고 포를 뜨며, 중앙 뼈까지 칼집을 넣음
살 도려내기	살을 잡고 중앙 뼈에 붙어있는 살을 도려냄
반대편으로 돌리기	남은 한쪽은 뒤집어 꼬리를 왼쪽, 머리 부분을 오른쪽으로 향해 포를 뜸
중앙 뼈 위로 칼집 넣기	중앙 뼈를 기준으로 등 쪽을 시작으로 포를 뜸
완성된 복어 세장 뜨기	살과 뼈를 분리하고 뼈는 4~5cm 크기로 잘라서 잔칼집을 내고 흐르는 물에 담가 핏물을 뺌

(3) 복어살 전처리

복어 살 준비하기	복어 표면의 얇은 막은 질겨서 횟감용으로 부적절하므로 제거할 준비를 함
꼬리 부분부터 칼집 넣기	복어 살의 얇은 막을 제거하기 위하여 꼬리 부분을 시작으로 칼집을 넣음
꼬리 부분 얇은 막 제거하기	꼬리 쪽에 비스듬하게 칼집을 넣어 얇은 막을 제거하기
복어 살 위치 이동하기	껍질 쪽의 얇은 막을 제거하기 위하여 복어 살의 위치를 머리는 왼쪽, 꼬리는 오른쪽으로 이동시킴
얇은 막 제거하기	껍질 부분의 얇은 막을 제거하기 위해 꼬리(오른쪽)에서 머리(왼쪽) 방향으로 바닥에 칼을 눕혀 위, 아래로 칼을 이동하여 제거하고 깔끔하게 제거되었는지 확인
배꼽 부분 막 제거하기	배꼽 부분의 빨간 살 부분을 제거하면서 주변의 주름 막도 제거하기
뼈 쪽 살 얇은 막 제거하기	마지막으로 뼈에 붙어 있는 복어 살 부분의 얇은 막을 제거하기
부위별 얇은 막 제거 완성하기	부위별 막을 확인하고 제거 되지 않은 막이 있는지 확인하기
소금물에 담가 어취 등 제거	전처리한 살은 소금물에 담가 어취와 수분을 제거함
횟감	횟감을 효율적으로 사용하기 위하여 두 개로 분리하는데, 복어 회의 국화 모양을 나타내기 위해 횟감용 살을 한쪽은 바깥쪽 국화 모양(복어 살의 폭이 넓은 부분)으로, 다른 한쪽은 안쪽 국화 모양(복어 살이 작은 부분)을 위해 3 : 2의 비율로 약간 칼을 기울여 두 개로 나누어 마른 행주에 말아 숙성시킴

※ 복어살의 얇은 막을 제거할 때는 칼날의 각도를 낮추며, 다른 손으로 복어 살 부위를 살짝 눌러 주면서 칼 동작을 반복한다.

(4) 복어 껍질 준비하기

① 복어 속껍질과 겉껍질을 분리하여 겉껍질을 도마에 밀착시키고, 평평하게 펼쳐준 후 칼을 위, 아래로 밀고 당기면서 전진하며 가시를 제거한다.

② 냄비에 물이 끓으면 복어 껍질이 부드러워질 때까지 삶는다.

③ 찬물에 담가 열기를 식히고 물기를 닦은 후 랩을 사용하여 복어 껍질을 고루 펼친다.

④ 도마 등의 무게가 나가는 물건을 올려 복어 껍질을 굳혀준다.

⑤ 굳힌 복어 껍질을 랩에서 풀어 손과 칼에 달라붙지 않도록 물을 묻힌 상태에서 일정하게 썬다.

02 복어 회 뜨기

1. 복어 회 뜨기

① 도마 표면에 이물질이 묻었는지 확인하고 젖은 행주를 준비하여 칼을 청결히 할 수 있도록 준비하고, 손의 온도를 차갑게 하여 복어 회가 달라붙지 않도록 한다.

② 큰 폭의 복어 살을 먼저 사용하고 복어 살을 왼쪽 집게손가락으로 살짝 눌러 고정시키면서 칼날 전체를 사용하여 비스듬하게 위에서 아래로 당기는 기분으로 잘라 낸다.

③ 복어는 결의 반대 방향으로 폭 2~3cm, 길이 6~7cm가 되도록 길이와 너비를 조절하여 일정한 모양과 크기를 나타내기 위해 복어 살의

폭이 좁아지면 칼을 눕히고, 길이가 짧아지면 칼을 세워 모양과 크기에 맞춰 접시 바닥이 보일 정도로 얇게 회를 뜬다.

④ 복어의 끝선은 반듯하고 동일한 크기와 두께로 접으며, 복어 회를 국화 모양으로 표현하기 위해 삼각 모양으로 접는다. (접시의 바깥쪽 국화 모양 부위보다 안쪽 국화 모양 부위를 작게 잘라 표현함)

⑤ 복어 회를 자를 때 물기가 많으면 행주로 닦아 주고, 칼에 묻은 복어 살의 찌꺼기들도 젖은 행주로 닦으면서 회를 잘라 내고, 손에 묻은 끈적한 점액 성분도 닦으면서 청결을 유지한다.

03 복어 회 국화 모양 담기

1. 그릇 준비

① 둥근 접시를 준비, 회를 얇고 길게 잘라 담는 기술을 기쿠모리라고 한다.

② 사각이나, 투명 유리 접시는 복어 회의 얇은 특징을 나타내기 부적합하다.

2. 복어 회 국화 모양 담기

① 복어 회는 오른쪽에서 왼쪽으로 담는 것이 기본이고, 그릇의 바깥쪽에서 앞쪽으로 담는다.

② 복어 회는 꼬리 쪽부터 머리 쪽으로 당겨 썰어 시계 반대 방향으로 원을 그리듯이 일정한 간격으로 겹쳐 담는다.

③ 안쪽은 바깥쪽보다 작은 크기의 국화 모양으로 원을 그리듯이 시계 반대 방향으로 겹쳐 담는다.

④ 중앙에는 복어 회를 말아 꽃 모양으로 만들어 올려준다.

⑤ 복어 살에서 제거한 얇은 막은 끓는 물에 데쳐서 말린 복어 지느러미와 함께 나비 모양으로 장식해 준다.

> ※ 복어 그릇 담기의 모양의 종류 : 국화 모양, 모란꽃 모양, 학모양, 공작모양 등이 있다

3. 곁들임 재료 준비

① 폰즈(ポン酢) 소스를 만든다 : 냄비에 찬물과 청주, 다시마를 넣어 한 번 끓으면 다시마를 건져 내고 식혀서 다시, 진간장, 식초를 1 : 1 : 1로 섞어 완성한다.

② 야쿠미(薬味, 양념)를 준비한다.
  ㉠ 실파는 잘게 썰어 찬물에 진액을 씻고 마른 면 보를 이용하여 물기를 제거한다.
  ㉡ 무는 강판에 곱게 갈아 흐르는 물에 매운맛을 빼고 고운 고춧가루로 빨간 무즙을[모미지 오로시(紅葉下ろし)] 만든다.
  ㉢ 레몬을 반달 모양으로 잘라준다.

4. 완성하기

① 미나리 길이는 4cm 정도의 길이로 잘라 사용한다.

② 빨간 무즙, 실파, 레몬을 그릇에 가지런히 담고, 초간장(폰즈)과 같이 완성한다.

01 복어 회 전처리 과정으로 바르지 않은 것은?

① 복어 껍질은 손질 후 데쳐서 상온에서 식힌다.
② 복어 살은 횟감으로 손질해서 마른행주에 말아서 숙성시킨다.
③ 횟감을 효율적으로 사용하기 위해 두 개로 분리하기도 한다.
④ 부위별 제거되지 않은 막이 있는지 확인하다.

해설 복어 껍질은 데쳐서 찬물이나 얼음물에 열기를 식혀 랩을 사용하여 고루 펼쳐서 냉장고에 넣어 건조한 후 썰어야 탄력 있고 채썰기에 좋다.

02 복어 회 국화 모양 접시 담기에 대한 설명으로 바르지 않은 것은?

① 그릇의 바깥쪽에서 안쪽으로 담는다.
② 복어 회는 꼬리 쪽에서 머리 쪽으로 당겨 썬다.
③ 바깥쪽 국화 모양은 복어 살의 폭이 넓은 부분을 사용한다.
④ 복어 회는 왼쪽에서 오른쪽으로 담는 것이 기본이다.

해설 복어 회는 오른쪽에서 왼쪽으로 담는 것이 기본이다.

03 복어 회 국화 모양 담기에 대한 설명으로 바르지 않은 것은?

① 회를 얇고 길게 잘라 담는 기술을 '기쿠모리'라고 한다.
② 접시는 투명한 유리 접시가 깔끔하고 좋다.
③ 국화 모양을 표현하기 위해 복어 살을 삼각 모양으로 접는다.
④ 폰즈와 야쿠미를 곁들여 낸다.

해설 투명 유리 접시나 사각형 접시는 복어 회의 얇은 특징을 나타내기에 부적합하다.

04 복어처럼 탄력 있는 흰살생선을 얇게 써는 생선회 자르는 방법의 명칭은?

① 소기즈쿠리 ② 호소즈쿠리
③ 우스즈쿠리 ④ 세고시

해설 • 깍소기즈쿠리 : 깎아 썰기
• 호소즈쿠리 : 가늘게 썰기
• 우스즈쿠리 : 얇게 썰기
• 세고시 : 뼈째 썰기

Chapter 07	복어 회 국자 모양 조리							
1	①	2	④	3	②	4	③	

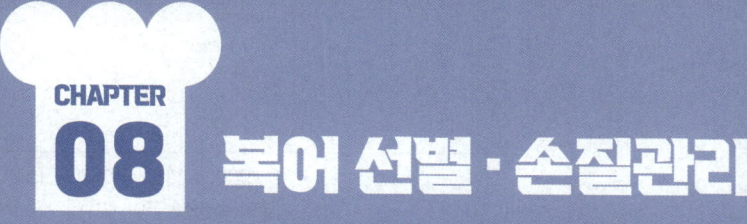

CHAPTER 08 복어 선별·손질관리

01 복어 선별·손질관리

1. 복어 기초 손질하기

손질 순서	방법
복어 세척하기	• 흐르는 물에 복어의 외부 몸통을 깨끗이 씻기
지느러미 제거하기	• 지느러미 제거 순서는 일의 능률과 손에서 오는 체온을 덜 받게 하려면 복어의 머리 쪽을 왼쪽으로 놓고 배꼽 지느러미, 등 쪽 지느러미, 왼쪽 가슴지느러미, 오른쪽 지느러미 순으로 잘라 내기 • 떼어낸 지느러미는 소금으로 문질러 씻어 펴서 말려서 사용하기
주둥이 손질하기	• 주둥이는 입 부위와 눈 사이에 칼을 넣어 혀가 잘리지 않도록 주의하여 잘라내며, 잘라낸 주둥이는 위 이빨 사이에 칼을 넣어 자른 다음 소금으로 깨끗이 손질하기
껍질 벗기기	• 주둥이를 자른 몸체는 머리 쪽을 자신 쪽(조리인)으로 놓고 머리 쪽의 왼쪽 눈과 배 껍질과 살 사이에 칼을 넣어 껍질의 위, 아래를 분리하여 꼬리까지 자르고, 오른쪽도 왼쪽과 같은 방법으로 껍질을 자른 다음 등쪽을 위로하고 꼬리 쪽의 껍질과 살 사이에 칼을 넣어 껍질을 자르기 • 꼬리 쪽의 껍질을 잡고 머리 쪽으로 당기면서 붙어 있는 곳은 칼을 넣어 껍질을 벗기고 반대쪽도 같은 방법으로 껍질을 벗겨 몸체와 껍질을 완전히 분리하기
내장 분리하고 배꼽살 떼기	• 턱 밑 협골 쪽으로 양쪽에 칼집 넣어 아가미와 내장을 들어 올려 내장을 분리하기 • 배꼽살을 좌우로 칼집 넣어 떼기
머리 손질하기, 눈알 제거하기	• 머리와 몸통을 분리한 후 머리를 반으로 갈라 눈알을 제거하기(눈알이 터지지 않도록 주의)
내장과 옆구리뼈 (갈비뼈) 분리하기	• 아가미 제거하기 • 옆구리 뼈(갈비뼈)와 내장 분리하기 • 갈비뼈 손질하기(잔뼈 제거)
배꼽살 정리하기	• 배꼽살 떼어낸 몸통 부분 핏물 제거하기
복어살 세장뜨기	• 내장을 제거한 복어는 칼을 사선으로 하여 포 떠내기 • 세장뜨기(삼마이오로시) : 몸통 2쪽, 뼈 1쪽

2. 복어 식용 가능 여부

식용 가능 (가식부위)	입, 혀, 껍질, 지느러미, 살, 머리뼈, 갈비뼈 부분, 정소(이리)
식용 불가능 (불가식부위)	눈(안구), 간, 난소, 알, 위장, 아가미, 쓸개(담낭), 비장, 신장, 심장, 부레, 방광 등 정소를 제외한 내장

※ 예외
- 황복 – 껍질(불가식), 정소(가식)
- 매리복, 검복, 황복, 눈물개복, 까칠복, 거북복 – 껍질, 지느러미 불가식
- 복섬, 흰점복, 졸복, 삼채복 – 껍질, 지느러미, 정소 불가식

※ 정소 섭취 가능 복어 : 자주복, 까치복, 검자주복, 금밀복, 흰밀복, 검은밀복, 물밀복, 가시복, 강담복, 쥐복, 브리커가시복

3. 복어 식용 부위 손질하기

손질 순서	방법
복어 살 손질하기	세장뜨기한 살은 혈압육 제거 및 내장에 붙어 있던 막을 제거하고, 꼬리 부분 흰색막 분리 및 복어살에 붙은 막을 제거하기
복어 뼈 손질하기	뼈 전체에 잔 칼집을 내준 후 적당한 길이로 자르기
머리 손질하기	눈알을 빼고 난 머리는 골수와 점막을 깨끗이 제거하기
옆구리뼈(갈비뼈)	검은 막 제거하기
배꼽살	배꼽살 양옆에 칼집을 넣어 펴주기

4. 복어 제독 처리하기

손질 순서	방법
복어 살	손질한 복어 살은 연한 소금물에 담갔다가 수분을 제거하고 회용, 지리 냄비용, 튀김용으로 사용하기
가식부위	머리뼈 2쪽, 갈빗살 2쪽, 입, 토막 낸 뼈, 배꼽 살은 흐르는 물에 5~6시간을 담가 핏물을 빼는 제독 작업하기

5. 복어 껍질 작업하기

손질 순서	방법
껍질 손질 및 가시제거하기	• 등 껍질막(속껍질) 긁어내기, 배쪽 껍질막(속껍질) 긁어내기 • 대바칼을 이용하여 안쪽 막을 말끔하게 긁어내야 도마에 밀착이 잘 되므로 가시를 제거하기 수월함 • 속껍질을 제거한 등껍질과 배쪽 껍질을 도마에 밀착시키고 사시미 칼을 이용하여 꼬리에서 머리쪽으로 가시를 밀어나가기
껍질 손질 및 가시제거하기	• 가시를 제거한 껍질은 끓는 물에 소금을 넣고 데쳐서 찬물에 식힌 후 겉껍질과 속껍질 모두 사용하기

6. 복어 독성 부위 폐기하기

① 복어의 내장이나 알은 독성 때문에 사료로 적합하지 않기 때문에 음식물 쓰레기에 버리지 않는다.

② 독극물임을 인지할 수 있는 표시와 문구를 삽입하고 복어 내장 표시를 하여 터지지 않도록 여러겹 포장하여 음식물 쓰레기가 아닌 종량제 봉투에 넣어 폐기한다.

③ 생선 내장으로 으인하여 섭취하는 것을 예방하고 사료료 보너지는 것을 방지한다.

④ 운반하는 과정에 독성이 있는 복어 내용물을 취급하는 직원의 교육도 필요하다.

01 복어 껍질 손질법으로 옳지 않은 것은?

① 끓는 물에 살짝 데쳐서 차게 식혀서 사용한다.

② 가시 제거는 대바칼을 사용한다

③ 속껍질과 겉껍질을 분리하고 가시를 제거한다.

④ 점액질을 소금으로 잘 씻는다.

해설 가시 제거는 사시미칼을 이용한다.

02 다음 중 복어의 가식부위에 들지 않는 것은?

① 머리뼈　　② 입

③ 갈비살　　④ 아가미

해설 식용 가능 부위 : 입, 혀, 껍질, 지느러미, 살, 머리뼈, 갈비뼈 부분, 정소(이리)

03 다음의 복어 기본 손질법으로 옳지 않은 것은?

① 복어회를 하기 위해 살은 세장뜨기한다.

② 머리뼈는 반으로 갈라 골수와 점막을 제거한다.

③ 복어의 위장과 간은 식용이 불가능하다.

④ 복어 뼈는 제독 없이 사용하여도 무방하다.

해설 복어뼈는 전체 잔 칼집을 낸 후 4~5cm로 토막을 내서 흐르는 물에 제독 작업을 한 후 사용한다.

04 다음 복어의 선별 · 손질관리로 옳지 않은 것은?

① 눈알을 제거하는데 대바칼을 사용한다.

② 복어 독성부위는 음식물 쓰레기와 함께 처리한다.

③ 옆구리뼈(갈비뼈)는 잔뼈와 점막을 제거하고 사용한다.

④ 복어의 선도를 유지하기 위해 신속하게 복어를 잡는다.

해설 복어의 내장이나 알은 독성 때문에 사료로 적합하지 않기 때문에 음식물 쓰레기에 버리지 말고 일반쓰레기로 분류, 종량제 봉투에 넣어 배출함

Chapter 08 │ 복어 선별 · 손질관리							
1	②	2	④	3	④	4	②

PART 11

실전모의고사

01 식품에 존재하는 유기 물질을 고온으로 가열할 때 지방이 분해되어 생기는 유해 물질은?

① 에틸카바메이트(Ethylcarbamate)
② 다환방향족탄화수소(Polycyclic aromatic hydrocarbon)
③ 앤-니트로소아민(N−nitrosoamine)
④ 메탄올(Methanol)

해설 고기를 구울 때 생기는 벤조피렌 등 다환방향족탄화수소와 같은 발암물질은 식품 등의 유기물의 불완전연소 과정에서 생성되는 물질로, 식품의 조리나 가공 시 식품의 주성분인 탄수화물, 단백질, 지방 등이 분해되어 생성되기도 한다.

02 식품의 위생과 관련된 곰팡이의 특징이 아닌 것은?

① 건조식품을 잘 변질시킨다.
② 대부분 생육에 산소를 요구하는 절대 호기성미생물이다.
③ 곰팡이 독을 생성하는 것도 있다.
④ 일반적으로 생육 속도가 세균에 비하여 빠르다.

해설 세균의 번식력은 이분법으로 한 개체가 두 마리로 분할하여 두 개체가 되는 번식력을 가지고 있으나 곰팡이는 포자로 번식을 하는데, 세균보다 강하진 않지만 질긴 성질을 가지고 있다.

03 다음 중 대장균의 최적 증식 온도 범위는?

① 0~5℃　　② 5~10℃
③ 30~40℃　　④ 55~75℃

해설 대장균의 최적 증식 온도는 37℃ 전후이다.

04 식품을 취급하는 종사자의 손 씻기로 바르지 않은 것은?

① 보통 비누로 먼저 손을 씻어 낸 후 역성 비누를 사용한다.
② 살균 효과를 높이기 위해 보통 비누와 역성 비누액을 섞어 사용한다.
③ 팔에서 손으로 씻어 내려온다.
④ 핸드타올이나 자동 손 건조기를 사용하는 것이 바람직하다.

해설 보통 비누는 더러운 먼지 등을 제거하는 작용이 있고, 역성 비누는 세척력은 약하나 살균력이 강하여 보통 비누로 먼저 먼지를 제거한 후 역성 비누를 사용하는 것이 바람직하다.

05 60℃에서 30분간 가열하면 식품 안전에 위해가 되지 않는 세균은?

① 살모넬라균
② 클로스트리디움 보툴리눔균
③ 황색 포도상구균
④ 장구균

해설 살모넬라균은 60℃에서 30분간 가열하면 사멸되므로 가열 섭취하면 예방할 수 있다.

06 도마와 식칼에 대한 위생 관리로 잘못된 것은?

① 뜨거운 물로 씻고 세제를 묻힌 스펀지로 더러움을 제거한다.
② 흐르는 물로 세제를 씻는다.
③ 80℃의 뜨거운 물에 5분간 담근 후 세척하거나 차아염소산 나트륨 용액에 담갔다가 세척한다.
④ 세척, 소독 후에는 건조할 필요 없다.

해설 도마와 식칼은 세척 과정을 끝내면 완전히 건조시킨 후 사용한다.

07 식품 안전 관리 인증 기준(HACCP)에 대한 설명으로 틀린 것은?

① 식품의 원료, 관리, 제조, 조리, 유통의 모든 과정을 포함한다.
② 위해한 물질이 식품에 섞이거나 식품이 오염되는 것을 방지하기 위하여 실시한다.
③ HACCP 수행의 7원칙 중 원칙 1은 중요 관리점에 대한 감시 절차 확립이다.
④ 각 과정을 중점적으로 관리하는 기준이다.

해설 HACCP 수행의 7원칙 중 원칙 1은 위해 요소를 분석하는 것이다.

08 식품과 자연독의 연결이 맞는 것은?

① 독버섯 – 솔라닌(Solanine)
② 감자 – 무스카린(Muscarine)
③ 살구씨 – 파세오루나틴(Phaceolunatin)
④ 목화씨 – 고시폴(Gossypol)

해설 식품 중의 유독 성분
독버섯 – 무스카린 / 감자 – 솔라닌 / 살구씨, 청매, 복숭아씨 – 아미그달린 / 목화 씨 – 고시폴

09 식품 첨가물 중 보존료의 목적을 가장 잘 표현한 것은?

① 산도 조절
② 미생물에 의한 부패 방지
③ 산화에 의한 변패 방지
④ 가공 과정에서 파괴되는 영양소 보충

해설 • 산미료 : 산도 조절
• 산화 방지제 : 산화에 의한 산패 방지
• 강화제 : 부족한 영양소를 식품에 첨가하여 영양소를 보충

10 알레르기성 식중독을 유발하는 세균은?

① 병원성 대장균(E.coli O157 : H7)
② 모르가넬라 모르가니(Morganella morganii)
③ 엔터로박터 사카자키(Enterobacter sakazakii)
④ 비브리오 콜레라(Vibrio cholerae)

해설 모르가넬라 모르가니균은 장내세균과 Morganella속에 속하는 균으로 꽁치나 고등어 같은 붉은살 어류의 가공품을 섭취했을 때 몸에 두드러기가 나고, 열이 나는 증상을 일으킨다. 이와 같은 식중독을 알레르기성 식중독이라 한다.

11 식품위생법상 식품 위생 수준의 향상을 위하여 필요한 경우 조리사에게 교육을 받을 것을 명할 수 있는 자는?

① 관할 시장
② 보건복지부장관
③ 식품의약품안전처장
④ 관할 경찰서장

해설 식품의약품안전처장은 식품 위생 수준 및 자질의 향상을 위하여 필요한 경우 조리사와 영양사에게 교육받을 것을 명할 수 있다.

12 식품위생법의 정의에 따른 "기구"에 해당하지 않는 것은?

① 식품 섭취에 사용되는 기구
② 식품 또는 식품 첨가물에 직접 닿는 기구
③ 농산품 채취에 사용되는 기구
④ 식품 운반에 사용되는 기구

해설 식품위생법의 정의에 따른 "기구"란 음식물을 먹을 때 사용하거나 담는 것 식품 또는 식품 첨가물을 채취·제조·가공·조리·저장·소분·운반·진열할 때 사용하는 것으로서 식품 또는 식품 첨가물에 직접 닿는 기계·기구나 그 밖의 물건을 말한다. 단, 농업과 수산업에서 식품을 채취하는 데에 쓰이는 기계·기구나 그 밖의 물건은 제외한다.

13 즉석판매제조·가공업소 내에서 소비자에게 원하는 만큼 덜어서 직접 최종 소비자에게 판매하는 대상 식품이 아닌 것은?

① 벌꿀   ② 식빵
③ 우동   ④ 어육제품

해설 어육제품, 특수용도식품(체중조절용 조제식품은 제외), 통·병조림 제품, 레토르트 식품, 전분, 장류 및 식초는 소분·판매하여서는 아니 된다.

14 식품위생법상 조리사가 식중독이나 그 밖에 위생과 관련한 중대한 사고 발생의 직무상 책임에 대한 1차 위반 시 행정 처분 기준은?

① 시정 명령
② 업무 정지 1개월
③ 업무 정지 2개월
④ 면허 취소

해설 조리사 위반 사항 및 행정 처분 기준

위반 사항	행정 처분 기준		
	1차 위반	2차 위반	3차 위반
식중독이나 그밖에 위생과 관련하여 중대한 사고 발생에 직무상의 책임이 있는 경우	업무 정지 1개월	업무 정지 2개월	면허 취소

15 위험도 경감을 위한 3가지 시스템 구성 요소가 아닌 것은?

① 사람　　② 조직
③ 절차　　④ 장비

해설 위험도 경감의 원칙 중 위험도 경감은 사람, 절차, 장비의 3가지 시스템 구성 요소를 고려하여 다양한 위험도 경감접근법을 검토한다.

16 카제인(Casein)은 어떤 단백질에 속하는가?

① 당단백질　　② 지단백질
③ 유도단백질　　④ 인단백질

해설 인단백질이란 단백질에 인산이 공유결합을 한 복합단백질을 통틀어 일컫는 말로, 젖에 함유된 카제인과 달걀노른자에 있는 비텔린 등이 대표적이다.

17 전분 식품의 노화를 억제하는 방법으로 적합하지 않은 것은?

① 설탕을 첨가한다.
② 식품을 냉장 보관한다.
③ 식품의 수분 함량을 15% 이하로 한다.
④ 유화제를 사용한다.

해설 식품을 냉장 보관하면 전분의 노화가 쉽게 온다. 전분을 80℃ 이상에서 급속히 건조시키거나 0℃ 이하에서 급속냉동하여 수분 함량을 15% 이하로 하면 노화를 억제할 수 있다.

18 과실 저장고의 온도, 습도, 기체 조성 등을 조절하여 장기간 동안 과실을 저장하는 방법은?

① 산 저장　　② 자외선 저장
③ 무균포장 저장　　④ CA 저장

해설 CA 저장은 저장고 속의 대기 가스를 인공적으로 조절해 과일 등을 원형 가깝게 저장하는 방법으로, 이산화탄소와 질소를 증가시키고 산소를 줄여 최적의 환경을 만들어 저장하는 방법이다.

19 유지를 가열할 때 생기는 변화에 대한 설명으로 틀린 것은?

① 유리지방산의 함량이 높아지므로 발연점이 낮아진다.
② 연기 성분으로 알데히드(Aldehyde), 케톤(Ketone) 등이 생성된다.
③ 요오드값이 높아진다.
④ 중합 반응에 의해 점도가 증가된다.

해설 요오드값(Iodine value)은 유지 100g 중에 흡수되는 요오드의 g수로 지방산 중에 이중 결합이 많을수록 요오드가 높아지며, 유지의 불포화도를 나타내는 척도가 되는데 유지를 오래 가열하면 이중 결합이 중합되어 요오드가 감소된다.

20 조리 작업 시 유해ㆍ위험 요인과 원인의 연결로 바르지 않은 것은?

① 화상, 데임 – 뜨거운 기름이나 스팀, 오븐 등의 기구와 접촉 시
② 근골격계 질환 – 장시간 한자리에서 작업 시
③ 미끄러짐, 넘어짐 – 정리 정돈 미흡과 부적절한 조명 사용 시
④ 전기 감전과 누전 – 전원을 끈 후 전자 제품 청소 시

해설 조리실은 물을 많이 사용하는 장소로 감전의 위험이 높으므로 전기 제품 청소 시에는 전원 연결코드를 빼고 청소를 하도록 한다.

21 신맛 성분과 주요 소재 식품의 연결이 틀린 것은?

① 구연산(Citric acid) – 감귤류
② 젖산(Lactic acid) – 김치류
③ 호박산(Succinic acid) – 늙은 호박
④ 주석산(Tartaric acid) – 포도

해설 호박산은 양조 식품, 패류, 사과, 딸기 등에 있고, 감칠맛이 있다.

22 소화기 설치 및 관리 요령으로 바르지 않은 것은?

① 소화기는 습기가 적고 건조하며, 서늘한 곳에 설치한다.
② 분말소화기는 흔들거나 움직이지 않고 계속 비치한다.
③ 사용한 소화기는 다시 사용할 수 있도록 재충전하여 보관한다.
④ 유사시에 대비하여 수시로 점검한다.

해설 분말소화기는 소화약제가 굳거나 가라앉지 않도록 한 달에 한 번 정도 위아래로 흔들어주는 것이 좋다.

23 달걀 100g 중에 당질 5g, 단백질 8g, 지질 4.4g 이 함유되어 있다면 달걀 5개의 열량은 얼마인가? (단, 달걀 1개의 무게는 50g이다)

① 91.6kcal　　② 229kcal
③ 274kcal　　④ 458kcal

해설 • 식품은 당질 1g당 4kcal, 단백질 1g당 4kcal, 지방 1g당 9kcal의 열량이 발생한다. 그러므로(5×4)+(8×4)+(4.4×9)=20+32+39.6=91.6이다. 즉, 달걀 100g 중 식품의 열량은 91.6kcal이다.
• 달걀 1개의 무게가 50g이고 달걀 5개의 열량을 구하라고 했으므로 총 250g(50g×5개)의 열량을 구하면 된다.
• 100 : 91.6=250 : χ
• 100χ=91.6×250
• 100χ=22,900
• χ=229
그러므로 달걀 5개의 열량은 229kcal이다.

24 근채류 중 생식하는 것보다 기름에 볶는 조리법을 적용하는 것이 좋은 식품은?

① 무　　② 고구마
③ 토란　　④ 당근

해설 지용성 비타민에는 비타민 A, D, E, K, F 등이 있다. 식물(당근, 파프리카, 노란호박 등)에는 비타민 A의 전구물질인 카로틴이 존재하는데, 인체 내에 들어왔을 때 비타민 A로 효력을 갖게 된다. 지용성 비타민은 기름에 용해되나 물에는 용해되지 않으므로 생식하는 것보다 기름을 활용한 요리법을 쓰 는 것이 좋다.

25 다음 중 단백가가 가장 높은 것은?

① 소고기　　② 달걀
③ 대두　　④ 버터

해설 단백가란 식품에 함유된 필수 아미노산의 양을 표준단백질의 필수 아미노산 조성과 비교한 수치로 단백질을 점수로 환산한 수치를 의미하는데, 달걀에 함유된 아미노산 조성은 체조직 합성에 가장 효율성이 높다.

26 구매를 위한 시장 조사의 원칙으로 바르지 않은 것은?

① 조사 적시성의 원칙
② 조사 계획성의 원칙
③ 조사 정확성의 원칙
④ 비용 소비성의 원칙

해설 시장 조사의 원칙
• 비용 경제성의 원칙 : 최소의 비용으로 시장 조사를 한다.
• 조사 적시성의 원칙 : 시장 조사는 본 구매를 해야 하는 기간 내에 끝낸다.
• 조사 탄력성의 원칙 : 시장의 가격 변동이나 수급 상황 변동에 대한 탄력적으로 대응하는 조사여야 한다.
• 조사 계획성의 원칙 : 사전에 시장 조사 계획을 철저하게 세워서 실시한다.
• 조사 정확성의 원칙 : 세운 계획의 내용을 정확하게 조사한다.

27 산성 식품에 해당하는 것은?

① 곡류　　　② 사과

③ 감자　　　④ 시금치

해설 산성 식품과 알칼리성 식품

산성 식품	알칼리성 식품
• 인(P), 황(S), 염소(Cl) 등을 함유하고 있는 식품 • 곡류, 어류, 육류 등	• 나트륨(Na), 칼륨(K), 칼슘(Ca), 철분(Fe) 등을 함유하고 있는 식품 • 해조류, 과일, 채소류, 고구마, 감자, 우유 등

28 아미노산, 단백질 등이 당류와 반응하여 갈색 물질을 생성하는 반응은?

① 폴리페놀옥시다아제(Polyphenol oxidase) 반응

② 마이얄(Maillard) 반응

③ 캐러맬화(Caramelization) 반응

④ 티로시나아제(Tyrosinase) 반응

해설 마이얄 반응은 비효소적 갈변의 하나로 아미노산, 단백질 등이 당류와 반응하여 갈색 채소인 멜라노이딘(Melanoidin) 색소를 형성한다.

29 제조 과정 중 단백질 변성에 의한 응고 작용이 일어나지 않는 것은?

① 치즈 가공　　② 두부 제조

③ 달걀 삶기　　④ 딸기잼 제조

해설 치즈 가공, 두부 제조, 달걀 삶기는 단백질 변성에 의한 응고 작용이 일어난 것이며, 딸기잼은 펙틴, 설탕, 산에 의해 겔화가 일어나는 원리에 의한 제조이다.

30 검수 업무를 위한 구비 요건으로 바르지 않은 것은?

① 검수 지식이 풍부한 검수담당자가 진행한다.

② 검수 구역은 배달 구역과 가까워야 한다.

③ 물품 저장소와의 거리는 가까울 필요는 없다.

④ 물품의 저장 관리 및 특성을 숙지한다.

해설 노동력 절감을 위해서 검수 구역은 배달 구역 입구, 물품 저장소와 가까운 거리여야 한다.

31 튀김옷의 재료에 관한 설명으로 틀린 것은?

① 중조를 넣으면 탄산 가스가 발생하면서 수분도 증발되어 바삭하게 된다.

② 달걀을 넣으면 달걀 단백질의 응고로 수분 흡수가 방해되어 바삭하게 된다.

③ 글루텐 함량이 높은 밀가루가 오랫동안 바삭한 상태를 유지한다.

④ 얼음물에 반죽을 하면 점도를 낮게 유지하여 바삭하게 된다.

해설 튀김옷에 사용하는 밀가루로 글루텐 함량이 낮은 박력분을 사용해야 바삭한 튀김을 만들 수 있다.

32 식품 구매 시 폐기율을 고려한 총발주량을 구하는 식은?

① 총발주량 = (100 − 폐기율) × 100 × 인원수

② 총발주량 = $\dfrac{정미중량 − 폐기율}{(100 − 가식률)} × 100$

③ 총발주량 = (1인당 사용량 − 폐기율) × 100 × 인원수

④ 총발주량 = $\dfrac{정미중량}{(100 − 폐기율)} × 100 × 인원수$

해설 총발주량 = $\dfrac{정미중량}{(100 − 폐기율)} × 100 × 인원수$

34 냉장고 사용 방법으로 틀린 것은?

① 뜨거운 음식은 식혀서 냉장고에 보관한다.

② 문을 여닫는 횟수를 가능한 한 줄인다.

③ 온도가 낮으므로 식품을 장기간 보관해도 안전하다.

④ 식품의 수분이 건조되므로 밀봉하여 보관한다.

해설 냉장고에 보관 가능한 식품의 시간은 달걀 3~5주, 마요네즈 개봉 후 2개월 내, 조리된 식육 및 어패류 3~5일, 익히지 않은 식육 및 어패류 1~2일로, 냉장고 온도가 낮다고 해서 식품을 장기간 보관하는 것은 안전하지 못하다.

33 달걀의 기능을 이용한 음식의 연결이 잘못된 것은?

① 응고성 − 달걀찜

② 팽창제 − 시폰케이크

③ 간섭제 − 맑은장국

④ 유화성 − 마요네즈

해설 • 간섭제는 식품 조리에서 달걀의 기능 중 하나로, 거품을 낸 난백은 결정체 형성을 방해하여 매끈하고 부드러운 질감을 준다.
• 셔벳이나 캔디 제조 시 거품을 낸 난백을 넣어 주면 용질 부착 방지로 작은 미세 결정이 생겨 매끈하고 부드러운 질감을 준다.

35 식품을 고를 때 채소류의 감별법으로 틀린 것은?

① 오이는 굵기가 고르며 만졌을 때 가시가 있고, 무거운 느낌이 나는 것이 좋다.

② 당근은 일정한 굵기로 통통하고 마디나 뿔이 없는 것이 좋다.

③ 양배추는 가볍고 잎이 얇으며, 신선하고 광택이 있는 것이 좋다.

④ 우엉은 껍질이 매끈하고 수염뿌리가 없는 것으로 굵기가 일정한 것이 좋다.

해설 양배추는 단단하고 묵직하며, 바깥쪽 잎이 신선한 녹색인 것을 고르는 것이 좋다.

36 조리장 설비에 대한 설명 중 부적합한 것은?

① 조리장의 내벽은 바닥으로부터 5cm까지 수성자재로 한다.

② 충분한 내구력이 있는 구조이어야 한다.

③ 조리장에는 식품 및 식기류의 세척을 위한 위생적인 세척시설을 갖춘다.

④ 조리원 전용의 위생적 수세시설을 갖춘다.

해설 조리장의 내벽은 바닥으로부터 1m까지 타일 등의 내수성 자재를 사용한 구조이어야 한다.

37 고추장에 대한 설명으로 틀린 것은?

① 고추장은 곡류, 메주가루, 소금, 고춧가루, 물을 원료로 제조한다.

② 고추장의 구수한 맛은 단백질이 분해되어 생긴 것이다.

③ 고추장은 된장보다 단맛이 더 약하다.

④ 고추장의 전분원료로 찹쌀가루, 보릿가루, 밀가루를 사용한다.

해설 고추장에는 엿기름가루를 사용하기 때문에 된장에 비해 단맛이 더 있다.

38 다음 원가의 구성에 해당하는 것은?

직접원가 + 제조간접비

① 판매 가격

② 간접 원가

③ 제조 원가

④ 총원가

해설 원가 구성도

			이익
		판매관리비	
	제조간접비	제조 원가 (공장 원가)	총원가 (판매원가)
직접재료비			
직접노무비	직접원가 (기초원가)		
직접경비			
직접원가	제조원가	총원가	판매가격

39 조리 시 일어나는 현상과 그 원인으로 연결이 틀린 것은?

① 장조림 고기가 단단하고 잘 찢어지지 않음 – 물에 먼저 삶은 후 간장을 넣어 약한 불로 서서히 졸였기 때문

② 튀긴 도넛에 기름 흡수가 많음 – 낮은 온도에서 튀겼기 때문

③ 오이무침의 색이 누렇게 변함 – 식초를 미리 넣었기 때문

④ 생선을 굽는데 석쇠에 붙어 잘 떨어지지 않음 – 석쇠를 달구지 않았기 때문

해설 장조림이 질긴 이유는 간장을 처음부터 넣고 끓였기 때문이다. 고기는 염분에 의해서 수축작용을 하므로 고기가 어느 정도 물러진 다음에 간장을 넣어야 장조림이 질겨지지 않는다.

40 칼질법의 종류 중 칼끝을 도마에 고정하듯이 누르고 칼 잡은 손을 작두질하듯이 누르며 써는 방법은?

① 작두 썰기
② 칼끝 대고 밀어 썰기
③ 당겨 썰기
④ 뉘어 썰기

해설 ① 작두 썰기(칼끝 대고 눌러 썰기) : 칼끝을 고정하듯이 누르고 작두질하듯이 쿡쿡 누르며 써는 방법
② 칼끝 대고 밀어 썰기(밀어 썰기와 작두 썰기를 혼합한 방법) : 칼끝을 도마에 대고 누른 상태에서 손잡이를 들어서 칼을 앞으로 밀었다가 뒤로 당기면서 써는 방법
③ 당겨 썰기 : 칼끝을 도마에 대고 손잡이를 뒤로 당기면서 눌러써는 방법
④ 뉘어 썰기 : 오징어 등의 칼집을 넣을 때 칼을 45°정도로 뉘어서 칼집을 넣는 방법

41 탈수가 일어나지 않으면서 간이 맞도록 생선을 구우려면 일반적으로 생선 중량 대비 소금의 양은 얼마가 가장 적당한가?

① 0.1%   ② 2%
③ 16%   ④ 20%

해설 생선구이 시 소금구이의 경우 소금을 생선 중량의 2~3% 뿌리면 탈수도 일어나지 않고 간도 적절하다.

42 소고기 40g을 두부로 대체하고자 할 때 필요한 두부의 양은 약 얼마인가?(단 100g당 소고기 단백질의 양은 20.1g, 두부 단백질의 양은 8.6g으로 계산한다)

① 70g   ② 74g
③ 90g   ④ 94g

해설 대치식품량 = 원래식품의 양 × 원래식품의 해당성분수치/대치하고자 하는 식품의 해당성분수치의 공식에 대입하면 40 × 20.1/8.6 = 80.4/8.6 = 약 94이다. 따라서 소고기 40g을 두부로 대치하려면 94g의 두부가 필요하다.

43 한식 고명에 대한 조리법으로 바르지 않은 것은?

① 달걀지단은 알끈을 제거하고 흰자와 노른자를 섞어 앞, 뒤를 지져서 사용한다.
② 은행은 팬에 기름을 두르고 볶으면서 소금을 넣고 굴려 가며 고르게 익혀 속껍질을 벗겨 사용한다.
③ 호두는 따뜻한 물에 불려서 속껍질을 벗겨 사용한다.
④ 잣은 통잣, 비늘잣, 잣가루를 내어 사용할 수 있다.

해설 달걀지단은 흰자와 노른자로 나누어 각각 얇게 부쳐 용도에 맞게 채썰기, 골패형, 마른 모형으로 잘라 사용한다.

44 육류 조리에 대한 설명으로 옳은 것은?

① 육류를 오래 끓이면 질긴 지방조직인 콜라겐이 젤라틴화되어 국물이 맛있게 된다.
② 목살, 양지, 사태는 건열 조리에 적당하다.
③ 편육을 만들 때 고기는 처음부터 찬물에서 끓인다.
④ 육류를 찬물에 넣어 끓이면 맛 성분 용출이 용이해져 국물맛이 좋아진다.

해설 육류를 오래 끓이면 결합 조직인 콜라겐이 젤라틴으로 용해되어 고기가 연해진다. 양지와 사태처럼 질긴 부위는 습열 조리가 적당하며, 편육을 만들 때 물이 끓은 후에 고기를 넣어야 맛 성분이 많이 유출되지 않는다.

45 단체 급식에서 식품의 재고 관리에 대한 설명으로 틀린 것은?

① 각 식품에 적당한 재고 기간을 파악하여 이용하도록 한다.
② 식품의 특성이나 사용 빈도 등을 고려하여 저장 장소를 정한다.
③ 비상시를 대비하여 가능한 많은 재고량을 확보할 필요가 있다.
④ 먼저 구입한 것은 먼저 소비한다.

해설 계절별 구매 단가가 폭등하거나 상황에 따라 구매 제품을 찾을 수 없을 때에는 전략적으로 재고를 일정 부분 가져가거나 대체 품목을 고려해 본다.

46 식혜에 대한 설명으로 틀린 것은?

① 전분이 아밀라아제에 의해 가수분해 되어 맥아당과 포도당을 생성한다.
② 밥을 지은 후 엿기름을 부어 효소 반응이 잘 일어나도록 한다.
③ 80℃ 온도가 유지되어야 효소 반응이 잘 일어나 밥알이 뜨기 시작한다.
④ 식혜 물에 뜨기 시작한 밥알은 건져 내어 냉수에 헹구어 놓았다가 차게 식힌 식혜에 띄워 낸다.

해설 식혜는 60∼65℃(전기밥통 보온 온도 정도)에서 효소 반응이 잘 일어난다.

47 중조를 넣어 콩을 삶을 때 가장 문제가 되는 것은?

① 비타민 B_1의 파괴가 촉진됨
② 콩이 잘 무르지 않음
③ 조리수가 많이 필요함
④ 조리 시간이 길어짐

해설 콩을 삶을 때 중조를 넣으면 콩이 잘 무르고 조리 시간이 단축되지만, 비타민 B_1의 파괴가 촉진된다.

48 고기를 연하게 하기 위해 사용하는 과일에 들어 있는 단백질 분해 효소가 아닌 것은?

① 피신(Ficin)
② 브로멜린(Bromelin)
③ 파파인(Papain)
④ 아밀라아제(Amylase)

해설 과일의 단백질 분해 효소는 무화과 – 피신, 파인애플 – 브로멜린, 파파야 – 파파인이며, 아밀라아제는 침에 들어 있는 탄수화물을 분해하는 효소이다.

49 찹쌀떡이 멥쌀떡보다 더 늦게 굳는 이유는?

① pH가 낮기 때문에

② 수분 함량이 적기 때문에

③ 아밀로오스의 함량이 많기 때문에

④ 아밀로펙틴의 함량이 많기 때문에

해설 멥쌀은 아밀로오스와 아밀로펙틴의 함량 비율이 20 : 80인데, 찹쌀은 대부분 아밀로펙틴으로 이루어져 있다. 아밀로오스의 함량 비율이 높을수록 전분의 노화가 빠르다.

50 다음 중 일반적으로 폐기율이 가장 높은 식품은?

① 소살코기   ② 달걀

③ 생선   ④ 곡류

해설 폐기율이란 조리 시 버려지는 부분으로 소살코기는 폐기율이 0%, 달걀은 14%, 곡류는 0%이며, 생선은 종류마다 다양하지만 동태 20%, 대구 34%, 꽁치 24%, 꽃게 68% 등으로 폐기율이 높은 편에 속한다.

51 하수 오염 조사 방법과 관련이 없는 것은?

① THM의 측정

② COD의 측정

③ DO의 측정

④ BOD의 측정

해설 THM

트리할로메탄으로, 주로 Humic물질인 유기물을 함유한 원수를 염소 소독하는 경우에 생성되며, 하수 오염 조사 방법과 관련이 없다. COD(화학적 산소 요구량), DO(용존 산소량), BOD(생물화학적 산소 요구량)는 하수 오염 조사에 사용된다.

52 다음 중 가장 강한 살균력을 갖는 것은?

① 적외선   ② 자외선

③ 가시광선   ④ 근적외선

해설 일광의 살균력은 대체로 자외선 때문이며, 2,500~2,800Å(옹스트롬) 범위의 것이 살균력이 가장 강하다.

53 호흡기계 감염병이 아닌 것은?

① 폴리오   ② 홍역

③ 백일해   ④ 디프테리아

해설 • 호흡기계 침입 : 디프테리아, 백일해, 결핵, 폐렴 인플루엔자, 두창, 홍역, 풍진, 성홍열 등
• 소화기계 침입 : 소아마비(폴리오), 장티푸스, 파라티푸스, 세균성이질, 콜레라, 아메바성 이질, 유행성간염

54 한식의 담음새 중 담는 방법에 대한 설명으로 틀린 것은?

① 좌우대칭은 균형적인 구성으로 안정감이 느껴지나 단순화되기 쉽다.

② 대축대칭은 좌우열십자로 요리를 담은 것으로, 클래식하며 안정감을 나타낸다.

③ 회전대칭은 일정한 방향으로 회전하며 담는 방법으로 대칭의 안정감을 준다.

④ 비대칭은 중심축에 대해 균형 없이 비대칭으로 담은 것으로 클래식한 스타일이다.

해설 비대칭은 중심축에 대해 양쪽 부분의 균형이 잡혀있지 않은 비대칭으로 새로운 창의적 요리를 시도해 볼 때 사용한다.

55 채소로부터 감염되는 기생충으로 짝지어진 것은?

① 편충, 동양모양선충

② 폐흡충, 회충

③ 구충, 선모충

④ 회충, 무구조충

해설 • 폐흡충 : 다슬기, 가재, 게
• 선모충 : 돼지고기
• 무구조충 : 소
• 회충, 구충, 편충, 동양모양선충 : 채소

56 감각 온도의 3요소가 아닌 것은?

① 기온　　　　② 기습

③ 기류　　　　④ 기압

해설 감각 온도의 3요소 : 기온, 기습, 기류

57 인수 공통 감염병에 속하지 않는 것은?

① 광견병

② 탄저

③ 고병원성조류인플루엔자

④ 백일해

해설 백일해는 호흡기계 감염병에 속한다.

58 아메바에 의해서 발생되는 질병은?

① 장티푸스　　　② 콜레라

③ 유행성간염　　④ 이질

해설 이질 아메바증은 대표적인 감염성 대장염의 일종으로, 이질 아메바라고 불리는 기생충이 장에 염증을 일으켜서 생기는 설사병이다.

59 죽의 조리법으로 옳지 않은 것은?

① 죽에 사용하는 곡물은 물에 충분히 담갔다가 사용한다.

② 물의 사용량은 일반적으로 쌀 용량의 5~6배가 적당하다.

③ 죽을 저을 때는 나무 주걱을 사용한다.

④ 죽에 들어가는 물은 나누어 넣어야 죽이 잘 어우러진다.

해설 죽에 사용할 물의 양을 나누어 넣으면 잘 어우러지지 않기 때문에 처음부터 전량의 물을 넣고 끓여야 죽이 잘 어우러진다.

60 숙채의 분류 중 무침나물에 속하지 않는 것은?

① 콩나물　　② 시금치나물
③ 비름나물　　④ 도라지나물

해설 숙채의 분류

분류	종류
무침나물	콩나물, 숙주나물, 시금치나물, 가지나 물, 취나물, 비름나물, 머위나물, 씀바귀나물 등
볶음나물	도라지나물, 고사리나물, 무나물, 박나 물, 버섯나물 등
기타 나물	구절판, 잡채, 탕평채, 죽순채, 월과채, 밀쌈 등

실전모의고사 01 | 한식 모의고사 1회

1	②	2	④	3	③	4	②	5	①
6	④	7	③	8	④	9	②	10	②
11	③	12	③	13	④	14	②	15	②
16	④	17	②	18	④	19	③	20	④
21	③	22	②	23	②	24	④	25	②
26	④	27	①	28	②	29	④	30	③
31	③	32	④	33	③	34	③	35	③
36	①	37	③	38	③	39	①	40	①
41	②	42	④	43	①	44	④	45	③
46	③	47	①	48	④	49	④	50	③
51	①	52	②	53	①	54	④	55	①
56	④	57	④	58	④	59	④	60	④

01 황색포도상구균의 특징이 아닌 것은?

① 균체가 열에 강함
② 독소형 식중독 유발
③ 화농성 질환의 원인균
④ 엔테로톡신(Enterotoxin) 생성

해설 황색포도상구균의 원인 독소인 엔테로톡신은 내열성을 갖기 때문에 120℃에서 20분간의 가열에서도 완전히 파괴되지 않는다.

02 섭조개 섭취 시 문제를 일으킬 수 있는 독소 성분은?

① 테트로도톡신(Tetrodotoxin)
② 셉신(Sepsine)
③ 베네루핀(Venerupin)
④ 삭시톡신(Saxitoxin)

해설 테트로도톡신 – 복어, 셉신 – 부패한 감자, 베네루핀 – 모시조개 · 굴 · 바지락 · 고동 등, 삭시톡신 – 섭조개(홍합) · 대합

03 위생복 착용 시 다음의 목적으로 반드시 착용해야 하는 것은?

머리카락과 머리의 분비물들로 인한 음식 오염을 방지하고 위생적인 작업을 진행할 수 있도록 하기 위해 착용한다.

① 머플러
② 위생모
③ 위생화(작업화)
④ 위생복

해설 위생모는 머리카락과 머리의 분비물로 인한 음식의 오염 방지를 위해 착용한다.

04 식품에서 자연적으로 발생하는 유독 물질을 통해 식중독을 일으킬 수 있는 식품과 가장 거리가 먼 것은?

① 피마자
② 표고버섯
③ 미숙한 매실
④ 모시조개

해설 식품과 독소명
피마자 – 리신(Ricin)
미숙한 매실 – 아미그달린(Amygdalin)
모시조개 – 베네루핀(Venerupin)

05 과거 일본 미나마타병의 집단 발병 원인이 된 중금속은?

① 카드뮴   ② 납
③ 수은   ④ 비소

해설 1953년 일본의 미나마타현 공장에서 사용한 유기수은(건전지, 제지공업 및 농약 등에 사용됨)의 일부가 폐수와 함께 흘러나와 하천, 해수, 해산물 순서로 더욱 높은 농도로 농축되어 이것을 다량 섭취한 어민들에게서 미나마타병을 일으켰다.

06 소시지 등 가공육제품의 육색을 고정하기 위해 사용하는 식품 첨가물은?

① 발색제   ② 착색제
③ 강화제   ④ 보존제

해설 발색제는 그 자체에는 색이 없으나 식품 중의 색소와 작용해서 색을 안정시키거나 발색을 촉진시키는 식품 첨가물로 소시지 등 가공육의 육류발색제로 사용한다.

07 소독의 지표가 되는 소독제는?

① 석탄산   ② 크레졸
③ 과산화수소   ④ 포르말린

해설 석탄산은 화장실, 하수도, 진개 등의 오물 소독에 사용하며, 각종 소독약의 소독력을 나타내는 기준이 된다.

08 식품의 변화 현상에 대한 설명으로 틀린 것은?

① 산패 : 유지식품의 지방질 산화
② 발효 : 화학 물질에 의한 유기화합물의 분해
③ 변질 : 식품의 품질 저하
④ 부패 : 단백질과 유기물이 부패미생물에 의해 분해

해설 발효란 탄수화물이 미생물의 작용을 받아 유기산, 알코올 등을 생성하게 되는 현상이다.

09 교차 오염 예방을 위한 주방의 작업 구역 중 청결 작업 구역이 아닌 것은?

① 세정 구역
② 조리 구역
③ 배선 구역
④ 식기 보관 구역

해설 교차 오염 예방을 위해 주방의 작업 구역을 일반 작업 구역(검수 구역, 전처리 구역, 식재료 저장 구역, 세정 구역)과 청결 작업 구역(조리 구역, 배선 구역, 식기 보관 구역)으로 설정하여 전처리와 조리, 기구 세척 등을 나누어 이행한다.

10 식품 첨가물의 주요 용도 연결이 옳은 것은?

① 삼이산화철 – 표백제
② 이산화티타늄 – 발색제
③ 명반 – 보존료
④ 호박산 – 산도 조절제

해설 삼이산화철과 이산화티타늄은 착색료이며, 명반은 팽창제로 사용된다.

11 식품위생법상 식중독 환자를 진단한 의사는 누구에게 이 사실을 제일 먼저 보고하여야 하는가?

① 보건복지부장관
② 경찰서장
③ 보건소장
④ 관할 시장, 군수, 구청장

해설 식중독 발생 시 보고 순서
(한)의사 → 관할 시장·군수·구청장 → 식품의약품안전처장 및 시·도지사

12 조리사 면허 취소에 해당되지 않는 것은?

① 식중독이나 그밖에 위생과 관련한 중대한 사고 발생에 직무상의 책임이 있는 경우
② 면허를 타인에게 대여하여 사용하게 한 경우
③ 조리사가 마약이나 그 밖의 약물에 중독이 된 경우
④ 조리사 면허의 취소 처분을 받고 그 취소된 날부터 2년이 지나지 아니한 경우

해설 조리사 면허의 취소 처분을 받고 그 취소된 날부터 1년이 지나지 아니한 자는 조리사 면허를 받을 수 없다.

13 식품위생법상 식품 등의 위생적인 취급에 관한 기준이 아닌 것은?

① 식품 등을 취급하는 원료보관실, 제조가공실, 조리실, 포장실 등의 내부는 항상 청결하게 관리하여야 한다.
② 식품 등의 원료 및 제품 중 부패, 변질되기 쉬운 것은 냉동·냉장시설에 보관·관리하여야 한다.
③ 유통 기한이 경과된 식품 등을 판매하거나 판매의 목적으로 진열 보관하여서는 아니 된다.
④ 모든 식품 및 원료는 냉장·냉동시설에 보관·관리하여야 한다.

해설 식품 등의 보관, 운반, 진열 시에는 식품 등의 기준 및 규격이 정하고 있는 보존 및 유통 기준에 적합하도록 관리하여야 한다.

14 식품위생법상 허위 표시, 과대 광고, 비방 광고 및 과대 포장의 범위에 해당하지 않는 것은?

① 허가·신고 또는 보고한 사항이나 수입신고한 사항과 다른 내용의 표시·광고
② 제조 방법에 관하여 연구하거나 발견한 사실로서 식품학, 영양학 등의 분야에서 공인된 사항의 표시
③ 제품의 원재료 또는 성분과 다른 내용의 표시·광고
④ 제조연월일 또는 유통 기한을 표시함에 있어서 사실과 다른 내용의 표시·광고

해설 식품영양학적으로 공인된 사항은 위 범위에 해당되지 않는다.

15 개인 안전사고 예방을 위한 안전 교육의 목적으로 바르지 않은 것은?

① 안전한 생활을 할 수 있는 습관을 형성시킨다.
② 인간 생명의 존엄성을 인식시킨다.
③ 개인과 집단의 안정성을 최고로 발달시킨다.
④ 불의의 사고를 완전히 제거할 수 있다.

해설 안전 교육은 불의의 사고로 인한 상해, 사망 등으로부터 재해를 사전에 예방하기 위한 방법이다.

16 β-전분이 가열에 의해 α-전분으로 되는 현상은?

① 호화   ② 호정화
③ 산화   ④ 노화

해설 날전분(β-전분)에 물을 넣고 가열하면 익은 전분(α-전분)이 되는데, 이 현상을 호화(알파화)라 한다.

17 중성 지방의 구성 성분은?

① 탄소와 질소
② 아미노산
③ 지방산과 글리세롤
④ 포도당과 지방산

해설 중성 지방은 지방산과 글리세롤의 에스테르결합이다.

18 젓갈의 숙성에 대한 설명으로 틀린 것은?

① 농도가 묽으면 부패하기 쉽다.
② 새우젓의 소금 사용량은 60% 정도가 적당하다.
③ 자기소화 효소 작용에 의한 것이다.
④ 호염균의 작용이 일어날 수 있다.

해설 젓갈류는 10~20%의 식염만을 가하여 발효한다.

19 결합수의 특징이 아닌 것은?

① 전해질을 잘 녹여 용매로 작용한다.
② 자유수보다 밀도가 크다.
③ 식품에서 미생물의 번식과 발아에 이용되지 못한다.
④ 동·식물의 조직에 존재할 때 그 조직에 큰 압력을 가하여 압착해도 제거되지 않는다.

해설 자유수(유리수)는 식품 중에 유리상태로 존재하는 물(보통물)을 말하며, 결합수는 식품 중의 탄수화물이나 단백질 분자의 일부분을 형성하는 물을 말한다. 결합수는 당류와 같은 용질(Solutes)에 대해서 용매로서 작용하지 않는다.

20 주방 내 미끄럼 사고의 원인이 아닌 것은?

① 노출된 전선
② 매트가 주름진 경우
③ 바닥에 기름이 있는 경우
④ 적당한 조도보다 높을 경우

해설 조리실의 조도는 220Lux 이상으로 관리가 되어야 하며, 낮은 조도로 인해 어두운 경우에는 미끄럼 사고의 원인이 될 수 있다.

21 알칼리성 식품에 대한 설명으로 옳은 것은?

① Na, K, Ca, Mg이 많이 함유되어 있는 식품

② S, P, Cl이 많이 함유되어 있는 식품

③ 당질, 지질, 단백질 등이 많이 함유되어 있는 식품

④ 곡류, 육류, 치즈 등의 식품

해설 무기질의 종류에 따라 알칼리성 식품과 산성 식품으로 나뉘는데, 알칼리성 식품은 Na(나트륨), K(칼륨), Ca(칼슘), Mg(마그네슘) 등을 함유하고 있는 식품으로 해조류, 과일류, 채소류이고, 산성 식품은 S(황) P(인), Cl(염소) 등을 함유하고 있는 식품으로 곡류, 어류, 육류 등이다.

22 우유의 균질화(Homogenization)에 대한 설명이 아닌 것은?

① 지방구의 크기를 0.1~2.2μm 정도로 균일하게 만들 수 있다.

② 탈지유를 첨가하여 지방의 함량을 맞춘다.

③ 큰 지방구의 크림층 형성을 방지한다.

④ 지방의 소화를 용이하게 한다.

해설 우유 균질 처리의 목적은 지방구가 시간이 지남에 따라 뭉쳐서 크림층을 형성하는 것을 방지하기 위함이며, 균질화에 의해서 우유의 색은 더욱 희게 되고 부드러운 맛이 증진된다. 지방구의 크기를 0.1~2.44μm(마이크로미터) 정도로 작고 균일하게 만들어 지방의 소화 흡수가 좋아진다.

23 한국인 영양 섭취 기준의 구성 요소로 틀린 것은?

① 평균 필요량   ② 권장 섭취량

③ 충분 섭취량   ④ 하한 섭취량

해설 한국인 영양 섭취 기준은 건강을 최적의 상태로 유지할 수 있는 영양소 섭취 기준으로 평균 필요량, 권장 섭취량, 충분 섭취량, 상한 섭취량(인체 건강에 유해한 현상이 나타나지 않은 최대 영양소 섭취 기준)이 있다.

24 섬유소와 한천에 대한 설명 중 틀린 것은?

① 산을 첨가하여 가열하면 분해되지 않는다.

② 체내에서 소화되지 않는다.

③ 변비를 예방한다.

④ 모두 다당류이다.

해설 채소에 포함되어 있는 섬유소는 알칼리와 산에 영향을 받는데, 조리수에 중탄산소다와 같은 알칼리를 첨가하면 섬유소가 연해지지만 산을 첨가하면 섬유소는 질기게 되며, 한천에 산을 첨가하면 한천을 소분자 물질로 분해하여서 망상 구조를 만드는 힘이 약해지므로 겔의 형성 능력이 저하된다.

25 과실의 젤리화 3요소와 관계없는 것은?

① 젤라틴   ② 당

③ 펙틴   ④ 산

해설 과일을 이용한 젤리, 잼이나 마멀레이드를 만들 때 펙틴의 농도가 0.5~1.5%, pH가 3~3.4, 설탕의 농도가 60~65%일 때 적당한 강도를 지닌 제품을 만들 수 있다.

26 탄수화물의 분류 중 5탄당이 아닌 것은?

① 갈락토오스(Galactose)

② 자일로스(Xylose)

③ 아라비노스(Arabinose)

④ 리보오스(Ribose)

해설 탄수화물의 분류와 종류

단당류	더 이상
	가수 분해
	되지 않는
	당류
		• 1탄당(글리세르알데히드,
		  디히드록시아세톤)
		• 4탄당(에리트로오스, 트
		  레오스)
		• 5탄당(리보오스, 데옥시
		  리보오스, 자일로스, 아라
		  비노스)
		• 6탄당(포도당, 과당, 갈락
		  토오스, 만노오스)

소당류	단당류가
	2~8개
	결합된 것
		• 2당류(자당, 맥아당, 유당,
		  겐티오 비오스, 셀로비오
		  스, 루티노오스, 트레할로
		  오스, 멜리비오스)
		• 3당류(라피노오스, 멜레
		  아토오스, 겐티아노오스)
		• 4당류(스타키오스)

다당류	단당류가
	수백 또는
	수천 개
	축합된 것
		• 단순다당류(전분, 텍스트
		  린, 셀룰로오스, 이눌린,
		  글리코겐)
		• 복합다당류(펙틴, 헤미셀
		  룰로오 스, 콘드로이틴황
		  산염)

27 CA저장에 가장 적합한 식품은?

① 육류   ② 과일류

③ 우유   ④ 생선류

해설 CA저장(Controlled atmosphere storage)에 적합한 식품
은 과일이다. CA저장은 저장실 내부 온도를 0~4℃로
낮추고, 산소는 2~3%로 줄이고, 이산화탄소의 비율은
2~5% 높여 숙성을 지연시키고 부패와 손상을 방지하
는 기술이다.

28 항함유 아미노산이 아닌 것은?

① 트레오닌(Threonine)

② 시스틴(Cystine)

③ 메티오닌(Methionine)

④ 시스터테인(Cysteine)

해설 식품 중의 단백질은 체내에서 가수분해 되어 아미노산
으로 흡수되어 체조직 형성에 필요한 단백질로 다시 합
성된다.
[아미노산의 종류]

중성 아미노산	글리신, 알라닌, 발린, 루신, 이소루신, 세린, 트레오닌
산성 아미노산	아스파라긴, 아스파르트산, 글루탐산, 글루타민
염기성 아미노산	아르기닌, 히스티딘, 리신
함황 아미노산	시스테인, 시스틴, 메티오닌
방향족 아미노산	페닐알라닌, 티로신
기타 아미노산	히드록시프롤린, 프롤린, 트립토판
필수 아미노산	발린, 루신, 이소루신, 트레오닌, 메티오 닌, 리신, 페닐알라닌, 트립토판

29 하루 필요열량이 2,500kcal일 경우 이중의
18%에 해당하는 열량을 단백질에서 얻으려
한다면 필요한 단백질의 양은 무엇인가?

① 50.0g   ② 112.5g

③ 121.5g   ④ 171.3g

해설 하루 필요열량 2,500kcal 중 18%(2,500×0.18=450)에
해당하는 열량은 450kcal이며, 이를 단백질로 얻으려
한다고 했다. 단백질은 1g당 4kcal의 열량을 내므로
450÷4=112.5로 112.5g의 단백질이 필요하다. 즉, 단백
질 112.5g은 450kcal(112.5×4=450)로 하루 필요열량
2,500kcal 중 18%에 해당한다.

30 조리와 가공 중 천연 색소의 변색 요인과 거리가 먼 것은?

① 산소　　② 효소
③ 질소　　④ 금속

해설 천연 색소는 조리와 가공 중 pH, 금속 이온, 산소, 효소 등에 의해 변색된다.

31 조리에 사용하는 냉동식품의 특성이 아닌 것은?

① 완만 동결하여 조직이 좋다.
② 미생물 발육을 저지하여 장기간 보존이 가능하다.
③ 저장 중 영양가 손실이 적다.
④ 산화를 억제하여 품질 저하를 막는다.

해설 식품은 완만 냉동이 아닌 급속 냉동을 시키는 것이 바람직하다. 급속 냉동은 얼음을 미세하게 결정시키기 때문으로 단백질의 변패가 적고 식품 조직의 파괴가 적어 식품 자체의 상태를 유지할 수 있기 때문이다.

32 조리 기구의 재질 중 열전도율이 커서 열을 전달하기 쉬운 것은?

① 유리　　② 도자기
③ 알루미늄　　④ 석면

해설 알루미늄은 금속 중에서도 열전도율이 높고 냄비류 등 조리 기구의 소재로 가장 많이 사용되는 금속이다.

33 식품 재고 관리의 중요성에 들지 않는 것은?

① 물품의 갑작스러운 부족에 대처할 수 있다.
② 부주의로 인한 손실을 최소화할 수 있다.
③ 원가 절감의 효과를 볼 수 있다.
④ 구매 비용의 절감은 기대할 수 없다.

해설 식품 재고를 파악하고 관리함으로써 적정 주문량 결정을 통해 구매 비용이 절감된다.

34 소금 절임 시 저장성이 좋아지는 이유는?

① pH가 낮아져 미생물이 살아갈 수 없는 환경이 조성된다.
② pH가 높아져 미생물이 살아갈 수 없는 환경이 조성된다.
③ 고삼투성에 의한 탈수 효과로 미생물의 생육이 억제된다.
④ 저삼투성에 의한 탈수 효과로 미생물의 생육이 억제된다.

해설 삼투압 현상이란 농도가 다른 두 용액 사이에 서로 균형을 맞추기 위해 농도가 낮은 곳에서 높은 곳으로(고삼투성) 물 따위의 용매가 이동하는 현상을 말하며, 탈수 효과로 미생물의 생육이 억제된다.

35 밀가루의 용도별 분류는 어느 성분을 기준으로 하는가?

① 글리아딘　　② 글로불린
③ 글루타민　　④ 글루텐

해설 밀가루는 글루텐의 함량에 따라 13% 이상은 강력분, 10~13%는 중력분, 10% 이하는 박력분으로 구분한다.

36 소고기의 부위별 용도와 조리법 연결이 틀린 것은?

① 앞다리 : 불고기, 육회, 장조림
② 설도 : 탕, 샤브샤브, 육회
③ 목심 : 불고기, 국거리
④ 우둔 : 산적, 장조림, 육포

해설 설도는 엉덩이살 아래쪽 넓적다리 살로 엉덩이 부분 중 바깥쪽 부분이다. 결이 다소 거칠고 질긴 편이며, 식육은 우둔과 비슷하다. 조리법은 산적, 편육, 불고기, 육회, 구이, 전골, 스테이크 등이다.

37 젤라틴의 응고에 관한 설명으로 틀린 것은?

① 젤라틴의 농도가 높으면 빨리 응고된다.
② 설탕의 농도가 높으면 응고가 방해된다.
③ 염류는 젤라틴의 응고를 방해한다.
④ 단백질 분해 효소를 사용하면 응고력이 약해진다.

해설 염류는 젤라틴의 단단한 응고물을 형성하는데, NaCl(염화나트륨, 소금)은 물의 흡수를 막아 젤의 강도를 높인다.

38 과일의 일반적인 특성과는 다르게 지방 함량이 가장 높은 과일은?

① 아보카도　　② 수박
③ 바나나　　　④ 감

해설 과일의 지방 함량

과일명	지방 함량 (가식부 100g당)
아보카도	18.7
수박	0.4
바나나	0.2
감	0.0

39 전자레인지의 주된 조리 원리는?

① 복사　　　　② 전도
③ 대류　　　　④ 초단파

해설 전자레인지는 초단파(전자파)가 식품에 투과될 때 식품 등의 수분이 진동에 의한 마찰열을 발생시켜 가열되도록 하는 조리 기구이다.

40 닭고기 20kg으로 닭강정 100인분을 판매한 매출액이 1,000,000원이다. 닭고기의 1kg당 단가를 12,000원에 구입하였고 총 양념 비용으로 80,000원이 들었다면 식재료의 원가 비율은?

① 24%　　　　② 28%
③ 32%　　　　④ 40%

해설 식재료 원가율(%) = (식재료 사용 금액÷총매출액)×100
= (320,000÷1,000,000)×100
= 0.32×100 = 32
그러므로 식재료 원가율은 32%이다.

41 생선에 레몬즙을 뿌렸을 때 나타나는 현상이 아닌 것은?

① 신맛이 가해져서 생선이 부드러워진다.
② 생선의 비린내가 감소한다.
③ pH가 산성이 되어 미생물의 증식이 억제된다.
④ 단백질이 응고된다.

해설 생선에 레몬즙을 뿌리게 되면 생선살의 pH가 단백질의 등전점에 가까워지며, 살이 단단해진다.

42 튀김의 특징이 아닌 것은?

① 고온 단시간 가열로 영양소의 손실이 적다.
② 기름의 맛이 더해져 맛이 좋아진다.
③ 표면이 바삭바삭해 입안에서의 촉감이 좋아진다.
④ 불미 성분이 제거된다.

해설 데치기나 삶기와 같은 습열 조리는 채소 특유의 불쾌한 냄새나 불순물 등을 제거할 수 있어 효과적인 조리법이다.

43 생선의 조리 방법에 관한 설명으로 옳은 것은?

① 생선은 결체 조직의 함량이 많으므로 습열 조리법을 많이 이용한다.
② 지방 함량이 낮은 생선보다는 높은 생선으로 구이를 하는 것이 풍미가 더 좋다.
③ 생선찌개를 할 때 생선 자체의 맛을 살리기 위해서 찬물에 넣고 은근히 끓인다.
④ 선도가 낮은 생선은 조림국물의 양념을 담백하게 하여 뚜껑을 닫고 끓인다.

해설 생선은 육류에 비하여 근섬유의 길이는 짧고 콜라겐 등 유기질 단백질이 적어 연하므로 건열 조리법을 많이 이용하며, 생선으로 찌개를 끓일 때는 끓는 물에 생선을 넣고 끓여야 생선살이 단단하게 익고 국물맛이 좋다. 선도가 낮은 생선은 양념을 진하게 하여 뚜껑을 열고 끓인다.

44 설비에 대한 설명으로 바르지 않은 것은?

① 검수 공간 : 들어오는 식재료를 신속하고 용이하게 취급할 수 있도록 설계한다.
② 저장 공간 : 노동력 절감을 위해 검수 공간과 가깝게 둔다.
③ 전처리 공간 : 교차 오염이 일어나지 않도록 육류와 어패류, 채소의 전처리 공간을 구분하여 사용한다.
④ 전처리 공간 : 물은 많이 사용하지 않으므로 배수는 크게 신경을 쓰지 않아도 괜찮다.

해설 전처리 공간은 물을 많이 사용하므로 청소가 쉽고 배수가 잘되며, 건조가 쉬운 바닥으로 한다.

45 총원가에 대한 설명으로 맞는 것은?

① 제조간접비와 직접 원가의 합이다.
② 판매관리비와 제조 원가의 합이다.
③ 판매관리비, 제조간접비, 이익의 합이다.
④ 직접재료비, 직접노무비, 직접경비, 직접 원가, 판매관리비의 합이다

해설 원가 구성도

직접재료비	제조간접비	판매관리비	이익
직접노무비	직접원가 (기초원가)	제조 원가 (공장 원가)	총원가 (판매원가)
직접경비			
직접원가	제조원가	총원가	판매가격

46 대상 집단의 조직체가 급식운영을 직접하는 형태는?

① 준위탁급식
② 위탁급식
③ 직영급식
④ 협동조합급식

해설 직영급식이란 대상 집단이 자체적으로 구내식당을 직접 운영하는 방법을 말한다.

47 수랏상의 찬품 가짓수는?

① 5첩   ② 7첩
③ 9첩   ④ 12첩

해설 수랏상은 진지상을 높여서 하는 말로, 궁중의 일상 상차림을 수랏상이라 한다. 아침수라는 10시경에 내고 저녁수라는 오후 5시경에 냈으며, 12첩 반상 차림으로 흰밥과 붉은 팥밥, 미역국과 곰탕과 조치, 전골, 젓국지 등의 기본찬품과 12가지 찬물들로 구성된다.

48 통과의례 상차림의 연결이 바른 것은?

① 백일상 – 백설기
② 돌상 – 육포
③ 폐백상 – 국수
④ 회갑상 – 수수경단

해설 사람이 태어나서 죽음에 이르기까지 통과하여야 하는 의례를 통과 의례라 하며 임신, 출생, 백일, 돌, 관례, 혼례, 회갑, 회혼례, 상례, 제례 등이 있다. 아이가 태어나서 백일이 되는 날인 백일상에 오르는 음식으로는 흰밥과 미역국, 백설기, 수수경단 등인데, 백설기는 아기의 순수무구한 순결을 의미하고 수수팥떡은 액막이의 의미가 있다.

49 식품검수방법의 연결로 틀린 것은?

① 화학적 방법 : 영양소의 분석, 첨가물, 유해 성분 등을 검출하는 방법

② 검경적 방법 : 식품의 중량, 부피, 크기 등을 측정하는 방법

③ 물리학적 방법 : 식품의 비중, 경도, 점도, 빙점 등을 측정하는 방법

④ 생화학적 방법 : 효소 반응, 효소 활성도, 수소이온농도 등을 측정하는 방법

해설 검경적(檢境的) 방법이란 검경에 의해 식품의 세포나 조직의 모양, 협잡물, 미생물의 존재를 확인하는 방법이다.

50 한천젤리를 만든 후 시간이 지나면 내부에서 표면으로 수분이 빠져나오는 현상은?

① 삼투현상(Osmosis)

② 이장현상(Sysnersis)

③ 님비현상(NIMBY)

④ 노화현상(Retrogradation)

해설 이장현상이란 겔에 함유되어 있는 분산매가 겔 밖으로 분리되어 나오는 현상으로, 이수현상이라고도 한다. 이것은 팽윤과 반대의 현상으로 겔을 구성하고 있는 3차원적인 그물구조가 수축하여 분산매가 방출되는 것으로 생각되고 있다.

51 고추장으로 조미한 찌개를 무엇이라 하는가?

① 조치　　　② 지짐

③ 감정　　　④ 응이

해설 찌개를 궁중용어로 조치라고 했고, 고추장으로 조미한 찌개는 감정이라고 부른다. 지짐이는 국물이 찌개보다 적고 조림보다 많은 음식이고, 응이는 죽보다 더 묽은 마실 수 있는 죽의 일종이다.

52 무구조충(민촌충) 감염의 올바른 예방 대책은?

① 게나 가재의 가열 섭취

② 음료수의 소독

③ 채소류의 가열 섭취

④ 소고기의 가열 섭취

해설 무구초충은 소고기를 생식하는 지역에 보다 높게 분포하는데, 예방 대책은 날로 먹지 않고 충분히 익혀 먹는 것이다.

53 사람이 예방 접종을 통하여 얻는 면역은?

① 선천면역

② 자연수동면역

③ 자연능동면역

④ 인공 능동 면역

해설 • 선천면역 : 종속면역, 인종면역, 개개인의 특성
• 자연수동면역 : 모체로부터 얻은 면역
• 자연능동면역 : 질병 감염 후 획득한 면역
• 인공 능동 면역 : 예방 접종으로 획득한 면역

54 쥐에 의하여 옮겨지는 감염병은?

① 유행성이하선염

② 페스트

③ 파상풍

④ 일본뇌염

해설 페스트는 쥐벼룩에 의해 쥐에서 쥐로 전파된다.

55 눈 보호를 위해 가장 좋은 인공조명 방식은?

① 직접 조명　② 간접 조명

③ 반직접 조명　④ 전반 확산 조명

해설 간접 조명은 눈을 보호할 수 있는 가장 좋은 인공조명 방식이다.

56 중금속과 중독 증상의 연결이 잘못된 것은?

① 카드뮴 – 신장 기능 장애

② 크롬 – 비중격천공

③ 수은 – 홍독성 성분

④ 납 – 섬유화 현상

해설 납 중독 : 연연(鉛緣), 뇨 중에 코프로포피린 검출, 권태, 체중감소 등

57 소금구이의 일종으로 춘향전에 나오는 방자가 고기를 양념할 겨를도 없이 구워 먹었다는 데에서 유래된 구이명은?

① 김구이　② 방자구이

③ 염통구이　④ 갈비구이

해설 방자구이는 춘향전에 방자가 고기를 양념할 겨를도 없이 소금을 뿌려 구운 것에서 유래한다.

58 쓰레기처리 방법 중 미생물까지 사멸할 수 있으나 대기 오염을 유발할 수 있는 것은?

① 소각법　② 투기법

③ 매립법　④ 재활용법

해설 쓰레기처리법 중 소각법은 가장 위생적인 방법이기는 하나 대기 오염의 우려가 있으며, 발암성 물질로 알려진 다이옥신이 발생할 수 있다.

59 디피티(D.P.T) 기본 접종과 관계없는 질병은?

① 디프테리아　② 풍진

③ 백일해　④ 파상풍

해설 D : 디프테리아(Diphlheriae), P : 백일해(Pertussis), T : 파상풍(Tetanus)

60 국가의 보건 수준 평가를 위하여 가장 많이 사용하고 있는 지표는?

① 조사망률 　　　② 성인병 발생률

③ 결핵 이환율 　　④ 영아 사망률

해설 영아는 환경 악화나 비위생적인 환경에서 가장 예민한 시기이므로 국가의 보건 수준을 나타내는 지표로서 큰 의미를 지니고 있다

실전모의고사 02 | 한식 모의고사 2회

1	①	2	④	3	②	4	②	5	③
6	①	7	①	8	②	9	①	10	④
11	④	12	④	13	④	14	②	15	④
16	①	17	③	18	②	19	①	20	④
21	①	22	②	23	④	24	①	25	①
26	①	27	②	28	①	29	①	30	③
31	①	32	③	33	④	34	③	35	④
36	②	37	③	38	①	39	④	40	③
41	①	42	④	43	②	44	④	45	②
46	③	47	④	48	①	49	②	50	②
51	③	52	④	53	④	54	②	55	②
56	④	57	②	58	①	59	②	60	④

01 경구 감염병과 세균성 식중독의 주요 차이점에 대한 설명으로 옳은 것은?

① 경구 감염병은 다량의 균으로, 세균성 식중독은 소량의 균으로 발병한다.
② 세균성 식중독은 2차 감염이 많고, 경구 감염병은 거의 없다.
③ 경구 감염병은 면역성이 없고, 세균성 식중독은 있는 경우가 많다.
④ 세균성 식중독은 잠복기가 짧고, 경구 감염병은 일반적으로 길다.

해설 경구 감염병과 세균성 식중독의 차이

경구 감염병	세균성 식중독
소량의 균으로도 발병한다.	대량의 균 또는 독소에 의해 발병된다.
2차 감염이 된다.	살모넬라 외에는 2차 감염이 없다.
면역이 된다.	면역이 되지 않는다.
잠복기가 비교적 길다	잠복기가 비교적 짧다.

02 중온 세균의 최적 발육 온도는?

① 0~10℃   ② 17~25℃
③ 25~37℃   ④ 50~60℃

해설 균의 종류에 따라 각각 증식 최적 온도가 있는데, 저온균은 15~20℃, 중온균은 25~37℃, 고온균은 55~60℃ 이다.

03 살모넬라균의 식품 오염원으로 가장 중요시되는 것은?

① 사상충   ② 곰팡이
③ 오염된 가금류   ④ 선모충

해설 살모넬라 식중독에 연루되었던 식품은 가금류, 닭고기 샐러드, 육류와 육류제품, 유제품, 달걀 등으로 동물성 식품(육류, 가금류, 달걀 등)이 살모넬라 식중독의 위험성이 높다.

04 인공 감미료에 대한 설명으로 틀린 것은?

① 사카린나트륨은 사용이 금지되었다.
② 식품에 감미를 부여할 목적으로 첨가된다.
③ 화학적 합성품에 해당된다.
④ 천연물 유도체도 포함되어 있다.

해설 사카린나트륨은 사용이 허가된 감미료이며 사용이 금지된 감미료는 둘신, 에틸렌글리콜, 니트로아닐린, 페릴라틴, 사이클라메이트 등이 있다.

05 다음 식품 첨가물 중 유지의 산화 방지제는?

① 소르빈산칼륨

② 차아염소산나트륨

③ 비타민 E

④ 아질산나트륨

해설 식품 첨가물의 사용 용도는 다음과 같다.
- 소르빈산칼륨 : 보존료
- 차아염소산나트륨 : 살균제
- 비타민 E : 산화 방지제
- 아질산나트륨 : 발색제

06 식품과 그 식품에서 유래될 수 있는 독성 물질의 연결이 틀린 것은?

① 복어 – 테트로도톡신

② 모시조개 – 베네루핀

③ 맥각 – 에르고톡신

④ 은행 – 말토리진

해설 청산배당체인 아미그달린(Amygdalin)은 효소에 의하여 분해되어 청산이 나옴으로써 중독을 일으키는데, 식물로는 청매, 살구씨, 복숭아씨, 은행 등이 알려져 있다.

07 육류의 직화구이나 훈연 중에 발생하는 발암 물질은?

① 아크릴아마이드(Acrylamide)

② 니트로사민(N-nitrosamine)

③ 에틸카바메이트(Ethylcarbamate)

④ 벤조피렌(Benzopyrene)

해설 벤조피렌은 화석연료 등의 불완전연소 과정에서 발생하는 다환방향족탄화수소의 한 종류로, 인체에 축적될 경우 각종 암을 유발하고 돌연변이를 일으키는 환경호르몬이다. 숯불에 구운 소고기 등 가열로 검게 탄 식품, 담배연기, 자동차 배기가스 쓰레기 소각장 연기 등에 벤조피렌이 포함되어 있다.

08 식중독을 일으킬 수 있는 화학 물질로 보기 어려운 것은?

① 포르말린(Formalin)

② 만니톨(Mannitol)

③ 붕산(Boric acid)

④ 승홍

해설
- 포르말린 : 포름알데히드(HCHO)를 37%(±0.5%) 함유한 수용액의 상품명으로 무색투명하고 강한 자극적인 냄새가 있다. 용도는 살균, 소독제, 페놀수지, 요소수지 등의 원료가 된다. 유독하고 발암성이 지적되고 있다
- 만니톨 : 널리 식물계에 분포하며 자연계에 가장 많은 당알코올로 만나나무(물푸레나무과)를 비롯해 각종 식물의 만나의 주성분을 이룬다.
- 붕산 : 붕규산유리, 도자기의 유약, 법랑(琺瑯) 등의 원료가 되며, 비타민 B_2나 루틴 등의 주사제에 가하여 용해를 촉진시키기도 한다. 많이 마시면 위험하며, 치사량은 성인 약 20g, 어린이 약 5g이다.
- 승홍 : 염화수은(Ⅱ)의 의약품명이다. 맹독성이며, 분석시약 또는 촉매로 사용된다.

09 과실류나 채소류 등 식품의 살균목적 이외에 사용하여서는 아니 되는 살균 소독제는? (단, 참깨에는 사용 금지)

① 차아염소산나트륨
② 양성비누
③ 과산화수소수
④ 에틸알코올

해설 차아염소산나트륨은 주로 소독, 방취, 표백 등의 목적으로 사용되며, 음료수·채소 및 과일·용기·기구·식기 등에 사용한다. 차아염소산나트륨 및 이를 함유하는 제재는 참깨에 절대로 사용하지 않는다.

10 단백질 식품이 부패할 때 생성되는 물질이 아닌 것은?

① 레시틴
② 암모니아
③ 아민류
④ 황화수소(H_2S)

해설 레시틴은 글리세린, 인산을 포함하고 있는 인지질의 하나로, 생체막을 구성하는 주요 성분이며 난황·콩기름·간·뇌 등에 많이 함유되어 있다.

11 공급처의 선정 중 급식소에서 원하는 품질의 물품 입찰가격을 가장 합당하게 제시한 업체와 계약을 체결하는 방법은?

① 공동구매
② 수의 계약
③ 경쟁 입찰
④ 계약구입

해설 공급업체 선정 방법은 경쟁 입찰 계약과 수의 계약으로 나뉜다.

구분	내용
경쟁 입찰 계약	• 공식적 구매 방법 • 공급업체 중 급식소에서 원하는 품질의 물품 입찰가격을 가장 합당하게 제시한 업체와 계약을 체결하는 방법 • 일반경쟁 입찰과 지명경쟁 입찰로 나눔 • 저장성이 높은 식품(쌀, 조미료, 건어물 등) 구매 시 적합 • 공평하고 경제적임
수의 계약	• 비공식적 구매 방법 • 공급업자들을 경쟁에 붙이지 않고 계약을 이행할 자격을 가진 특정 업체와 계약을 체결하는 방법 • 복수 견적과 단일 견적으로 나눔 • 소규모 급식 시설에 적합 • 채소, 생선, 육류 등의 저장성이 낮고 가격 변동이 있는 식품 구매에 적합 • 절차가 간편하고 경비와 인원 감소 가능 • 구매자의 구매력이 제한될 수 있고 불리한 가격으로 계약하기 쉬움

12 개인 위생 관리 중 바르지 않은 것은?

① 화장은 진하게 하지 않지만 향이 강한 향수는 사용하여도 좋다.
② 인조 속눈썹을 착용해서는 안 된다.
③ 손톱에 매니큐어나 광택제를 칠해서는 안 된다.
④ 조리실(주방) 종사자는 시계, 반지, 목걸이, 귀걸이, 팔찌 등 장신구를 착용해서는 안 된다.

해설 화장은 진하게 하지 않으며, 향이 강한 향수는 사용하지 않는다

13 식품 등의 표시 기준에 명시된 표시 사항이 아닌 것은?

① 업소명 및 소재지
② 판매자 성명
③ 성분명 및 함량
④ 유통 기한

해설 식품 등의 표시 사항
제품명, 식품의 유형, 업소명 및 소재지, 제조연월일, 유통 기한 또는 품질 유지 기한, 내용량, 원재료명 및 함량, 성분명 및 함량, 영양 성분, 기타 식품 등의 세부 표시 기준에서 정하는 사항

14 식품위생법상 집단 급식소 운영자의 준수 사항으로 틀린 것은?

① 실험 등의 용도로 사용하고 남은 동물을 처리하여 조리해서는 안 된다.
② 지하수를 먹는 물로 사용하는 경우 수질 검사의 모든 항목 검사는 1년마다 하여야 한다.
③ 식중독이 발생한 경우 원인 규명을 위한 행위를 방해하여서는 아니 된다.
④ 동일 건물에서 동일 수원을 사용하는 경우 타 업소의 수질 검사 결과로 갈음할 수 있다.

해설 집단 급식소의 설치, 운영자의 준수 사항 중 지하수를 먹는 물로 사용하는 경우 일부항목 검사는 1년마다 하며, 모든 항목 검사는 2년마다 하여야 한다.

15 교차 오염을 예방하는 방법으로 바르지 못한 것은?

① 도마와 칼은 용도별로 색을 구분하여 사용한다.
② 날음식과 익은 음식은 함께 보관하여도 무방하다.
③ 식품을 조리하다가 식품에 기침을 하지 않는다.
④ 육류 해동은 냉장고의 아래 칸에서 한다.

해설 교차 오염을 막기 위해 용도별 도마와 칼을 사용하고 날음식과 익은 음식은 분리하여 보관하며, 육류는 해동 시 핏물이 떨어질 수 있기 때문에 냉장고 하단에 보관한다.

16 훈연 시 발생하는 연기 성분에 해당되지 않는 것은?

① 페놀(Phenol)
② 포름알데히드(Formaldehyd)
③ 개미산(Formic acid)
④ 사포닌(Saponin)

해설 훈연 성분의 기능적인 작용은 살균작용, 항산화작용, 훈연취부여 등인데, 훈연 중의 성분에는 포름알데히드, 페놀, 개미산, 고급유기산, 케톤류 등이 연기 성분에 함유되어 있다.

17 알칼리성 식품에 해당하는 것은?

① 송이버섯　　② 달걀
③ 보리　　　　④ 소고기

해설 산성식품과 알칼리성 식품의 구별은 그 식품을 연소시켰을 때 최종적으로 남는 무기질에 따라 결정된다. 산성식품(곡류, 육류, 어류, 난 등)은 P(인), S(황), Cl(염소)가, 알칼리성식품(채소, 과일류, 해조류, 우유 등)은 Na(나트륨), K(칼륨), Mg(마그네슘), Fe(철분), Ca(칼슘)이 함유되어 있는 식품을 말한다

18 수확 후 호흡 작용이 상승되어 미리 수확하여 저장하면서 호흡 작용을 인공적으로 조절할 수 있는 과일류와 가장 거리가 먼 것은?

① 아보카도　　② 망고
③ 바나나　　　④ 레몬

해설 수확 후 호흡이 급상승하는 과일은 호흡 상승기 이전에 미리 수확하여 CA저장에 의해 숙성시킨 후 판매하면 좋은데 사과, 배, 망고, 바나나, 감귤류, 아보카도, 토마토 등이 이에 속한다. 호흡 상승률이 낮은 과일은 숙성 후 수확하여 판매하는 것이 좋은데 레몬, 파인애플, 딸기, 포도가 이에 속한다.

19 작업 시 근골격계 질환을 예방하기 위한 방법으로 맞는 것은?

① 안전 장갑을 착용한다.
② 안전화를 신는다.
③ 조리 기구의 올바른 사용 방법을 숙지한다.
④ 작업 전과 후에 간단한 스트레칭을 적절히 실시한다.

해설 근골격계 질환(목, 어깨, 허리, 손목 등) 예방 부적절한 자세는 중립자세를 유지하고, 정적인 동작을 없애며, 반복적인 작업을 줄이고, 무리한 힘을 가하지 않는다. 전동기구 사용 시에는 진동강도가 낮은 것을 사용하고 근골격계 부담을 줄이기 위해 작업 전과 후에 스트레칭을 적절하게 해 준다.

20 단백질의 열변성에 대한 설명으로 옳은 것은?

① 보통 30℃에서 일어난다.
② 수분이 적게 존재할수록 잘 일어난다.
③ 전해질이 존재하면 변성 속도가 늦어진다.
④ 단백질에 설탕을 넣으면 응고 온도가 높아진다.

해설 단백질의 열에 의한 변성은 응고 형태로 나타난다.
열변성에 영향을 주는 요인
• 온도 : 일반적으로 60~70℃ 부근에서 일어나며, 온도가 높아지면 속도가 빨라진다.
• 수분 : 단백질에 수분이 많으면 비교적 낮은 온도, 수분이 적으면 높은 온도에서 변성이 일어난다.
• 전해질 : 단백질에 소량의 전해질(염화물, 황산염, 젖산염 등)을 가해 주면 열변성이 촉진된다.
• 기타 : 당, 지방산염은 열 응고를 방해한다.

21 다음 중 조리 장비와 도구의 위험 요소로부터의 예방법으로 바르지 않은 것은?

① 채소 절단기는 재료 투입 시 손으로 재료를 눌러 이용한다.
② 조리용 칼의 방향은 몸 반대쪽으로 한다.
③ 가스레인지는 사용 후 즉시 밸브를 잠근다.
④ 튀김기 세척 시 물기를 완전히 제거한다.

해설 채소 절단기의 재료 투입 시 누름봉을 이용하여 안전하게 사용한다.

22 지방에 대한 설명으로 틀린 것은?

① 동, 식물에 널리 분포되어 있으며 일반적으로 물에 잘 녹지 않고 유기용매에 녹는다.
② 에너지원으로서 1g당 9kcal의 열량을 공급한다.
③ 포화지방산은 이중 결합을 가지고 있는 지방산이다.
④ 포화 정도에 따라 융점이 달라진다.

해설 지방산은 분자 내에 이중 결합을 가지지 않는 지방산을 포화지방산이라 하고, 이중 결합을 가지고 있는 지방산을 불포화지방산이라 한다.

23 탄수화물 식품의 노화를 억제하는 방법과 가장 거리가 먼 것은?

① 항산화제의 사용
② 수분 함량 조절
③ 설탕의 첨가
④ 유화제의 사용

해설 노화억제 방법
• 호화(=알파화)한 전분을 80℃ 이상에서 급속히 건조시키거나 0℃ 이하에서 급속 냉동하여 수분 함량을 15% 이하로 하면 노화를 방지할 수 있다.
• 설탕을 다량 함유(첨가)한다.
• 환원제나 유화제를 첨가하면 막을 수 있다.

24 카로티노이드(Carotenoid) 색소와 소재 식품의 연결이 틀린 것은?

① 베타카로틴(β-carotene) – 당근, 녹황색채소
② 라이코펜(Lycopene) – 토마토, 수박
③ 아스타잔틴(Astaxanthin) – 감, 옥수수, 난황
④ 푸코크잔틴 (Fucoxanthin) – 다시마, 미역

해설 아스타잔틴 – 새우, 게 등의 갑각류

25 육류 조리 시 향미 성분과 관계가 먼 것은?

① 질소함유물
② 유기산
③ 유리아미노산
④ 아밀로오스

해설 육류는 조리 시 특유한 향기를 가지는데 주로 아미노산 및 질소화합물들이 당과 반응하는 마이얄(갈색화) 반응의 결과로 형성된 휘발성 카아보닐 화합물과 유기산, 알코올류 등이 육류의 냄새 성분으로 알려져 있다.

26 다음 중 구매를 위한 시장 조사에서 행해지는 조사 내용이 아닌 것은?

① 품목
② 수량
③ 가격
④ 판매처

해설 시장 조사의 내용 : 품목, 품질, 수량, 가격, 시기, 구매처, 거래 조건(인수, 지불 조건)

27 우유의 가공에 관한 설명으로 틀린 것은?

① 크림의 주성분은 우유의 지방 성분이다.
② 분유는 전지유, 탈지유 등을 건조시켜 분말화한 것이다.
③ 저온 살균법은 63~65℃에서 30분간 가열하는 것이다.
④ 무당연유는 살균 과정을 거치지 않고, 가당연유만 살균 과정을 거친다.

해설 연유는 우유의 성분 중 수분을 증발시켜 농축시킨 것으로 무당연유와 설탕을 첨가한 가당연유가 있다. 무당의 경우에는 고열(115℃에서 15~20분)로 가열·살균했으므로 신선한 영양분을 기대하기 어렵고, 영양소가 파괴되어 비타민 D를 강화한다. 가당연유는 우유에 당을 첨가하여 원액의 1/3 정도로 농축시킨 것으로 당의 함량이 많아 저장성이 높다.

28 설탕을 포도당과 과당으로 분해하여 전화당을 만드는 효소는?

① 아밀라아제(Amylase)
② 인버타아제(Invertase)
③ 리파아제(Lipase)
④ 피티아제(Phytase)

해설 설탕은 인버타아제의 작용에 의해 포도당과 과당으로 가수분해 된다. 설탕은 가수분해 되어 포도당과 과당(포도당 : 과당이 1 : 1인 당)의 등량 혼합물이 되며, 이를 전화당이라고 한다. 그 대표적인 예는 벌꿀로 벌의 타액효소 인버타아제에 의해 설탕이 분해되어 전화당을 이루고 있다.

29 체내에서 열량원보다 여러 가지 생리적 기능에 관여하는 것은?

① 탄수화물, 단백질
② 지방, 비타민
③ 비타민, 무기질
④ 탄수화물, 무기질

해설 영양소의 역할에 따른 분류

분류	역할	영양소
열량소	인체 활동에 필요한 에너지를 공급	탄수화물, 단백질, 지방
구성소	몸의 발육을 위하여 몸의 조직을 만드는 성분을 공급	단백질, 무기질
조절소	체내 각 기관이 순조롭게 활동하고, 섭취된 것이 몸에 유효하게 사용되기 위해 보조적인 역할을 함	바타민, 무기질

30 단맛을 가지고 있어 감미료로도 사용되며, 포도당과 이성체(Isomer) 관계인 것은?

① 한천　　　② 펙틴
③ 과당　　　④ 전분

해설 포도당과 과당은 단당류로 α형과 β형의 두 이성체(다른 성질체)로 존재하는 환원당이다

31 전분의 호정화에 대한 설명으로 틀린 것은?

① 색과 풍미가 바뀌어 비효소적 갈변이 일어난다.
② 호화된 전분보다 물에 녹기 쉽다.
③ 전분을 150~190℃에서 물을 붓고 가열할 때 나타나는 변화이다.
④ 호정화되면 덱스트린이 생성된다.

해설 전분에 물을 가하지 않고 160℃ 이상으로 가열하면 여러 단계의 가용성 전분을 거쳐 덱스트린(호정)으로 분해되는데, 이것을 전분의 호정화라 한다. 호화된 전분보다 물에 녹기 쉽고, 효소 작용도 받기 쉽다.
예 미숫가루, 튀밥(뻥튀기)

32 다음 중 단체 급식 식단에서 가장 우선적으로 고려해야 할 사항은?

① 영양성, 위생성
② 기호도 충족
③ 경비 절감
④ 합리적인 작업 관리

해설 급식을 받는 사람들의 건강을 유지, 증진하기 위해서 영양 관리, 위생 관리 등을 가장 우선적으로 고려해야 한다.

33 육류의 가열 조리 시 나타나는 현상이 아닌 것은?

① 색의 변화
② 수축 및 중량 감소
③ 풍미의 증진
④ 부피의 증가

해설 육류 가열 시 고기 단백질의 응고로 고기가 수축하여 부피가 감소한다.

34 조리 작업 별 주요 작업 기기로 틀린 것은?

① 검수 : 계량기, 검수대
② 저장 공간 : 냉장고, 일반저장고
③ 전처리 : 탈피기, 절단기
④ 세척 : 식기세척기, 혼합기

해설 조리 작업별 작업 기기
• 검수 공간 : 검수대, 손소독기, 계량기, 운반차, 온도계 등
• 저장 공간 : 쌀저장고, 냉장고, 냉동고, 일반저장고(조미료, 마른 식품) 등
• 전처리 공간 : 싱크, 탈피기, 혼합기, 절단기 등
• 조리 공간 : 저울, 세미기, 취반기, 레인지, 오븐, 튀김기, 번철, 브로일러, 증기솥 등
• 배식 : 보온고, 냉장고, 이동운반차, 제빙기, 온·냉 식수기 등
• 세척공간 : 세척용 선반, 식기세척기, 식기소독고, 칼·도마 소독고, 손소독기, 잔반처리기 등
• 보관 : 선반, 식기소독 보관고 등

35 연화 작용이 가장 적은 것은?

① 버터　　　　② 마가린
③ 쇼트닝　　　　④ 라드

해설 버터, 라드, 쇼트닝 등의 고체 지방은 외부에서 가해지는 힘에 의해서 어느 한도 내에서 자유롭게 변하는 가소성이 있어 제과 반죽에서 다채로운 모양을 만들 수 있다. 마가린도 같은 작용을 하나 위에 3가지보다는 연화 작용이 적다.

36 다음 중 육류에 사용되는 조리법 중 복합 조리 방법에 해당하는 것은?

① 스튜(Stewing), 소테(Sauteing)
② 브레이징(Braising), 스튜(Stewing)
③ 소테(Sauteing), Simmering(시머링)
④ Blanching(브렌칭), Poaching(포칭)

해설 복합 조리 방법
- 브레이징(Braising) : 팬에서 색을 낸 고기에 볶은 채소, 소스, 굽는 과정에서 흘러나온 육즙 등을 브레이징 팬에 넣은 다음 뚜껑을 덮고 천천히 조리하는 방법
- 스튜(Stewing) : 육류, 가금류, 미르포아, 감자 등을 약 2~3cm 크기로 썰어, 달군 팬에 기름을 넣고 색을 내어 볶은 후 그래비소스(Gravy sauce)나 브라운스톡(Brown Stock)을 넣어 110~140℃의 온도에 끓여서 조리하는 방법
- 건열식 조리 방법 : 소테(Sauteing)
- 습열식 조리 방법 : Simmering(시머링), Blanching(브렌칭), Poaching(포칭)

37 조미료는 분자량이 큰 것부터 넣어야 침투가 잘되어 맛이 좋아지는데, 분자량이 큰 순서대로 넣는 순서가 맞는 것은?

① 소금 → 설탕 → 식초
② 소금 → 식초 → 설탕
③ 설탕 → 소금 → 식초
④ 설탕 → 식초 → 소금

해설 조미료는 분자량이 적을수록 빨리 침투하므로 분자량이 큰 것을 먼저 넣어야 제대로 조미료가 침투된다. 설탕 → 소금(간장) → 식초 순으로 분자량이 큰 것부터 넣어준다.

38 육류의 연화 방법으로 바람직하지 않은 것은?

① 근섬유와 결합 조직을 두들겨 주거나 잘라준다.
② 배즙음료, 파인애플 통조림으로 고기를 재워 놓는다.
③ 간장이나 소금(1.3~1.5%)을 적당량 사용하여 단백질의 수화를 증가시킨다.
④ 토마토, 식초, 포도주 등으로 수분 보유율을 높인다.

해설 고기에 단백질분해 효소를 가해 주어 고기의 연화를 증가시키는 것에는 파파야의 파파인, 파인애플의 브로멜린, 무화과의 피신, 배의 프로타아제, 키위의 액티니딘 등이 있다. 그러나 배즙음료는 단백질 분해 효소의 연화 능력이 매우 낮다.

39 영양소의 손실이 가장 큰 조리법은?

① 바삭바삭한 튀김을 위해 튀김옷에 중조를 첨가한다.

② 푸른색 채소를 데칠 때 약간의 소금을 첨가한다.

③ 감자를 껍질째 삶은 후 절단한다.

④ 쌀을 담가 놓았던 물을 밥물로 사용한다.

해설 밀가루 무게의 0.01~0.2% 정도의 중조(식소다)를 넣으면 가열 중 이산화탄소가 발생하면서 수분이 증발하여 습기가 차지 않고 가볍게 튀겨지지만, 비타민 B_1, B_2의 손실을 가져온다.

40 생선 비린내를 제거하는 방법으로 틀린 것은?

① 우유에 담가 두거나 물로 씻는다.

② 식초로 씻거나 술을 넣는다.

③ 소다를 넣는다.

④ 간장, 된장을 사용한다.

해설 생선 비린내 제거 방법
- 우유에 담가 두었다가 조리한다.
- 식초, 레몬즙 등의 산을 첨가한다.
- 간장, 된장, 고추장 등의 장류를 첨가한다.
- 생강, 파, 마늘, 겨자, 고추냉이, 술 등의 향신료를 사용한다.
- 물에 여러 번 씻어 낸 후 조리한다.
- 뚜껑을 열어 비린내를 휘발시킨다.

41 식품 계량에 대한 설명 중 맞는 방법으로만 묶인 것은?

㉠ 밀가루는 계량컵으로 직접 떠서 계량한다.
㉡ 꿀 등 점성이 높은 것은 할편 계량컵을 사용한다.
㉢ 흑설탕은 가볍게 흔들어 담아 계량한다.
㉣ 마가린은 실온일 때 꼭꼭 눌러 담아 계량한다.

① ㉠, ㉡　　　　② ㉠, ㉢

③ ㉡, ㉣　　　　④ ㉢, ㉣

해설 밀가루는 측정 직전에 체로 쳐서 누르지 않고 수저를 이용해 가만히 수북하게 담아 직선 주걱으로 깎아 측정하고 흑설탕은 꼭꼭 눌러 잰다.

42 전분 호화에 영향을 미치는 인자와 가장 거리가 먼 것은?

① 전분의 종류　　② 가열 온도

③ 수분　　　　　④ 회분

해설 전분의 호화에 영향을 미치는 인자
- 아밀로펙틴이 아밀로오스보다 호화되기 어려운데, 일반적으로 찹쌀을 이용한 음식이 조리 시간이 길다.
- 가열 온도가 높을수록 호화 속도가 빨라진다.
- 전분에 첨가하는 물의 양이 많으면 호화되기 쉽다.
- 산이나 설탕은 호화가 방해되므로 전분을 먼저 호화시킨 다음에 첨가한다.

43 가열 조리를 위한 기기가 아닌 것은?

① 프라이어(Fryer)
② 로스터(Roaster)
③ 브로일러(Broiler)
④ 미트초퍼(Meat chopper)

해설 미트초퍼는 Meat grinder와 같은 말로, 고기를 다지는 기계이다.

44 원가의 3요소는?

① 재료비, 수도, 광열비
② 임금, 급료, 잡금
③ 재료비, 노무비, 경비
④ 수도, 광열비, 전력비

해설 원가의 3요소 : 재료비, 노무비, 경비

45 다음에서 (   )에 들어갈 알맞은 것은?

> 감가상각이란 (   )의 감가를 일정한 내용 연수에 일정한 비율로 할당하여 비용으로 계산하는 절차를 말하며, 이때 감가된 비용을 감가상각이라 한다.

① 유동자산   ② 고정자산
③ 이연자산   ④ 기타자산

해설 감가상각이란 고정자산의 감가를 일정한 내용 연수에 일정한 비율로 할당하여 비용으로 계산하는 절차이다

46 두부에 대한 설명으로 틀린 것은?

① 두부는 두유를 만들어 80~90℃에서 응고제를 조금씩 넣으면서 저어 단백질을 응고시킨 것이다.
② 응고된 두유를 굳히기 전은 순두부라 하고 일반두부와 순두부 사이의 정도를 갖는 것은 연두부라 한다.
③ 두부를 데칠 경우는 가열하는 물에 식염을 조금 넣으면 더 부드러운 두부가 된다.
④ 응고제의 양이 적거나 가열 시간이 짧으면 두부가 딱딱해진다.

해설 두부 제조 시 응고제의 양은 대두의 1~2%이며, 응고제의 종류에 따라 두부의 질감이 달라진다. 두유의 가열 온도가 높고 응고제의 첨가량이 많을수록 단단하고 완전하게 두부가 응고된다.

47 다음 설명에 해당하는 밀의 종류는 무엇인가?

> 파스타 제조에 사용되며 제분하면 노란색을 띠고 세몰리나(Semolina)라는 모래알 같은 가루가 만들어진다.

① 일반 밀을 제분한 가루
② 일반 밀과 듀럼밀을 혼합하여 제분한 가루
③ 듀럼밀을 제분한 가루
④ 연질 소맥을 제분한 가루

해설 밀은 특성에 따라 일반 밀과 듀럼밀로 분류한다.

일반 밀(연질 소맥)	듀럼밀(경질 소맥)
• 우리가 흔하게 접하는 밀 • 옅은 노란색을 띰 • 가루로 만들어져 빵과 케이크, 페이스트리 등 오븐 요리에 사용함 • 빵을 굽기에 알맞은 성질을 가지고 있음	• 제분하면 연질 밀가루보다 다소 거친 느낌이 드는 노란색을 띠고 세몰리나(Semolina)라는 모래알 같은 가루가 만들어짐 • 글루텐 함량이 연질밀보다 많아 점성과 탄성이 높아 파스타를 만들기에 적당함

48 튀김 시 기름에 일어나는 변화를 설명한 것 중 틀린 것은?

① 기름은 비열이 낮기 때문에 온도가 쉽게 상승하고 쉽게 저하된다.
② 튀김 재료의 당, 지방 함량이 많거나 표면적이 넓을 때 흡유량이 많아진다.
③ 기름의 열용량에 비하여 재료의 열용량이 클 경우 온도의 회복이 빠르다.
④ 튀김옷으로 사용하는 밀가루는 글루텐의 양이 적은 것이 좋다.

해설 기름의 열용량(열량/온도 변화)에 비하여 재료의 열용량이 크면 튀김 기름 온도의 회복이 느리다.

49 과일의 과육 전부를 이용하여 점성을 띠게 농축한 잼(Jam) 제조 조건과 관계없는 것은?

① 펙틴과 산이 적당량 함유된 과일이 좋다.
② 펙틴의 함량이 0.1%일 때 잘 형성된다.
③ 최적의 산(pH)은 3.0~3.3 정도이다.
④ 60~65%의 설탕이 필요하다.

해설 펙틴은 1~1.5%일 때 잘 형성된다.

50 식품 감별법 중 옳은 것은?

① 오이는 가시가 있고 가벼운 느낌이 나며, 절단했을 때 성숙한 씨가 있는 것이 좋다.
② 양배추는 무겁고 광택이 있는 것이 좋다.
③ 우엉은 굽고 수염뿌리가 있는 것으로 외피가 딱딱한 것이 좋다.
④ 토란은 겉이 마르지 않고 잘랐을 때 점액질이 없는 것이 좋다.

해설 오이는 묵직한 느낌이 나며 절단했을 때 성숙한 씨가 없는 것이 좋으며, 우엉은 굽지 않고 수염뿌리가 없는 것이, 토란은 잘랐을 때 점액질이 있는 것이 좋다.

51 자외선이 인체에 주는 작용이 아닌 것은?

① 살균작용

② 구루병 예방

③ 열사병 예방

④ 피부색소 침착

해설 자외선의 인체에 대한 작용
- 살균작용
- 비타민 D의 형성을 촉진하여 구루병의 예방
- 피부의 홍반 및 색소 침착
- 신진대사 촉진, 적혈구 생성 촉진

52 기생충과 중간 숙주와의 연결이 틀린 것은?

① 구충 – 오리

② 간디스토마 – 민물고기

③ 무구조충 – 소

④ 유구조충 – 돼지

해설 구충은 중간 숙주가 없이 채소에 묻어 있던 감염형 유충의 구강 점막 침입으로 경구 감염이 되며, 유충이 부착된 채소 취급과 맨발 또는 흙 묻은 손에 의해 피부로 침입, 폐를 거쳐 소장에서 성장하여 산란하는 경피 감염을 일으킨다.

53 하수의 생물학적 처리 방법 중 호기성 처리에 속하지 않는 것은?

① 부패조 처리   ② 살수여과법

③ 활성오니법   ④ 산화지법

해설 하수 처리 과정 중 본처리 과정
- 호기성 처리 : 활성오니법, 살수여과법, 산화지법, 회전원판법
- 혐기성 처리 : 부패조처리법, 임호프탱크법, 혐기성소화

54 다음 식용유에 대한 설명에 해당하는 것은?

> 발연점이 250℃로 일반 식용유보다 높아 튀김 요리에 적당하고, 이미 사용한 기름을 5~6회 더 사용할 수 있어 폐유가 적게 나옴

① 올리브유   ② 카놀라유

③ 현미유   ④ 포도씨유

해설 포도씨유
- 포도씨유는 100g당 884kcal를 내며 불포화지방산이 풍부하여 최근 들어와 좋은 식용유로 인기가 있음
- 포도씨에서 추출하며, 발연점 250℃로 일반 식용유보다 높아 튀김 요리에 적당하고 이미 사용한 기름을 5~6회 더 사용할 수 있어 폐유가 적게 나옴
- 기름 특유의 느끼한 향과 냄새가 없어 재료 고유의 맛을 살릴 수 있음

55 환기 효과를 높이기 위한 중성대(Neutral zone)의 위치로 가장 적합한 것은?

① 방바닥 가까이

② 방바닥과 천장의 중간

③ 방바닥과 천장 사이의 1/3 정도의 높이

④ 천장 가까이

해설 실내 공기는 실내외의 온도차, 기체의 확산력, 외기의 풍력에 의해 이루어져서 중성대가 천장 가까이에 형성되도록 하는 것이 환기 효과가 크다.

56 소음에 의하여 나타나는 피해로 적절하지 않은 것은?

① 불쾌감
② 대화방해
③ 중이염
④ 소음성 난청

해설 소음으로 인해 불쾌감과 대화방해, 직업성 난청이나 청력장애 등이 유발될 수 있다.

57 부케가르니보다 좀 더 작은 조각의 향신료들을 소창에 싸서 사용하고 대량 조리 시는 스테인 다시 통을 사용하기도 하는 것은?

① 미르포아(Mirepoix)
② 스파이스(Spice)
③ 허브(Herb)
④ 샤세 데피스(Sachet d'epices)

해설 샤세 데피스(Sachet d'epices)는 부케가르니와 재료가 비슷하지만, 부케가르니보다 좀 더 작은 조각의 향신료들을 소창에 싸서 사용하고 대량 조리 시는 스테인 다시 통을 사용하기도 한다.

58 전채 요리 중 셀러리나 무 등을 스틱형으로 다듬어서 마요네즈 소스를 곁들이는 요리는 무엇인가?

① 칵테일(Cocktail)
② 렐리시(Relishes)
③ 카나페(Canape)
④ 콩디망(Condiments)

해설 • 렐리시(Relishes) : 셀러리, 무, 등을 스틱형으로 예쁘게 다듬어 마요네즈 등과 같은 소스를 곁들여 준다.
• 칵테일(Cocktail) : 보통 해산물을 주재료로 사용하거나 과일을 많이 이용하며 크기를 작게 만들어 모양도 예쁘고 맛도 좋으며 차갑게 제공한다.
• 카나페(Canape) : 빵을 작게 자르거나 크래커 등을 이용하여 한입 크기로 다양하게 만들 수 있다.
• 콩디망(Condiments) : 콩디망은 전채 요리에 어울리는 양념이나 조미료, 향신료 등을 말한다.

59 소스에 사용되는 루(Roux)의 설명으로 바르지 않은 것은?

① 브론드 루(Blond Roux) : 색이 나기 직전까지만 볶아낸 것으로 크림수프나 벨루테를 만들 때 사용된다.
② 차가운 루는 더운 육수에 직접 넣고 저어주면 응어리가 생기지 않게 만들 수 있다.
③ 루(Roux)의 종류에는 화이트 루, 브론드 루, 브라운 루가 있다.

60 조리용 온도계 중 비접촉식으로 표면의 온도
를 잴 수 있는 온도계는 무엇인가?

① 알코올 온도계
② 봉상 액체 온도계
③ 적외선 온도계
④ 육류용 온도계

해설 조리용 온도계의 용도
- 적외선 온도계 : 비접촉식으로 표면의 온도를 잴 수 있음
- 봉상 액체용 온도계 : 튀김용 온도계로 액체의 온도를 잴 수 있음
- 육류용 온도계 : 탐침하여 육류의 내부 온도를 측정할 수 있음

실전모의고사 03 | 양식 모의고사 1회									
1	④	2	③	3	③	4	①	5	③
6	④	7	④	8	②	9	①	10	①
11	③	12	①	13	②	14	②	15	②
16	④	17	①	18	④	19	④	20	④
21	①	22	③	23	①	24	③	25	④
26	④	27	④	28	②	29	③	30	③
31	③	32	①	33	④	34	④	35	②
36	②	37	③	38	②	39	①	40	③
41	③	42	④	43	④	44	③	45	②
46	④	47	③	48	③	49	②	50	②
51	③	52	①	53	①	54	④	55	④
56	③	57	④	58	②	59	①	60	③

01 바지락 속에 들어 있는 독성분은?

① 베네루핀(Venerupin)
② 솔라닌(Solanine)
③ 무스카린(Muscarine)
④ 아마니타톡신(Amanitatoxin)

해설 식품과 독성분
• 바지락 – 베네루핀
• 감자 – 솔라닌
• 독버섯 – 무스카린, 아마니타톡신

02 중금속에 대한 설명으로 옳은 것은?

① 비중이 4.0 이하의 금속을 말한다.
② 생체 기능 유지에 전혀 필요하지 않다.
③ 다량이 축적될 때 건강 장해가 일어난다.
④ 생체와의 친화성이 거의 없다.

해설 중금속은 비중이 4 이상인 금속을 말한다. 일반적으로 중금속은 몸에 해로운 물질로 알려져 있으나 아연, 철, 구리, 코발트 등은 정상 생리 기능을 유지하는 데 필수적인 금속이다.

03 세균성 식중독과 병원성 소화기계 감염병을 비교한 것으로 틀린 것은?

	세균성 식중독	병원성 소화기계 감염병
①	많은 균량으로 발병	균량이 적어도 발병
②	2차 감염이 빈번함	2차 감염이 없음
③	식품위생법으로 관리	감염병 예방법으로 관리
④	비교적 짧은 잠복기	비교적 긴 잠복기

해설 세균성 식중독은 살모넬라 외에는 2차 감염이 없고, 병원성 소화기계 감염병은 2차 감염이 된다

04 다음 중 잠복기가 가장 짧은 식중독은?

① 황색포도상구균 식중독
② 살모넬라균 식중독
③ 장염 비브리오 식중독
④ 장구균 식중독

해설 잠복기란 병원 미생물이 사람 또는 동물의 체내에 침입하여 발병할 때까지의 기간이다. 황색포도상구균 식중독은 잠복기가 식후 3시간으로 가장 짧다

05 생선 및 육류의 초기 부패 판정 시 지표가 되는 물질에 해당 되지 않는 것은?

① 휘발성염기질소(VBN)
② 암모니아(Ammonia)
③ 트리메탈아민(Trimethylamine)
④ 아크롤레인(Acrolein)

해설 암모니아나 트리메탈아민 등의 휘발성 염기는 어육의 선도 저하와 더불어 증가하는데, 이들 휘발성 염기 질소량을 측정하여 선도를 판정하는 방법으로 널리 쓰인다. 기름을 가열하면 발연점에 도달하여 청백색의 연기와 함께 자극성 취기가 발생하는데 이는 기름 분해에 의하여 아크롤레인이 생성되기 때문이다.

06 세균 번식이 잘되는 식품과 가장 거리가 먼 것은?

① 온도가 적당한 식품
② 수분을 함유한 식품
③ 영양분이 많은 식품
④ 산이 많은 식품

해설 세균 생육에 필요한 조건은 영양소, 수분, 온도이며 산이 많은 식품은 세균 번식이 어렵다.

07 관능을 만족시키는 식품 첨가물이 아닌 것은?

① 동클로로필린나트륨
② 질산나트륨
③ 아스파탐
④ 소르빈산

해설 동클로로필린나트륨은 착색료, 질산나트륨은 발색제, 아스파탐은 감미료로 식품의 기호성을 높이고 관능을 만족시키는 첨가물이며, 소르빈산은 보존료로 식품의 변질, 변패를 방지하기 위해 사용한다.

08 위생 관리의 필요성으로 바르지 못한 것은?

① 대외적 브랜드 이미지 관리
② 점포의 이미지 개선(청결한 이미지)
③ 식중독 위생사고 예방
④ 질병의 치료 및 예방

해설 위생 관리의 필요성은 다음과 같다.
• 식중독 위생사고 예방
• 식품위생법 및 행정 처분 강화
• 상품의 가치가 상승함(안전한 먹거리)
• 점포의 이미지 개선(청결한 이미지)
• 고객 만족(매출 증진)
• 대외적 브랜드 이미지 관리

09 오래된 과일이나 산성 채소 통조림에서 유래되는 화학성 식중독의 원인물질은?

① 칼슘
② 주석
③ 철분
④ 아연

해설 통조림의 주원료인 주석은 금속을 보호하기 위한 코팅에 사용되는데, 철판에 주석코팅을 너무 얇게 하거나 본질적으로 통조림 내용물이 부식을 잘 일으키는 경우에는 통조림 캔으로부터 주석이 용출될 수 있다.

10 HACCP에 대한 설명으로 틀린 것은?

① HACCP 12절차의 첫 번째 단계는 위해 요소 분석이다.

② 미국, 일본, 유럽연합, 국제기구 등에서 모든 식품에 HACCP를 적용할 것을 권장하고 있다.

③ 가능성 있는 모든 위해 요소를 예측하고 대응할 수 있다.

④ 위해 방지를 위한 사전 예방적인 식품 안전 관리 체계를 말한다.

해설 HACCP 12절차
• 준비단계 5절차
　– HACCP팀 구성
　– 제품설명서 작성
　– 사용 목적의 확인
　– 공정 흐름도 작성
　– 공정 흐름도의 현장 확인
• HACCP 수행의 7원칙
　– 위해 요소 분석
　– 중요 관리점결정
　– 중요 관리점에 대한 한계 기준 설정
　– 중요 관리점에 대한 감시 절차 확립
　– 한계 기준 이탈 시 개선 조치 절차 확립
　– HACCP 시스템의 검증 절차 확립
　– HACCP 체계를 문서화하는 기록(Record)유지 방법 설정

11 재해 발생의 원인에 들지 않는 것은?

① 충분한 기술
② 위험한 환경
③ 부적합한 지식
④ 불안전한 행동

해설 재해 발생은 불충분한 기술로 인해 발생할 수 있다.

12 주방의 폐기물처리에 대한 설명으로 틀린 것은?

① 뚜껑은 손으로 열 수 있는 것을 사용한다.

② 음식물쓰레기통, 재활용쓰레기통, 일반 쓰레기통으로 분리 사용한다.

③ 용량이 2/3 이상 채워지지 않도록 수시로 비운다.

④ 관리가 적절히 이루어지지 않으면 파리, 해충 등을 유인하게 된다.

해설 뚜껑은 발로 개폐 가능한 구조의 것을 사용한다.

13 식품위생법상 출입, 검사, 수거에 대한 설명 중 틀린 것은?

① 관계 공무원은 영업소에서 출입하여 영업에 사용하는 식품 또는 영업시설 등에 대하여 검사를 실시한다.

② 관계 공무원은 영업상 사용하는 식품 등을 검사를 위하여 필요한 최소량이라 하더라도 무상으로 수거할 수 없다.

③ 관계 공무원은 필요에 따라 영업에 관계되는 장부 또는 서류를 열람할 수 있다.

④ 출입, 검사, 수거 또는 열람하려는 공무원은 그 권한을 표시하는 증표를 지니고 이를 관계인에게 내보여야 한다.

해설 관계 공무원은 영업상 사용하는 식품 등을 검사를 위하여 필요한 최소량이라도 식품 등의 무상 수거를 할 수 있다.

14 일반음식점의 모범 업소의 지정 기준이 아닌 것은?

① 화장실에 1회용 위생종이 또는 에어타올이 비치되어 있어야 한다.
② 주방에는 입식조리대가 설치되어 있어야 한다.
③ 1회용 물 컵을 사용하여야 한다.
④ 종업원은 청결한 위생복을 입고 있어야 한다.

해설 일반 음식점의 모범 업소의 지정 기준에 1회용 물컵, 1회용 숟가락, 1회용 젓가락 등을 사용하지 아니하여야 한다.

15 우리나라 식품위생법 등 식품 위생 행정 업무를 담당하고 있는 기관은?

① 환경부
② 고용노동부
③ 보건복지부
④ 식품의약품안전처

해설 식품의약품안전처에서 식품 위생 행정 업무를 총괄 관장하고 있다.

16 색소를 보존하기 위한 방법 중 틀린 것은?

① 녹색 채소를 데칠 때 식초를 넣는다.
② 매실지를 담글 때 소엽(차조기 잎)을 넣는다.
③ 연근을 조릴 때 식초를 넣는다.
④ 햄 제조 시 질산칼륨을 넣는다.

해설 녹색 채소의 색소인 클로로필은 산성용액에 방치하면 클로로필의 마그네슘이온이 수소이온으로 치환되어 갈색의 페오피린이 형성되므로 채소가 누른 갈색이 된다.

17 맥아당은 어떤 성분으로 구성되어 있는가?

① 포도당 2분자가 결합된 것
② 과당과 포도당 각 1분자가 결합된 것
③ 과당 2분자가 결합된 것
④ 포도당과 전분이 결합된 것

해설 맥아당(엿당, Maltose)은 포도당 두 분자가 결합된 당이며, 엿기름에 많이 들어 있고 물엿의 주성분이다

18 지방의 경화에 대한 설명으로 옳은 것은?

① 물과 지방이 서로 섞여 있는 상태이다.
② 불포화지방산에 수소를 첨가하는 것이다.
③ 기름을 7.2℃까지 냉각시켜서 지방을 여과하는 것이다.
④ 반죽 내에서 지방층을 형성하여 글루텐 형성을 막는 것이다.

해설 지방의 경화(Hardening of Oil)란 불포화지방산에 Ni(니켈), Pt(백금) 등의 촉매를 사용하여 분자상의 H_2(수소)를 첨가하여 불포화 결합을 포화 결합으로 바꾸는 반응을 말하며, 이를 통해 고체 상태의 지방이 얻어진다. 이를 경화유라 하며 이를 이용한 제품에는 마가린과 쇼트닝이 있다

19 열에 의해 가장 쉽게 파괴되는 비타민은?

① 비타민 C   ② 비타민 A
③ 비타민 E   ④ 비타민 K

해설 대체로 조리 과정 중에 비타민 손실은 비타민 C는 50%, 비타민 B_2는 30%, 비타민 B_1은 5%, 비타민 A는 3% 정도의 손실률이 있다

20 효소적 갈변 반응에 의해 색을 나타내는 식품은?

① 분말 오렌지   ② 간장
③ 캐러멜   ④ 홍차

해설 효소적 갈변과 비효소적 갈변

효소적 갈변	비효소적 갈변
식품에 함유된 페놀화합물들이 산화 · 중합하여 갈색색소를 생성하는 것으로 사과, 배, 복숭아, 바나나, 밤, 감자, 가지, 양송이 등의 갈변과 홍차의 경우가 해당된다.	식품 등의 카아보닐화합물과 아미노화합물의 반응에 의한 것으로 효소는 관여하지 않는다. 감귤과즙의 보존에 따른 갈색.화, 유제품의 가열에 따른 변색, 간장의 가열에 따른 착색, 식빵껍질의 착색 등이 해당된다.

21 1g당 발생하는 열량이 가장 큰 것은?

① 당질   ② 단백질
③ 지방   ④ 알코올

해설 식품과 열량
탄수화물 1g − 4kcal, 단백질 1g − 4kcal, 지방 1g − 9kcal, 알코올 1g − 7kcal

22 가열에 의해 고유의 냄새 성분이 생성되지 않는 것은?

① 장어구이   ② 스테이크
③ 커피   ④ 포도주

해설 포도주는 가열하면 알코올이나 향기 성분이 휘발되며, 고유의 냄새 성분은 생성되지 않는다

23 어떤 단백질의 질소 함량이 18%라면 이 단백질의 질소계수는 얼마인가?

① 5.56   ② 6.30
③ 6.47   ④ 6.67

해설 질소계수는 100/질소 함량 의 공식에 넣어서 알 수 있는데, 질소 함량이 18%라면 100/18 이 된다. 즉, 100/18 =5.555≒5.56이므로 질소 함량이 18%인 단백질의 질소계수는 5.56이다.

24 간장, 다시마 등의 감칠맛을 내는 주된 아미노산은?

① 알라닌(Alanine)
② 글루탐산(Glutamic acid)
③ 리신(Lysine)
④ 트레오닌(Threonine)

해설 글루탐산은 신맛과 감칠맛의 후미를 가지고 있는데, 밀과 콩의 단백질에 많이 함유되어 있으며 다시마에도 다량 함유되어 있다.

25 탄수화물의 조리 가공 중 변화되는 현상과 가장 관계 깊은 것은?

① 거품생성   ② 호화
③ 유화   ④ 산화

해설 호화는 탄수화물의 조리 과정 중에 변화하는 현상으로 날 전분에 물을 넣고 가열하면 물 분자가 전분 속에 들어가서 팽윤한 상태가 되는데, 이 현상을 호화라 한다.

26 어류의 염장법 중 건염법(마른간법)에 대한 설명 중 틀린 것은?

① 식염의 침투가 빠르다.
② 품질이 균일하지 못하다.
③ 선도가 낮은 어류로 염장을 할 경우 생산량이 증가한다.
④ 지방질의 산화로 변색이 쉽게 일어난다.

해설 마른간법은 직접 식염을 뿌려 염장하는 방법으로 장점으로는 특별한 설비가 필요 없고 식염의 침투가 빨라 염장 초기 부패가 적고, 염장이 잘못되었을 경우에 피해를 부분적으로 막을 수 있다. 그러나 단점으로는 소금의 삼투가 균일하게 이루어지지 않아 제품의 품질이 균일하지 못하고 염장 중에 공기와 접촉되므로 지방질의 산화로 변색이 쉽게 일어날 수 있다.

27 대두를 구성하는 콩 단백질의 주성분은?

① 글리아딘   ② 글루텔린
③ 글루텐   ④ 글리시닌

해설 대두의 주 단백질은 글리시닌(Glycinin)으로 양질의 단백질이다.

28 브로멜린(Bromelin)이 함유되어 있어 고기를 연화시키는 데 이용되는 과일은?

① 사과   ② 파인애플
③ 귤   ④ 복숭아

해설 파인애플 속에 들어 있는 브로멜린은 단백질 분해 효소를 가지고 있어 고기를 연하게 한다.

29 단맛 성분에 소량의 짠맛 성분을 혼합할 때 단맛이 증가하는 현상은?

① 맛의 상쇄 현상   ② 맛의 억제 현상
③ 맛의 변조 현상   ④ 맛의 대비 현상

해설 맛의 여러 가지 현상
- 맛의 상쇄 현상 : 두 종류의 정미 성분이 혼재해 있을 경우 각각의 맛을 느낄 수 없고 조화된 맛을 느끼는 경우를 말한다.
- 맛의 억제 현상 : 서로 다른 정미 성분이 혼합되었을 때 주된 정미 성분의 맛이 약화되는 현상을 말한다.
- 맛의 변조 현상 : 한 가지의 맛을 느낀 직후 다른 맛을 보면 원래 식품의 맛이 다르게 느껴지는 현상이다.
- 맛의 대비 현상 : 서로 다른 두 가지 맛이 작용하여 주된 맛 성분이 강해지는 현상으로 설탕용액에 약간의 소금을 첨가하면 단맛이 증가된다.

30 연제품 제조에서 탄력성을 주기 위해 꼭 첨가해야 하는 것은?

① 소금   ② 설탕
③ 펙틴   ④ 글루타민산소다

해설 어묵 제조에서의 소금의 역할
생선살에 3% 내외의 소금을 넣고 갈면 탄력 있는 젤리로 되는데, 이는 미오신과 액틴이 용출되어 액토미오신을 형성하기 때문으로 서로 망목 구조를 형성하면 겔이 되어 굳어지는 현상을 보인다. 이 성질을 이용하여 어묵을 만든다.

31 다음의 조건에서 당질 함량을 기준으로 고구마 180g을 쌀로 대치하려면 필요한 쌀의 양은?

• 고구마 100g의 당질 함량 29.2g
• 쌀 100g의 당질 함량 31.7g

① 165.8g   ② 170.6g
③ 177.5g   ④ 184.7g

해설 • 고구마 100g의 당질 함량이 29.2g일 때 고구마 180g의 당질 함량
100 : 29.2 = 180 : χ
100x = 29.2 × 180
χ = 29.2 × 180/100 = 5,256/100
χ = 52.56
∴ 고구마 180g의 당질 함량은 52.56g이다.
• 쌀 100g의 당질 함량이 31.7g일 때 쌀 180g의 당질 함량
100 : 31.7 = 180 : χ
100x = 31.7 × 180 = 31.7 × 180/100 = 5,706/100
χ = 57.06
∴ 쌀 180g의 당질 함량은 57.06이다.
• (대치식품량= 원래식품의 양 × 원래식품의 해당성분수치/대치하고자 하는 식품의 해당 성분수치)의 공식에 대입하면 다음과 같다.
180 × 52.56/57.06 = 9,460.8/57.06 = 165.8

32 젤라틴과 한천에 관한 설명으로 틀린 것은?

① 한천은 보통 28~35℃에서 응고되는데, 온도가 낮을수록 빨리 굳는다.
② 한천은 식물성 급원이다.
③ 젤라틴은 젤리, 양과자 등에서 응고제로 쓰인다.
④ 젤라틴에 생 파인애플을 넣으면 단단하게 응고한다.

해설 젤라틴은 등전점인 pH 4.7 부근에서 응고력은 커지지만 산을 더 넣으면 pH가 등전점 이하로 떨어져 응고력이 약해진다.

33 밀가루 반죽 시 넣는 첨가물에 관한 설명으로 옳은 것은?

① 유지는 글루텐 구조 형성을 방해하여 반죽을 부드럽게 한다.
② 소금은 글루텐 단백질을 연화시켜 밀가루 반죽의 점탄성을 떨어뜨린다.
③ 설탕은 글루텐 망사 구조를 치밀하게 하여 반죽을 질기고 단단하게 한다.
④ 달걀을 넣고 가열하면 단백질의 연화 작용으로 반죽이 부드러워진다.

해설 밀가루 반죽 시 넣는 첨가물에 대한 설명
• 유지는 형성된 글루텐 표면을 둘러싸서 반죽을 연하고 부드럽게 한다.
• 소금은 글루텐의 입체적 망상 구조를 치밀하게 하여 반죽을 질기고 단단하게 한다.
• 설탕은 단백질의 연화 작용을 하여 반죽이 부드러워진다.
• 달걀 첨가 시 가열에 의해 달걀 단백질이 응고되면서 글루텐의 형성을 도와 제품의 모양을 유지하며, 맛과 색을 좋게 한다.

34 편육을 할 때 가장 적합한 삶기 방법은?

① 끓는 물에 고기를 덩어리째 넣고 삶는다.
② 끓는 물에 고기를 잘게 썰어 넣고 삶는다.
③ 찬물에서부터 고기를 넣고 삶는다.
④ 찬물에서부터 고기와 생강을 넣고 삶는다.

해설 편육은 고기를 덩어리째 삶아서 썰어놓은 음식으로, 국물보다 식육을 먹을 목적으로 한 요리이므로 끓는 물에 고기를 덩어리째 넣고 삶아야 맛 성분이 많이 유출되지 않는다.

35 경쟁 입찰 계약의 내용으로 바르지 않은 것은?

① 일반 경쟁 입찰과 지명 경쟁 입찰로 나눈다.
② 공식적 구매 방법이다.
③ 공평하고 경제적이다.
④ 채소, 생선, 육류 등의 구매에 적합하다.

해설 경쟁 입찰 계약은 쌀, 조미료, 건어물 같은 저장성이 높은 식품의 구매 시 적합하다.

36 배식을 위해 필요한 주요 기기로 바르지 않은 것은?

① 이동운반차
② 보온고
③ 세미기
④ 온·냉 정수기

해설 세미기는 대량의 쌀을 빠른 시간에 씻을 수 있는 기기로 조리 공간에 두어야 한다.

37 구매를 위한 시장 조사의 목적으로 바르지 않은 것은?

① 구매 예정 가격의 결정
② 합리적인 구매 계획의 수립
③ 제품 개량
④ 신제품의 판매

해설 시장 조사의 목적
• 구매 예정 가격의 결정
• 합리적인 구매 계획의 수립
• 제품 개량
• 신제품의 설계

38 버터 대용품으로 생산되고 있는 식물성 유지는?

① 쇼트닝   ② 마가린
③ 마요네즈   ④ 땅콩버터

해설 마가린은 천연 버터와 비슷하게 만든 인조 버터로, 정제된 식물성 기름의 혼합물로 적당한 가소성을 지닌 제품을 만들기 위하여 식물성 기름 일부를 수산화 처리한 것이다.

39 원가 계산의 목적으로 옳지 않은 것은?

① 원가의 절감 방안을 모색하기 위해서
② 제품의 판매 가격을 결정하기 위해서
③ 경영 손실을 제품 가격에서 만회하기 위해서
④ 예산 편성의 기초 자료를 활용하기 위해서

해설 원가 계산의 목적은 기업의 경제 실제를 계수적으로 파악하여 적정한 판매 가격을 결정하고 동시에 경영 능률을 증진시키고자 하는데 있다.

40 조리대 배치 형태 중 환풍기와 후드의 수를 최소화 할 수 있는 것은?

① 일렬형
② 병렬형
③ ㄷ자형
④ 아일랜드형

해설 아일랜드형 부엌구조는 실내에 개수대나 가열대 또는 조리대가 섬처럼 벽에서 독립하여 설치된 형태로, 조리기기를 한곳으로 모아 놓았기 때문에 환풍기나 후드의 수를 최소한으로 줄일 수 있다.

41 우유를 데울 때 가장 좋은 방법은?

① 냄비에 담고 끓기 시작할 때까지 강한불로 데운다.
② 이중 냄비에 넣고 젓지 않고 데운다.
③ 냄비에 담고 약한 불에서 젓지 않고 데운다.
④ 이중 냄비에 넣고 저으면서 데운다.

해설 우유를 60~65℃로 가열하면 표면에 엷은 피막이 생기는데 이것은 우유 중의 단백질과 지질, 무기질이 흡착되어 열변성한 것으로, 우유를 데울 때는 온도를 주의하고 이중 냄비를 사용하여 가볍게 저어 가면서 데운다.

42 식품의 감별법 중 틀린 것은?

① 쌀알은 투명하고 앞니로 씹었을 때 강도가 센 것이 좋다.
② 생선은 안구가 돌출되어 있고 비늘이 단단하게 붙어 있는 것이 좋다.
③ 닭고기의 뼈(관절) 부위가 변색된 것은 변질된 것으로 맛이 없다.
④ 돼지고기의 색이 검붉은 것은 늙은 돼지에서 생산된 고기일 수 있다.

해설 냉동한 닭고기를 이용하여 로스트(Rost)했을 때 닭 뼈가 짙은 갈색으로 변색된 것을 볼 수 있는데, 이는 냉동과 해동이 닭 뼈의 골수의 적혈구를 파괴시켜 짙은 적색으로 나타난 것이 다시 조리를 하는 과정에 짙은 갈색으로 변색되기 때문으로 무해하다.

43 조리장의 입지 조건으로 적당하지 않은 곳은?

① 급·배수가 용이하고 소음, 악취, 분진, 공해 등이 없는 곳
② 사고 발생 시 대피하기 쉬운 곳
③ 조리장이 지하층에 위치하여 조용한 곳
④ 재료의 반입, 오물의 반출이 편리한 곳

해설 조리장은 통풍 및 채광이 용이한 곳에 설치하여야 한다.

44 다음 중 단체 급식 조리장을 신축할 때 우선적으로 고려할 사항 순으로 배열된 것은?

가. 위생	나. 경제	다. 능률

① 다 → 나 → 가
② 나 → 가 → 다
③ 가 → 다 → 나
④ 나 → 다 → 가

해설 조리장을 신축 또는 개조할 경우 가장 먼저 고려해야 할 점은 위생이며, 그다음은 능률을 고려하고 그다음은 경제적으로 무리가 없는 조건을 갖춰야 한다.

45 소화 흡수가 잘되도록 하는 방법으로 가장 적절한 것은?

① 짜게 먹는다.
② 동물성 식품과 식물성 식품을 따로따로 먹는다.
③ 식품을 잘고 연하게 조리하여 먹는다.
④ 한꺼번에 많은 양을 먹는다.

해설 식품을 소화·흡수가 잘 되도록 하기 위해서는 싱거우면서 동물성·식물성 식품을 조화 있게, 식품을 잘고 연하게 조리하며 여러 번 나누어서 적당량을 먹는 것이 적절한 방법이다

46 많이 익은 김치(신김치)는 오래 끓여도 쉽게 연해지지 않는 이유는?

① 김치에 존재하는 소금에 의해 섬유소가 단단해지기 때문이다.
② 김치에 존재하는 소금에 의해 팽압이 유지되기 때문이다.
③ 김치에 존재하는 산에 의해 섬유소가 단단해지기 때문이다.
④ 김치에 존재하는 산에 의해 팽압이 유지되기 때문이다.

해설 김치가 숙성 적기를 지나면 점차 산도가 올라가는데, 이런 신김치를 오래 끓이면 김치에 존재하는 산에 의해 섬유소가 단단해진다.

47 다음 중 신선한 달걀은?

① 달걀을 흔들어서 소리가 나는 것
② 삶았을 때 난황의 표면이 암록 색으로 쉽게 변하는 것
③ 껍질이 매끈하고 윤기 있는 것
④ 깨보면 많은 양의 난백이 난황을 에워싸고 있는 것

해설 달걀의 신선도 판정 방법
• 흔들어보아 소리가 나면 기실이 커진 것으로 오래된 것이다.
• 달걀을 삶았을 때 난백과 난황 사이에 검푸른 색이 생기는 것을 가끔 볼 수 있는데, 이는 가열에 의하여 생긴 황화제1철로 생성량은 달걀의 pH, 즉 신선도, 가열 온도와 시간, 달걀을 삶은 후 냉수에 담갔는가 여부 등에 따라 달라지지만 신선하지 않은 달걀은 삶으면 황화제1철이 많이 생긴다.
• 신선한 달걀은 껍데기가 까슬까슬하다.
• 신선한 달걀의 경우는 된 난백의 양이 많아 난황을 에워싸고 있으며, 기간이 경과함에 따라 된 난백의 양이 감소하고 묽은 난백의 양이 증가한다.

48 인수 공통 감염병으로 그 병원체가 세균인 것은?

① 일본뇌염   ② 공수병
③ 광견병   ④ 결핵

해설 인수 공통 감염병은 동물과 사람 간에 서로 전파되는 병원체에 의하여 발생되는 감염병이고, 결핵은 병원체가 세균이다.

49 생균(Live vaccine)을 사용하는 예방 접종으로 면역이 되는 질병은?

① 파상풍
② 콜레라
③ 폴리오
④ 백일해

해설 인공 능동 면역이란 생균 백신, 사균 백신 및 순화 독소를 이용해서 인위적으로 면역이 생기게 하는 방법이다.
[인공 능동 면역 방법과 질병]

방법별	예방할 질병
생균 백신 (Living Vaccine)	폴리오, 두창, 탄저, 광견병, 결핵, 황열, 홍역
사균 백신 (Killed Vaccine)	장티푸스, 파라티푸스, 콜레라, 백일해, 일본뇌염, 폴리오
순화 독소 (Toxoid)	디프테리아, 파상풍

50 음식물이나 식수에 오염되어 경구적으로 침입되는 감염병이 아닌 것은?

① 유행성이하선염
② 파라티푸스
③ 세균성이질
④ 폴리오

해설
• 소화기계 감염병 : 병원체는 환자, 보균자의 분변으로 배설되어 음식물이나 식수에 오염되어 경구 침입하는 감염병으로 장티푸스, 파라티푸스, 콜레라, 세균성이질, 아메바성이질, 소아마비(폴리오)가 있다.
• 호흡기계 감염병 : 환자 및 보균자의 객담, 재채기, 콧물 등으로 병원체가 감염되는 비말 감염과 먼지 등에 의한 진애감염 등이 이루어지며, 종류에는 디프테리아, 백일해, 홍역, 천연두, 유행성이하선염, 풍진이 있다.

51 소음의 측정 단위는?

① dB   ② kg
③ Å   ④ ℃

해설 데시벨(dB ; Decible)은 사람이 들을 수 있는 음압의 범위와 음(소리)의 강도 범위를 상용대수를 사용하여 만든 음의 강도의 단위로 소음의 측정 단위로 사용된다.

52 적외선에 속하는 파장은?

① 200nm   ② 400nm
③ 600nm   ④ 800nm

해설 파장의 범위는 사람에 따라 다소 차이가 있으나 대체로 380~770nm인데, 단색광인 경우 700~610nm는 빨강, 610~590nm는 주황, 590~570nm는 노랑, 570~500nm는 초록, 500~450nm는 파랑, 450~400nm는 보라로 보인다. 빨강보다 파장이 긴 빛을 적외선, 보라보다 파장이 짧은 빛은 자외선이라고 한다.

53 매개 곤충과 질병이 잘못 연결된 것은?

① 이 – 발진티푸스
② 쥐벼룩 – 페스트
③ 모기 – 사상충증
④ 벼룩 – 랩토스피라증

해설 벼룩 – 발진열, 페스트

54 다음의 상수 처리 과정에서 가장 마지막 단계는?

① 급수
② 취수
③ 정수
④ 도수

해설 상수도 처리 과정
취수 → 도수(수원이 멀리 떨어져 있을 때 물을 정수장까지 도수로를 이용하여 운송하는 것) → 정수(침전 → 여과 → 소독) → 송수, 배수, 급수

55 스톡(Stock)에 사용하는 재료가 아닌 것은?

① 부케가르니(Bouquet garni)
② 미르포아(Mirepoix)
③ 우유(milk)
④ 뼈(bone)

해설 스톡의 재료로는 부케가르니, 미르포아, 뼈가 사용된다.

56 식빵에서의 스프레드(Spread)의 역할로 거리가 먼 것은?

① 코팅제
② 팽창제
③ 접착제
④ 맛의 향상

해설 스프레드의 역할
• 코팅제 : 빵이 눅눅해지는 것을 방지
• 접착제 : 빵과 속 재료가 흐트러지는 것을 방지
• 맛의 향상 : 개성 있는 맛을 내며, 전체적으로 맛이 어우러지게 함
• 감촉 : 촉촉한 감촉을 위해 사용함

57 달걀프라이(Fried egg) 중 다음 설명에 해당하는 명칭은 무엇인가?

> 달걀의 양쪽 면을 살짝 익히는 조리법으로 흰자가 반쯤 익었을 때 노른자가 터지지 않도록 뒤집어 흰자를 익히며 노른자가 터지지 않도록 한다.

① 오버 이지(Over easy egg)
② 오버 미디엄(Over medium egg)
③ 오버 하드(Over hard egg)
④ 서니 사이드 업(Sunny side up)

해설 달걀프라이

종류	특징
서니 사이드 업 (Sunny side up)	달걀의 한쪽 면만 익히는 조리법으로, 노른자위가 떠오르는 태양과 같다고 해서 붙여진 이름이다.
오버 이지 (Over easy egg)	달걀의 양쪽 면을 살짝 익히는 조리법으로, 흰자가 반쯤 익었을 때 노른자가 터지지 않도록 뒤집어 흰자를 익히며 노른자가 터지지 않도록 한다
오버 미디엄 (Over medium egg)	오버이지와 같은 방법으로 조리하며, 달걀노른자가 반 정도 익도록 조리하는 방법이다.
오버 하드 (Over hard egg)	달걀을 넣어 양쪽으로 완전히 익히는 조리법이다.

58 식재료 써는 방법 중 다음에 대한 설명은 어떤 방법인가?

> 한 손으로 재료를 잡고 칼을 잡은 손을 밀면서 썰고, 안쪽 옆에서 작업 시 보면 칼 잡은 손이 시계 방향으로 원 형태를 그리며 밀어서 작업한다.

① 내려썰기

② 밀어서 썰기

③ 당겨서 썰기

④ 터널식 썰기

해설 식재료 써는 방법
- 밀어서 썰기 : 한 손으로 재료를 잡고 칼을 잡은 손을 밀면서 썰고, 안쪽 옆에서 작업 시 보면 칼 잡은 손이 시계 방향으로 원 형태를 그리며 밀어서 작업한다.
- 당겨서 썰기 : 한 손으로 재료를 잡고 칼을 잡은 손으로 당기면서 썰고, 안쪽 옆에서 작업 시 보면 칼 잡은 손이 시계 반대 방향으로 원 형태를 그리며 당겨서 작업한다.
- 내려썰기 : 식재료의 양이 적거나 간단한 작업을 할 때 사용하는 방법이다.
- 터널식 썰기 : 한 손으로 재료를 터널 모양으로 잡고 써는 방법으로 식재료를 길게 썰 때 사용

59 다음 썰기의 종류 중 다음 설명에 해당되는 것은?

> 재료를 얇게 자른 뒤 포개어 놓고 0.3cm 두께로 얇고 길게 써는 형태

① 큐브(Cube)

② 쥘리엔(Julienne)

③ 촙(Chop)

④ 다이스(Dice)

해설
- 큐브 : 가로와 세로 2cm 정육면체
- 촙 : 식재료를 칼로 잘게 다지는 방법
- 다이스 : 큐브보다는 작은 정육면체 크기로, 사방 1.2cm의 크기

60 스프의 구성 요소 중 수프의 농도를 조절하는 농후제는 무엇인가?

① 리에종(Liaison)
② 향신료(Herb)
③ 크루통(Crouton)
④ 휘핑크림(Whipping cream)

해설 수프의 농도를 조절하는 농후제를 리에종(Liaison)이라고도 하며 가장 일반적으로 사용하는 것이 루(Roux)이며 밀가루를 색이 나지 않게 볶은 화이트루(White Roux)를 기본으로 사용하며 그 외에 농후제의 일종으로는 전분 성분을 지닌 채소를 비롯하여 버터, 뵈르마니에(Beurre manie), 달걀노른자, 크림, 쌀 등이 있다.

실전모의고사 04 | 양식 모의고사 2회

1	①	2	③	3	②	4	①	5	④
6	④	7	④	8	④	9	②	10	①
11	①	12	①	13	②	14	③	15	④
16	①	17	①	18	②	19	①	20	④
21	③	22	④	23	①	24	②	25	②
26	③	27	④	28	②	29	④	30	①
31	①	32	①	33	①	34	①	35	④
36	③	37	④	38	②	39	③	40	④
41	④	42	③	43	③	44	④	45	③
46	③	47	④	48	④	49	③	50	①
51	①	52	④	53	④	54	①	55	①
56	②	57	①	58	②	59	①	60	②

01 식품의 부패 또는 변질과 관련이 적은 것은?

① 수분 　② 온도
③ 압력 　④ 효소

해설 식품의 부패와 변질에 관여하는 미생물은 적당한 수분과 온도, 영양소가 있어야 증식한다.

02 화학성 식중독의 원인이 아닌 것은?

① 설사성 패류 중독
② 환경 오염에 기인하는 식품 유독 성분 중독
③ 중금속에 의한 중독
④ 유해성 식품 첨가물에 의한 중독

해설 화학성 식중독의 원인은 유해 첨가물이나 중금속, 농약, 환경 오염에 기인한 식품 유독 성분 등이며, 설사성 패류 중독은 장염비브리오 식중독으로 세균성 식중독 중 감염형 식중독에 해당한다.

03 안식향산(Benzoic acid)의 사용 목적은?

① 식품의 산미를 내기 위하여
② 식품의 부패를 방지하기 위하여
③ 유지의 산화를 방지하기 위하여
④ 식품의 향을 내기 위하여

해설 예시의 식품 첨가물 분류와 종류는 다음과 같다.
① 산미료 : 구연산, 글루코산액 등
② 보존제(방부제) : 안식향산, 데히드로초산 등
③ 산화 방지제 : 아스코르빈산, 부틸히드록시아니솔 등
④ 착향료 : 에스테르류 등

04 과일 통조림으로부터 용출되어 구토, 설사, 복통의 중독 증상을 유발할 가능성이 있는 물질은?

① 안티몬 　② 주석
③ 크롬 　④ 구리

해설 통조림의 주원료인 주석은 금속을 보호하기 위한 코팅에 사용되는데 철관에 주석코팅을 너무 얇게 하거나 본질적으로 통조림 내용물이 부식을 잘 일으키는 경우에는 통조림 캔으로부터 주석이 용출될 수 있다.

05 식품을 조리 또는 가공할 때 생성되는 유해 물질과 그 생성 원인을 잘못 짝지은 것은?

① 엔–니트로소아민 : 육가공품의 발색제 사용으로 인한 아질산과 아민과의 반응 생성물
② 다환방향족탄화수소 : 유기 물질을 고온으로 가열할 때 생성되는 단백질이나 지방의 분해 생성물
③ 아크릴아미드 : 전분식품 가열시 아미노산과 당의 열에 의한 결합반응 생성물
④ 헤테로고리아민 : 주류 제조 시 에탄올과 카바밀기의 반응에 의한 생성물

해설 헤테로고리아민은 헤테로싸이클릭아민류(Hcas)라고도 하는데, 육류나 생선을 고온으로 조리할 때 육류나 생선 중에 존재하는 아미노산과 크레아틴이라는 물질이 반응하여 고리형태로 생성되는 물질로 약 20여 종이 있으며, 그중 7여 종이 인체 발암 가능 물질로 분류되고 있다.

06 식중독 중 해산어류를 통해 많이 발생하는 식중독은?

① 살모넬라균 식중독
② 클로스트리디움 보툴리눔균 식중독
③ 황색포도상구균 식중독
④ 장염 비브리오균 식중독

해설 식중독 발생 원인식
• 살모넬라균 식중독 : 육류 및 가공품 등
• 클로스트리디움 보툴리눔균 식중독 : 살균이 불충분한 통조림 등
• 황색포도상구균 식중독 : 유가공품 등
• 장염비브리오균 식중독 : 어패류 등

07 판매의 목적으로 식품 등을 제조·가공·소분·수입 또는 판매한 영업자는 해당 식품이 식품 등의 위해와 관련이 있는 규정을 위반하여 유통 중인 당해 식품 등을 회수하고자 할 때 회수 계획을 보고해야 하는 대상이 아닌 것은?

① 시·도지사
② 식품의약품안전처장
③ 보건소장
④ 시장·군수·구청장

해설 이 경우 영업자는 회수 계획을 식품의약품안전처장, 시·도지사 또는 시장·군수·구청장에게 미리 보고하여야 한다.

08 식품위생법상 영업에 종사하지 못하는 질병의 종류가 아닌 것은?

① 비감염성 결핵
② 세균성이질
③ 장티푸스
④ 화농성질환

해설 영업에 종사하지 못하는 질병의 종류
• 콜레라, 장티푸스, 파라티푸스, 세균성이질, 장출혈성 대장균감염증, A형간염
• 결핵(비감염성인 경우 제외)
• 피부병, 기타화농성질환
• 후천성면역결핍증(성병에 관한 건강진단을 받아야 하는 영업에 종사하는 자에 한함)

09 HACCP의 7가지 원칙에 해당하지 않는 것은?

① 위해 요소 분석
② 중요 관리점(CCP)결정
③ 개선 조치 방법 수립
④ 회수 명령의 기준 설정

해설 HACCP(해썹)수행의 7원칙
원칙 1. 유해 요소 분석
원칙 2. 중요 관리점(ccp)결정
원칙 3. 중요 관리점에 대한 한계 기준 설정
원칙 4. 중요 관리점에 대한 감시 절차 확립
원칙 5. 한계 기준 이탈 시 개선 조치 절차 확립
원칙 6. HACCP시스템의 검증 절차 확립
원칙 7. 기록 유지 및 문서화 절차 확립

10 주방 내 교차 오염의 원인 파악으로 적당하지 않은 것은?

① 배식 코너
② 많은 양의 식품을 원재료 상태로 들여와 준비하는 과정
③ 행주, 바닥, 생선 취급 코너
④ 나무 재질의 도마, 주방 바닥, 트렌치, 생선과 채소, 과일 준비 코너

해설 주방 내 교차 오염의 원인 파악 시 집중적인 위생 관리가 요구되는 것은 나무 재질의 도마, 주방 바닥, 트렌치, 생선과 채소, 과일 준비 코너, 행주, 생선 취급 코너이다.

11 위험도 경감의 원칙에서 해당되지 않는 것은?

① 사고 발생 예방과 피해 심각도의 억제에 있다.
② 위험도 경감 전략의 핵심 요소로는 위험 요인 제거, 위험 발생 경감, 사고 피해 경감을 염두에 두고 있다.
③ 위험도 경감은 사람, 절차, 장비의 3가지 시스템 구성 요소를 고려하여 검토한다.
④ 사고 피해 치료를 염두에 두고 있다.

해설 위험도 경감의 원칙은 사고 피해 치료가 아닌 사람, 절차, 장비의 3가지 시스템 구성 요소를 고려하여 위험 요인 제거, 위험 발생 경감, 사고 피해 경감을 염두에 두고 있다.

12 배수구의 청소로 옳지 않은 것은?

① 배수구에 거름망 이물질을 제거한 후 세척할 필요는 없다.
② 배수로 덮개를 걷어 내서 세척하고 물로 씻은 후 살균 소독제로 소독한다.
③ 청소 주기는 1일 1회이다.
④ 배수로 내부는 솔을 이용하여 닦은 후 물로 씻는다.

해설 배수로 거름망은 꺼내어 이물질을 제거하고 세척제로 세척 후 물로 헹구고 소독하여 준다.

13 주방 내 조리 기기를 선정할 때 고려할 사항이 아닌 것은?

① 성능, 동력, 크기와 용량이 기존 설치 공간보다 커야 한다.
② 성능은 다양하고 사용이 간편해야 한다.
③ 사후 관리가 쉬워야 한다.
④ 위생, 안전, 능률, 내구성, 경제성을 확보해야 한다.

해설 조리 기구 설치 시 디자인은 단순하지만 성능은 다양하고, 성능과 동력, 크기와 용량은 기존 설치 공간에 적합해야 하고 사후 관리가 쉬운 것이어야 한다.

14 식품의 유기물이 300~600℃에서 불완전 연소될 때 생성될 수 있는 다환방향족 탄화수소 독성 물질이 아닌 것은?

① 벤조피렌
② 벤조안스라센
③ 플루오르안센
④ 에르고톡신

해설 식품의 유기물이 300~600℃에서 불완전 연소되면(예 숯불구이, 훈제식품, 식용유지류 등) 독성 물질인 다환 방향족 탄화수소(벤조피렌, 벤조안스라센, 플루오르안 센)가 생성된다. 맥각 중독의 원인 곰팡이는 에르고톡신 (산장독)이다.

15 다음 중 썰기의 목적으로 바르지 않은 것은?

① 불필요한 부분을 제거할 수 있다.
② 표면적이 커져서 열전도율이 높아진다.
③ 조미료의 침투 속도가 빨라진다.
④ 조리 시간의 단축에는 도움이 안 된다.

해설 썰기를 통해서 조리 작업 시간이 단축된다.

16 찹쌀의 아밀로오스와 아밀로펙틴에 대한 설명 중 맞는 것은?

① 아밀로오스 함량이 더 많다.
② 아밀로오스 함량과 아밀로펙틴의 함량이 거의 같다.
③ 아밀로펙틴으로 이루어져 있다.
④ 아밀로펙틴은 존재하지 않는다.

해설 찹쌀은 대부분이 아밀로펙틴으로 이루어져 있어서 멥쌀 로 만든 떡보다 노화가 더디게 온다.

17 일반적으로 포테이토칩 등 스낵류에 질소 충전 포장을 실시할 때 얻어지는 효과로 가장 거리가 먼 것은?

① 유지의 산화 방지
② 스낵의 파손 방지
③ 세균의 발육 억제
④ 제품의 투명성 유지

해설 질소 충전을 함으로써 부서짐을 방지할 수 있고 남은 공 기를 질소로 대치하여 줌으로써 산패 및 미생물 번식을 억제할 수 있다.

18 다음 냄새 성분 중 어류와 관계가 먼 것은?

① 트리메틸아민(Trimethylamine)
② 암모니아(Ammonia)
③ 피페리딘(Piperidine)
④ 디아세틸(Diacetyl)

해설 트리메틸아민은 선도가 저하된 어류의 특유한 비린 냄 새의 본체이며, 피페리딘은 민물고기의 냄새, 암모니아 는 선도가 저하되었을 때 발생하는 자극적인 냄새이다. 디아세틸은 버터의 향기 성분이다.

19 식품에 존재하는 물의 형태 중 자유수에 대한 설명으로 틀린 것은?

① 식품에서 미생물의 번식에 이용된다.
② -20℃에서도 얼지 않는다.
③ 100℃에서 증발하여 수증기가 된다.
④ 식품을 건조시킬 때 쉽게 제거된다.

해설 자유수란 식품 중에 유리상태로 존재하는 보통의 물이며, 결합수는 식품 중의 탄수화물이나 단백질의 일부분을 형성하는 물로 다음의 특징을 갖고 있다.

자유수	결합수
• 식품의 미생물 번식에 이용 • 0℃ 이하에서 동결 • 건조로 쉽게 제거 가능	• 미생물 번식이 불가능 • 0℃ 이하에서 동결되지 않음 • 100℃ 이상으로 가열하여도 제거되지 않음 • 쉽게 건조되지 않음

20 불건성유에 속하는 것은?

① 들기름   ② 땅콩기름
③ 대두유   ④ 옥수수기름

해설 요오드가란 지방산의 불포화도를 나타내는 값으로, 요오드가가 높을수록 불포화지방산을 많이 포함하고 있다.
• 건성유(요오드가 130 이상) : 들깨기름, 아마인유, 호두, 잣 등
• 반건성유(요오드가 100~130) : 대두유(콩기름), 면실유, 유채기름(채종유), 해바라기씨 기름, 참기름 등
• 불건성유(요오드가 100 이하) : 땅콩기름, 동백기름, 올리브유 등

21 효소의 주된 구성 성분은?

① 지방   ② 탄수화물
③ 단백질   ④ 비타민

해설 단백질은 효소를 구성하는 중요한 성분이다.

22 우유 가공품이 아닌 것은?

① 치즈
② 버터
③ 마시멜로
④ 액상발효유

해설 우유의 가공품으로는 발효유(액상, 농후), 연유, 분유, 크림, 버터, 아이스크림, 치즈 등이 있다.

23 달걀흰자로 거품을 낼 때 식초를 약간 첨가하는 것은 다음 중 어떤 것과 가장 관계가 깊은가?

① 난백의 등전점
② 용해도 증가
③ 향 형성
④ 표백 효과

해설 달걀흰자의 주성분인 오브알부민의 등전점(양이온의 농도와 음이온의 농도가 같아지는 상태)은 pH 4.6~4.7인데, 소량의 산을 첨가하여 pH를 등전점 부근으로 해주면 기포형성에 도움이 된다.

24 전분의 노화를 억제하는 방법으로 적합하지 않은 것은?

① 수분 함량 조절
② 냉동
③ 설탕의 첨가
④ 산의 첨가

해설 전분의 노화 억제 방법
• 설탕의 첨가
• 환원제나 유화제를 첨가
• 80℃ 이상에서 급속히 건조
• 0℃ 이하에서 급속 냉동하여 수분 함량을 15% 이하로 처리

25 채소의 가공 시 가장 손실되기 쉬운 비타민은?

① 비타민 A   ② 비타민 D
③ 비타민 C   ④ 비타민 E

해설 채소의 조리 과정 중의 비타민 손실은 비타민 C가 가장 크다.

26 우유 100ml에 칼슘이 180mg 정도 들어 있다면 우유 250ml에는 칼슘이 약 몇 mg 정도 들어 있는가?

① 450mg   ② 540mg
③ 595mg   ④ 650mg

해설 $100 : 180 = 250 : \chi$
$100\chi = 180 \times 250$
$\chi = 45,000/100 = 450$
그러므로 우유 100ml에 칼슘이 180mg 정도 들어 있다면 우유 250ml에는 450mg의 칼슘이 들어 있다.

27 붉은 양배추를 조리할 때 식초나 레몬즙을 조금 넣으면 어떤 변화가 일어나는가?

① 안토시아닌계 색소가 선명하게 유지된다.
② 카로티노이드계 색소가 변색되어 녹색으로 된다.
③ 클로로필계 색소가 선명하게 유지된다.
④ 플라보노이드계 색소가 변색되어 청색으로 된다.

해설 적색, 자색 등의 채소(붉은 양배추, 가지, 비트 등)에 있는 안토시아닌은 산에 안정하여 pH 4 이하에서는 적색을 나타내거나 색 자체가 더 선명하게 유지된다.

28 육류의 사후 경직을 설명한 것 중 틀린 것은?

① 근육에서 호기성 해당 과정에 의해 산이 증가된다.
② 카로티노이드계 색소가 변색되어 녹색으로 된다.
③ 클로로필계 색소가 선명하게 유지된다.
④ 플라보노이드계 색소가 변색되어 청색으로 된다.

해설 동물이 도살된 후 근육이 단단하게 굳는 현상을 사후 경직이라고 하는데, 산소의 공급이 끊기면 근육 조직의 글리코겐이 혐기적 해당 과정을 거쳐 젖산을 생성하고 젖산에 의해 근육의 pH가 6.5 이하 정도로 저하된다.

29 과일향기의 주성분을 이루는 냄새 성분은?

① 알데히드(Aldehyde)류
② 함유황화합물
③ 테르펜(Terpene)류
④ 에스테르(Ester)류

해설 과일의 향기 성분으로는 여러 종류의 에스테르 · 알코올 · 알데히드 등이 있는데, 에스테르류는 분자량이 커지면 향기도 강해지는 특성이 있다.

30 단맛을 갖는 대표적인 식품과 가장 거리가 먼 것은?

① 사탕무   ② 감초
③ 벌꿀   ④ 곤약

해설 구약감자가 주원료인 곤약은 수분이 약 95%, 당질이 약 3%인 저칼로리 식품이다.

31 다음 급식 시설 중 1인1식 사용 급수량이 가장 많이 필요한 시설은?

① 학교 급식   ② 보통 급식
③ 산업체 급식   ④ 병원 급식

해설 병원 급식은 개별 식기로서 사용하는 물의 양이 가장 많다.

32 김치 저장 중 김치 조직의 연부 현상이 일어나는 이유에 대한 설명으로 가장 거리가 먼 것은?

① 조직을 구성하고 있는 펙틴질이 분해되기 때문에
② 미생물이 펙틴 분해 효소를 생성하기 때문에
③ 용기에 꼭 눌러 담지 않아 내부에 공기가 존재하여 호기성 미생물이 성장 · 번식하기 때문에
④ 김치가 국물에 잠겨 수분을 흡수하기 때문에

해설 김치의 연부 현상이란 김치가 물러지는 현상으로, 무나 배추의 조직을 이루고 있는 팩틴질의 긴 사슬이 폴리갈락투로나아제에 의해 분해되기 때문에 일어난다. 이 효소는 호기성 산막을 형성하는 미생물에 의해 생성되므로 김치 내부에 공기가 들어가지 않도록 꼭꼭 눌러 담고, 배추나 무가 공기에 노출되지 않도록 국물을 충분히 붓는다.

33 당근의 구입 단가는 kg당 1,300원이다. 10kg 구매 시 표준수율이 86%이라면, 당근 1인분(80g)의 원가는 약 얼마인가?

① 51원   ② 121원
③ 151원   ④ 181원

해설 10kg(10,000g) 구매 시 표준수율(구매한 단위에서 버려지는 부분을 뺀 가용 부분)이 86%이므로 당근의 실제 수량은 8,600g이고, 구입 원가는 kg당 1,300원이므로 10kg 구매 시 13,000원이다. 따라서 80g당 원가를 x라 하면 다음과 같다.

$8,600g : 13,000원 = 80g : x$
$8,600g × x원 = 13,000원 × 80g$
$x = 13,000 × 80/8,600$
$x = 1,040,000/8,600$
$x = 10,400/86$
$x = 120.93$

그러므로 당근 1인분의 원가는 약 121원이다.

34 유지의 발연점이 낮아지는 원인에 대한 설명으로 틀린 것은?

① 유리지방산의 함량이 낮은 경우
② 튀김기의 표면적이 넓은 경우
③ 기름에 이물질이 많이 들어 있는 경우
④ 오래 사용하여 기름이 지나치게 산패된 경우

해설 유지의 발연점에 영향을 주는 요인
• 유리지방산의 함량이 높을수록
• 그릇의 표면적이 넓을수록
• 기름 이외의 이물질이 많을수록
• 여러 번 반복하여 사용할수록 유지의 발연점이 낮아진다.

35 다음 조리법 중 비타민 C 파괴율이 가장 적은 것은?

① 시금치국　　② 무생채
③ 고사리무침　　④ 오이지

해설 비타민 C는 열, 알칼리, 산화에 불안정하며 물에 잘 녹는다. 위 조리법 중 생채류는 열을 가하지 않은 조리법으로 비타민 C 파괴율이 가장 적은 조리법이라 할 수 있다.

36 총원가는 제조 원가에 무엇을 더한 것인가?

① 제조간접비　　② 판매관리비
③ 이익　　④ 판매 가격

해설 원가 구성도

			이익
		판매관리비	
	제조간접비		
직접재료비	직접원가 (기초원가)	제조 원가 (공장 원가)	총원가 (판매원가)
직접노무비			
직접경비			
직접원가	제조원가	총원가	판매가격

37 마늘에 함유된 황화합물로 특유의 냄새를 가지는 성분은?

① 알리신(Allicin)
② 디메틸설파이드(Dimethyl Sulfide)
③ 머스타드 오일(Mustard Oil)
④ 캡사이신(Capsaicin)

해설 알리신은 마늘에 함유된 휘발성의 황화합물로 특유의 냄새를 가진다.

38 신선한 달걀의 감별법으로 설명이 잘못된 것은?

① 햇빛(전등)에 비출 때 공기집의 크기가 작다.
② 흔들 때 내용물이 잘 흔들린다.
③ 6% 소금물에 넣으면 가라앉는다.
④ 깨뜨려 접시에 놓으면 노른자가 볼록하고 흰자의 점도가 높다.

해설 달걀을 흔들어 보아 소리가 나면 기실이 커진 것으로 오래된 것이다.

39 조리 시 첨가하는 물질의 역할에 대한 설명으로 틀린 것은?

① 식염 – 면 반죽의 탄성 증가
② 식초 – 백색 채소의 색 고정
③ 중조 – 펙틴 물질의 불용성 강화
④ 구리 – 녹색 채소의 색 고정

해설 중조(식소다)
밀가루 반죽 시 사용하면 강알칼리성의 탄산나트륨으로 인해서 밀가루의 플라본계 색소가 황색으로 변하여서 독특한 풍미를 낸다.

40 조리 시 일어나는 비타민, 무기질의 변화 중 맞는 것은?

① 비타민 A는 지방음식과 함께 섭취할 때 흡수율이 높아진다.

② 비타민 D는 자외선과 접하는 부분이 클수록, 오래 끓일수록 파괴율이 높아진다.

③ 색소의 고정 효과로는 Ca++이 많이 사용되며, 식물색소를 고정시키는 역할을 한다.

④ 과일을 깎을 때 쇠칼을 사용하는 것이 맛, 영양가, 외관상 좋다.

해설 비타민 A는 지용성으로 지방질 음식과 함께 섭취하면 흡수율을 높이며, 비타민 D는 열이나 산소에 안정하고, 녹색 채소의 색을 보전하고 조직이 물러지는 것을 방지하려면 탄산마그네슘과 초산칼슘의 혼합물을 소량 넣는 것이 좋다. 과일의 갈변은 구리나 철이온에 의해 촉진되므로 금속 용기는 피하는 것이 좋다.

41 소고기의 부위 중 탕, 스튜, 찜 조리에 가장 적합한 부위는?

① 목심 ② 설도
③ 양지 ④ 사태

해설 소고기의 부위별 사용 용도
• 목심 – 전골, 편육, 조림
• 설도 – 산적, 구이, 탕
• 양지 – 편육, 장국, 찌개
• 사태 – 탕, 조림, 편, 찜

42 급식 시설에서 주방 면적을 산출할 때 고려해야 할 사항으로 가장 거리가 먼 것은?

① 피급식자의 기호
② 조리 기기의 선택
③ 조리 인원
④ 식단

해설 주방 면적은 식단, 배식 수, 조리 기기의 종류, 조리 인원 등을 고려하여 설정하여야 한다.

43 다음 중 구매를 위한 시장 조사에서 행해지는 내용이 아닌 것은?

① 제조회사와 대체가 가능한 품목은 고려할 필요가 없다.
② 어떠한 품질과 가격의 물품을 구매할 것인지 결정한다.
③ 어느 정도의 양을 구매할 것인지 결정한다.
④ 어느 정도의 가격에 구매할 것인지 결정한다.

해설 시장 조사 시에는 제조회사와 대체가 가능한 품목도 고려해서 결정한다.

44 가식부율이 70%인 식품의 출고계수는?

① 1.25 ② 1.43
③ 1.64 ④ 2.00

해설 출고계수＝100/가식부율＝100/70＝1.43

45 생선의 비린내를 억제하는 방법으로 부적합한 것은?

① 물로 깨끗이 씻어 수용성 냄새 성분을 제거한다.
② 처음부터 뚜껑을 닫고 끓여 생선을 완전히 응고시킨다.
③ 조리 전에 우유에 담가 둔다.
④ 생선 단백질이 응고된 후 생강을 넣는다.

해설 생선 조리 시 처음 수 분간은 뚜껑을 열어 비린내를 휘발시켜 주면 생선 비린내를 감소할 수 있다.

46 에너지 공급원으로 감자 160g을 보리쌀로 대체할 때 필요한 보리쌀 양은?(단, 감자 당질 함량 : 14.4%, 보리쌀 당질 함량 : 68.4%)

① 20.9g　　② 27.6g
③ 31.5g　　④ 33.7g

해설 대치 식품량＝원래 식품의 양×원래 식품의 해당 성분 수치/대치하고자 하는 식품의 해당 성분 수치
160×14.4/68.4
＝ 2,304/68.4
＝ 33.7(≒33.68)
그러므로 감자 160g을 보리쌀로 대치하려면 33.7g의 보리쌀이 필요하다.

47 우유의 카제인을 응고시킬 수 있는 것으로 되어 있는 것은?

① 탄닌 – 레닌 – 설탕
② 식초 – 레닌 – 탄닌
③ 레닌 – 설탕 – 소금
④ 소금 – 설탕 – 식초

해설 카제인은 우유단백질의 80%를 차지하는데, 산이나 레닌을 첨가하면 응고한다. 이 성질을 이용하여 요구르트와 치즈 같은 유제품을 만든다. 또한 채소나 과일에 포함된 페놀화합물인 탄닌은 카제인을 응고시키는데 채소에 우유를 넣어서 요리하면 응고물이 생기기도 한다.

48 지역 사회나 국가 사회의 보건 수준을 나타낼 수 있는 가장 대표적인 지표는?

① 모성 사망률　　② 평균 수명
③ 질병 이환율　　④ 영아 사망률

해설 영아 사망률은 그 국가의 공중 보건의 향상과 발달을 가늠하는데, 영아는 환경 악화나 비위생적인 환경에 가장 예민한 시기이므로 국가 보건 수준을 나타내는 지표로서 큰 의미가 있다.

49 감염병 중에서 비말 감염과 관계가 먼 것은?

① 백일해　　② 디프테리아
③ 발진열　　④ 결핵

해설 호흡기계 전염병은 환자 및 보균자의 객담, 재채기, 콧물 등으로 병원체가 감염되는 비말 감염과 먼지 등에 의한 진애감염 등으로 이루어지는데, 그 종류로는 디프테리아, 백일해, 인플루엔자, 홍역, 천연두, 결핵 등이 있다. 발진열은 벼룩에 의하여 감염되는 절족동물 매개 감염병이다.

50 환경 위생의 개선으로 발생이 감소되는 감염병과 가장 거리가 먼 것은?

① 장티푸스　② 콜레라
③ 이질　④ 인플루엔자

해설 소화기계 감염병의 병원체는 환자, 보균자의 분변으로 배설되어 음식물이나 식수에 오염되어 경구 침입함으로써 감염되는데, 일반적인 예방 대책으로는 환경 위생의 개선, 음식물의 위생적 관리, 개인 위생의 철저 등을 들 수 있다. 그 종류는 장티푸스, 콜레라, 이질, 폴리오, 유행성간염, 기생충 등이 있다. 인플루엔자는 호흡기계 감염병이다.

51 기생충과 중간 숙주의 연결이 틀린 것은?

① 십이지장충 – 모기
② 말라리아 – 사람
③ 폐흡충 – 가재, 게
④ 무구조충 – 소

해설 십이지장충
경피 감염으로 유충이 부착된 채소 취급이나 또는 흙 묻은 손, 맨발에 의해 피부로 침입한다.

52 칼슘(Ca)과 인(P)이 소변 중으로 유출되는 골연화증 현상을 유발하는 유해 중금속은?

① 납　② 카드뮴
③ 수은　④ 주석

해설 카드뮴(Cd)은 독성이 강한 중금속으로 근위 세뇨관에 병변이 생겨 그 기능의 장애로 칼슘과 인이 손실되게 하여 골연화증을 일으킨다.

53 자외선에 의한 인체 건강 장해가 아닌 것은?

① 설안염　② 피부암
③ 폐기종　④ 결막염

해설 자외선은 장시간 폭로 시 피부암, 결막염, 설안염, 백내장을 발생시킬 수 있다. 폐기종은 흡연이나 직업적으로 분진이나 화학 물질, 대기 오염 등에 지속적으로 노출되었을 때 올 수 있는 만성 폐쇄성 폐질환이다.

54 다음 중 중식의 썰기 방법 중 육류나 표고버섯, 죽순 등을 넓적한 모양으로 써는 방법은?

① 쓰(絲)　② 피엔(片)
③ 띵(丁)　④ 니(泥)

해설 • 쓰(絲) – 가늘게 채썰기
　• 띵(丁) – 깍둑썰기
　• 니(泥) – 잘게 다지기

55 뼈의 종류 중 중국 요리에 가장 많이 사용되는 육수는?

① 소뼈　② 갑각류
③ 돼지뼈　④ 닭뼈

해설 닭뼈는 가격이 저렴해서 중국 요리에서 가장 많이 사용되는 육수 재료이다.

56 튀김옷의 재료 중 다음 설명에 해당하는 것은?

소량 사용은 탄산 가스를 방출하고 수분을 증발시켜 튀김옷의 수분 함량이 낮아지면서 가볍게 튀겨지지만 쓴맛이 발생할 수 있다.

① 설탕　　　　② 식소다
③ 달걀　　　　④ 전분

해설 식소다에 대한 설명으로 과다 사용은 쓴맛이 날 수 있다.

57 면 삶기에 대한 설명으로 바르지 못한 것은?

① 물이 끓을 때 면을 넣어 삶는다.
② 잘 저어 엉겨 붙지 않도록 삶는다.
③ 삶은 면은 찬물에 가볍게 한번 헹궈낸다.
④ 면의 탄력성을 위해 끓는 물에 소금을 넣는다.

해설 찬물에 충분히 헹구어 주는 것이 면의 탄력을 주고, 최소 두 번 정도 씻어주면 면의 잡냄새를 제거할 수 있다.

58 냉채 요리 선정 시의 주의점으로 옳지 않은 것은?

① 가격 결정은 주요리에 따라 결정한다.
② 계절 변화에 따라 냉채도 변화를 주어야 한다.
③ 재료와 부재료에 균형을 이루어야 한다.
④ 주요리와 조리 방법이 겹치게 한다.

해설 주요리와 조리 방법이 겹치지 않도록 한다.

59 중식 조리에서 전분의 기능으로 바르지 않은 것은?

① 수분과 기름의 분리되는 성질을 융화시킨다.
② 소화를 용이하게 해 준다.
③ 뜨거운 요리의 온도를 유지해 준다.
④ 튀김 요리 사용 시 바삭한 식감을 준다.

해설 전분 사용으로 수분과 기름의 분리되는 성질을 융화시키고, 뜨거운 요리의 온도를 빨리 식지 않게 해주며, 튀김에 사용하면 바삭한 식감을 준다.

60 중국 4대 요리의 특징으로 바르지 않은 것은?

① 북경요리 – 궁중 요리의 중심, 고급 요리 문화가 발달함

② 상해요리 – 해산물을 즐겨 사용하고 맛은 짜면서 달콤함

③ 사천요리 – 악천후 적 기후의 영향으로 향신료를 많이 사용함

④ 광둥요리 – 외국과의 교류가 없어 전통 요리만 발달함

해설 광둥요리는 외국과의 교류가 많은 지역으로 전통 요리와 국제적인 요리의 특성이 조화를 이뤄 발달하였다.

실전모의고사 05 | 중식 모의고사

1	③	2	①	3	②	4	②	5	④
6	④	7	③	8	①	9	④	10	①
11	④	12	①	13	①	14	④	15	④
16	③	17	④	18	④	19	②	20	②
21	③	22	③	23	①	24	④	25	③
26	①	27	①	28	①	29	④	30	④
31	④	32	④	33	②	34	①	35	②
36	②	37	①	38	②	39	③	40	①
41	④	42	①	43	①	44	②	45	②
46	④	47	②	48	④	49	③	50	④
51	①	52	②	53	③	54	④	55	④
56	②	57	③	58	④	59	②	60	④

01 독미나리에 함유된 유독 성분은?

① 무스카린(Muscarine)
② 솔라닌(Solanine)
③ 아트로핀(Atropine)
④ 시큐톡신(Cicutoxin)

해설 식품 중의 유독 성분
• 독버섯 : 무스카린
• 감자 : 솔라닌
• 미치광이 풀 : 아트로핀
• 독미나리 : 시큐톡신

02 화학 물질에 의한 식중독으로 일반 중독 증상과 시신경의 염증으로 실명의 원인이 되는 물질은?

① 납
② 수은
③ 메틸알코올
④ 청산

해설 메틸알코올(에탄올)은 과실주나 정제가 불충분한 에탄올이나 증류주에 다량 함유되어 두통·현기증·구토가 생기고 심할 경우 시신경에 염증을 일으켜 실명하거나 사망에 이르게 된다.

03 다음 중 중금속에 관한 설명으로 옳은 것은?

① 해독에 사용되는 약을 중금속 길항약이라고 한다.
② 중금속과 결합하기 쉽고 체외로 배설하는 약은 없다.
③ 중독 증상으로 대부분 두통, 설사, 고열을 동반한다.
④ 무기 중금속은 지질과 결합하여 불용성 화합물을 만들고 산화작용을 나타낸다.

해설 중금속 중독은 각종 중금속 화합물의 섭취로 발생하는 중독으로 소화기 장애, 순환 장애, 호흡 마비, 말초중추 신경장애 등의 현상을 보이는데, 중금속 길항약제 투여로 해독이 가능하다.

04 식품의 제조 공정 중에 발생하는 거품을 제거하기 위해 사용되는 식품 첨가물은?

① 소포제
② 발색제
③ 살균제
④ 표백제

해설 소포제
식품공업에 있어 농축 또는 발효시킬 때 거품이 생겨 작업상 여러 가지 지장을 가져오는데, 이를 저지시키기 위하여 소포제를 사용한다.

05 장염비브리오 식중독균(V.parahaemolyticus)의 특징으로 틀린 것은?

① 해수에 존재하는 세균이다.
② 3~4%의 식염 농도에서 잘 발육한다.
③ 특정 조건에서 사람의 혈구를 용혈시킨다.
④ 그람양성균이며, 아포를 생성하는 구균이다.

해설 장염비브리오 식중독은 그람음성 무아포의 간균이다.

06 식품위생법상 조리사를 두어야 할 영업이 아닌 것은?

① 지방자치단체가 운영하는 집단 급식소
② 복어 조리 판매업소
③ 식품 첨가물 제조업소
④ 병원이 운영하는 집단 급식소

해설 조리사를 두어야 할 영업
• 식품접객업 중 복어를 조리·판매하는 영업
• 집단 급식소(국가 및 지방자치단체, 학교, 병원 및 사회복지시설, 지방공사 및 지방공단, 특별법에 따라 설립된 법인이 운영하는 급식소)

07 식품 등의 표시 기준상 열량 표시에서 몇 kcal 미만을 "0"으로 표시할 수 있는가?

① 2kcal   ② 5kcal
③ 7kcal   ④ 10kcal

해설 영양 성분별 세부 표시 방법에서 열량의 단위는 킬로칼로리(kcal)로 표시하되, 그 값을 그대로 표시하거나 그 값에 가장 가까운 5kcal 단위로 표시하여야 한다. 이 경우 5kcal 미만은 "0"으로 표시할 수 있다.

08 식품위생법상 소비자 식품 위생 감시원의 직무가 아닌 것은?

① 식품접객업을 하는 자에 대한 위생 관리 상태 점검
② 유통 중인 식품 등의 허위 표시 또는 과대광고 금지 위반 행위에 관한 관할 행정관청에의 신고 또는 자료 제공
③ 식품 위생 감시원이 행하는 식품 등에 대한 수거 및 검사 지원
④ 영업장소에 대한 위생 관리 상태를 점검하고, 개선 사항에 대한 권고 및 불이행 시 위촉 기관에 보고

해설 소비자 식품 위생 감시원의 직무는 ①, ②, ③ 외에 그 밖의 식품 위생에 관한 사항으로서 대통령령으로 정하는 사항이다.

09 조리장의 위생 관리로 틀린 것은?

① 주방 시설 및 도구의 위생 관리를 철저히 한다.
② 주방의 출입구에 신발을 소독할 수 있는 시설을 갖추도록 한다.
③ 조리장의 위생 해충은 약제 사용 1회만으로 완벽히 박멸된다.
④ 주방 시설 방역을 위한 약품은 내성을 고려해서 반기별로 교체한다.

해설 조리장의 위생 해충은 방충, 방서, 살충제 등을 사용하여 1회만이 아니라 계속적으로 관리해야 한다.

10 식품 안전 관리 인증 기준(HACCP) 7원칙 중 원칙 5에 해당하는 것은?

① 위해 요소 분석
② 감시 절차 확립
③ 개선 조치 절차 확립
④ 기록 유지 방법 설정

해설 HACCP 7원칙 중 원칙 5는 한계 기준 이탈 시 개선 조치(Corrective Action) 절차 확립이다.

11 재해에 대한 설명으로 틀린 것은?

① 부적합한 지식이나 불안전한 행동으로 발생할 수 있다.
② 구성 요소의 연쇄 반응으로 일어날 수 있다.
③ 작업 환경이나 작업 조건으로 인해 타인에게만 상처를 입혔을 때를 재해라고 한다.
④ 재해 발생의 원인으로 부적절한 태도의 습관이 포함된다.

해설 재해란 작업 환경이나 조건으로 인해서 자신이나 타인에게 상해를 입히는 것을 말하며, 재해 발생의 원인은 부적합한 지식, 부적절한 태도의 습관, 불안전한 행동, 불충분한 기술, 위험한 환경이 있다.

12 조리 장비 · 도구의 관리 원칙으로 바르지 않은 것은?

① 장비나 도구에 무리가 가지 않도록 유의한다.
② 장비의 사용 용도 이외의 사용을 금지한다.
③ 전기를 사용하는 장비나 도구는 전기의 사용량과 사용법을 확인한다.
④ 사용 도중 모터에 물이나 이물질 등이 들어가도 무방하다.

해설 조리실 등에서 전기 기계 · 기구의 사용 시 모터에 물이나 이물질 등이 들어가면 감전 사고가 일어날 수 있는데, 예방을 위해 안전한 전기 기계 · 기구의 사용이 필요하다.

13 식품 구매 방법으로 바르지 못한 것은?

① 위생적이고 안전한 제철 식품을 구입한다.
② 육류는 중량과 부위, 과일은 산지와 상자당 개수, 품종을 고려하여 구입한다.
③ 생선 · 과채류 등은 1주일분을 구입한다.
④ 폐기율을 고려하여 구매한다.

해설 생선과 과채류는 신선도가 중요하므로 필요시마다 수시로 구입한다.

14 단체 급식에서 식품 구매 시 식품 단가를 최소한 1개월에 어느 정도 점검해야 하는가?

① 1회   ② 2회
③ 3회   ④ 4회

해설 단체 급식에서 식품 구매 시 식품의 단가를 최소한 1개월에 2회 정도 점검한다.

15 수의 계약의 장점이 아닌 것은?

① 경비와 인원 감소가 가능하다.
② 저렴한 가격으로 구매할 수 있다.
③ 절차가 간편하다.
④ 경쟁이나 입찰의 번거로움이 없다.

해설 수의 계약은 경쟁 없이 계약을 이행할 자격을 가진 특정 업체와 계약을 체결하기 때문에 구매자의 구매력이 제한될 수 있고 불리한 가격으로 계약하기 쉽다.

16 구매를 위한 시장 조사의 종류로 다음은 무엇에 대한 설명인가?

> 구매 정책을 결정하기 위해 시행하며, 전반적인 경제계와 관련 업계의 동향, 기초 자재의 시가, 관련 업체의 수급 변동 상황, 구입처의 대금 결제 조건 등을 조사한다.

① 품목별 시장 조사
② 일반 기본 시장 조사
③ 구매 거래처의 업태 조사
④ 유통 경로의 조사

해설 구매를 위한 시장 조사의 종류
• 일반 기본 시장 조사 : 구매 정책을 결정하기 위해서 시행하며, 전반적인 경제계와 관련 업계의 동향, 구입처의 대금 결제 조건, 관련 업체의 수급 변동 상황, 기초 자재의 시가 등 조사
• 품목별 시장 조사 : 현재 구매하고 있는 물품의 수급 및 가격 변동에 대한 조사로 구매 물품의 가격 산정을 위한 기초 자료와 구매 수량 결정을 위한 자료로 활용
• 구매 거래처의 업태 조사 : 계속 거래인 경우 안정적인 거래를 유지하기 위해서 주거래 업체의 개괄적 상황, 기업의 특색, 금융 상황, 판매 상황, 노무 상황, 생산 상황, 품질 관리, 제조 원가 등의 업무 조사를 실시
• 유통 경로의 조사 : 구매 가격에 직접적인 영향을 미치는 유통 경로를 조사

17 효소에 의한 갈변을 억제하는 방법으로 옳은 것은?

① 환원성 물질 첨가
② 기질 첨가
③ 산소 접촉
④ 금속 이온 첨가

해설 효소적 갈변의 방지법 중 환원제에 의한 방지법으로는 Ascorbic acid와 같은 환원제를 사용하여 식품 조직 속에 용해되어 있는 산소를 급속히 환원시켜 갈변을 억제한다.

18 현미는 벼의 어느 부위를 벗겨낸 것인가?

① 과피와 종피   ② 겨층
③ 겨층과 배아   ④ 왕겨층

해설 현미는 벼의 왕겨를 벗겨낸 것이다. 백미는 8%의 쌀겨(과피, 종피, 외배유, 호분층, 배아)를 제거한 쌀로 정백률이 92%이다.

19 식품이 나타내는 수증기압이 0.75 기압이고, 그 온도에서 순수한 물의 수증기압이 1.5 기압일 때 식품의 상대습도(RH)는?

① 40   ② 50
③ 60   ④ 70

해설 상대습도(RH ; Relative Humidity)는 실질적으로 식품에 있어서 수분활성도(Aw)의 정의와 같은데, 상대습도는 바로 그 상대습도와 평형을 이루고 있는 식품의 수분활성도의 100배와 같다.
Aw = P(식품 속의 수증기압)/PO(순수한 물의 수증기압)
RH = (P/PO)×100 = Aw×100
∴ (0.75/1.5)×100 = 75/1.5 = 50

20 생선의 자가소화 원인은?

① 세균의 작용 ② 단백질 분해 효소
③ 염류   ④ 질소

해설 생선은 어느 정도 사후 경직이 지속된 후에 연화하기 시작하는데, 이는 근육 중의 단백질 분해 효소의 작용에 의한 변화로 세포조직이 체내의 효소 작용에 의해 자체의 성분을 분해해가는 자가소화 과정이기도 하다.

21 강화식품에 대한 설명으로 틀린 것은?

① 식품에 원래 적게 들어 있는 영양소를 보충한다.
② 식품의 가공 중 손실되기 쉬운 영양소를 보충한다.
③ 강화영양소로 비타민 A, 비타민 B, 칼슘(Ca) 등을 이용한다.
④ α-화 쌀은 대표적인 강화식품이다.

해설 알파미는 밥을 지은 후 감압으로 급속하게 탈수하여 수분을 5% 정도로 건조하여 쌀 속의 전분을 호화 상태로 유지하는 것으로, 물 또는 뜨거운 물을 가하면 밥이 되는데 강화식품이라기보다는 인스턴트 밥, 휴대식 등에 이용된다.

22 일반적으로 꽃 부분을 주요 식용 부위로 하는 화채류는?

① 죽순(Bamboo Shoot)
② 파슬리(Parsley)
③ 콜리플라워(Cauliflower)
④ 아스파라거스(Asparagus)

해설 화채류 중 꽃 부분을 식용하는 채소로는 콜리플라워, 브로콜리, 원추리꽃(향화) 등이 있다.

23 유지 중에 존재하는 유리 수산기(−OH)의 함량을 나타내는 것은?

① 아세틸가(Acetyl value)
② 폴렌스케가(Palenske value)
③ 헤너가(Henner value)
④ 라이켈−마이슬가(Reichert−Meissl value)

해설 아세틸값은 유지 속에 존재하는 수산기(−OH)를 가진 지방산의 함량을 나타내는 수단으로 사용된다.

24 식품과 대표적인 맛성분(유기산)을 연결한 것 중 틀린 것은?

① 포도 − 주석산
② 감귤 − 구연산
③ 사과 − 사과산
④ 요구르트 − 호박산

해설 호박산(Succinic acid)은 양조 식품, 패류, 사과, 딸기 등에 있으며, 감칠맛도 있다.

25 육류의 연화 작용에 관여하지 않는 것은?

① 파파야   ② 파인애플
③ 레닌   ④ 무화과

해설 파파야에는 파파인, 파인애플에는 브로멜린, 무화과에는 피신이란 효소가 들어 있어서 육류의 가수분해에 의한 연육 작용을 한다.

26 유화(Emulsion)에 의해 형성된 식품이 아닌 것은?

① 우유 ② 마요네즈
③ 주스 ④ 잣죽

• 유화액의 형성에는 자연 유화액과 인공 유화액이 있다.
• 자연 유화액에는 우유나 크림, 버터, 난황 등을 들 수 있고, 인공 유화액은 인공적으로 젓거나 거품을 내거나 액체와 기름을 흔들거나 하여 유화액을 형성하는 것으로 잣죽, 마요네즈, 크림수프 등이 있다.

27 달걀의 보존 중 품질 변화에 대한 설명으로 틀린 것은?

① 수분의 증발
② 농후난백의 수양화
③ 난황막의 약화
④ 산도(pH)의 감소

달걀의 저장 중 난백의 pH가 7.6 정도이나 시간이 지남에 따라 CO_2의 증발로 2~3일 내에 pH가 9~9.7이 된다.

28 다음 중 알칼리성 식품에 해당하는 것은?

① 육류 ② 곡류
③ 해조류 ④ 어류

무기질의 종류에 따른 산성 식품과 알칼리성 식품
• 산성 식품 : P(인), S(황), Cl(염소) 등을 함유하고 있는 식품으로 곡류, 어류, 육류 등이 있다.
• 알칼리성 식품 : Na(나트륨), K(칼륨), Fe(철분), 칼슘(Ca) 등을 함유하고 있는 식품으로 해조류, 과일, 채소류 등이 있다.

29 다당류와 거리가 먼 것은?

① 젤라틴(Gelatin)
② 글리코겐(Glycogen)
③ 펙틴(Pectin)
④ 글루코만난(Glucomannan)

젤라틴은 유도 단백질의 일종으로 콜라겐(피부, 힘줄, 뼈, 연골)을 물과 함께 장시간 끓이면 뜨거운 물에는 녹고 찬물에 녹지 않는 젤라틴이 얻어진다.

30 자유수의 성질에 대한 설명으로 틀린 것은?

① 수용성 물질의 용매로 사용된다.
② 미생물 번식과 성장에 이용되지 못한다.
③ 비중은 4℃에서 최고이다.
④ 건조로 쉽게 제거 가능하다.

자유수(유리수)는 식품 중에 유리 상태로 존재하는 물로 미생물 생육이 가능하다.

31 단백질 함량이 14% 정도인 밀가루로 만드는 것이 가장 좋은 식품은?

① 버터케이크
② 튀김
③ 마카로니
④ 과자류

밀가루의 종류와 용도

종류	글루텐 함량	용도
강력분	13% 이상	식빵, 마카로니, 스파게티
중력분	10~13%	국수, 만두피
박력분	10% 이하	케이크, 튀김옷

32 고등어구이를 하려고 한다. 정미중량 70g을 조리하고자 할 때 1인당 발주량은 약 얼마인가? (단, 고등어 폐기율은 35%)

① 43g　　② 91g
③ 108g　　④ 110g

해설 총 발주량
= 정미중량/(100 − 폐기율) ×100×인원수
= 70/(100 − 35) ×100×1＝107.6
그러므로 1인당 발주량은 108g이다.

33 냄새 제거를 위한 향신료가 아닌 것은?

① 육두구(Nutmeg)
② 월계수잎(Bay Leaf)
③ 마늘(Garlic)
④ 세이지(Sage)

해설 육두구(넛맥)는 말려서 방향성 건위제 · 강장제 등으로 쓰며, 서양에서는 향미료로 사용한다.

34 식혜를 당화시켜 끓일 때 설탕과 함께 소금을 조금 넣어 단맛이 강하게 느껴지는 현상은?

① 미맹 현상　　② 소실 현상
③ 대비 현상　　④ 변조 현상

해설 맛의 대비 현상(강화 현상)
서로 다른 두 가지 맛이 작용하면 주된 맛 성분이 강해지는 현상으로 설탕 용액에 약간의 소금을 첨가하면 단맛이 증가된다.

35 조리 방법에 대한 설명으로 옳은 것은?

① 채소를 잘게 썰어 국을 끓이면 빨리 익으므로 수용성 영양소의 손실이 적어진다.
② 전자레인지는 자외선에 의해 음식이 조리된다.
③ 콩나물국의 색을 맑게 만들기 위해 소금으로 간을 한다.
④ 푸른색을 최대한 유지하기 위해 소량의 물에 채소를 넣고 데친다.

해설 채소를 잘게 썰어 국을 끓이면 수용성 영양소의 손실이 크며, 전자레인지는 초단파(전자파)를 이용하여 음식이 조리된다. 푸른색을 유지하며 채소를 데치기 위해서는 물의 양이 5배 정도가 적당하다.

36 물품의 검수와 저장하는 곳에서 꼭 필요한 집기류는?

① 칼과 도마
② 대형 그릇
③ 저울과 온도계
④ 계량컵과 계량스푼

해설 물품의 검수 시 올바른 계량을 위해 저울이 필요하며, 저장을 위해서는 온도계가 필수 집기류이다.

37 두부를 만드는 과정은 콩 단백질의 어떠한 성질을 이용한 것인가?

① 건조에 의한 변성
② 동결에 의한 변성
③ 효소에 의한 변성
④ 무기염류에 의한 변성

해설 두부의 제조
콩 단백질(글리시닌)에 무기염류(응고제)를 첨가하여 응고시키는 원리를 이용한다.

38 다음 조리 중 습열 조리법이 아닌 것은?

① 설렁탕   ② 갈비찜
③ 불고기   ④ 버섯전골

해설 습열에 의한 조리는 삶기, 찌기, 끓이기 등으로, 불고기는 건열 조리에 속한다.

39 노화가 잘 일어나는 전분은 다음 중 어느 성분의 함량이 높은가?

① 아밀로오스(Amylose)
② 아밀로펙틴(Amylopectin)
③ 글리코겐(Glycogen)
④ 한천(Agar)

해설 아밀로오스의 함량이 높은 전분은 아밀로펙틴이 많은 전분보다 노화가 잘 일어난다.

40 소금의 종류 중 불순물이 가장 많이 함유되어 있고 가정에서 배추를 절이거나 젓갈을 담글 때 주로 사용하는 것은?

① 호렴   ② 재제염
③ 식탁염   ④ 정제염

해설
• 호렴(천일염, 굵은소금) : 염전에서 긁어 모은 1차 제품으로 색이 검고, 불순물이 섞여있으며 오이지, 젓갈, 배추절임에 사용한다.
• 재제염(고운소금, 꽃소금) : 호렴을 다시 물에 녹여 재결정한 것으로 음식의 간을 맞출 때 사용한다.
• 정제염 : 바닷물을 파이프로 직접 끌어들여 나트륨과 염소만을 걸러낸 것으로 불순물이 거의 없는 소금이다.
• 식탁염 : NaCl(염화나트륨) 농도가 95% 이상인 정제염을 사용한다.

41 생선 조리 방법에 대한 설명으로 틀린 것은?

① 생강과 술은 비린내를 없애는 용도로 사용한다.
② 처음 가열할 때 수 분간은 뚜껑을 약간 열어 비린내를 휘발시킨다.
③ 모양을 유지하고 맛 성분이 밖으로 유출되지 않도록 양념간장이 끓을 때 생선을 넣기도 한다.
④ 선도가 약간 저하된 생선은 조미를 비교적 약하게 하여 뚜껑을 덮고 짧은 시간 내에 끓인다.

해설 신선도가 떨어진 생선을 조리할 때는 조미를 비교적 강하게 하여 뚜껑을 열고 양념이 배이도록 끓인다.

42 육류를 가열할 때 일어나는 변화 중 틀린 것은?

① 중량 증가
② 풍미의 생성
③ 비타민의 손실
④ 단백질의 응고

해설 육류 가열 시 온도가 높을수록 그리고 가열 시간이 길수록 근육 섬유는 수축되고 수분이 많이 유출되어 중량은 감소한다.

43 구매한 식품의 재고 관리 시 적용되는 방법 중 최근에 구입한 식품부터 사용하는 것으로 가장 오래된 물품이 재고로 남게 되는 것은?

① 선입선출법
② 후입선출법
③ 총 평균법
④ 최소–최대관리법

해설 후입선출법은 선입선출법과 정반대로 최근에 구입한 재료부터 먼저 사용하는 방법이다.

44 김에 대한 설명 중 옳은 것은?

① 붉은색으로 변한 김은 불에 잘 구우면 녹색으로 변한다.
② 건조김은 조미김보다 지질함량이 높다.
③ 김은 칼슘 및 철, 칼륨이 풍부한 알칼리성 식품이다.
④ 김의 감칠맛은 단맛과 지미를 가진 Cystine, Mannit 때문이다.

해설 김은 비타민과 무기질이 풍부한 알칼리성 식품으로 김의 단맛과 지미 성분은 알라닌, 글리신, 글루탐산 등이며, 기름을 발라 조미한 김이 건조한 김보다 지질 함량이 높다.

45 젤라틴에 대한 설명으로 옳은 것은?

① 과일젤리나 양갱의 제조에 이용한다.
② 해조류로부터 얻은 다당류의 한 성분이다.
③ 산을 아무리 첨가해도 젤 강도가 저하되지 않는 특징이 있다.
④ 3~10℃에서 젤화되며, 온도가 낮을수록 빨리 응고한다.

해설 과일젤리나 양갱의 제조에는 한천이 사용되며, 젤라틴은 동물의 결체 조직에서 얻어진다. 젤라틴에 산을 첨가하면 서서히 가수분해가 일어나 응고를 방해하게 된다.

46 간디스토마는 제2중간 숙주인 민물고기 내에서 어떤 형태로 존재하다가 인체에 감염을 일으키는가?

① 피낭유충(Metacercaria)
② 레디아(Redia)
③ 유모 유충(Miracidium)
④ 포자 유충(Sporocyst)

해설 간디스토마의 생활사 및 전파충체에 의해 산란된 충란은 분변으로 배출된 뒤 수중으로 흘러들어가서 제1중간 숙주인 왜우렁이에게 섭취되어 유미유충이 되고, 유미유충은 물속으로 나와 제2중간 숙주인 붕어와 잉어 등의 비늘에 붙은 다음 꼬리는 떨어지고 몸통 안 근육 내로 침입하여 피낭 유충이 된다.

47 실내 공기의 오염 지표로 사용하는 기체와 그 서한량이 바르게 짝지어진 것은?

① $CO - 0.1\%$
② $SO_2 - 0.01\%$
③ $CO_2 - 0.1\%$
④ $NO_2 - 0.01\%$

해설 이산화탄소는 실내 공기 오염의 지표로 이용되며, 위생학적 허용 한계는 0.1%이다.

48 채소류를 매개로 감염될 수 있는 기생충이 아닌 것은?

① 회충
② 유구조충
③ 구충
④ 편충

해설 유구조충(갈고리촌충)은 유구낭미충이 감염된 돼지고기를 섭취하면 감염되는데, 돼지고기를 생식하지 말고 충분히 익혀서 먹어야 감염되지 않는다.

49 일반적인 인수 공통 감염병에 속하지 않는 것은?

① 탄저
② 고병원성 조류인플루엔자
③ 홍역
④ 광견병

해설 • 인수 공통 감염병은 동물과 사람 간에 서로 전파되는 병원체에 의하여 발생되는 감염병으로 종류는 다음과 같다.
• 장출혈성대장균감염증, 일본뇌염, 브루셀라증, 탄저, 공수병(광견병), AI 인체감염증(조류인플루엔자), SARS, vCJD, Q열, 결핵

50 일본 요리의 기본 조리법 중 오법(五法)에 해당하지 않는 것은?

① 생것
② 구이
③ 덮밥
④ 튀김

해설 일본 요리의 기본 조리법의 5가지 오법은 생것, 구이, 튀김, 조림, 찜이다.

51 다음 설명에 해당하는 조미료는 무엇인가?

> 성분은 포도당, 수분, 알코올로 이루어져 있으며, 조리에 단맛과 매끄러움, 좋지 않은 냄새 등을 휘발시켜 준다.

① 설탕　　　② 올리고당
③ 된장　　　④ 미림

해설 미림에 함유된 포도당은 단맛을 형성하고, 아미노산이나 펩티드는 매끄러움을, 알코올은 좋지 않은 냄새를 휘발시키는 효과가 있다.

52 일식 무침 그릇으로 적당하지 않은 것은?

① 화려하고 큰 접시
② 작은 접시
③ 조개껍데기
④ 보시기

해설 무침은 너무 화려하거나 큰 접시에 담으면 모양이 좋지 않다.

53 일식 맛국물 조리에 대한 설명으로 옳지 않은 것은?

① 다시마 맛국물 조리 시 찬물에 넣고 끓기 직전에 다시마를 건진다.
② 다시마를 오래 끓이면 국물이 끈적끈적해진다.
③ 니보시다시는 말린 멸치, 새우 등 여러 가지 해산물을 이용하여 만든다.
④ 가다랑어 맛국물 조리 시 가쓰오부시를 넣고 1시간 이상 우려낸다.

해설 가다랑어 맛국물 조리 시 가쓰오부시를 넣고 10~15분 국물을 우려내 주는데, 너무 오래 두면 국물이 탁하고 맛이 떨어진다.

54 조림 요리에 사용하는 도구에 대한 설명으로 옳지 않은 것은?

① 오토시부타와 같은 냄비의 뚜껑보다 작은 것을 사용한다.
② 뚜껑의 크기는 냄비와 딱 맞는 것이 좋다.
③ 얇은 냄비는 재료가 탈 수 있다.
④ 생선살이나 부서지기 쉬운 것은 넓적한 냄비가 적당하다.

해설 조림 요리 시 오토시부타(落とし蓋)나 가미부타(紙蓋) 같이 뚜껑보다 작아 냄비 안에 들어갈 수 있는 크기의 뚜껑을 사용하면 국물 넘침 방지, 고른 열전달, 재료의 건조와 주름을 막을 수 있다.

55 면 요리의 고명에 대한 설명으로 틀린 것은?

① 아게다마는 국물이 있는 면류, 차가운 면류, 덮밥용에 사용된다.
② 꽃 가다랑어포의 선도를 확인하고 사용한다.
③ 시찌미는 면류에 제공 시 모두 뿌려서 나간다.
④ 튀김류를 얹을 때는 튀김과 면류의 조리가 동일하게 이루어지도록 한다.

해설 시찌미는 면류에 넣어 제공하는 것은 피하고 고객의 취향에 따라 따로 제공한다.

56 덮밥에 쓰이는 냄비로 손잡이가 직각으로 되어 있으며, 밥에 올리는 과정에서 편하게 턱이 낮고 가벼운 냄비의 종류는?

① 스끼야끼나베
② 유키히라나베
③ 아게나베
④ 돈부리나베

해설 • 스끼야끼나베 – 전골 냄비
• 유키히라나베 – 손잡이, 주둥이가 붙어 있는 냄비로 죽을 끓이기에 적당함
• 아게나베 – 튀김 냄비

57 초회 조리에 대한 설명으로 바르지 않은 것은?

① 적당한 산미가 있어 식욕을 증진시킨다.
② 짙은 조림이나 튀김 요리 뒤에 배합하면 쾌감을 줄 수 있다.
③ 겨울철에 어울리는 음식이다
④ 날것을 그대로 사용할 때는 신선도가 중요하다.

해설 초회는 새콤, 달콤한 혼합초를 재료에 곁들여내는 요리로, 여름철 음식으로 적당하다.

58 초밥용 쌀의 특성으로 옳지 않은 것은?

① 백미 상태로 냉장 보관한 쌀을 사용한다.
② 햅쌀보다는 묵은쌀이 좋다.
③ 적합한 품종으로 고시히카리계와 사사니시키계가 있다.
④ 밥에 배합초를 섞어야 하므로 평상시보다 약간 되게 밥을 짓는다.

해설 현미 상태로 12℃ 정도의 온도에 보관하다가 사용 직전에 도정을 하여 사용하는 것이 좋다.

59 구이에 사용되는 기물로 열원이 위에 있어 재료의 기름이 떨어져 연기나 불이 나지 않아 작업이 용이한 기물은?

① 샐러맨더
② 오븐
③ 철판
④ 숯불 화구

해설 샐러맨더는 열원이 위에 있어 생선의 기름이나 육류의 기름이 떨어져 연기나 불이 나지 않아 작업이 용이하다.

60 일본간장의 종류 중 짙은 흑색으로 독특한 향기와 맛을 가지고 있는 것은?

① 다마리간장
② 연한 간장
③ 진간장
④ 백간장

해설 다마리간장은 짙은 흑색으로 농후한 맛과 단맛을 내고 윤기를 더해주며, 조림 요리에 사용한다.

실전모의고사 06 | 일식 모의고사

1	④	2	③	3	①	4	①	5	④
6	③	7	②	8	④	9	③	10	③
11	③	12	④	13	③	14	②	15	②
16	②	17	①	18	④	19	②	20	②
21	④	22	③	23	①	24	④	25	③
26	③	27	④	28	③	29	①	30	②
31	③	32	③	33	①	34	③	35	③
36	③	37	④	38	③	39	①	40	①
41	④	42	①	43	②	44	③	45	④
46	①	47	③	48	②	49	③	50	③
51	④	52	①	53	④	54	②	55	③
56	④	57	③	58	①	59	①	60	①

01 도마의 사용 방법에 관한 설명 중 잘못된 것은?

① 합성세제를 사용하여 43~45℃의 물로 씻는다.
② 염소소독, 열탕살균, 자외선살균 등을 실시한다.
③ 식재료 종류별로 전용의 도마를 사용한다.
④ 세척, 소독 후에는 건조시킬 필요가 없다.

해설 도마는 세척이나 소독 후에도 반드시 건조시켜서 세균의 번식이 쉬운 온도 혹은 습도에 노출되지 않도록 한다.

02 과채, 식육 가공 등에 사용하여 식품 중 색소와 결합하여 식품 본래의 색을 유지하게 하는 식품 첨가물은?

① 식용 타르색소   ② 천연 색소
③ 발색제   ④ 표백제

해설 발색제 그 자체는 색이 없으나 식품 중의 색소와 작용해서 색을 안정시키거나 발색을 촉진시킨다.

03 카드뮴이나 수은 등의 중금속 오염 가능성이 가장 큰 식품은?

① 육류   ② 어패류
③ 식용유   ④ 통조림

해설 공장폐수와 생활오수를 정화하지 않고 내버린 결과 등으로 카드뮴이나 수은 등과 같은 중금속에 어패류가 오염될 가능성이 크다.

04 곰팡이독소와 독성을 나타내는 곳을 잘못 연결한 것은?

① 오크라톡신(Ochratoxin) – 간장독
② 아플라톡신(Aflatoxin) – 신경독
③ 시트리닌(Citrinin) – 신장독
④ 스테리그마토시스틴(Sterigmatocystin) – 간장독

해설 아플라톡신은 아스퍼질러스 곰팡이가 쌀, 보리 등의 탄수화물이 풍부한 곡류와 땅콩 등의 콩류에 침입하여 아플라톡신 독소를 생성하여 인체에 간장독을 일으킨다.

05 식품에 오염된 미생물이 증식하여 생성한 독소에 의해 유발되는 대표적인 식중독은?

① 황색 포도상구균 식중독
② 살모넬라균 식중독
③ 장염 비브리오 식중독
④ 리스테리아 식중독

해설 독소형은 식품 내에 병원체가 증식하여 생성한 독소에 의해 생기는 식중독으로 포도상구균 식중독과 클로스티리디움 보툴리눔 식중독이 이에 해당된다.

06 식품위생법상 판매를 목적으로 하거나 영업 상 사용하는 식품 및 영업시설 등 검사에 필 요한 최소량의 식품 등을 무상으로 수거할 수 없는 자는?

① 식품의약품안전처장
② 시 · 도지사
③ 시장 · 군수 · 구청장
④ 국립의료원장

해설 식품의약품안전처장, 시 · 도지사 또는 시장 · 군수 · 구 청장은 식품 등의 관리와 영업 질서 유지를 위해 출 입 · 검사 · 수거 등의 조치를 취할 수 있다.

08 식품위생법상 식품 영업에 종사하지 못하는 질병의 종류가 아닌 것은?

① 피부병
② 화농성 질환
③ 결핵(비전염성인 경우 제외)
④ 디프테리아

해설 영업에 종사하지 못하는 질병의 종류
• 콜레라, 장티푸스, 파라티푸스, 세균성이질, 장출혈성 대장균감염증, A형간염 등
• 결핵(비전염성인 경우 제외)
• 피부병 기타 화농성 질환
• 후천성면역결핍증(감염병의 예방 및 관리에 관한 법 률에 의하여 성병에 관한 건강 진단을 받아야 하는 영 업에 종사하는 자에 한함)

07 식품접객업소의 조리 판매 등에 대한 기준 및 규격에 의한 조리용 칼 · 도마 · 식기류의 미생물 규격은? (단, 사용 중인 것은 제외)

① 살모넬라 음성, 대장균 양성
② 살모넬라 음성, 대장균 음성
③ 황색포도상구균 양성, 대장균 음성
④ 황색포도상구균 음성, 대장균 양성

해설 식품접객업소의 조리용 칼 · 도마 및 식기류(사용 중인 것은 제외)는 살모넬라 음성, 대장균 음성이어야 하며, 행주(사용 중인 것은 제외)도 대장균 음성이어야 한다.

09 위생복 착용 시 다음의 목적으로 반드시 착 용해야 하는 것은?

머리카락과 머리의 분비물들로 인한 음식의 오염을 방지하고 위생적인 작업을 진행할 수 있도록 하기 위해 착용한다.

① 머플러   ② 위생모
③ 위생화(작업화)   ④ 위생복

해설 위생모 : 머리카락과 머리의 분비물로 인한 음식의 오염 방지

10 교차 오염 예방을 위한 주방의 작업 구역 중 청결 작업 구역이 아닌 것은?

① 세정 구역　　② 조리 구역
③ 배선 구역　　④ 식기 보관 구역

해설 교차 오염 예방을 위해 주방의 작업 구역을 일반 작업 구역(검수 구역, 전처리 구역, 식재료 저장 구역, 세정 구역)과 청결 작업 구역(조리 구역, 배선 구역, 식기 보관 구역)으로 설정하여 전처리와 조리, 기구 세척 등을 나누어 이행한다.

11 시장 조사의 원칙 중 다음에 해당되는 것은 무엇인가?

> 시장 수급 상황이나 가격 변동과 같은 시장 상황 변동에 탄력적으로 대응할 수 있는 조사가 되어야 한다.

① 비용 경제성의 원칙
② 조사 탄력성의 원칙
③ 조사 계획성의 원칙
④ 조사 적시성의 원칙

해설 시장 조사의 원칙 중 조사 탄력성의 원칙에 대한 설명이다.

12 검수를 위한 설비 조건으로 바르지 않은 것은?

① 조도는 80 Lux 이상을 갖추어야 한다.
② 사람과 물건이 이용할 수 있는 공간을 확보한다.
③ 전처리장과 가까워야 한다.
④ 위생적이고 안전해야 한다.

해설 물품을 검사하기에 적절한 조명 시설을 갖추어야 하는데, 조도 540 Lux 이상이어야 한다.

13 식품의 재고 조사 실시 시 바르지 않은 것은?

① 효율적인 재고 조사를 위해 저장 창고별로 품목의 위치를 순서대로 정렬한다.
② 재고 조사표 작성 시 품목별 재고 수량만 파악하고 중량은 확인하지 않아도 된다.
③ 재고 조사의 결과를 구매명세서에 작성한다.
④ 구매에 필요한 양은 현재의 재고량을 고려하여 결정한다.

해설 재고 조사표 작성 시 품목별 재고 수량 및 중량 등을 확인 후 정확히 작성한다.

14 안전사고 예방 과정에 들지 않는 것은?

① 재발 방지를 위한 대응은 필요하나 개선 조치는 하지 않아도 된다.
② 위험 요인을 제거한다.
③ 인적, 기술적, 조직적 오류를 교정한다.
④ 위험 요인을 차단한다.

해설 안전사고 예방 과정
• 위험 요인 제거 : 위험 요인의 근원을 제거
• 위험 요인 차단 : 안전 방벽을 설치하여 위험 요인을 차단
• 예방(오류) : 위험 사건을 초래할 수 있는 인적, 기술적, 조직적 오류를 예방
• 교정(오류) : 위험 사건을 초래할 수 있는 인적, 기술적, 조직적 오류를 교정
• 제한(심각도) : 위험 사건 발생 이후 재발 방지를 위하여 대응 및 개선 조치

15 조리용 칼 사용 시 위험 요소로부터 예방하는 방법으로 바르지 않은 것은?

① 용도에 맞는 칼을 사용한다.
② 작업 전 충분한 스트레칭을 한다.
③ 칼의 방향은 몸 안쪽으로 사용한다.
④ 조리용 칼 운반 시 칼집이나 칼꽂이에 넣어 운반한다.

해설 칼 사용 시 방향은 몸의 반대쪽으로 놓고 사용해야 안전하다.

16 인산을 함유하는 복합지방질로, 유화제로 사용되는 것은?

① 레시틴   ② 글리세롤
③ 스테롤   ④ 글리콜

해설 레시틴은 난황에 다량 존재하는 복합지방질로 한쪽에는 친유성이 강한 지방산기를 가지고 있고, 다른 한쪽에는 친수성이 강한 인산을 가지고 있어 물과 유지의 혼합물을 안정시켜 주는 유화제로 널리 사용된다.

17 달걀 저장 중에 일어나는 변화로 옳은 것은?

① pH 저하
② 중량 감소
③ 난황계수 증가
④ 수양난백 감소

해설 달걀의 저장 중의 변화
달걀의 저장 기간이 길어지면 탄산 가스가 증발해 버리면서 pH가 상승(알칼리화)되며, 농후난백이 수양난백으로 변화된다.

18 전분의 호정화를 이용한 식품은?

① 식혜   ② 치즈
③ 맥주   ④ 뻥튀기

해설 전분의 호정화(텍스트린화)란 전분에 물을 가하지 않고 160℃ 이상으로 가열하면 여러 단계의 가용성 전분을 거쳐 텍스트린(호정)으로 분해되는데, 이것을 호정화라 한다.
예 뻥튀기(튀밥), 미숫가루 등

19 생식 기능 유지와 노화 방지의 효과가 있고 화학명이 토코페롤(Toco-pherol)인 비타민은?

① 비타민 A   ② 비타민 C
③ 비타민 D   ④ 비타민 E

해설 비타민 E(토코페롤)는 인체 내에서 생식 기능 유지와 노화 방지의 효과가 있다.

20 두류 가공품 중 발효 과정을 거치는 것은?

① 두유   ② 피넛버터
③ 유부   ④ 된장

해설 두류가공품 중 장류(된장, 고추장, 간장, 청국장)는 발효 · 숙성 과정을 거쳐 완성된다

21 다음 중 레토르트 식품의 가공과 관계없는 것은?

① 통조림　　　　② 파우치
③ 플라스틱 필름　④ 고압솥

해설 레토르트 식품은 단층 플라스틱 필름이나 금속박 또는 이를 여러 층으로 접착하여 파우치와 기타 모양으로 성형하여 제조·가공 또는 식품을 충전하고 밀봉하여 고압 살균한 것으로, 금속 용기를 사용하는 통조림과는 다르다.

22 젤라틴의 원료가 되는 식품은?

① 한천　　　　② 과일
③ 동물의 연골　④ 쌀

해설 젤라틴은 동물의 뼈, 가죽, 힘줄, 연골 등을 구성하는 천연 고분자 단백질인 콜라겐을 가수분해하여 얻어지는 유도단백질의 일종이다.

23 어묵의 탄력과 가장 관계 깊은 것은?

① 수용성 단백질 – 미오겐
② 염용성 단백질 – 미오신
③ 결합 단백질 – 콜라겐
④ 색소 단백질 – 미오글로빈

해설 생선에 2~6% 정도의 중염도를 가하면 단백질 중 염용성 미오신과 액틴이 용액으로 용출되는 양이 증가하고 액토미오신을 형성하여 점성이 있는 용액을 만드는데, 어묵은 이 원리를 이용하여 만든다.

24 영양소와 급원 식품의 연결이 옳은 것은?

① 동물성 단백질 – 두부, 소고기
② 비타민 A – 당근, 미역
③ 필수지방산 – 대두유, 버터
④ 칼슘 – 우유, 치즈

해설 영양소와 급원 식품
• 동물성 단백질 : 소고기, 돼지고기, 닭고기, 오리고기, 생선 등
• 비타민 A : 당근, 소간, 호박, 시금치, 파래, 김 등
• 필수지방산 : 옥수수기름, 낙화생 기름 등

25 사과를 깎아 방치했을 때 나타나는 갈변 현상과 관계없는 것은?

① 산화 효소　② 산소
③ 페놀류　　　④ 섬유소

해설 사과의 갈변은 효소적으로 상처받은 조직이 공기 중에 노출되면 산화 효소에 의해 페놀화합물이 산소의 존재하에 산화되어 갈색 색소인 멜라닌으로 전환되기 때문이다.

26 하루 필요 열량이 2,700kcal이고, 이 중 14%에 해당되는 열량을 지방에서 얻으려 할 때 필요한 지방의 양은?

① 36g　　② 42g
③ 81g　　④ 94g

해설 • 1일 필요량 2,700kcal 중 14%의 열량을 지방에서 얻으려 한다고 했으므로 2,700kcal×0.14＝378kcal에 해당한다.
• 1일 378kcal를 지방에서 얻으려면 지방은 1g당 9kcal의 열량을 내므로 378÷9＝42이다. 그러므로 1일 42g의 지방이 필요하다.

27 다음 당류 중 케톤기를 가진 것은?

① 플락토오스(Fructose)
② 만노오스(Mannose)
③ 갈락토오스(Galactose)
④ 글루코오스(Glucose)

해설 단당류
• 케토오스 : 단당류 중에서 케톤기를 갖는 당, 과당(플
락토오스, Fructose)
• 알도오스 : 단당류 중에서 알데히드기를 갖는 당, 과당
을 제외한 모든 단당류

28 다음 중 알리신(Allicin)이 가장 많이 함유된 식품은?

① 마늘   ② 사과
③ 고추   ④ 무

해설 알리신은 마늘에 들어 있는 성분으로 마늘의 독특한 냄
새와 약효의 주된 성분이다.

29 염지에 의해서 원료육의 미오글로빈으로부터 생성되며, 비가열 식육 제품인 햄 등의 고정된 육색을 나타내는 것은?

① 니트로소헤모글로빈(Nitrosohemoglobin)
② 옥시미오글로빈(Oxymyoglobin)
③ 니트로소미오글로빈(Nitrosomyoglobin)
④ 메트미오글로빈(Metmyoglobin)

해설 육가공품의 발색 과정
원료육을 질산칼륨 용액에 담가 저장하면 세균의 작용
을 받아 아질산칼륨으로 환원되고 사후 젖산이 쌓여 아
질산을 형성하고 산성 조건에서 환원되어 일산화질소가
되며 이는 환원형의 미오글로빈과 결합하여 분홍색의
니트로소미오글로빈(염절임 육색)을 형성한다.

30 다음 중 과일, 채소의 호흡 작용을 조절하여 저장하는 방법은?

① 건조법   ② 냉장법
③ 통조림법   ④ 가스저장법

해설 과일과 채소는 수확 후에도 호흡 작용을 하여 성분의 변
화를 일으키므로 호흡을 억제하기 위한 가스저장법(C.A
저장)이 필요하다.

31 다음에서 설명하는 조미료는?

• 수란을 뜰 때 끓는 물에 이것을 넣고 달걀을 넣으
면 난백의 응고를 돕는다.
• 작은 생선을 사용할 때 이것을 소량 가하면 뼈가
부드러워진다.
• 기름기 많은 재료에 이것을 사용하면 맛이 부드럽
고 산뜻해진다.

① 설탕   ② 후추
③ 식초   ④ 소금

해설 수란 조리 시 물에 식초를 첨가하면 난백의 응고를 돕
고, 작은 생선을 사용할 때 식초를 소량 가하면 뼈의 칼
슘까지도 가용성 물질로 만들어 뼈가 부드러워지며, 기
름기 많은 재료에 식초를 사용하면 산뜻한 맛을 줄 수
있다.

32 달걀의 열 응고성에 대한 설명 중 옳은 것은?

① 식초는 응고를 지연시킨다.
② 소금은 응고 온도를 낮추어 준다.
③ 설탕은 응고 온도를 내려 주어 응고물을 연하게 한다.
④ 온도가 높을수록 가열 시간이 단축되고 응고물은 연해진다.

해설 달걀의 응고성
달걀 조리 시 식초는 응고를 단축시켜 주고, 설탕은 응고 온도를 높여 주며 응고물을 연하게 한다. 온도가 높을수록 가열 시간이 단축되어 응고물은 단단해진다.

33 육류의 가열 변화에 의한 설명으로 틀린 것은?

① 생식할 때보다 풍미와 소화성이 향상된다.
② 근섬유와 콜라겐은 45℃에서 수축하기 시작한다.
③ 가열한 고기의 색은 메트미오글로빈 (Metmyoglobin)이다.
④ 고기의 지방은 근수축과 수분 손실을 적게 한다.

해설 고기의 열에 대한 변성은 대개 80℃ 부근에서 이루어지는데, 그 이상으로 온도를 가열하면 콜라겐이 젤라틴으로 용해되면서 근육 섬유를 한 가닥씩 풀어 주므로 고기가 연해진다.

34 고기를 연화시키려고 생강, 키위, 무화과 등을 사용할 때 관련된 설명으로 틀린 것은?

① 단백질의 분해를 촉진시킴으로써 연화시키는 방법이다.
② 두꺼운 로스트용 고기에 적당하다.
③ 즙을 뿌린 후 포크로 찔러 주고 일정 시간 둔다.
④ 가열 온도가 85℃ 이상이 되면 효과가 없다.

해설 고기 연화 시 사용하는 키위, 생강, 무화과 등은 고기에 단백질 분해 효소를 촉진시킴으로써 연화시키는 방법으로, 얇게 썬 고기에 뿌려야 효과적이고 덩어리로 썬 고기의 경우 단백질 분해 효소를 뿌려주고 포크를 이용하여 고기의 내부로 찔러 넣는 방법이 이용된다. 가열 온도가 85℃ 이상이 되면 불활성화된다.

35 자색 양배추, 가지 등 적색 채소를 조리할 때 색을 보존하기 위한 가장 바람직한 방법은?

① 뚜껑을 열고 다량의 조리수를 사용한다.
② 뚜껑을 열고 소량의 조리수를 사용한다.
③ 뚜껑을 덮고 다량의 조리수를 사용한다.
④ 뚜껑을 덮고 소량의 조리수를 사용한다.

해설 적색 채소는 물에 쉽게 용해되는 성질을 가지고 있기 때문에 뚜껑을 덮고 소량의 조리수를 사용하여 색을 보존하는 것이 바람직하다.

36 조리용 기기의 사용법이 틀린 것은?

① 필러(Peeler) : 채소 다지기
② 슬라이서(Slicer) : 일정한 두께로 썰기
③ 세미기 : 쌀 세척하기
④ 블렌더(Blender) : 액체 교반하기

해설 필러는 채소의 껍질을 벗기는 데 사용한다.

37 호화와 노화에 대한 설명으로 옳은 것은?

① 쌀과 보리는 물이 없어도 호화가 잘된다.
② 떡의 노화는 냉장고보다 냉동고에서 더 잘 일어난다.
③ 호화된 전분을 80℃ 이상에서 급속히 건조하면 노화가 촉진된다.
④ 설탕의 첨가는 노화를 지연시킨다.

해설 쌀과 보리는 물이 있어야 호화가 일어나며, 떡의 노화는 냉동고가 아닌 냉장고에서 잘 일어난다. 호화된 전분을 80℃ 이상에서 급속히 건조시키면 노화를 방지할 수 있다.

38 생선을 씻을 때 주의 사항으로 틀린 것은?

① 물에 소금을 10% 정도 타서 씻는다.
② 냉수를 사용한다.
③ 체표면에 점액을 잘 씻도록 한다.
④ 어체에 칼집을 낸 후에는 씻지 않는다.

해설 생선을 씻을 때 소금의 농도가 높아질수록 단백질의 용출량이 증가하므로 냉수에 손으로 살살 문지르면서 씻는다.

39 녹색 채소를 데칠 때 소다를 넣을 경우 나타나는 현상이 아닌 것은?

① 채소의 질감이 유지된다.
② 채소의 색을 푸르게 고정시킨다.
③ 비타민 C가 파괴된다.
④ 채소의 섬유질을 연화시킨다.

해설 녹색 채소 데치기에 소다를 사용하면 섬유소가 알칼리에 의해 연화되어 뭉그러질 우려가 있다.

40 전분의 가수분해에 해당되지 않는 것은?

① 식혜, 엿 등이 전분의 가수분해의 결과이다.
② 전분의 당화이다.
③ 효소를 넣어 최적 온도를 유지시키면 탈수 축합 반응에 의해 당이 된다.
④ 전분을 산과 함께 가열하면 가수분해되어 당이 된다.

해설 전분에 효소를 넣어 최적 온도를 유지시키면 탈수 축합 반응이 아닌 가수분해되어 당이 된다.

41 원가의 3요소는?

① 재료비, 노무비, 경비
② 임금, 급료, 잡금
③ 재료비, 수도, 광열비
④ 수도, 광열비, 전력비

해설 원가란 제품이 완성되기까지 소요된 경제가치로서 재료비, 노무비, 경비이다.

42 다음 중 원가 계산의 원칙이 아닌 것은?

① 진실성의 원칙　　② 현금 기준의 원칙
③ 확실성의 원칙　　④ 정상성의 원칙

해설 원가 계산의 원칙
진실성의 원칙, 발생 기준의 원칙, 계산 경제성의 원칙, 확실성의 원칙, 정상성의 원칙, 비교성의 원칙, 상호 관리의 원칙

43 조리 시 나타나는 현상과 그 원인 색소의 연결이 옳은 것은?

① 산성 성분이 많은 물로 지은 밥의 색이 누렇다. → 클로로필계
② 식초를 가한 양배추의 색이 짙은 갈색이다. → 플라보노이드계
③ 커피를 정수로 끓여 그 표면이 갈색이다. → 탄닌계
④ 데친 시금치나물이 누렇게 되었다. → 안토시안계

해설 커피는 경수를 사용하면 물의 칼슘과 마그네슘 성분 때문에 커피의 맛을 내는 카페인과 탄닌의 침출이 나빠져 커피의 맛이 좋지 않다.

44 쌀 전분을 빨리 α-화하려고 할 때 조치사항은?

① 아밀로펙틴 함량이 많은 전분을 사용한다.
② 수침시간을 짧게 한다.
③ 가열 온도를 높인다.
④ 산성의 물을 사용한다.

해설 전분의 호화에 영향을 미치는 인자
• 가열 온도가 높을수록 호화 속도가 빨라진다.
• 전분의 입자가 클수록 빨리 호화된다.
• 전분에 산을 가하면 호화가 잘 안된다.

45 단체 급식소에서 식수 인원 400명의 풋고추 조림을 할 때 풋고추의 총 발주량은 약 얼마인가? (단, 풋고추 1인분 30g, 풋고추의 폐기율 6%)

① 12kg　　② 13kg
③ 15kg　　④ 16kg

해설
$$총발주량 = \frac{정미중량}{(100 - 폐기율)} \times 100 \times 인원수$$

$$= \frac{30}{(100 - 6)} \times 100 \times 400$$

$$= \frac{3,000}{94} \times 400$$

$$= \frac{1,209,000}{94} = 12,756g$$

그러므로 풋고추의 총 발주량은 13kg이다.

46 쥐와 관계가 가장 적은 감염병은?

① 발진티푸스
② 신증후군출혈열(유행성출혈열)
③ 페스트
④ 렙토스피라증

해설 발진티푸스는 이로 인하여 매개되어 발열, 근육통, 발진 등을 나타내는 급성 감염병이다.

47 하수 오염도 측정 시 생화학적 산소 요구량 (BOD)을 결정하는 가장 중요한 인자는?

① 물의 경도
② 수중의 유기물량
③ 하수량
④ 수중의 광물질량

해설 생화학적 산소 요구량은 분해 가능한 유기 물질이 호기성 세균의 작용에 의해서 분해되고 산화되어 안정된 무기 물질과 가스체로 되는 데 사용되는 용존 산소의 손실량을 측정함으로써 하수의 오염도를 나타내는 방법이다.

48 다수인이 밀집한 장소에서 발생하며 화학적 조성이나 물리적 조성의 큰 변화를 일으켜 불쾌감, 두통, 권태, 현기증, 구토 등의 생리적 이상을 일으키는 현상은?

① 빈혈
② 일산화탄소 중독
③ 분압 현상
④ 군집독

해설 군집독이란 다수인이 밀집한 곳의 실내 공기는 화학적 조성이나 물리적 조성의 변화로 인하여 불쾌감, 두통, 권태, 현기증, 구토 등의 생리적 이상을 일으키는 것을 말하는데, 그 원인은 산소 부족, 이산화탄소 증가, 고온, 고습 등 유해 가스 및 취기 등에 의해 복합적으로 발생한다.

49 음식물로 매개될 수 있는 감염병이 아닌 것은?

① 유행성감염　② 폴리오
③ 일본뇌염　④ 콜레라

해설 일본뇌염은 모기에 의해 매개되는데 뇌에 염증을 일으키는 질환이다.

50 먹는 물에서 다른 미생물이나 분변 오염을 추측할 수 있는 지표는?

① 대장균　② 탁도
③ 경도　④ 증발잔류량

해설 먹는 물에서 다른 미생물이나 분변 오염을 추측할 수 있는 지표는 대장균으로 50㎖에서 검출되지 아니해야 한다.

51 다음 중 복어의 독소명은?

① 테트로도톡신
② 솔라닌
③ 시큐톡신
④ 아미그달린

해설 솔라닌 – 감자 싹, 시큐톡신 – 독미나리, 아미그달린 – 청매

52 복어의 식용 가능한 부위는?

① 눈　② 위장
③ 간장　④ 껍질

해설 복어의 식용 불가능 부위
눈, 아가미, 심장, 신장, 비장, 위장, 간장, 부레, 담낭(쓸개), 방광, 난소

53 복어 지리와 복어 회에 사용되는 부재료가 아닌 것은?

① 홍고추, 목이버섯
② 배추, 당근
③ 미나리, 표고버섯
④ 무, 파

해설 복어 지리와 복어 회에 사용되는 부재료는 배추, 무, 당근, 팽이버섯, 파, 표고버섯, 미나리이며, 홍고추와 목이버섯은 사용하지 않는다.

54 복어 요리에 곁들이는 초간장의 이름은 무엇인가?

① 폰즈
② 참깨소스
③ 야쿠미
④ 우스구치쇼유

해설 초간장은 폰즈라고도 하며, 감귤류를 가미한 일식 조미료로 초산을 가미하여 맛을 더한다.

55 복어 껍질 무침에 대한 설명으로 틀린 것은?

① 겉껍질과 속껍질은 6 : 4의 비율로 사용한다.
② 먹기 직전에 무쳐야 물이 안 생긴다.
③ 그릇은 작으면서 깊이가 있는 것을 선택한다.
④ 미나리는 얇고 여린 쪽을 사용한다.

해설 겉껍질과 속껍질의 사용 비율은 9 : 1 정도가 좋다.

56 복어 죽에 대한 설명으로 바르지 않은 것은?

① 불린 쌀로 죽을 끓일 때는 불린 쌀과 물의 비율을 1 : 8로 한다.
② 조우스이는 밥을 씻어 해물, 채소를 넣어 끓인 죽이다.
③ 오카이는 밥알의 형태가 있는 죽이다.
④ 여름에는 30분 전에 쌀을 씻어 준비한다.

해설 오카이는 밥알의 형태가 없는 죽이다.

57 튀김의 종류 중 밑간을 하여 그대로 또는 밀가루나 전분을 묻혀 튀기는 것은?

① 스아게
② 고로모아게
③ 고로모
④ 가라아게

해설 가라아게는 양념한 재료를 그대로 튀기거나 박력분이나 전분만을 묻혀 튀긴다.

58 복어 회 국화 모양 접시 담기에 대한 설명으로 바르지 않은 것은?

① 그릇의 바깥쪽에서 안쪽으로 담는다.
② 복어 회는 꼬리 쪽에서 머리 쪽으로 당겨 썬다.
③ 바깥쪽 국화 모양은 복어 살의 폭이 넓은 부분을 사용한다.
④ 복어 회는 왼쪽에서 오른쪽으로 담는 것이 기본이다.

해설 복어 회는 오른쪽에서 왼쪽으로 담는 것이 기본이다.

59 복어 뼈 맛국물을 만들 때 사용되는 재료가 아닌 것은?

① 다시마　　② 복어 껍질
③ 복어 뼈　　④ 물

해설 복어 뼈 맛국물 재료 : 물, 다시마, 복어 뼈

60 조리용 칼에 대한 설명으로 틀린 것은?

① 복어 껍질의 가시는 데바칼로 제거한다.
② 생선회 칼은 생선회를 썰거나 요리를 가르는 데 사용한다.
③ 채소 칼은 주로 채소를 취급하는 칼이다.
④ 데바칼은 뼈를 가르는 데 사용한다.

해설 복어 껍질의 가시는 생선회 칼을 사용하여 제거한다.

실전모의고사 07 | 복어 모의고사

1	④	2	③	3	②	4	②	5	①
6	④	7	②	8	④	9	②	10	①
11	②	12	①	13	②	14	①	15	③
16	①	17	②	18	④	19	④	20	④
21	①	22	③	23	②	24	④	25	④
26	②	27	①	28	①	29	③	30	④
31	③	32	②	33	②	34	②	35	④
36	①	37	④	38	①	39	①	40	③
41	①	42	②	43	③	44	③	45	②
46	①	47	②	48	④	49	③	50	①
51	①	52	④	53	①	54	①	55	①
56	③	57	④	58	④	59	②	60	①

최신 조리기능사
시험총정리문제

발 행 일 2026년 1월 10일 개정4판 1쇄 인쇄
          2026년 1월 20일 개정4판 1쇄 발행

저　　자 노수정 · 권정일 공저

발 행 처  크라운출판사
          http://www.crownbook.co.kr

발 행 인 李尙原
신고번호 제 300-2007-143호
주　　소 서울시 종로구 율곡로13길 21
공 급 처 02) 765-4787, 1566-5937
전　　화 02) 745-0311~3
팩　　스 02) 743-2688, (02) 741-3231
홈페이지 www.crownbook.co.kr
I S B N 978-89-406-4969-5 / 13590

저자협의
인지생략

특별판매정가 19,000원